江苏法治蓝皮书

BLUE BOOK OF
RULE OF LAW IN JIANGSU

江苏法治发展报告
No.3（2014）

ANNUAL REPORT ON THE RULE OF LAW IN JIANGSU
No.3 (2014)

南 京 师 范 大 学 法 学 院
南京师范大学江苏法治发展研究院

主　　编／李　力　龚廷泰
执行主编／倪　斐　严海良

社会科学文献出版社
SOCIAL SCIENCES ACADEMIC PRESS (CHINA)

图书在版编目(CIP)数据

江苏法治发展报告. 3, 2014/李力, 龚廷泰主编. —北京：社会科学文献出版社, 2014.9
（江苏法治蓝皮书）
ISBN 978 – 7 – 5097 – 6413 – 8

Ⅰ.①江… Ⅱ.①李… ②龚… Ⅲ.①社会主义法制 – 建设 – 研究报告 – 江苏省 – 2014　Ⅳ.①D927.530.00

中国版本图书馆 CIP 数据核字（2014）第 193801 号

江苏法治蓝皮书
江苏法治发展报告 No.3（2014）

主　　编／李　力　龚廷泰
执行主编／倪　斐　严海良

出 版 人／谢寿光
出 版 者／社会科学文献出版社
地　　址／北京市西城区北三环中路甲 29 号院 3 号楼华龙大厦
邮政编码／100029

责任部门／社会政法分社（010）59367156　　责任编辑／芮素平　李娟娟
电子信箱／shekebu@ssap.cn　　　　　　　　责任校对／杨　楠
项目统筹／刘骁军　芮素平　　　　　　　　责任印制／岳　阳
经　　销／社会科学文献出版社市场营销中心（010）59367081　59367089
读者服务／读者服务中心（010）59367028

印　　装／北京季蜂印刷有限公司
开　　本／787mm×1092mm　1/16　　印　张／26.75
版　　次／2014 年 9 月第 1 版　　　　字　数／432 千字
印　　次／2014 年 9 月第 1 次印刷
书　　号／ISBN 978 – 7 – 5097 – 6413 – 8
定　　价／98.00 元

本书如有破损、缺页、装订错误，请与本社读者服务中心联系更换
▲ 版权所有　翻印必究

本报告获得了"江苏高校优势学科建设工程资助项目"的资助

江苏法治蓝皮书编委会

主　　　编　李　力　龚廷泰

执 行 主 编　倪　斐　严海良

编委会成员　（按照姓名汉语拼音排列）
　　　　　　　程德文　季金华　刘　远　庞　正　秦　策
　　　　　　　眭鸿明

学 术 编 辑　（按照姓名汉语拼音排列）
　　　　　　　倪　斐　严海良

撰稿人名单　（按照姓名汉语拼音排列）
　　　　　　　蔡道通　曹也汝　陈爱武　陈　迎　陈飞翔
　　　　　　　陈兴生　方　乐　公丕祥　何子希　黄永忠
　　　　　　　姜　涛　李建明　刘　涛　刘芝强　马晓燕
　　　　　　　毛洪权　倪　斐　潘　溪　秦　策　宋宇文
　　　　　　　汤善鹏　屠振宇　夏正芳　许建彤　徐红喜
　　　　　　　徐义刚　徐光新　杨登峰　袁学术　臧文刚
　　　　　　　翟建明　湛　军　张加林　张瑞祥　张　娅
　　　　　　　赵　杰　赵小雷　周永军　朱建新　朱秋卫

主要编撰者简介

李 力 男,1955年生,现任南京师范大学法学院院长,教授,博士研究生导师。曾主持国家社会科学基金项目的研究,出版《宏观调控法律制度研究》等著作,在《法学研究》《历史研究》《法学家》《法商研究》等刊物上发表多篇学术论文,曾获得司法部、江苏省优秀科研成果奖,2005年获全国百篇优秀博士论文奖。

龚廷泰 男,1948年生,南京师范大学法学院教授,博士生导师。现任江苏省人民政府参事、南京师范大学江苏法治发展研究院院长,兼教育部高等学校法学学科教学指导委员会委员、中国法学教育研究会常务理事、中国法理学研究会常务理事、江苏省高等学校法学学科教学指导委员会副主任等职。主持国家社科基金项目2项,其中重点项目1项。承担并完成了全国教育科学"八五"规划项目、国家教育部教改项目、江苏省社科规划项目多项。获得江苏省普通高校优秀"园丁奖"银奖(1999年),分别获江苏省普通高校优秀教学成果奖二等奖(2001年)、江苏省普通高等学校优秀教学成果奖一等奖(2004年)、国家级教学成果奖二等奖(2009年)各一次。其个人专著《列宁法律思想研究》于2001年获江苏省政府哲学社会科学优秀成果一等奖。2002年获国务院政府特殊津贴,2004年被评为江苏省"全省优秀哲学社会科学工作者"。主要研究方向是马克思主义法律思想史与法哲学。主要论著有《列宁法律思想研究》《法治文化建设与区域法治》《从马克思到德里达》《社会研究方法导论》等20余部(含合著),在《中国法学》《法学家》《法学评论》《法律科学》《政治与法律》《江海学刊》《江苏社会科学》等学术刊物上发表学术论文90余篇。

严海良 男，1971年生，南京师范大学江苏法治发展研究院副院长，南京师范大学法学院副教授，研究领域为人权法学、宪法学、行政法学。

倪　斐 男，1982年生，南京师范大学江苏法治发展研究院研究人员，南京师范大学法学院副教授，研究领域为法理学、经济法学。

摘 要

《江苏法治发展报告 No.3（2014）》全面展现了2013年江苏在民主科学立法、法治政府建设、公正廉洁司法等主要领域的建设成果。本年度报告共分为总报告、分报告、专题报告、区域报告、调查报告、学术会议综述和附录七个部分。

2013年的法治江苏建设注重以法治城市创建为重要载体和抓手，推进地方立法、法治政府、公正廉洁司法和法治文化等方面建设的标准化、规范化和体系化。这一发展趋势在2013年的江苏人大、法治政府和司法等方面的工作进展中也得以体现，分报告对此做了详细阐述；专题报告侧重反映法治江苏建设在主要领域内的一些重要实践做法，内容涉及2013年度江苏地方立法状况、行政复议与行政审判状况、知识产权法治状况、环境保护案件、商标发展与保护、律师业发展和婚姻家庭司法保护状况；区域报告部分集中关注江苏地方检察部门在检察工作和案件侦办方面的创新性做法和取得的成就；调查报告部分立足于实证分析，对江苏非法经营罪司法适用情况、人民陪审员制度运行、基层检察院队伍建设和《南京市大气污染防治条例》实施情况等进行了深入调查和分析。

法学研究为"法治江苏"建设提供了重要的智力支撑。2013年的法治江苏建设高层论坛和各个法学学科的学术年会，会聚了政法部门、高校、科研院所等理论界和实务界的专家学者，为"法治江苏"的建设和发展献计献策。最后的江苏法治事件概览全面记录了2013年"法治江苏"建设中的重要法治事件。

Abstract

Annual Report on the Rule of Law in Jiangsu No. 3 (2014) reflects comprehensive achievements, movements and trends on the promotion of Rule of Law in Jiangsu in the fields of local legislation, building a government under the rule of law, judicial justice and so on. This annual report consists of seven parts, i. e., General Report, Segmental Reports, Special Reports, Regional reports, Field Research Reports, Conference Summary Reports, and Appendix.

In 2013, the efforts in promoting of rule of law in Jiangsu focuses on building cities under the rule of law, while facilitating the standardizing and systematical works on the local legislation, building a government under the rule of law, and improving judicial justice and legal culture. Segmental reports explore the work of Jiangsu People's Committee, the government and the judicial branches in detail, reflecting the trends mentioned above. Special reports mainly reflect some important practices in the promotion of Rule of Law in Jiangsu, including local legislation, administrative litigation and reconsideration, judicial protection of intellectual property rights, environment protection, legal professions and marriage and family law issues. Regional reports focus on the innovation and achievements in the works of Jiangsu's procuratorate system and cases investigations. Field Research Reports, based on the empirical studies, analyze and evaluate institutions concerning the implementation of judicial interpretation of crime of illegal business operations, the operations of people's jury system, the promotion of grass-roots procuratorates team, and the implementations of *Nanjing Air Pollution Regulation*, etc.

Legal studies provide essential intellectual support for the promotion of rule of law in Jiangsu. Experts from the government, universities and enterprises gathered together in the 2013 top forum on the Jiangsu's efforts and achievements in promoting rule of law. The forum, as well as respective annual conferences of other law subjects, contributes valuable ideas and strategies for the promotion of rule of law in Jiangsu. Finally, Appendix part overviews the important events regarding the promotion of Rule of Law in Jiangsu last year.

目 录

BⅠ 总报告

B.1 深化法治城市创建　推进区域法治发展
　　——2013年江苏法治建设状况
　　　　　　　　　　　　　南京师范大学江苏法治发展研究院 / 001
　　一　江苏法治城市创建工作启动及其实施方案 / 002
　　二　江苏法治城市创建工作前期总体实施情况 / 007
　　三　2013年江苏省深化法治城市创建的各项举措 / 010
　　四　2014年法治江苏建设要点展望 / 016

BⅡ 分报告

B.2　2013年江苏人大工作的进展　　　　　　　　　屠振宇 / 019
B.3　2013年江苏法治政府建设的进展　　　　　　　宋宇文 / 042
B.4　2013年江苏法院工作的进展　　　　　陈飞翔　方　乐 / 066
B.5　2013年江苏检察院工作的进展　　　　陈兴生　徐红喜 / 077

BⅢ 专题报告

B.6　2013年江苏地方立法状况　　　　　　汤善鹏　赵小雷 / 098
B.7　2013年江苏行政复议状况　　　　　　　　　　黄永忠 / 112

001

B.8 2013年江苏省行政审判状况 …………………………… 朱建新 / 127

B.9 2013年江苏知识产权法治发展状况
　　　……………………………… 马晓燕　袁学术　臧文刚 / 141

B.10 2013年江苏司法鉴定的法治化研究报告 ……… 潘　溪　赵　杰 / 158

B.11 2013年江苏法院环境保护案件分析报告 …………… 陈　迎 / 172

B.12 2013年江苏商标法治发展状况
　　　……………………………… 江苏省工商行政管理局商标处 / 187

B.13 江苏律师业发展状况 ……………………… 许建彤　张瑞祥 / 212

B.14 江苏省婚姻家庭司法保护状况 ……… 夏正芳　陈爱武　张　娅 / 226

BⅣ 区域报告

B.15 2013年常州市检察机关民生检察的
　　　制度实践 …………………… 朱秋卫　张加林　姜　涛 / 247

B.16 南京市浦口区涉农职务犯罪防治调查报告
　　　……………………………… 翟建明　徐义刚　湛　军 / 263

B.17 江宁区人民检察院派驻检察室建设状况 ……… 刘芝强　何子希 / 284

BⅤ 调查报告

B.18 非法经营罪司法适用与理论问题研究
　　　——以江苏法院司法判决为样本的分析
　　　……………………………… 非法经营罪司法适用课题组 / 298

B.19 江苏省法院人民陪审员制度运行情况的调研报告
　　　——以落实《关于完善人民陪审员制度的决定》
　　　为视角 ……………………………… 曹也汝　周永军 / 320

B.20 江苏省欠发达地区基层检察队伍建设调研报告
　　　——以苏北某县人民检察院为例的分析 …… 秦　策　毛洪权 / 334

B.21 《南京市大气污染防治条例》实效性评估报告
　　………………………………………………………… 立法后评估项目组 / 343

BⅥ 学术会议综述

B.22 2013年法治江苏建设高层论坛综述 ………………………… 公丕祥 / 365
B.23 2013年江苏省法学会学术会议综述
　　……………………………………………………… 江苏省法学会研究处 / 372

BⅦ 附录

B.24 2013年江苏法治事件概览 …………… 隋　诚　李远涛　冯　月 / 387

CONTENTS

B I General Report

B.1 Advancing Building Cities Under the Rule of Law, Promoting the Regional Rule of Law Development
—The Construction of Rule of Law in Jiangsu in 2013
Academy of Development of Rule of Law in Jiangsu / 001
1. Jiangsu Cities Governed By Law Launching and Implementation Program / 002
2. Overall Implementation of Early Jiangsu Cities Governed By Law / 007
3. Measures of Deepening Jiangsu Cities Governed by Law in 2013 / 010
4. Outlook of Main Points of Jiangsu Cities Governed by Law in 2014 / 016

B II Segmental Reports

B.2 The Progress of the Work of Jiangsu People's Congresses in 2013 *Tu Zhenyu* / 019

B.3 The Progress of the Construction of Law-Based Administration in 2013 *Song Yuwen* / 042

B.4 The Progress of the Work of Jiangsu People's Courts in 2013 *Chen Feixiang, Fang Le* / 066

B.5 The Progress of the Work of Jiangsu People's Procuratorates in 2013 *Chen Xingsheng, Xu Hongxi* / 077

CONTENTS

B III　Special Reports

B.6　The Development of Jiangsu Local Legislation
　　in 2013　　　　　　　　　　　　　　　Tang Shanpeng, Zhao Xiaolei / 098

B.7　A Review on Jiangsu Administrative Reconsideration
　　in 2013　　　　　　　　　　　　　　　　　　Huang Yongzhong / 112

B.8　A Review on Jiangsu Administrative Litigation in 2013　　Zhu Jianxin / 127

B.9　The Development of Jiangsu Intellectual Property Rights
　　Law in 2013　　　　Ma Xiaoyan, Yuan Xueshu and Zang Wenggang / 141

B.10　Report on the Legalization of Judicial Authentication of
　　Jiangsu in 2013　　　　　　　　　　　　　　　　Pan Xi, Zhao Jie / 158

B.11　Report on the Judicial Protection of Envionment in
　　Jiangsu in 2013　　　　　　　　　　　　　　　　　　Chen Ying / 172

B.12　Development Status of Jiangsu Trademark Governed by Law
　　in 2013
　　　　Trademark Office of Jiangsu Administration for Industry and Commerce / 187

B.13　A Review on Lawyer Industry in Jiangsu　　Xu Jiantong, Zhang Ruixiang / 212

B.14　The Judicial Protection on Marriage and Family Law Cases
　　in Jiangsu　　　　　　　　Xia Zhengfang, Chen Aiwu and Zhang Ya / 226

B IV　Regional Reports

B.15　Report on the People-based Procuratorate Institutions and Its
　　Practice in Changzhou　　　　Zhu Qiuwei, Zhang Jialin and Jiang Tao / 247

B.16　Report on the Prevention of Agriculture-Related Duty
　　Crime　　　　　　　　　Zhai Jianming, Xu Yigang and Zhan Jun / 263

B.17　Report on the Construction of Dispatched Procuratorate
　　Office in Jiangning　　　　　　　　　　　　Liu Zhiqiang, He Zixi / 284

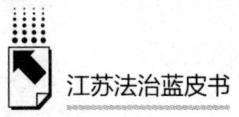

B V Field Research Reports

B.18 Study on the Judicial Application of Illegal Operators and Related Theoretical Problems
—A Case Study of Jiangsu Court's Judicial Decision
Research Group of the Judicial Application of Illegal Operation / 298

B.19 On the Operation Condition of People Assessor System of Jiangsu Court
—From the Perspective of Implementing Decision of Improving People Assessor System   Cao Yeru, Zhou Yongjun / 320

B.20 Research Report on Basic-level Procurator Team Building in Underdeveloped Regions of Jiangsu
—A Case Study of Certain People's Procuratorate in the North of Jiangsu   Qin Ce, Mao Hongquan / 334

B.21 Report on the Evaluation of Implementations of *Nanjing Air Pollution Regulation*   Legislative Post-evaluation Project Team / 343

B VI Academic Conference Summary

B.22 A Summary of Top Forum for Jiangsu's Promotion of Rule of Law in 2013   Gong Pixiang / 365

B.23 A Summary of Academic Conferences Held by the Jiangsu Law Society in 2013   Research Office of Jiangsu Law Society / 372

B VII Appendix

B.24 A Survey of Legal Events in Jiangsu in 2013
Sui Cheng, Li Yuantao and Feng Yue / 387

总 报 告

General Report

.1

深化法治城市创建　推进区域法治发展[*]

——2013年江苏法治建设状况

南京师范大学江苏法治发展研究院[**]

摘　要：

2013年，江苏以法治城市创建作为法治江苏建设的重要载体和抓手，积极推动了地方立法、法治政府、公正廉洁司法和法治文化建设等法治江苏建设重要内容的标准化、规范化和体系化。2014年是《法治江苏建设纲要》颁布十周年，也是江苏全国法治建设先导区建设的关键一年。在党的十八届三中全会通过的《中共中央关于全面深化改革若干重大问题的决定》精神的指导下，2014年的法治江苏建设将迈向更高台阶。

关键词：

法治江苏　法治城市创建　区域法治发展

---

[*] 本报告至2013年江苏省教育厅高校哲学社会科学基金资助项目（编号：2013SJB820014）和2013年江苏省社科联青年精品项目（编号：13SQD-071）的阶段性成果。

[**] 执笔人：倪斐，南京师范大学法学院副教授，江苏高校区域法治发展协同创新中心研究人员。

法治江苏建设是法治中国方略在江苏的具体实践。江苏地方党委、政府根据江苏的经济社会发展状况和人民群众的法治需求，不断拓展和深化法治江苏建设的基本内涵，通过采取一系列工作措施，探索出一条具有江苏特色的区域法治建设道路，总结起来就是："党委统一领导、政法委牵头负责、各方分工协作、社会广泛参与的推进格局；整合各方资源、坚持上下联动，以开展法治城市、法治县（市、区）等系列创建为主要载体的推进体系；坚持典型引路，鼓励基层创新，以依法行政、公正司法、加强法制宣传教育为重点的推进路径。"①

2013年江苏省委、省政府进一步提升了法治城市创建作为法治江苏建设载体和抓手的重要地位，初步形成了"以法治城市、法治县（市、区）为主体，以依法行政、公正司法、法治文化示范点为支撑，以乡镇（街道）、机关、企事业单位为基础"的法治创建体系。

一 江苏法治城市创建工作启动及其实施方案

2008年4月，全国普法办公室颁发《关于开展法治城市、法治县（市、区）创建活动的意见》。该意见指出，开展法治城市、法治县（市、区）创建活动是促进地方法治建设、提高各项事业法治化管理水平的重要法治实践。做好法治城市、法治县（市、区）创建活动，对于全面落实科学发展观、深入推进依法治国基本方略的实施、构建社会主义和谐社会都具有重要意义。开展法治城市、法治县（市、区）创建活动是一项长期任务，各地、各部门要在当地党委、政府的统一领导下，按照构建社会主义和谐社会的总体部署和要求，结合本地、本部门实际情况，积极稳妥、循序渐进地推进。②

江苏省委、省政府积极响应中央文件精神，在《2009年法治江苏建设工作要点》中明确提出要开展法治城市创建活动，指出创建法治城市，不仅是全面落实依法治国方略、实践科学发展观的必然要求，对于加快区域法治化进程，保障和促进科学发展也具有十分重要的现实意义，成为全面推进法治江苏

---

① 丁国锋：《着力构建法治建设先导区 谱写好法治中国江苏篇章》，《法制日报》2014年3月7日，第001版。
② 参见全国普法办《关于印发〈关于开展法治城市、法治县（市、区）创建活动的意见〉的通知》。

建设的具体载体和实践。2009年9月，江苏省依法治省领导小组在无锡召开了全省法治城市创建活动动员大会，全面部署开展法治城市创建工作，力争通过3年的努力，到2012年在全省创建一批人民满意、社会认可的法治城市。

法治城市是法治中国的重要领域，具体概念以城市为法治建设的具体单元，在城市内推行依法治理，确立法律在城市社会治理体系中的最高地位。它表现为对城市社会关系中基本领域的全面规范和治理。具体而言，法治城市创建的内涵主要包括以下几个方面：一是明确依法治理方略，在城市社会中，任何组织、任何个人都没有超越宪法和法律的特权；二是城市社会中形成的任何社会活动均受既定法律规则和程序的约束；三是建立起一套完整的城市治理法律体系，具体体现为严格的行政执法制度、公正权威的司法制度以及专业高效的法律职业制度等等，实现城市社会中私权利与公权力的良性互动，推进不同公权力之间的分立与制衡，完善平等的私主体之间权利义务关系的理性制度安排；四是建构和形成一套以广泛民主参与为核心的城市运行及管理程序和机制；五是构建以公平正义、人权保障、自由平等、权力制约、民主管理、程序正当等为基本特质的现代城市良法善治的法律价值体系。①

2009年11月，江苏省委下发《关于全省开展法治城市创建活动的实施意见》（以下简称《实施意见》），提出法治城市创建总体目标是："党委、政府自觉以法治理念指导城市管理，以法律手段调整各种利益关系、处理城市化进程中的矛盾冲突，促进城市经济持续发展、社会和谐稳定、消费安全放心、环境舒适宜居，为加快推进城市现代化创造良好的法治保障。"具体目标是："党政机关严格在宪法法律范围内活动，各项法律法规规章得到切实的遵守和执行，社会公平正义得到有效维护和切实保障，城市规划、建设、管理和服务全面纳入法治轨道，市场经济秩序开放透明、诚信安全，与法治社会相适应的市民法治意识得到全面加强。"

按照《实施意见》，开展法治城市创建的重点是要抓好以下八项工作。

（1）加强法治建设，依法保障城市运转规范有序。有立法权的市要根据国家法律法规，制定完备的地方法规和政府规章，其他各市要针对城市现代化

---

① 刘旺洪：《法治城市建设的基本框架论要》，《甘肃政法学院学报》2011年第1期。

发展实际，进一步加强法律法规实施的配套制度建设，不断完善保障城市规划、建设、管理和经济社会有序运行的地方法规和规章制度，切实保障公民和组织依法行使权利、履行义务、维护权益，为城市全面、协调、可持续发展提供法制保障。从城市经济社会可持续发展的客观实际出发，把制定地方性法规规章制度与改革发展稳定的大局紧密结合起来，集中民智、反映民意、保障民生，增强建章立制的科学性、民主性、可操作性，提高制度建设的质量和实效，确保国家法律法规的贯彻实施。坚持法制统一，及时清理、修改和废止不适应形势发展、与上位法相抵触的法规规章和制度，细化补充国家法律法规规定，依法调节各种经济社会利益关系，保证国家宪法法律有效实施，切实维护法制统一。

（2）坚持依法行政，不断提升城市依法管理服务水平。健全完善党委、政府依法决策、民主决策、科学决策机制，全面贯彻执行党政领导班子决策的征询、听证、合法性审查、集体决定、实施情况评估和责任追究制度。以扩展公共服务领域、提升公共服务水平为导向，进一步推进政府职能转变，加快政府行政管理体制改革，规范机构设置，加强机构编制管理，合理界定政府部门职能和权限，健全部门间协调配合机制。合理界定市、县（市、区）和乡（街道、镇）三者之间的职能权限，健全事权、财权相统一的政府管理体制，推动服务型政府建设，服务发展、服务企业、服务民生。深入推进基层群众自治，实行政府行政管理与基层群众自治的有效衔接和管理互动。依法规范行政权力的运行，认真贯彻各项行政法律法规，推动行政权阳光、透明、高效运行。强化对行政权力的监督，严格落实行政执法责任制，加大行政复议、行政诉讼工作力度，使行政权力的运行和监督更加适应法治政府、责任政府建设要求。按照普遍、公正、权威的要求，努力构建行政争议多元调解机制，不断满足人民群众对依法行政、公正执法的期望。建立健全政府信息公开制度，加强电子政务建设，大力推进政务公开。建立健全规范性文件的管理制度。严格规范性文件的制定权限和发布程序，完善政府规章和规范性文件的备案审查制度，建立规范性文件定期清理制度。按照《公务员法》的要求，加强公务员法律知识培训及年度工作考核，加强行政执法队伍建设。

（3）坚持以人为本，依法维护和保障人民群众切身利益。充分发挥人民代表大会和人民政协的重要作用，密切人大代表、政协委员与人民群众联系制度，充分保障人民群众参与各项事务的民主权利。强化人大对"一府两院"的监督，确保其依法履职、公正规范执法。深化基层民主政治建设，全面落实民主选举、民主决策、民主管理、民主监督和社区事务公开，不断完善社区自治组织的自我管理、自我服务、自我教育、自我监督。广泛开展基层执法评议活动，切实将人民群众的知情权、参与权、表达权、监督权落到实处。建立健全与经济社会发展相适应的社会保险、社会救济、社会福利、优抚安置和社会互助相结合的社会保障体系。完善以职工代表大会为基本形式的企事业单位民主管理制度，积极推动基层民主法治建设向非公有制领域延伸发展。依法保护劳动者特别是农民工的合法权益，依法及时有效解决土地征用、房屋拆迁、企业改制、社会保障、医疗卫生服务等人民群众关注的突出问题。贯彻落实教育法律法规，严格规范教育收费行为，建立健全以教育优先、教育均衡、教育扶持等为重点的政策规范，推动教育资源分配公平，切实维护广大市民享有的受教育权利。加大文化体制改革力度，严格文化市场执法监管，大力繁荣社会主义文化市场，构建覆盖城乡、惠及全民的公共文化服务体系，有效保护广大市民的文化权利。

（4）完善市场秩序，依法调整经济社会关系。依法打击各类经济犯罪活动，依法调节规范各类经济关系、各类市场主体行为，维护社会主义市场经济秩序。严格落实经济法律法规规章和政策，全力打造统一、开放、竞争、有序的市场体系，促进各类市场主体公平竞争、共同发展。制定和实施知识产权保护战略，严格著作权、商标权和专利权保护制度。严厉打击各类侵犯知识产权和制售假冒伪劣商品的违法犯罪行为，建立健全假冒伪劣商品和欺诈经营行为的监督、投诉和处置机制。制定完善鼓励企业自主创新的制度规范，努力构建政府、科研院所和企业有机结合的自主创新工作机制。深化企业法律风险防范机制建设，指导企业加强内部管理制度建设、规范外部经营行为，引导企业积极履行和承担社会责任，推动企业长远发展、健康运行。加强社会诚信体系建设，加快建设信用数据交换平台，建立信用征信系统，构建信用等级、信用监管制度以及失信惩戒机制。强化公民、企业、法人及其他组织依法纳税意识。

（5）坚持公正司法，依法维护社会公平正义。坚持有法必依、执法必严、违法必究，建立健全覆盖执法全过程的制度体系，规范执法行为。认真贯彻落实中央关于司法体制和工作机制改革的决策部署，优化司法职权配置，实施宽严相济的刑事政策，严格执法办案，实现法律效果、政治效果与社会效果的统一。积极开展公正司法示范创建活动，着力加强政法队伍建设，提升规范执法水平。加强对立案、侦查、批捕、起诉、审判、执行等重要环节及人财物等关键岗位的权力行使的监督，严格执行过错责任追究、问责和案件评查制度，落实执法监督巡视制度和涉法涉诉信访源头倒查整改制度。加强执法信息化建设，大力推行网上办案，认真落实办案公开制度，探索建立公开机制和实践平台，拓展警务、检务、审判和狱（所）务公开范围，落实人民陪审员、人民监督员制度。进一步建立健全司法便民利民举措。建立健全法律援助、司法救助、社会救助制度及其互相对接的运行机制，拓展和规范法律服务，建立法律服务质量监督体系，确保各类社会群体平等获得司法保护，广大公民特别是社会弱势群体合法权益得到切实保障。

（6）坚持平安创建，依法保障城市和谐稳定。依法严厉打击各类违法犯罪活动，大力整治影响社会稳定的突出问题，维护社会和谐、保障人民安居乐业。全面落实社会治安综合治理各项措施，进一步完善治安防控体系和矛盾纠纷大调解机制，不断健全预防青少年违法犯罪工作网络，落实刑释解教人员安置帮教、社区矫正工作，完善城市应急管理机制建设，积极预防和依法妥善处置各类突发公共事件，确保社会治安状况良好。加强安全生产监督管理。按照"安全第一，预防为主"的方针，严格执行安全生产法律、法规，健全安全生产责任制，完善安全生产条件和劳动保护措施，全面提高安全生产综合管理水平，严肃查处重大安全生产事故。加大食品药品安全监管力度。切实贯彻落实《食品安全法》，健全食品安全监控和紧急处置机制，对与人民生活密切相关的食品、药品行业实行有效监管，依法及时查处食品药品安全违法犯罪行为。加强公共卫生安全监管工作，健全覆盖城乡居民的公共卫生服务体系。

（7）弘扬法治精神，不断增强市民的法律素质和公民意识。扎实开展社会主义法治理念教育，把社会主义法治理念教育列为领导干部理论学习的重要内容，纳入各级党校、行政学院培训计划，开设社会主义法治理念课程。建立健全领导干部学法和任前法律考试制度，加强领导干部学法用法、执法守法情况考核，把领导干部学法用法、执法守法情况列入述职述廉内容。深化法制宣传教育。针对不同类型的对象开展普法教育，做到"干什么、学什么"，讲求实效，学以致用，加强公民意识教育，树立社会主义民主法治、自由平等、公平正义理念，引导公民自觉维护法律权威，依法行使权利、履行义务，依法表达利益诉求，自觉遵守公共秩序。广泛开展法律进机关、进乡村、进社区、进学校、进企业、进单位等活动，形成人人学法、守法、用法的社会氛围。加强法治文化建设。发挥现代传媒优势，在电视、广播、报刊、网络开辟法治宣传专栏、专版、专题，发挥新闻舆论监督作用，引导社会舆论、弘扬法治精神、关注法治进程、建设法治文化。加强法治文艺的创作、演出和推广，丰富专业性与群众性相结合的法治文艺活动。建设法治文化广场、公园、街区等法治文化宣传阵地，加强法治理论研究，营造良好的社会环境和文化氛围。

（8）构建生态文明，依法打造宜居环境。科学制定城市发展总体规划，正确处理城市现代化建设与城市历史文化传统的继承和保护之间的关系。加强对城市基础设施、公共设施建设和建设市场的监管，保障工程建设质量安全。加快城市管理综合执法体制改革，合理配置城市行政管理权力。建立健全科学、系统、完整的城市管理评价指标。规范城市市政公用设施、交通安全、商业网点及通信、水电气等市政公用服务行为。拓宽市民参与城市管理渠道，不断提高城市依法管理服务水平。加强城市生态建设，依法强化城市环境综合治理，积极开展城市大气、水、土壤、固体废弃物污染等整治活动。切实贯彻落实环境保护和节能减排的法律法规，健全环境安全监控和突发事件处置机制，建立企业环境行为信息公开制度，及时查处环境违法行为。大力开展全国绿化模范城市、国家生态市创建活动，加强生态农业园区、环保工业园区、生态村镇建设，确保城市生态环境、居住环境良好。

二 江苏法治城市创建工作前期总体实施情况

继2009年出台《关于全省开展法治城市创建活动的实施意见》后，2010年，江苏省颁发了《关于深入推进法治城市创建工作的通知》，明确当年需要突破的十二项工作重点，着力提升城市法治化建设水平；2011年，江苏省委、省政府"两办"印发了《江苏省法治城市、法治县（市、区）创建工作考核办法》，明确了江苏法治城市创建方向；2012年，江苏省依法治省领导小组又印发了《江苏省 2009—2012 年法治城市创建考核内容及评分标准》，其中权力行使得到规范、行政行为得到有效监督和约束、依法维护和保障公民合法权利等 23 项具体要求被纳入了该标准。"依法维护和保障公民合法权利"比重最大，占考核分值的 10%，充分彰显了法治城市创建约束公权、维护民权的本质要求。[①]

自 2010 年起，江苏省 13 个省辖市都进行了动员部署并制定了法治城市创建实施方案，全省法治城市创建工作全面启动。

各市紧紧围绕城市制度体系健全完善协调运作、城市生活方式健康开放品质优良、城市资源禀赋有效利用可持续发展、城市文化底蕴永续传承内涵彰显等方面设定创建活动基本目标，以切实可行的法治工作举措，促进提升城市发展承载能力、民生权益保障能力、防范化解风险能力、公民意识培育能力、城市综合创新能力、综合服务能力、综合管理能力、和谐社区建设能力，努力走出一条符合时代要求、具有城市特色、保障科学发展的法治之路。

无锡、南京、苏州、南通等城市结合城市特征与区域特点，将城市发展对法治的需求作为创建的重要内容，以法治保障城市规划、建设、管理和经济社会的有序运行，围绕人民群众对民主法治的新期待，相继探索建立了法治城市绩效自测评估体系，着力推动法治城市创建工作，法治城市创建呈现出了与率先发展、跨越发展、和谐发展互为保障、互为推动、互为促进的良好态势。

2010 年 9 月，无锡市发布《无锡市法治城市创建评估指标体系》，组织独立机构定期发布自测评估报告，为党委、政府决策提供参考依据。无锡市法治城市创建评估指标体系包括提高党委依法执政能力、加强地方法治建设、全面推进依法行政、坚持公正廉洁司法、深化法制宣传教育、加强经济法治建设、依法加强社会建设、深化治安综合治理、扎实推进创建工作等 9 项一级指标，并细化为与部门职责对应的 34 项二级指标和 131 项三级指标，总分值为 100 分。

2010 年 4 月，南京市出台《关于开展法治城市创建活动的决定》，以"中心城市率先基本实现法治化"为目标，让法治建设工程与党建创新工程、综

[①] 柏佳春、袁涛：《法治汇聚城市发展正能量——江苏省法治城市创建工作剪影》，中国江苏网，http://news.jschina.com.cn/system/2013/01/16/015968565.shtml，最后访问日期：2013 年 2 月 10 日。

合改革工程并驾齐驱,成为"十二五"时期全市重点实施的"三大工程"之一。2012年3月,南京市委颁布《关于实施法治建设工程的意见》,部署开展依法决策水平、地方法治建设、法治政府效能、司法公信力、全民法律素质、基层法治创建"六项提升行动",着力形成与省会中心城市示范引领功能相适应的法治创新体系。

近几年来,徐州市委、市政府始终重视法治徐州建设,把法治城市创建工作摆上重要位置,围绕"依法行政、公正司法、普法教育"三大重点,突出"五化"措施,增强创建"五力",走出了一条具有徐州地域特色的法治建设新路。徐州市2009年11月出台下发《关于开展法治城市创建活动的实施意见》,明确了开展法治城市创建活动的指导思想、工作原则和总体目标,并提出了"崇尚法治、法制完备、依法行政、公正司法、监督有效、高效便民"的法治城市目标定位。同月还颁布了《徐州市法治城市创建工作考核实施办法(试行)》,规定了考核的对象和方式。对承担行政执法、司法、法制宣传教育等方面职责的市相关部门实行定量考核;对承担依法执政、地方立法、经济法治建设、基层民主政治建设、法律服务以及法治监督等方面职责的市相关部门实行定性考核。此外,考核实施办法还明确了考核的内容和等次、考核程序以及考核结果的运用。

2012年上半年,南通市委、市政府召开争创全省首批法治城市创建工作推进大会,明确了法治城市创建的目标和任务,同时下发《南通市争创全省首批法治城市创建工作先进市目标任务书》,对法治城市创建实施项目化推进;组建督查组,对创建工作完成情况进行定期督查,并定期分专题组织人大代表、政协委员对创建活动进行视察检查;组织市级机关与社区开展法治城市结对共建活动。

近年来,扬州市把法治城市创建列为建设"幸福扬州"的重要内容和世界名城建设的重要特质,健全重大项目全过程政务和司法服务保障机制,严格落实合法性审查和社会稳定风险评估工作。扬州市在法治城市创建中,突出城市特色,采取了建设法治文化阵地、公开征集和运用法治扬州标识、命名市级法治文化教育阵地、建设法治文化传播网站、实施法治文化解读工程等措施,精心打造法治城市的文化品牌。

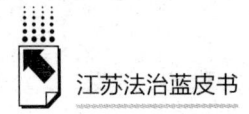

连云港市将法治城市创建作为提升沿海大开发核心竞争力和增强人民群众幸福感的内生要素,以法治城市绩效指标体系为指引,全面深化严格执法、公正司法、全民守法。连云港市法治城市创建的重点表现为四个方面:一是加强领导干部特别是各部门"一把手"依法执政意识和依法执政能力的提高;二是加强依法行政和公正司法;三是加强对青少年、农民等重点人群的法制教育;四是加强经济法治建设以及维护社会和谐稳定等。

针对市依法治市领导小组办公室提交的《关于开展法治城市创建活动的实施意见》,常州市开展专题研究,把法治城市创建放在三个方面:一是突出依法执政、依法行政;二是突出公正司法、公平正义;三是突出学法知法守法。在法治城市创建的路径上,常州市坚持法治城市创建与创新型城市、文明城市建设相结合,推动法治城市创建成为提振发展信心、放大发展效应、凝聚发展共识、增强发展后劲的有力载体。①

三 2013年江苏省深化法治城市创建的各项举措

法治城市创建对于贯彻落实依法治国方略、服务科学发展、营造和谐稳定的社会环境和公正高效权威的法治环境等具有重要意义。自2009年江苏省部署开展法治城市创建活动以来,"法治"保障和促进城市科学发展的作用日益显现。人民群众对法治建设的满意度从2010年的84.53%稳步提升到2012年的87.4%。② 2013年6月,常州市、徐州市、扬州市、无锡市4个省辖市被评为全省首批法治城市创建工作先进单位。2013年3月,常州市和金坛市还分别被全国普法办表彰为全国法治城市、法治县(市、区)创建活动先进单位。目前,江苏已形成了"以法治城市、法治县(市、区)为主体,以依法行政、公正司法、法治文化示范点为支撑,以乡镇(街道)、机关、企事业单位为基础"的法治城市创建体系。

---

① 陈旭、柏佳春、吕朝阳:《汇聚城市发展正能量——江苏法治城市创建剪影》,《江苏法制报》2013年1月31日,第1版。
② 陈旭、王志高:《法治城市创建 助推经济社会发展》,《江苏法制报》2013年7月30日,第A01版。

深化法治城市创建　推进区域法治发展

2013年的法治江苏建设以法治城市创建为重要载体和抓手，从立法、法治政府、公正廉洁司法、法治文化、法治惠民工程等方面展开。

1. 完善立法，保障法治城市创建有序推进

城市在其根据地方性特点和事项进行地方性立法时，必须体现与保障立法的科学与民主性，这是实现城市法治的法律前提。在2013年11月出台的《江苏省人大常委会2013—2017年立法规划》全部112件项目中，与法治城市创建工作相关的项目有12项：江苏省循环经济促进条例、江苏省食品小作坊和食品摊贩管理条例、江苏省社会治安综合治理条例（修改）、江苏省机动车排气污染防治条例（修改）、江苏省大气污染防治条例、江苏省节约用水条例、江苏省湿地保护条例、江苏省建筑节能条例、江苏省气候资源保护和开发利用条例、江苏省公共文化服务促进条例、江苏省行政执法监督条例、江苏省城市管理相对集中行政处罚权条例。

2013年3月，经省人大常委会批准，南京市正式实施了国内首部城市治理地方法规——《南京市城市治理条例》，将城市管理理念提升为城市治理理念，对执法队伍的执法身份、执法权限、执法保障和执法责任等事项都做了详细规定。同时，南京市还组建了以市长为主任的城市治理委员会，公众委员超过了50%，形成了法治理念下的城市治理新格局。① 2013年6月，《南京市人大常委会2013—2017年立法规划》（以下简称《规划》）出台，该《规划》的指导思想之一就是围绕城市建设管理，为可持续发展提供法制保障。

2013年，徐州市也非常注重城市管理相关立法。通过充分调研论证和广泛征求意见，徐州市对消防条例、城市绿化条例、城市客运出租汽车条例和水上交通安全管理条例进行修订，使得这些法规更具有针对性和可操作性。对徐州市城市建筑物外立面管理条例等6个立法项目开展调研。

2013年，无锡市人大常委会颁布了《无锡市轨道交通条例》，对轨道交通的管理体制、规划编制、综合开发、运营管理、安全保护区管理以及应急管理等，明确了法律规范。此外，为推动节水型城市创建，珍惜水资源，缓解水质

---

① 《南京城市管理从"单管"走向"共治"》，《领导决策信息》2013年第40期。

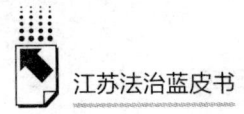

型缺水矛盾，2013年7月无锡市还出台《无锡市水资源节约利用条例》，明确了"常规水资源注重节约、非常规水资源强调利用"原则，规定了最严格的水资源管理制度，强化了水资源节约和利用等各项措施。

2. 强化法治政府，提升城市治理能力

如何规范政府权力，为其权力划定边界是创建法治城市的关键。依法行政、建设法治政府是江苏推进法治建设的三大重点工作之一。江苏省把法治政府建设水平位居全国前列作为核心目标之一，提出率先建成法治政府和服务型政府。在深化改革、创新治理、简政放权、规范执法、强化监督等方面取得了重要阶段性成果：一是2013年新取消和下放省级行政审批事项126项，市级审批事项精简率超过70%，县（市、区）平均下放20个试点镇行政权力300余项，建立覆盖省、市、县、乡镇各级的政务服务中心网络；二是2013年全省行政机关负责人出庭应诉率达到91.12%，实现常态化；三是完善全省行政执法案例指导、行政执法专项执法监督、基层行政执法评议等制度。①

"权力运行"的效率与透明度和群众对权力运行机制和方式的满意度一直是法治政府建设的重要参照指标。2011年10月，南京建成南京市政务服务中心作为面向企业和社会公众办理行政许可、非许可审批、公共服务事项和公共资源交易的综合性服务平台。南京市政务服务中心（公共资源交易中心）的电子化、网络化"智慧政务"工作模式令人印象深刻，截至2013年5月，中心已办结的25.24万件次政务服务事项，窗口服务群众现场评价的满意率达到了99.99%，平均办理事项的时间也由2011年12月的8.65天下降到2013年5月的4.42天，服务效率提升了48.9%。②

常州市加强领导干部学法用法工作，在全省率先实施非人大任命干部任前法律知识考试制度，成立政府法律顾问团，不断完善各级党委（党组）中心组学法制度，推行领导干部述职述廉述法考评，开设"龙城讲坛·法律教室"干部课堂，各级领导干部的法治意识不断增强。为建设人民满意的服务型政府，在全省率先制定《常州市行政执法程序暂行规定》，推进"三合一"平台

---

① 丁国锋：《执法要为民　决策须依法　违法当问责》，《法制日报》2014年3月11日，第2版。
② 丁国锋：《南京推行简政放权效率提升48.9%》，《法制日报》2013年6月26日，第6版。

政府法制监督系统建设的做法和经验在全省推广，行政调解工作获全省政府法制工作创新奖，行政审批服务事项91.19%集中在市行政服务中心办理，社会测评满意率超过98%。①

徐州市深化行政审批制度改革，通过对行政审批事项多次清理，全市取消或转变管理方式审批项目216项，市级行政审批事项大幅压减，由原来的758项减少到462项，压减比例为39%。全面加强四级行政便民服务网络建设，服务窗口办事时限由过去最多的60个工作日压减到6.9个工作日，17个部门窗口审批率、现场办结率达100%。推行行政权力网上公开透明运行，审核行政权力4156项，涉及信息10万余条，网上办件量居全省前列，保持优秀等次。建立行政执法与行政审判联席会议制度，定期考核通报复议和诉讼情况。行政案件总量、行政案件败诉率逐年下降，行政机关负责人出庭应诉率逐年上升。2012年，行政诉讼案件量同比下降21.5%，败诉案件量下降69.2%，行政机关负责人出庭应诉率达到97.4%。②

3. 公正廉洁司法，增强司法人员办案能力

2013年，江苏省各级法院继续实施"看得见的正义"工程，努力提高审判工作透明度。增强立案公开实效，全省各级法院积极探索通过手机短信向当事人告知立案审查节点信息。建成互联网庭审视频直播平台，举行庭审视频直播920场次。加大裁判文书公开力度，在互联网公布生效裁判文书125434份，同比增长115.44%。联合有关单位召开新闻发布会、记者通气会18场次，及时向社会发布审判信息。③ 全省所有法院均建成门户网站，绝大多数法院开通了官方微博，社会关注度不断提高。据中国社会科学院法学研究所调查统计，江苏省法院司法透明度处于全国高级法院第二位。④ 为深化检务公开，2013年江苏省检察院制定专门工作意见，明确规定除涉及国家秘密外，各级检察院一律将执法办案的依据、程序、过程和结果依法对外公开。在基层检察院开展公

---

① 常政轩、杨杰：《我市荣膺全省法治城市创建工作先进单位》，《常州日报》2013年7月31日，第A01版。
② 《徐州走出一条具有地域特色的法治建设新路》，《江苏法制报》2013年2月5日，第A03版。
③ 相关数据来自《2014年江苏省人民检察院工作报告》。
④ 相关数据来自《2014年江苏省人民检察院工作报告》。

开终结性法律文书试点工作,主动接受社会查询和监督。全面整合升级江苏检察网,开通官方微博"江苏检察在线",及时传递检察资讯。省检察院还就生态环境司法保护、虚假诉讼监督、打击危害民生民利犯罪等问题,多次召开专题新闻发布会,及时回应群众关切。

为增强法官司法能力,江苏法院系统完善和落实初任法官宣誓和青年法官导师制度,开展办案标兵和审判业务专家评选、法官视频培训日、司法讲堂等活动,提升法官审判业务和群众工作能力,省法院举办培训班31期,培训干警5584人次。江苏省检察院围绕队伍建设狠抓落实。举办全省十佳公诉人、侦查监督办案能手评比等活动,开展案例教学,对办案一线干警进行有针对性的培训,检察干警的执法、司法水平普遍提高。①

4. 积极创新,探索法治文化建设新途径

自2011年"六五"普法工作启动以来,江苏省把法治文化建设作为工作主线,积极创新探索法治文化建设的新途径,出台江苏省"法治文化建设示范点"创建标准,并命名首批25个农家书屋法治文化建设示范区和37个省级法治文化建设示范点。

截至2013年,江苏省共创作法治故事2724篇、法治动漫作品406件、法治美术作品7082幅、法治电视短剧133部、法治文艺作品4061部,极大繁荣了全省法治文化作品。南京市的"百花齐放"工程、苏州市的法治微电影创作大赛、常州市拍摄的新中国第一任司法部长史良的传记电视片、镇江市的网络普法联盟、徐州市的法治文化八大主题活动、宜兴市征集"法治陶苑"形象标识等,组成了江苏省法治宣传教育工作一道亮丽的风景线。

此外,江苏省还积极拓展法治文化建设空间,把法治文化渗透到传统民俗、地方戏曲、地域风情、故事动漫等各类艺术形态中去。全省共组建了2629个基层法治文艺团队,长年开展"法治文艺乡村行"。靖江市的法治文化"三建三行"、宿迁市宿豫区的法治文化村村行、盐城市的"百案说法村村行"等活动贴近群众生活实际,深受欢迎,广受好评。②

---

① 相关数据来自《2014年江苏省人民检察院工作报告》。
② 于呐洋:《江苏法治文化建设驶上快车道》,《法制日报》2014年1月18日,第1版。

5. 以民生为本，实施法治惠民工程

惠民利民是法治城市创建的出发点和落脚点。2013年，江苏省各地、各部门坚持问题导向和民生导向，积极运用法治思维和法治方式解决人民群众关注的热点、难点问题，共实施法治惠民实事工程1729项，其中重点领域包括：环境保护、食品药品安全、征地拆迁、教育收费、医疗卫生、权益保障、交通文明、规范市场行为、公众安全等，这些举措有力提升了法治江苏建设的社会认可度。

2013年，江苏省民政厅重点在全省农村社区推进"政社互动"，省交通厅在全省交通系统开展了"礼让斑马线，文明我先行"活动，省经信委则在全省大中型企业开展了"法治惠企"工程。

2013年，江苏省各省辖市在实施法治惠民工程中更是各具特色。各地召开法治惠民实事工程新闻发布会，邀请市民参与和监督。发布会上，各地电视台和门户网站对发布会进行全程视频直播，法治惠民实事项目承办单位负责人分别对项目做具体介绍，并向社会各界做出"向人民承诺、请人民监督、让人民满意"的庄严承诺。南京市以规范市场秩序为抓手，确保亚青会成功举办；徐州市针对老百姓反映的行政机关"门难进、脸难看、事难办"，深入实施"百姓办事零障碍"工程，着力提高行政效能，推进权力运行公开透明；苏州市连续多年开展"关爱民生法治行"活动，以此提升法治建设的社会认可度；镇江市建立劳动关系监测网络和劳资矛盾预警系统，积极构建和谐劳动关系。

江苏省还积极开展法治成效评判活动，由民意调查中心开展第三方电话测评，请广大群众评判法治建设。具体举措是让广大人民群众对法治惠民实事项目的实施进行评议打分，测评结果纳入法治建设考核。同时，还通过其他形式征询社会各界和人民群众的意见建议，让人民群众对本地法治建设拥有更多的话语权，确保将"社会是否认可、群众是否满意"作为法治建设的最终评判依据。国家统计局江苏调查总队数据显示，2013年，全省人民群众对法治建设的满意度接近90%。①

---

① 吕朝阳、柏佳春：《江苏，1729件法治惠民实事提升社会认可度》，《江苏法制报》2014年2月18日，第A01版。

四 2014年法治江苏建设要点展望

2014年是全面深化改革和党的十八届三中全会明确提出"推进国家治理体系和治理能力现代化"的开局之年，也是法治江苏建设紧紧围绕法治中国建设的目标任务，努力构建全国法治建设先导区的关键之年。

（一）2014年江苏地方立法

2014年江苏省人大将制定和修改农村扶贫开发条例、大气污染防治条例、保护和促进香港澳门同胞投资条例、企业技术进步条例、建筑节能条例、人口与计划生育条例、关于地方人民政府规章设定罚款限额的决定等14件法规。这14件法规中，有关"单独两孩"政策的人口与计划生育条例的修改本来是2015年的立法计划，由于中央政策的调整，提前到2014年。此外，2014年还将对循环经济促进条例、养老服务条例等14个立法项目开展调研。

2014年江苏省将继续注重提高立法质量。具体措施包括以下三个方面。一是充分发挥人大在立法中的主导作用。从全局长远的角度和人民群众根本利益的立场考虑问题、正确决策，把握立法主导权，防止地方保护和部门利益法治化。二是大力推进科学立法、民主立法。采取措施鼓励和引导公众积极参与立法讨论，扎实做好立法座谈、听证、论证、评估等工作，使法规经得住实践检验和群众评判。三是切实增强法规的针对性和可操作性。把握客观规律，贴近改革发展的实践，用立法及时回应人民群众的关切，实行精细化立法，立法条文做到具体、明确，可操作性强。

（二）2014年江苏法治政府建设

2014年江苏法治政府建设的重点之一是要主动适应市场在资源配置中起决定作用的要求，加快政府职能转变。《2014年法治江苏建设工作要点》明确提出，"推动政府进一步简政放权，减少和下放行政审批事项"，"扩大政府购买服务，完善政务服务体系，规范公共服务功能，形成政府服务热线与网上审批、服务大厅三位一体联动互补格局","加快建设省级政务服务中心,积极探索政务中心与公共资源交易中心一体化模式,构建综合高效的政务服务平台,所有面向社会服务的政府部门以及公共事业领域都要实现办事项目有关信息的充分告知"。同时,减少行政执法层级,加强食品药品、环境保护、劳动保障、安全生产等重点领域基层执法力量,积极探索建立行政执法人员资格等级制度。为预防和化解行政争议,将"逐步在县级以上政府设立行政复议委员会,推进行政复议受理环节下移,扩大行政服务中心和乡镇、街道设立受理点(窗口)覆盖面"。

(三) 2014年江苏司法改革探索

党的十八届三中全会审议通过的《中共中央关于全面深化改革若干重大问题的决定》明确提出,"确保依法独立公正行使审判权检察权","改革司法管理体制",在这一精神的指导下,2014年江苏法院和检察院的相关改革举措值得关注。

2014年江苏法院部署的改革举措包括以下几个方面:一是稳步实施法院人员分类管理制度改革,深化书记员管理体制改革,探索建立法官员额和法官助理制度,逐步完善法官选任制度;二是抓好审判权运行机制改革试点工作,完善主审法官、合议庭办案责任制,努力实现让审理者裁判、由裁判者负责;三是做好涉法涉诉信访制度改革相关工作,不断提高涉诉信访工作法治化水平;四是推进知识产权专门法院试点工作,完善资源环境案件集中审判工作机制。①

2014年江苏检察院部署的改革措施包括:一是建立检察机关终结性法律文书公开机制,健全公开审查、公开答复制度,保障群众知情权、参与权、监督权;二是推进涉法涉诉信访工作机制改革,引导群众依法维护自身合法权益;三是广泛实行人民监督员制度,拓展人民群众有序参与和监督司法的渠道;四是推行检察官办案责任制,科学划分执法办案权限,完善执法办案责任体系;五是严格落实非法证据排除制度,加强人权司法保障。②

---

① 参见《2014年江苏省高级人民法院工作报告》。
② 参见《2014年江苏省人民检察院工作报告》。

（四）2014年江苏法治文化建设

2014年是《法治江苏建设纲要》颁布十周年，江苏将在巩固法治文化阵地和平台体系建设的基础上，不断完善便民快捷、常态运行的法治文化服务功能，努力提升法治文化阵地的作用；探索建立省级法治文化研发中心、研发专家库，加大法治文化作品资源集中研发力度，推出一批法治文化新产品，教育引导广大群众遵纪守法、理性表达诉求、维护合法权益；组织开展江苏省第二届"十大法治事件、十大法治人物"评选和第三批"省级法治文化示范点"创建命名活动；成立江苏地方法治研究会，完善法学理论研究和法治实践动态联席会议机制。

（五）2014年江苏法治城市创建

江苏在已有法治创建体系的基础上，2014年法治城市创建深化的方向是以下三个方面。一是进一步加强基层民主法治建设水平，推动社会治理重心下移，不断完善社区管理体制和服务网络，着力提升基层社会治理能力。推广"政社互动"，明晰基层政府与基层群众自治组织的权力边界，构建社区、社会组织、社区工作专业人才"三社联动"机制，实现政府治理和社会自我调节、居民自治服务良性互动；积极培育发展社会组织，强化行业自律，增强各类社会组织承接政府转变职能、参与社会治理的能力。二是落实党的十八届三中全会的要求，建立科学的法治江苏建设指标体系。围绕构建法治建设先导区目标，探索建立法治城市、法治县（市、区）考核标准，研究制定省级机关法治创建细则，出台江苏省企业社会责任评价办法，改进考评办法，推动创建从达标评比型向绩效管理型转变。三是围绕涉及群众利益、事关法治建设的实际问题，继续办好法治惠民实事。扎实推进省级九项法治为民实事，完善法治惠民长效机制。要求各地在组织实施省级法治为民办实事项目这一"规定动作"的同时，还要结合自身实际开展一些"自选动作"，联动实施法治实事项目，努力实现法治实事成效和人民群众对法治建设满意度的双提升。

分 报 告
Segmental Reports

2013年江苏人大工作的进展

屠振宇*

摘　要： 2013年是新一届江苏地方人大工作的开局之年。针对地方建设的实际需要，江苏省地方各级人大依据宪法和法律的授权，认真履行各项法定职权，在立法、监督、代表工作和自身建设方面，都取得了一定的进步和发展。

关键词： 立法规划　地方立法　人大监督　预决算监督　代表工作

一　立法规划有提高

"编制立法规划是从事立法活动的重要环节，是保证立法工作有目的、有

---

* 屠振宇，南京师范大学法学院副教授，法学博士。

步骤进行，合理安排立法时序，提高立法质量的基础性工程。"① 从全国范围来看，全国人大常委会从1991年开始编制年度立法规划，从第八届开始每届届初之年都制定五年立法规划。1993年省一级地方人大换届，江苏等多个省份效仿全国人大常委会的做法，开始编制五年立法规划。20多年来，江苏省人大常委会一直十分重视立法规划编制和落实工作，以五年为周期，对立法工作做出提前预判和统筹安排。在2013年新一届人大常委会工作的开局之年，制定五年立法规划的任务，再次摆到了新一届省人大常委会面前。为了切实编制好本届五年立法规划，省人大常委会做了大量细致的工作。

一是运用多种渠道，广泛征集提案、征求意见。省人大常委会办公厅在2013年4月底通过《新华日报》、省人大网站等发出征集五年立法规划项目建议的公告，公开征求社会各方面的立法项目建议。同时，发函向省各有关部门和单位以及400多名全国人大代表和省人大代表征集立法项目建议，并委托13个省辖市人大常委会征集立法项目建议。此外，还收集、整理了近3年省人代会上人大代表的议案、建议和省政协十一届一次会议委员提案中涉及的立法项目建议。规划草案起草形成后，省人大常委会办公厅再次通过《新华日报》、省人大网站等发布公开征求意见的公告，还书面征求800多位省人大代表和13个省辖市人大常委会的意见。②

二是进行深入调研、充分协调论证。为了增强规划编制的科学化、民主化水平，2013年5月底，在分管这项工作的省人大常委会副主任公丕祥的带领下，组织3个调研组分赴13个省辖市开展立法规划编制工作调研，召开了由各市人大常委会有关委员会、市法院、市检察院、市政府有关部门、有关人民团体和社会组织以及部分县（区）人大常委会负责同志参加的座谈会，听取方方面面对五年立法规划编制的具体意见和建议；6月中旬又召开三场立法规划编制工作征求意见座谈会，分别听取省有关部门、企事业单位和高校、科研机构的意见。同时，为了在众多的立法项目建议中遴选出有价值的建议，科学合理地确定立法项目，编制工作领导小组办公室在省人大常委会各相关委员会

---

① 《江苏省人大常委会2013—2017年立法规划出台》，《新华日报》2013年11月7日。
② 《江苏省人大常委会2013—2017年立法规划出台》，《新华日报》2013年11月7日。

和省政府法制办的积极支持和配合下,对这些项目的必要性、可行性、成熟程度,与上位法的关系等逐一进行分析、研究,扎实做好项目筛选工作。此外,专门召开省人大常委会部分组成人员座谈会和本届常委会新聘的立法咨询专家论证会,充分听取他们对五年立法规划项目的意见,并多次与有关方面反复协商论证,为做好规划编制工作打下了坚实的基础。①

通过以上工作,本届人大常委会五年立法规划的民主化、科学化水平进一步提高,规划内容与时俱进、均衡协调。以往由于受"以经济建设为中心"思想的影响,过于偏重经济立法,以致立法规划长期呈现出经济领域立法项目为主、社会等其他领域立法项目为辅的局面。"江苏省八届人大五年立法规划共编列66件项目,其中经济项目有33项,占总数的50%;九届共编列76件项目,其中经济项目46件,占60.5%;十届共编列86件项目,其中经济项目38件,占44.2%;十一届共编列92件项目,其中经济项目50件,占54.3%。"② 而在本届人大常委会五年立法规划中,这一趋势有所改变,在继续完善经济立法的同时,统筹兼顾政治、文化、社会、生态文明建设领域的立法,使立法规划更加贴近发展大局、更加符合省情实际、更加顺应群众期盼。

《江苏省人大常委会2013—2017年立法规划》共安排立法项目112件,其中正式项目59件、调研项目53件。主要围绕五个方面:一是推动转变经济发展方式、规范市场经济秩序,安排正式项目22件、调研项目14件,占规划项目总数的32.1%,主要有江苏省企业技术进步条例(修改)、江苏省循环经济促进条例、江苏省社会保险基金监督条例、江苏省价格管理监督条例(修改)、江苏省农业综合开发条例、江苏省农村扶贫开发条例等;二是保障和改善民生、加强和创新社会管理,安排正式项目16件、调研项目16件,占规划项目总数的28.6%,主要有江苏省养老服务条例、江苏省食品小作坊和食品摊贩管理条例、江苏省社会治安综合治理条例(修改)、江苏省医疗纠纷预防和处理条例、江苏省反对家庭暴力条例、江苏省预防未成年人犯罪条例等;三

---

① 《江苏省人大常委会2013—2017年立法规划出台》,《新华日报》2013年11月7日。
② 黎堂斌:《新时期地方人大立法规划问题与对策探讨》,《人大研究》2013年第1期。

是促进资源集约利用和环境保护、推动生态文明建设，安排正式项目11件、调研项目13件，占规划项目总数的21.4%，主要有江苏省机动车排气污染防治条例（修改）、江苏省大气污染防治条例、江苏省节约用水条例、江苏省湿地保护条例、江苏省建筑节能条例、江苏省气候资源保护和开发利用条例等；四是推动教育科学文化事业发展、促进文化强省和科技强省建设，安排正式项目4件、调研项目6件，占规划项目总数的8.9%，主要有江苏省公共文化服务促进条例、江苏省广播电视管理条例、江苏省职业教育校企合作促进条例、江苏省人民代表大会常务委员会关于促进全民阅读的决定、江苏省知识产权促进条例和江苏省文化产业促进条例等；五是加强民主政治建设、规范政府依法行政，安排正式项目6件、调研项目4件，占规划项目总数的8.9%，主要有江苏省实施《中华人民共和国村民委员会组织法》办法（修改）、江苏省乡镇人民代表大会工作暂行条例（修改）、江苏省行政执法监督条例、江苏省城市管理相对集中行政处罚权条例等。①

围绕上述五个方面，本届人大常委会立法规划做到了下列三个方面的协调：一是统筹兼顾、突出重点，既统筹兼顾全省经济、政治、文化、社会和生态文明建设"五位一体"的立法需求，又根据江苏省推进"两个率先"、实施"八项工程"的需要，优先安排了一批加快转变经济发展方式、保障和改善民生、推进新型城镇化建设、加强和创新社会管理、保护生态资源环境等重点领域的立法项目；二是实施性立法和创制性立法并重，既注重抓紧制定与法律、行政法规相配套的实施性法规，又注重在一些国家尚未立法而江苏省又迫切需要用法规加以规范的领域，主动开展创制性立法；三是坚持立、改、废相结合，把修改、废止法规与制定新的法规放在同等重要的位置，安排修改项目40件（占规划项目总数的35.7%），促进江苏省地方立法更好地适应国家法制进程和江苏经济社会发展需要。②

尽管取得了不小的成绩，但是立法规划编制工作仍存在较为突出的问题。一是项目来源依然存在偏窄的问题。"以前，地方立法项目绝大多数由政府报

---

① 《江苏省人大常委会2013—2017年立法规划出台》，《新华日报》2013年11月7日。
② 《江苏省人大常委会2013—2017年立法规划出台》，《新华日报》2013年11月7日。

送,人大一般不作深入的论证就直接列入立法规划,这大大限制了立法项目的来源范围,削弱了人大在立法工作中的主导地位,形成地方人大立法'等米下锅'的依赖性。"① 例如,八届、九届人大常委会的立法规划编制,没有设置征求社会公众意见这一环节,几乎全部是国家机关建议项目。为打破这种局面,江苏省人大常委会采取了多种措施提供立法规划的民主性和公开性,利用网络、媒体向社会公众广泛征集立法项目建议,但是项目来源偏窄、对政府依赖性强的状况并未根本改善。十届立法规划项目征集到345件建议,其中来自省有关部门和各市人大常委会的建议237件,占68.7%;十一届立法规划项目征集到422件建议,其中来自各委员会和有关厅局的建议313件,占74.2%。② 本届立法规划项目征集到建议557件,其中省人大代表提出立法建议项目19件,社会公众提出立法建议项目29件,企事业单位提出立法建议项目28件,共计76件,仅占13.6%。可见,政府部门等国家机关的建议仍是规划项目的主要来源。二是存在执行不彻底、变更随意性强的问题。八届实际制定了52件地方性法规,其中规划内项目33件,增加项目19件,规划完成率为50%;九届实际立法71件,其中规划内项目46件,增加项目25件,规划完成率为65.7%;十届实际立法62件,规划内项目43件,增加项目19件,规划完成率为63.6%。③ 在本届立法规划中,2013年立法计划完成10项,但最终完成7项,规划完成率为70%。

效仿江苏省人大常委会编制五年立法规划的做法,南京、无锡、徐州和苏州四地有立法权的人大常委会也都开展了五年立法规划的编制工作。例如,无锡市人大常委会经过4个多月的深入调研,数十次的座谈论证,编制形成了《无锡市十五届人大常委会立法规划》,确定了19件立法项目和7件立法调研项目。从编制的方式来看,大体上与江苏省人大常委会的做法类似,即罗列纳入五年立法规划的全部项目,在实施过程中再逐年出台每一年的立法计划。不过,也存在一些具体的差异。例如:在编制的主体上,徐州市由人大常委会主任会议完成,而不是人大常委会;在编制体例上,有的按立法内容进行分类,

---

① 王腊生主编《地方立法技术的理论与实践》,中国民主法制出版社,2007,第34页。
② 黎堂斌:《新时期地方人大立法规划问题与对策探讨》,《人大研究》2013年第1期。
③ 黎堂斌:《新时期地方人大立法规划问题与对策探讨》,《人大研究》2013年第1期。

有的则区分正式项目和调研项目，还有的则将立法规划和年度计划结合起来。值得一提的是南京市人大常委会的立法规划，首次建立了"立法项目库"，将立法项目安排的前瞻性、灵活性和计划性有机结合起来，形成了五年规划、项目储备、年度计划相辅相成的梯次布局，为进一步加强和完善立法规划编制工作进行了有益的探索。

二 立法工作有进展

2013年，江苏省人大常委会共制定和修改6件地方性法规，对2件法规草案进行初次审议，批准有立法权的市通过13件地方性法规。为加强农业机械安全监督管理，预防和减少农业机械事故，保障人民生命和财产安全，制定《江苏省农业机械安全监督管理条例》；为动员全社会开展爱国卫生工作，保护人民健康，促进经济和社会协调可持续发展，制定《江苏省爱国卫生条例》；为预防和治理水土流失，保护和合理利用水土资源，减轻水、旱、风沙灾害，改善生态环境，维护生态安全，保障经济社会可持续发展，制定《江苏省水土保持条例》。同时，为适应非物质文化遗产的保护需要、大气污染防治需要和邮政业发展需要，分别对《江苏省非物质文化遗产保护条例》、《江苏省机动车排气污染防治条例》和《江苏省邮政条例》进行了必要的修订和全面修改。

2013年，南京市人大常委会共审议制定、修订了3件地方性法规，并对《南京市中小学幼儿园用地规划保护条例（草案）》进行了一审。为了加强安全生产工作，防止和减少安全事故，保障人民群众生命和财产安全，促进经济发展和社会稳定，制定《南京市安全生产条例》；为了加强湿地保护，维护湿地功能，改善湿地环境，促进湿地资源可持续发展，制定《南京市湿地保护条例》；为适应地方航道管理工作的实际需要，落实南京市十三次党代会提出的打造航运（空）与综合枢纽名城的战略目标，通过废旧立新的方式制定了《南京市航道管理条例》。

2013年，无锡市人大常委会共制定地方性法规4件。针对无锡地铁即将开通，既立足现实所需，又注重长远发展，制定《无锡市轨道交通条例》，对轨道交通管理体制、规划编制、安全保护区管理、综合开发、运营管理以及应急管理等方面明确了法律规范；为珍惜水资源，缓解无锡市水质型缺水矛盾，制定《无锡市水资源节约利用条例》，明确"常规水资源注重节约、非常规水资源强调利用"原则，落实最严格的水资源管理制度，强化水资源节约和利用各项措施，以推动节水型城市创建、加快水利现代化进程；积极呼应市委决策部署和代表立法议案，制定《无锡市促进中小企业转型发展条例》，明晰各级政府职能和相关行业协会职责；为了加强人口服务管理工作，无锡市人大结合当地实际，制定了《无锡市人口服务管理条例》，对于提高人口素质，促进人口与经济社会协调发展具有重要意义。①

2013年，徐州市人大常委会在充分调研论证、广泛征求意见的基础上，对3件地方性法规进行了修订。为加强出租汽车客运管理，提高服务质量，维护正常运营秩序，保障乘客、经营者及从业人员的合法权益，制定《徐州市出租汽车客运条例》，废止已不适用现实需要的《徐州市城市客运出租汽车条例》；针对消防安全管理出现的许多新情况、新问题，为预防火灾和减少火灾危害，加强应急救援工作，保护人身与财产安全，维护公共安全，制定新的《徐州市消防条例》，废止了原条例；为巩固国家园林城市建设成果，进一步加强城市绿化建设与保护工作，促进徐州市经济社会和生态环境协调发展，制定新的《徐州市城市绿化条例》，废止了原条例。

2013年，苏州市人大常委会制定了3件地方性法规。为挖掘苏州地域文化资源，更好地保护和利用非物质文化遗产，制定了《苏州市非物质文化遗产保护条例》，明确划分了政府、市场与社会保护的不同定位，为推进非物质文化遗产保护提供了法制保障；为破解古村落保护中的难题和瓶颈，让吴文化的活化石重新焕发光彩，制定了《苏州市古村落保护条例》，积极创新古村落保护的体制机制，着重破解古村落保护资金投入、古建筑流转两大难题，初步形成了具有苏州特色的古村落保护模式。为了保障道路交通安全、有序、畅通，保护人身安全，维护公民、法人和其他组织的财产安全及其他合法权益，苏州市人大还制定了《苏州市道路交通安全条例》。

---

① 姚建华：《无锡市人大常委会工作报告》，《无锡日报》2014年1月21日。

在上述立法工作中,省、市人大常委会坚持开门立法,将"走出去"与"请进来"相结合,扩大社会公众参与立法途径,使制定的法规更好地统筹兼顾各方面的利益诉求。南京市人大常委会为积极推进开门立法,还专门出台《南京市人大常委会民主立法工作规定》,建立了开门立法规程,形成人大主导、公众参与和发挥代表作用相结合的开门立法模式。通过平面媒体、网络媒体、专家和市民参与、听取利益相对人意见等多种形式,实现立法全程公开。法规草案一审期间通过南京人大网站向社会公布,二审前通过市属媒体全文刊登,公开征求意见。立法动态及时通过人大官方微博发布。开门立法使各方意见和诉求得到充分表达,使立法过程成为听取民意、汇聚民智、宣传法制、促进和谐的过程,实现了立法效果和社会效果的统一。① 徐州市人大常委会坚持把科学立法、民主立法贯穿于立法工作全过程,所有法规草案均通过新闻媒体向社会征求意见。坚持法制委员会统一审议和常委会两次审议的程序,保证所制定的法规科学、公正和可行。② 苏州市人大常委会以座谈、评估、公布法规草案等形式,扩大公民有序参与立法的途径,切实保障人民群众对立法的知情权、参与权、表达权和监督权,更好地凝聚人民智慧。

在推进开门立法的实践中,值得一提的是江苏省人大常委会推出的多项新举措。为使立法工作更好地吸纳民智、体现民意,实现了三个"首次"。一是首次进社区开展立法调研。2013 年 10 月 19 日下午,省人大常委会法制委员会主任委员张新民带领省人大常委会立法调研组来到南京市玄武区锁金村街道,就《江苏省机动车排气污染防治条例(修订草案)》召开由基层群众代表,汽车维修、物流、尾气净化企业人士以及相关管理部门代表参加的立法调研座谈会。在近 2 个半小时的座谈中,围绕老旧机动车的报废和淘汰、机动车清洁燃油供应保障、黄标车限行和违限处罚措施、机动车尾气环保检验制度、检测机构和工作人员规范和约束、大众参与机动车排污防治、加强机动车尾气危害宣传等方面,参会代表热烈讨论,积极建言。这是省人

---

① 陈绍泽:《南京市人民代表大会常务委员会工作报告》,《南京日报》2014 年 1 月 24 日。
② 刘忠达:《徐州市人民代表大会常务委员会工作报告》,《徐州日报》2014 年 1 月 22 日。

大常委会首次以进社区直面群众、广开言路的民主立法形式进行的有益尝试。二是首次发布公告邀请公众参与立法。2013年10月28日下午,《江苏省机动车排气污染防治条例（修订草案）》征求社会公众意见座谈会在省人大常委会第一会议室举行，14名市民代表现场为地方立法"支招"。这14名市民代表全部是通过前期发布公告自愿报名方式产生的，这在江苏省地方立法的历史上也是第一次。三是首次尝试法规表决前评估论证。《江苏省爱国卫生条例（草案）》于2013年5月提请省十二届人大常委会第三次会议初次审议，在9月召开的省人大常委会会议上二审并付诸表决。一审过程中，草案关于公共场所控制吸烟的相关规定引发常委会组成人员的热议，也引起了社会各界的广泛关注。为了使控烟规定的具体内容更加完善、更具有可操作性，省人大常委会首次召开表决前评估论证会，邀请来自社会各界的26名代表专门对控烟规定在实施后的社会效果和可能出现的问题，预先进行评估和论证。26名评估论证代表既有省人大代表，也有疾控专家、立法专家；既有来自公共场所经营管理单位的，也有来自公交运营单位的；既有吸烟的市民，也有不吸烟的市民，充分考虑了代表性、广泛性。又如，为加强和改进立法工作，提高立法质量，实施多年的立法后评估工作，也在各地的人大常委会立法实践中继续推进，逐渐成为常态化工作。继苏州市人大常委会制定《苏州市人大常委会立法后评估办法》之后，南京市人大常委会出台《南京市人大常委会立法后评估办法》（以下简称《办法》），形成了执法检查、立法后评估、法规实施情况报告"三位一体"的地方性法规实施监督机制。《办法》对立法后评估的评估原则、评估主体、组织机构、评估对象、评估内容、启动程序、评估报告及应用等多个方面进行了规定。立法后评估的对象确定为以下五类地方性法规：（1）直接关系人民群众切身利益或者对经济社会发展有较大影响的；（2）相关单位、市人大代表、市政协委员、社会公众对地方性法规的内容以及地方性法规的实施情况提出较多意见的；（3）与地方性法规所调整事项相关的经济社会情况已发生较大变化的；（4）国家、省出台的相关法律、法规或者重要政策，可能对地方性法规的主要内容产生影响的；（5）其他有必要进行评估的。开展立法后评估工作的程序为以下三个方面。（1）拟定工作方案。工作方案应当包括评估目的、评估对象、评估内容、评估方式、评估步骤、职责分工、时间安排、组织和经费保障等。(2) 开展调查研究。可以采取听取汇报、召开座谈会和论证会、实地考察、专家咨询、专题调研、问卷调查、网络征询等方法，了解和掌握法规的组织实施部门、相对人和社会公众的意见、建议等相关信息。(3) 提出评估报告。对调研中收集到的材料进行分析研究，提出评估报告。2013年，结合《办法》的实施，南京市人大常委会组织力量对《南京市大气污染防治条例》开展立法后评估，取得了较好的效果。

三 监督工作有侧重

做好监督工作，是各级人大常委会的一项重要职责。2013年，江苏省人大常委会听取和审议"一府两院"12个专项工作报告并结合有关议题开展专题询问，检查4件法律法规实施情况，对33件规范性文件进行备案审查。南京市人大常委会听取和审议"一府两院"专项工作报告27项，检查4件法规实施情况。其他地方人大常委会也在这一年积极完善监督机制，认真履行监督职能，综合运用听取和审议"一府两院"工作报告、执法检查、视察、调研、宣传法律法规等多种监督方式，服务好大局，保证各项工作的顺利开展。从各地监督工作的议题来看，主要集中在以下三个方面。

一是以经济建设为重心，紧贴经济社会发展大局，将促进经济持续健康发展放在首位。2013年，江苏省人大常委会加强对经济领域重点工作的监督，通过听取和审议"十二五"规划纲要实施中期情况的报告，促进政府坚持稳中求进总基调，处理好速度、质量、效益的关系，更加注重结构调整和体制创新，更加注重保障和改善民生，更加注重绿色发展，确保江苏省"十二五"规划目标任务全面完成；通过听取和审议促进企业技术进步情况的报告，推动政府及有关部门深化科技体制改革，积极构建并不断完善以企业为主体、市场为导向、产学研相结合的技术创新体系，进一步优化创新环境，提升企业自主创新能力；通过听取和审议全省村级集体经济扶持发展情况的报告，推动有关部门创新体制机制，加大扶持力度，使省级财政资金扶持范围逐步覆盖所有经济薄弱村，化解债务范围逐步扩大到苏北、苏中所有经济薄弱村，保障村级集体经济快速持续健康发展。① 又如,南京市人大常委会 2013 年围绕经济社会发展重大问题,听取和审议市政府关于"十二五"规划纲要实施情况的中期评估报告,促进政府从规划定位、转型创新、改善生态环境、推进城乡统筹、增加城乡居民收入五个方面明确了 15 条整改措施;听取和审议市政府关于南京市侨资企业服务保障、台胞投资保护促进工作报告,促进政府相关部门进一步营造良好投资环境。② 再如,徐州市人大常委会在 2013 年着力推进"三重一大"建设,听取审议国有资产融资监管工作情况报告,建议加大政府融资项目跟踪审计力度,健全融资风险预警和风险控制机制;通过审议批准云龙书院和张山人故居项目使用山林红线保护区内林地议案,对徐州市政府提交的第四期棚户区改造等 3 个重大融资项目议案调研评估并及时做出批复,全力支持重大项目建设顺利实施。③

二是以促进民生改善为主题,把关系地方改革发展稳定大局、社会普遍关注和关系广大人民群众切身利益的问题作为监督重点,充分发挥人大在体察民情、反映民意、集中民智等方面的优势和作用,畅通利益表达渠道,正确反映和统筹兼顾各方面的利益,使人大的监督工作顺应民心、反映民意、贴近民生。例如,江苏省人大常委会把全省社会养老服务体系建设作为监督重点,通过听取和审议专项工作报告、办理代表议案建议、开展专题询问等方式,切实增强监督实效。在常委会会议上,12 位委员、代表就如何引导和鼓励社会资本投资养老事业、完善居家养老服务、破解养医结合难题等提出问题,省民政厅、财政厅、卫生厅等 7 个部门主要负责人现场作答,主流媒体对此做了充分报道,引起社会积极反响。④ 又如,连云港市人大常委会为加强对食品药品安全工作的监督,专门听取和审议市政府关于全市餐饮服务食品安全情况的报告,主任会议听取食品药品检验检测情况的汇报,并依据《专题询问暂行办法》的规定,开展对餐饮卫生安全专题询问。再如,扬州市人大常委会跟踪督查"菜篮子"工程、经济薄弱村补助、市区社区运转和奖励考核经费、校

---

① 张卫国:《江苏省人民代表大会常务委员会工作报告》,《新华日报》2014 年 2 月 21 日。
② 陈绍泽:《南京市人民代表大会常务委员会工作报告》,《南京日报》2014 年 1 月 24 日。
③ 刘忠达:《徐州市人民代表大会常务委员会工作报告》,《徐州日报》2014 年 1 月 22 日。
④ 张卫国:《江苏省人民代表大会常务委员会工作报告》,《新华日报》2014 年 2 月 21 日。

舍安全工程、老小区综合整治、创业引导资金、重大公共卫生7个重点民生类专项资金绩效情况，提出强化科学管理、提高资金使用效益等建议。赴高邮、仪征等地专题视察重点中心镇建设、"三拆三整治"、小区物业管理、食品药品监管、体育设施建设等民生事项，检查市政府年度为民办实事工作，要求保证资金投入，注重长效管理，把民生实事办实办好。

由于环境问题日益严峻，备受广大人民群众关注，环境议题也成为各地人大常委会督办的一个重点。例如，江苏省人大常委会针对机动车排气污染问题，重点督办"建立重污染天气条件下环境空气质量预警、控制、应急机制"代表建议，推动有关部门建立健全重污染天气预警预报制度，做好应急和防控工作。认真办理"加快出台省大气污染防治条例"议案，加快立法调研等前期工作，为出台相关法规做好准备。① 又如，苏州市人大常委会针对城市建筑垃圾问题，抓好"加快城市建筑废弃物资源化利用"代表议案的督办工作，多次听取政府汇报，要求政府建立建筑垃圾运输准入机制和考核机制，加强综合管理信息平台建设，大力引导建筑废弃物资源化利用相关行业的发展，加快形成相互配套、上下衔接、规范有序的产业链，让更多的建筑垃圾变废为宝。在议案的推动下，苏州市政府启动建设市建筑材料再生资源利用中心，着手建立建筑废弃物管理处置体系，并对建筑垃圾运输单位和运输车辆实行招标确定，有效规范了建筑垃圾运输市场。② 再如，常州市人大常委会聚焦生态文明建设，通过专题调研、视察检查等形式，提出生态文明建设要突出源头治理、系统规划、整体联动、各方尽职、合力推进的若干意见，积极推动政府加快实施《常州市生态文明建设规划（2011—2020年）》，大力实施清水蓝天宜居工程和生态文明示范建设，努力推动生态空间保护、经济绿色转型、环境综合治理和生态保护制度创新，确保常州市2015年建成国家生态文明示范市。③

三是围绕促进"一府两院"依法行政、公正司法展开。2013年，各地人大常委会继续大力促进依法行政。徐州市人大常委会围绕市委部署实施的

---

① 张卫国：《江苏省人民代表大会常务委员会工作报告》，《新华日报》2014年2月21日。
② 杜国玲：《苏州市人大常委会工作报告》，《苏州日报》2014年1月15日。
③ 俞志平：《常州市人民代表大会常务委员会工作报告》，《常州日报》2014年1月13日。

"百姓办事零障碍"工程，主动融入、及时跟进，把评议"百姓办事零障碍"工程开展情况作为监督重点加以推进，有力推动了政府有关部门的作风转变，促进了一批民生热点问题的解决。①

扬州市人大常委会为推进行政权力规范运行，开展《行政诉讼法》《行政复议法》执法检查。组织人大代表旁听行政诉讼案件庭审、行政复议案件听证，邀请法律专家审查案件卷宗，向市民发放调查问卷。针对行政和司法工作中存在的问题，要求深入学习宣传，规范执法行为，从源头上减少案件数量；严格依法办案，维护法律公正和权威。② 连云港市人大常委会把贯彻实施《行政许可法》作为法律监督的重点，由常委会领导带队，对全市具有行政许可职权的47个部门和单位、335项行政许可项目开展执法检查。常委会第八次会议听取和审议执法检查组的报告，做出《关于进一步贯彻落实〈行政许可法〉的决议》。③ 常州市人大常委会组织代表视察行政审批工作，对深化行政审批制度改革、改进政府公共服务方式、提高行政服务效能提出视察建议；开展全市"六五"普法工作中期检查考评，参与社会管理综合治理和法治常州建设协调指导工作，选择重点专题，对行政执法机关公正廉洁执法进行针对性督查，促进行政执法公信度、权威性的不断提升。同时，常州市人大常委会切实加强规范性文件备案审查工作，提前介入规范性文件制定过程，全年共审查市政府报送的规范性文件19件，有效维护了法制统一和依法行政。④

在促进公正司法方面，各地人大常委会坚持以推进法治建设为己任，运用法治思维和法治方式化解社会矛盾，维护社会公平正义。例如，常州市人大常委会把加强司法机关基层基础建设作为促进公正司法的切入点，专题听取和审议法院基层基础建设、检察院加强民事行政检察工作的情况报告，要求"两院"着力加强基础设施和高素质队伍建设，努力提高执法办案的公信力。同

---

① 刘忠达：《徐州市人民代表大会常务委员会工作报告》，《徐州日报》2014年1月22日。
② 陈卫庆：《扬州市人民代表大会常务委员会工作报告》，《扬州日报》2014年1月15日。
③ 董恕娟：《连云港市人民代表大会常务委员会工作报告》，连网，http://www.lyg01.net/lwzt/lwzt2014/2014lh/lhzt/2014/0115/195772.html，最后访问日期：2014年5月20日。
④ 俞志平：《常州市人民代表大会常务委员会工作报告》，《常州日报》2014年1月13日。

时，常州市人大常委会还积极探索完善监督司法工作的机制，在深入调查研究、充分听取意见基础上，起草了监督司法工作的若干规定，为强化人大司法监督工作提供制度保障。① 又如，连云港市人大常委会通过听取和审议市政府关于全市公安执法规范化建设情况的报告，要求市政府及公安部门完善监督机制，进一步提升办案能力和执法水平。针对全市法院基层基础建设工作中存在的问题，要求基层法院立足服务地方发展，进一步提升基层法院的审判质效。同时加强对"六五"普法实施中期检查，不断推进法治连云港建设。② 再如，徐州市人大常委会听取审议市检察院关于加强执法规范化建设、提高查办职务犯罪案件质效工作情况报告，要求检察机关改进执法方式，统一自侦案件管理，进一步提高查办案件质效。再次检查法院执行联动工作决定落实情况，上次检查发现的6个问题有4个得到较好解决。执行联动机构通过建立网络查询机制，对不履行义务的"老赖"公开曝光等举措，合力破解执行难题。认真落实人大代表旁听评议庭审规定，市县两级人大联动组织开展"千名代表听百案"活动，增强了审判工作的公开性和透明度。③

综合来看，各地人大常委会监督议题颇为广泛，从关注经济社会发展大局，到各类关系群众切身利益、社会普遍关注的重大问题，再到监督"一府两院"工作，几乎无所不包，涵盖社会生活的方方面面，这一方面是各级地方人大常委会监督能力不断强化、水平不断提高的表现，但另一方面也带来监督不集中、无法深入的隐忧。尽管从2013年江苏地方各级人大常委会的监督工作来看，监督工作还是有所侧重，但是重点不够集中、准备不够充分、监督不够深入的问题仍然存在。由于人大常委会召开会议的次数和时间安排有限，相当一部分议题无法纳入会议内容进行审议，只能采取召开主任会议听取汇报、组织专题视察等形式进行监督，虽也能达到发现问题、推动工作的目的，但由于缺乏明确的法律效力，在一定程度上弱化了监督力度，也影响了实际监督效果。另一方面，监督议题的选定缺乏计划性。作为人大工作的重要内容，

---

① 俞志平：《常州市人民代表大会常务委员会工作报告》，《常州日报》2014年1月13日。
② 董恕娟：《连云港市人民代表大会常务委员会工作报告》，连网，http://www.lyg01.net/lwzt/lwzt2014/2014lh/lhzt/2014/0115/195772.html，最后访问日期：2014年5月20日。
③ 刘忠达：《徐州市人民代表大会常务委员会工作报告》，《徐州日报》2014年1月22日。

每年监督计划应当在年初以书面文件的形式下发,做到"一年早知道",且一般情况下鲜有调整,这是由人大工作的性质所决定的,也体现了权力机关履行法定职权的严肃性。但是,在2013年江苏各地人大常委会的监督工作中鲜有公布监督计划的例子。此外,与其他地方人大常委会公开征集监督议题的做法相比,江苏各地人大常委会在选定监督议题的工作上公开程度也显不足。地方人大常委会应主动开辟与普通百姓的互动交流渠道,广泛听取民声,把人民群众关注的热点、焦点问题和事关群众利益的民生问题作为监督议题的首选内容。

四 预决算审查有突破

党的十八大报告指出,"支持人大及其常委会充分发挥国家权力机关作用,……加强对政府全口径预算决算的审查和监督"。为此,江苏省地方各级人大常委会将财政预算决算监督作为2013年的一项重要工作,通过对政府全口径预算决算的审查和监督,确保财政资金的使用更加合理、合法、有效。

所谓"全口径"预决算,是指凡是政府可支配财力均纳入预算监督管理,也即对全部政府性收入支出实行统一、完整、全面、规范的预算决算管理;而全口径决算,则是全口径预算执行的结果。[①]对政府"钱袋子"进行监管,在我国有一个逐步拓展的过程。最初人大审查批准的财政预算仅仅是公共预算,原称为"一般预算",后经发展初步形成"全口径"预算决算的体系框架和审查监督机制,但目前人大审查监督效果与"全口径"预算决算管理的客观需求尚有差距。那么,如何对全部政府性收入支出实行统一、完整、全面、规范的预算决算管理?2013年,江苏省地方各级人大常委会围绕建立健全"全口径"预算决算审查监督制度这一工作,积极敦促各级政府及相关部门改进预算的编制工作,进一步完善和细化各类预算决算内容,逐步实现人大对政府"全口径"预算决算的审查监督。

---

① 王晓映:《省人大实施"全口径"预决算审查监督 看紧政府钱袋子》,《新华日报》2013年12月7日。

南京市人大常委会拓宽预算监督范围，提高预算审查质量，实现政府全口径预算审查监督。在第十五届人大第二次人代会上，公共财政、政府基金、国有资本经营、社会保险基金预算第一次全部提交大会审查批准，政府组成部门预算第一次全部提交审议，实现了预算审查内容的全覆盖。加强预算执行监督，跟踪监督检查预算执行情况，严格预算约束。严把预算调整和决算关，提高预算执行效率。提升预决算审查质量，充分发挥专家和审计部门的作用，成立预算审查专家委员会，对8个重点部门的预算进行了专业性审查。为进一步发挥代表对预算审查监督的主体作用，人代会组织部分代表对政府财政预算报告进行专题审议，同时设立预算审议咨询室，为代表预算审查提供服务。① 扬州市探索制度创新，深化财政监督。为健全"全口径"预决算审查监督制度，在深入调查研究的基础上，制定出台《关于加强市级财政预算审查监督的暂行规定》和《关于加强审计监督的暂行规定》，要求提高预算编制的完整性、规范性和透明度，突出对发展类、民生类重点领域财政资金的审计监督。② 其中不少内容属创制性，例如规定提交人大审议的预算草案应包括50万元以上项目经费表及绩效目标，从而界定量化了"重大项目"标准，提高了人大实施重大项目审查监督的可操作性；规定市人大常委会主任会议和组成人员5人以上联名，可以向市人大常委会提出修改预算调整方案的议案，对于更好发挥人大在预算民主决策方面的职能作用大有裨益。徐州市人大常委会探索"全口径"预算监督方式，促进政府健全完善"全口径"预算体系。重点监督各种基金、规费、土地出让金的收取、减缓、管理、使用等情况，确保财政收支公开透明。持续督查国有资产融资平台监管工作，制定需要人大常委会审批的政府性举债项目评审办法，进一步规范政府性举债审批程序。③ 镇江市人大常委会制定出台《加强对政府全口径预决算 审查监督暂行规定》，督促政府编全编细"全口径"预决算，在预算体制框架内，积极推进绩效预算、绩效审计和绩效评价体系建设。

2013年末，江苏省人大常委会提出一份实施"全口径"预算决算审查监督工作方案，排出了督促政府编报"全口径"预算决算的时间表——2014年

---

① 陈绍泽：《南京市人民代表大会常务委员会工作报告》，《南京日报》2014年1月24日。
② 陈卫庆：《扬州市人民代表大会常务委员会工作报告》，《扬州日报》2014年1月15日。
③ 刘忠达：《徐州市人民代表大会常务委员会工作报告》，《徐州日报》2014年1月22日。

将重点推进社会保险预算编制，提交省人代会审查批准，从而初步建立较为完整的政府"全口径"预算体系。方案提出要建立健全与"全口径"预算决算相适应的人大审查监督新机制，把督促政府编报"全口径"预算决算与提升人大审查监督工作水平结合起来，把人大及其常委会集中审查与有关委员会及其工作机构经常性监督结合起来，进一步加强人大审查监督能力建设，着力增强人大审查监督实效。同时还要求政府提高公共预算编制水平；健全完善政府性基金预算编制；拓展国有资本经营预算编报范围，国资委监管的国有企业全面纳入国有资本经营预算编报范围，对编报地方政府性债务预决算进行调查研究。2014年1月8日，江苏省十二届人大常委会第十五次主任会议审议通过了《江苏省人大常委会关于加强全口径预算决算审查监督工作的意见》（以下简称《意见》）。《意见》明确在本届省人大及其常委会任期内，通过整合资源，分步推进，基本形成与现代财政制度相适应、程序性监督与实质性监督并重的地方人大"全口径"预算决算审查监督新机制，把人大法定预算决算监督权落到实处。《意见》对促进政府加强和完善"全口径"预算管理，强化和改进人大"全口径"预算决算审查监督工作提出了要求。

五 代表工作有成效

做好代表工作，提升代表履职能力，充分发挥代表作用，是人大工作的基础。2013年，江苏省地方各级人大常委会十分重视这项工作，在密切常委会与人大代表、人大代表与人民群众的联系方面，推出了一系列工作创新措施，推动了代表工作的深入开展。

一是加强各级人大常委会与代表之间的联系。例如，江苏省人大常委会有计划地对人大代表开展初任培训和履职培训，按选举单位和地域分布把省人大代表编成78个代表小组，各委员会牵头成立8个专业代表小组，同时根据代表职业和专长建立代表资料库，为组织闭会期间代表活动奠定良好基础。邀请代表列席常委会会议，注重听取和吸收列席代表提出的意见，全年共有来自基层一线的15名全国人大代表、88名省人大代表列席常委会会议。坚持和完善"主任接待代表日"制度，常委会负责同志定期到各地接待基层省人大代表，面对面听取意见和建议。每位常委会组成人员与3名以上基层省人大代表保持经常联系。通过召开情况通报会、寄送刊物资料等方式，帮助代表深入了解全省经济社会发展情况，以及人大常委和"一府两院"重要工作。① 又如，连云港市人大常委会组织代表开展以"我与小康社会建设同行"为主题的"三走进、两争当"实践活动，市县乡三级人大代表上下联动，积极作为，共提出意见、建议652条，帮助基层群众解决困难126个。常委会领导带头走进"人大代表之家"接待代表，调研代表活动情况，指导基层代表开展工作。举办代表专题培训班、代表小组召集人和联络员培训班，增强代表履职能力。② 再如，扬州市人大常委会坚持"主任接待日""民情绿色通道""百名代表参与常委会审议""人大网坛"等制度，发挥各专业组代表作用，加强常委会与代表的经常性联系。邀请部分市人大代表列席常委会会议，组织市人大代表529人次参与5次审议，收集意见建议1030条；举办5期"人大网坛"，围绕城乡低保保障、中小企业发展等话题，与人大代表和网民在线交流，收集意见建议220条，并将收集的意见建议汇总供常委会组成人员参阅。③ 再有，徐州市人大常委会进一步完善代表联络机制，制定《进一步完善市人大常委会组成人员联系市人大代表制度的意见》，49位组成人员分别联系365名基层市人大代表。按照统一部署，常委会组成人员集中时间，深入基层，广泛开展联系代表活动，通过走访代表、现场察看、召开座谈会等方式，听取代表意见，集中代表智慧，提高了议事决策水平。④

二是积极创新代表联系群众制度。根据党的十八大提出的完善代表联系群众制度的新要求，江苏省各级人大常委会认真总结各地做法和经验，专门制定出台相关制度，使代表联系群众工作规范化、长效化。例如，为充分发挥人大代表作用，增强人大代表在闭会期间的履职实效，南京市人大常委会主任会议研究通过了《关于增强闭会期间市人大代表履职实效的若干意见》

---

① 张卫国：《江苏省人民代表大会常务委员会工作报告》，《新华日报》2014年2月21日。
② 董恕娟：《连云港市人民代表大会常务委员会工作报告》，连网，http://www.lyg01.net/lwzt/lwzt2014/2014lh/lhzt/2014/0115/195772.html，最后访问日期：2014年5月20日。
③ 陈卫庆：《扬州市人民代表大会常务委员会工作报告》，《扬州日报》2014年1月15日。
④ 刘忠达：《徐州市人民代表大会常务委员会工作报告》，《徐州日报》2014年1月22日。

(以下简称《意见》)。《意见》明确,南京市人大代表在街道、社区建立联系点,南京市人大代表小组开展定向定点视察、检查活动;南京市人大常委会将建立市人大代表履职网络平台,每双月开展一次"金陵民声"网议日活动,组织代表和网民就南京市人大常委会工作和民生问题等进行交流;建设代表建议办理系统,方便代表随时提交建议,查询全部建议内容和办理答复情况,并对办理工作提出反馈意见等。《意见》实施以来,市人大代表建立了430个联系点,广泛联系基层群众,积极参与持证视察、明察暗访等活动;组织8个代表小组开展定向定点视察和检查工作;认真开展代表专题调研,形成了31篇调研报告;一些代表还向原选举单位报告履职情况,接受评议。《意见》的实施,有效激发了人大代表履职积极性,代表履职意识、能力、水平和实效得到全面提升。[1] 又如,扬州市人大常委会按照党的群众路线教育实践活动的要求,完善联系平台,拓宽参与渠道,赋予"统一见面日"活动"践行群众路线、服务基层选民"新内涵,共组织416名市人大代表,接待选民1344名,收集意见建议1190条,"农村环境亟待整治""扶持企业转型升级""深化秸秆禁烧,加强大气污染防治"等一批群众关切的诉求得以反映和办理。积极引导代表就部分民意集中度高、操作性强的建议开展深入调研,促成转化为市七届人大三次会议代表议案建议。[2] 再如,苏州市人大常委会加强对闭会期间代表活动的组织和指导,组织全市32个市人大代表小组围绕转型升级、生态文明建设、民生保障3大课题开展专题调研,形成34篇质量较高的专题报告,并首次召开市人大代表调研成果交流会。继续推进"一个载体、两项制度"建设,组织各级人大代表接待选民和群众,为代表了解民情、反映民意、汇集民智搭建平台。出台《苏州市街道人大工委工作办法》,规范和加强市街道人大工委工作。协助代表广泛征集议案、建议选题,组织开展专题座谈、专家咨询等系列论证会,为代表提出高质量的议案、建议提供信息和服务。[3]

三是认真督办代表提交的议案建议。以解决问题为核心,以代表满意为标

---

[1] 陈绍泽:《南京市人民代表大会常务委员会工作报告》,《南京日报》2014年1月24日。
[2] 陈卫庆:《扬州市人民代表大会常务委员会工作报告》,《扬州日报》2014年1月15日。
[3] 杜国玲:《苏州市人大常委会工作报告》,《苏州日报》2014年1月15日。

准,不断提高办理工作质量。江苏省人大常委会制定省人大代表建议、批评和意见重点处理工作程序,选择6个方面18件事关经济社会发展大局和人民群众切身利益的建议,由常委会副主任牵头重点督办,邀请提建议的代表全程参加,既听取承办单位办理情况的汇报,又实地进行调研考察,加大协调力度,强化跟踪问效,推动相关问题解决,代表满意率、建议办成率均有明显提高。① 各地人大常委会的代表建议督办工作,也取得了较满意的效果。例如,南京市人大常委会加大督办力度,对小城镇建设、食品安全等27件事关经济社会发展全局和人民群众切身利益的代表议案建议,由常委会和各工作机构负责同志进行重点督办;对代表和群众较为关注以及办理数量多的承办单位,加强重点督查。对代表表示不满意的10件建议办理,经常委会督促和推动,有8件得到落实。在各方的共同努力下,市十五届人大一次会议以来,代表提出的367件议案建议已全部办结,其中问题已经解决或基本解决的234件,占总数的63.76%;代表满意和基本满意率达到99.42%。② 又如,扬州市人大常委会选择"关注食品安全""缓解市区交通压力"等26件重点建议,由常委会负责同志牵头督办,并从中确定6件契合中心工作、事关民生实事、需多部门协调推进的建议,由分管市长领办。邀请代表参加重点建议督办视察、调研,督促有关问题解决。26件重点建议中解决采纳21件,解决率达80.8%;6件市长领办建议中5件得到解决,1件列入计划解决。市七届人大二次会议以来代表提出的260件建议中,解决采纳187件,解决率为71.9%,解决率连续2年保持在70%以上。督促承办部门对一次答复中"正在解决"的23件代表建议进行二次答复。对58件市七届人大一次会议"计划解决"类代表议案和建议进行滚动办理,推动落实到位。③ 再如,苏州市人大常委会坚持将"代表是否满意、人民群众是否认可"作为工作的第一标准,把督办代表议案、建议作为保障代表权利、取信于民、督促"一府两院"改进工作的重要途径,不断加大督办工作力度。采取常委会领导及各工委分工督办重点建议,对代表不满意办理结果的责成承办单位重新办理,对议案和重点建议办理进行"回

---

① 张卫国:《江苏省人民代表大会常务委员会工作报告》,《新华日报》2014年2月21日。
② 陈绍泽:《南京市人民代表大会常务委员会工作报告》,《南京日报》2014年1月24日。
③ 陈卫庆:《扬州市人民代表大会常务委员会工作报告》,《扬州日报》2014年1月15日。

头看",组织"沟通——市人大代表走进直播间"电台栏目等一系列有效措施,有效推动了"提高中小学生午餐质量"等一批代表建议的办理,许多涉及群众切身利益的问题得到了较好解决,取得了良好的社会反响。2013年市人代会上代表提出的227件建议办结率100%,办成率88.8%,代表满意和基本满意率98.8%。代表在闭会期间提出的33件建议已办结过半,代表反馈为满意或基本满意。①

六 自身建设有提升

地方人大常委会要有效地行使好宪法和法律赋予的各项职权,推动"一府两院"依法行政、公正司法,必须抓好自身建设。通过加强人大制度建设,靠制度来规范和保证各项工作有序运转,使各项工作有章可循、依法进行,进一步促进人大各项工作的制度化、程序化、规范化,从而为常委会依法履行职责提供可靠的制度保证。2013年,江苏省地方各级人大常委会在自身建设方面,主要取得以下几点进展。

一是改进工作作风。例如,江苏省人大常委会深入查找"四风"方面存在的突出问题并剖析根源,召开专题民主生活会,以整风精神开展批评与自我批评。在此基础上,研究提出6个方面34条整改措施,制定整改任务书和时间表,逐条进行落实整改。认真贯彻执行中央八项规定和省委十项规定,紧紧围绕全省工作大局和人大工作重点,深入基层、深入实际开展调查研究,切实精简会议活动和文件简报,把更多精力放到重点工作的调查研究和推动落实上。②又如,苏州市人大常委会强化机关作风建设,进一步规范机关工作流程,重新修订《苏州市人大及其常委会制度汇编》,严格按照新的管理制度开展各项工作,切实改文风、转会风,不断提高工作效率;进一步严格财务制度,严控"三公"经费,推进勤俭办事,确保不发生违规行为;进一步密切联系群众,常委会领导深入对口联系乡镇、街道和企业听取群众意见,用

---

① 杜国玲:《苏州市人大常委会工作报告》,《苏州日报》2014年1月15日。
② 张卫国:《江苏省人民代表大会常务委员会工作报告》,《新华日报》2014年2月21日。

"接地气""聚民智"的调研工作,不断推进重大决策的科学化、民主化。进一步做好人大信访工作,做到"事事有答复、件件有回音",群众的大量合理诉求得到妥善解决,维护了社会和谐稳定。

二是创新制度规范。例如,江苏省人大常委会围绕更好体现人大工作人民性和人大代表主体性,出台《关于贯彻党的群众路线进一步密切与人民群众联系的意见》,成为常委会密切联系群众的"路线图"。就完善常委会会议制度、加强常委会和机关集体学习、推进人大机关干部交流、改进公务接待工作等出台一系列制度,努力形成规范有序的工作机制。① 又如,常州市人大常委会认真贯彻落实中央"八项规定"和省、市委的部署要求,针对人大工作特点,制定了常委会改进工作作风、密切联系群众若干规定,细化机关干部绩效考核办法,规范外出学习考察管理,厉行勤俭节约,严控"三公"经费,并将落实"八项规定"情况纳入领导干部年度民主生活会和机关干部年终考核内容,常委会机关内部约束力进一步增强。② 再如,连云港市人大常委会制定出台《关于市人大代表重点建议办理工作评议暂行办法》《关于审议专项工作报告满意度测评暂行办法》,对代表重点建议办理及"一府两院"报告审议进行制度性创新和规范。③

三是推行预算决算公开。2013年,江苏省人大办公厅公布了2013年度部门预算和2012年度部门决算。《2013年度江苏省人大办公厅部门收支预算总表》显示,收入预算10999.23万元,全部为公共财政拨款资金。支出预算10999.23万元。按支出功能分类,包括一般公共服务支出9506.28万元,社会保障和就业支出985.07万元,住房保障支出507.88万元。按支出用途分类,包括基本支出5407.04万元,项目支出5463.76万元,单位预留机动经费128.43万元。《江苏省人大办公厅2012年度决算表》显示,收入总计12327.39万元。包括:(1)财政拨款11277.39万元,为省级财政当年拨付的资金;(2)上年结转和结余1050万元,为以前年度支出预算因客观条件变化

---

① 张卫国:《江苏省人民代表大会常务委员会工作报告》,《新华日报》2014年2月21日。
② 俞志平:《常州市人民代表大会常务委员会工作报告》,《常州日报》2014年1月13日。
③ 董恕娟:《连云港市人民代表大会常务委员会工作报告》,连网,http://www.lyg01.net/lwzt/lwzt2014/2014lh/lhzt/2014/0115/195772.html,最后访问日期:2014年5月20日。

未执行完毕、结转到本年度按规定继续使用的资金。支出总计12327.39万元。包括：(1) 一般公共服务（类）支出12157.09万元，主要用于人大事务、社会保障和就业、住房保障支出及其他支出；(2) 年末结转和结余170.30万元，为本年度或以前年度预算安排、因客观条件发生变化无法按原计划实施，需要延迟到以后年度按有关规定继续使用的资金。

B.3
2013年江苏法治政府建设的进展

宋宇文*

摘　要： 2013年，江苏省政府在《国务院关于加强法治政府建设的意见》的指导下，深化行政管理体制改革，加强政府制度建设，坚持依法科学民主决策，改革完善行政执法体制，依法有效化解行政争议，做了大量卓有成效的工作，取得了良好的社会效果，法治政府建设不断向前推进。

关键词： 江苏法治政府　体制改革　制度建设　行政执法　行政调解

2010年10月10日，《国务院关于加强法治政府建设的意见》（国发〔2010〕33号）颁布。在此基础上，2011年3月19日，江苏省人民政府出台了《省政府关于加快推进法治政府建设的意见》（苏政发〔2011〕31号，以下简称《法治政府建设意见》），明确全省法治政府建设的总体要求和目标，大大加速了法治政府建设的进程。

《法治政府建设意见》提出：到2012年底，超过1/3的市级政府、被确认为省级依法行政示范点的县级政府率先完成法治政府建设阶段性目标任务。根据这一目标要求，2013年3月，江苏在全国率先开展法治政府建设阶段性工作目标考评，以内部考评与外部评议相结合的方式，对13个省辖市和3个省直管县体制改革试点县（市）法治政府建设阶段性工作目标完成情况进行考核评价。经省政府批准，确定6个省辖市、41个县（市、区）为率先完成

---

* 宋宇文，江苏省人民政府法制办公室经济法规处主任科员，南京师范大学法学院博士生。

法治政府建设阶段性工作目标任务单位,实现了《法治政府建设意见》中提出的阶段性工作目标。

2013年江苏法治政府建设在2012年法治政府建设的基础上,根据经济社会法治发展的急缓需求有侧重地向前发展。重点体现在四个方面:一是加快推进政府职能转变;二是认真抓好政府立法和制度建设;三是加强和改进行政执法工作;四是依法有效化解社会矛盾。本报告主要围绕这些方面进行一些考查、说明与总结。

一 加快推进政府职能转变

(一)深化行政体制改革

1. 省直管县(市)体制改革试点取得积极进展

昆山、泰兴、沭阳作为试点县(市)于2012年10月1日正式启动了省直管县体制改革。经过一年多的工作,改革成效初步显现。一是行政效率明显提升。省直管县体制减少了行政层级,试点县(市)直接接受省级各部门的领导,避免了因层级过多而导致的信息传递滞后和失误。二是县域发展活力初步释放。新体制运行后,县级政府自主发展能力进一步提高。试点县(市)享有与地级市同等的经济社会管理权限,可以因地制宜批准适合自己县域发展的项目,相关项目的审批权限优于未直管县(市),且审批进度也得到较大提高。三是统筹发展能力得到增强。省直管县体制增强了县级政府的自主决策、自我协调能力,实现了重要领域和关键环节的提速增效,提高了政府社会管理和公共服务的能力,对整体推进城乡生产力布局、要素合理流动,更好地实现集约、集聚发展,促进基础设施向农村延伸、公共服务向农村覆盖、现代文明向农村传播起到了重要的作用。①

2. 经济发达镇行政管理体制改革试点扎实开展

在全省改革指导意见的指导下,改革的目标任务和内容要求基本上做到了

---

① 江苏省社科联:《关于深化省直管县体制改革的几点建议》,《决策参阅》2013年第9期。

统一、规范,呈现出一些共性特征。已经实施改革或正在进行改革的发达镇不同程度地取得了一些进展和成效。一是条线权力下放到位,综合执法功能稳步提升。全省20个试点镇共下放权限近5000项,每镇平均近250项,实现了"赋予经济发达镇部分县级经济社会管理权限"的要求,增强了基层政府的办事能力。[1] 二是公共服务扩面提质,"窗口"效应初步显现。"窗口"化服务规范了办事程序和流程,办事手续由繁变简,办事程序由暗变明,办事速度由慢变快,统一办事平台和公共服务窗口,实现了行政资源的重组和优化。三是机构设置综合精干,行政管理机制优化运行。改革后经济发达镇内设机构不超过10个,镇以下不再设立"七站八所"等办事或派出机构,也不简单复制现有县级政府的管理模式,而是实行宽职能、少机构、高效能的"大部门"式组织架构。四是镇级政府职能定位清晰,职能转变步伐不断加快。改革着力强化了对社会管理、公共服务职能的定位,从而使经济发达镇作为一级政府的职能体系更加完备,职能定位更加清晰,更能符合和适应统筹城乡发展的需要和经济发达镇的实际情况。

3. 深化财税体制改革,"营改增"试点工作取得了显著成效

试点企业增加到24万户,减税170亿元。[2] 一是税制体系进一步优化。"营改增"将更多劳务纳入增值税范畴,接续并延长了增值税抵扣链条,这不仅是增值税制度本身的健全和发展,也是流转税制的优化。二是结构性减税效果显著。"营改增"后,按照简易征收办法计算税额的小规模纳税人税负有所下降。对于"营改增"后的一般纳税人,不同行业、不同企业对于税负的改变反映不同,尽管有少数行业企业由于种种因素税负不降反升,但绝大部分实现了税负的减轻。三是产业转型升级明显加快。"营改增"直接受益的是服务业,但对制造业也产生了重要的"溢出"效应。购买劳务服务可以抵税,在激发企业采购现代劳务服务的同时,调动了企业主辅分离的积极性,有力推动了传统产业快速转型升级。四是企业国际营运环境明显改善。"营改增"的实

---

[1] 苏州市编办、苏州大学公共管理学院:《江苏省经济发达镇行政管理体制改革相关问题研究》,http://www.szbb.suzhou.gov.cn/newshow.php?Id=581。

[2] 参见《2014年江苏省人民政府工作报告》,http://www.jiangsu.gov.cn/zwhd/201402/t20140219_857926.html。

施使增值税覆盖绝大多数货物和劳务,扭转了服务含税出口在国际贸易中的不利处境,为扩大服务贸易出口、吸引跨国服务外包企业落户江苏提供了便利。

4. 教育综合改革稳步推进

2013年5月18日,教育部与江苏省政府在苏州签署共建教育现代化试验区协议,部省合力推进江苏教育现代化建设,为全国基本实现教育现代化探索路径、积累经验。根据协议,教育部将加大对试验区建设的指导扶持力度,支持江苏健全教育省级统筹体制机制,推动建立较为完善的城乡一体化基本公共服务体系,指导推进区域现代职业教育体系建设,继续落实部省共建国家高等教育综合改革试验区协议,并组织高层次专家团队开展江苏教育现代化决策咨询服务。江苏省将大力实施科教与人才强省战略,着力深化教育综合改革,调整优化教育结构,切实加大教育投入,组织开展省级教育现代化建设示范试点,全力打造苏南教育现代化建设示范区,同时加强监测评估,形成各级政府统筹规划、各部门协调推进教育现代化建设的工作格局。

5. 县级公立医院综合改革全面启动

2013年7月26日,省政府办公厅下发了《关于全面推进县级公立医院综合改革的实施意见》(苏政办发〔2013〕143号)(以下简称《意见》)。《意见》就全面推进江苏省县级公立医院综合改革提出了具体的工作目标和要求:要求全省所有县级公立医院均要在2013年实施综合改革,年底前全面取消药品加成政策;经过2~3年的努力,力争将县域内就诊率提高到90%左右,基本实现大病不出县。① 通过实施综合改革,使全省县级公立医院"以药补医"机制得到根本扭转,县域医疗服务体系进一步完善,服务能力有较大提高,医务人员积极性充分调动,医疗费用得到有效控制,医疗服务进一步改善,实现医疗事业得发展、医务人员受鼓舞、人民群众得实惠的改革总目标。

(二)改革行政管理方式

党的十八大强调,要"深化行政审批制度改革,继续简政放权,推动政府职能向创造良好发展环境、提供优质公共服务、维护社会公平正义转变"。

---

① 参见《关于全面推进县级公立医院综合改革的实施意见》(苏政办发〔2013〕143号)。

2013年,江苏省人民政府深入贯彻落实党的十八大、十八届三中全会精神,按照切实转变政府职能,深化行政体制改革,建设法治政府和服务型政府,确立市场在资源配置中的决定性作用和更好地发挥政府作用的要求,进一步简政放权,深化行政审批制度改革,切实减少和规范行政审批,全面优化行政审批服务环境,建立健全行政审批监管长效机制,推动政府职能向创造良好发展环境、提供优质公共服务、维护社会公平正义转变,在"十二五"前两年取消和下放422项行政审批事项的基础上,又取消和下放了154项行政审批事项。[①]

2013年9月23日,省政府召开推进会进一步部署新一轮行政审批制度改革工作。会议明确,将优先取消和下放一批阻碍释放社会创造活力的行政审批事项。把集中清理精简与长效规范监管结合起来,省本级一般不新设行政许可和非许可行政审批事项,并按照"谁审批、谁负责"原则建立违法设定或实施行政审批责任追究制度,定期评价,动态清理。切实巩固"四级便民服务网"建设成果,加快构建覆盖全省、上下联动、功能完善、运行高效的五级政务服务体系,进一步规范优化审批程序,压缩办理时限。

2013年12月1日,省政府下发了《关于推进简政放权深化行政审批制度改革的意见》(苏政发〔2013〕150号)(以下简称《意见》)。《意见》提出通过"减、转、放、免"等措施,全面清理、突出重点、规范审批、强化监管,从根本上处理好政府与市场、政府与社会的关系。按照《意见》要求,省政府将对现有的行政许可项目、非行政许可审批项目进行全面清理,完整列出行政审批项目清单并实现目录化管理,确保目录之外无审批。最大限度减少对微观事务的管理,市场机制能有效调节的经济活动,一律取消审批;直接面向基层、量大面广、由地方管理更方便有效的经济社会事项,一律下放地方和基层政府。

在政务服务中心建设方面,经过前几年的努力,市、县(市)已经基本建立了政务服务中心,市县乡村"四级便民服务网"初步形成。2013年,江苏省重点加快推进省级政务服务中心建设。具体而言,一是基本完成部门进驻

---

① 参见《2014年江苏省人民政府工作报告》,http://www.jiangsu.gov.cn/zwhd/201402/t20140219_857926.html。

事项梳理审核工作。省政务服务中心筹建领导小组会同有关部门按照《省政务服务中心进驻事项清理及审核确认工作方案》，制定清理审核总体要求、范围、依据、原则和方法，对省级部门行政权力事项进行认真梳理和清理。二是有序推进省级公共资源交易中心建设。筹建工作小组会同有关部门对省级水利、交通运输、政府采购、产权交易、矿业权出让、医药采购、工程建设、机电设备等10个单独设立的专业市场，包括省市合一的南京市建设工程交易中心，进行了调研分析，提出了建立统一规范省级公共资源交易中心和分步实施的工作方案。三是加快推进省级政务服务中心场所建设。按照建设起点较高、运行模式先进、具有后发优势、争创全国一流的要求，筹建工作小组会同有关部门充分借鉴兄弟省市经验，抓紧开展了中心场所建设的前期调研、规划、选址、立项和可研设计等工作。①

（三）全面推进政务公开

2013年9月6日，省政府办公厅印发了《当前全省政府信息公开重点工作安排》（苏政办发〔2013〕166号），肯定了2012年以来，各地、各部门深入贯彻落实《中华人民共和国政府信息公开条例》和省政府关于政府信息公开工作的部署，发挥政府信息对人民群众生产、生活和经济社会活动的服务作用，取得了显著成效。同时就当前全省政府信息公开重点工作做出了安排。重点要求做好行政审批信息、财政预决算和"三公"经费、保障性住房信息、食品药品安全信息、环境保护信息、安全生产信息、价格和收费信息、征地拆迁信息、以教育为重点的公共企业事业单位信息、中央和省重大决策部署落实情况十个重点领域和关键环节的政府信息公开工作。对照上一年度的重点工作安排，我们发现推进行政审批信息公开和推进以教育为重点的公共企业事业单位信息公开是2013年新增的工作内容。

截至2013年底，省级部门决算和"三公"经费全部向社会公开，社会反响较好。及时公开省政府取消和下放的行政审批项目，推进行政审批过程和结

---

① 李云峰：《适应形势任务　加快推进省级政务服务中心建设》，《中国行政管理》2013年第7期。

果公开。加大食品药品行政审批、执法检查、案件处理、查缉走私等信息公开力度，着手落实食品药品违法违规企业"黑名单"公开制度。向社会实时发布PM2.5监测数据和空气质量指数，强制公开重污染行业企业环境信息，推进主要污染物减排工作信息公开。扎实做好"十大重点工作、百项考核指标"落实进展情况的信息公开，突出产业结构调整、新型城镇化和生态文明建设等方面信息公开，主动接受社会监督。大力推动市、县加大保障和改善民生政策措施落实情况的公开力度，及时公布就业创业扶持政策、岗位需求、技能培训、社会服务，以及基本养老保险、失业保险、医疗保险、城乡社会救助制度等方面信息，加强扶贫救灾资金、住房公积金、社保基金等管理使用情况的公开。

截至2013年12月31日，全省主动公开政府信息78.59万余条。"中国江苏"门户网站政府信息公开专栏累计主动公开省政府及省政府办公厅政府信息3880条。省政府共举办发布活动34场次（其中新闻发布会24场，书面发布10次）。《江苏省人民政府公报》共出刊27期，发布省政府大事记、省政府和省政府办公厅文件、省政府部门文件、人事任免、重要会议文件、统计公报等信息。省档案馆和南京图书馆设置省级行政机关主动公开政府信息查阅点，配备电子触摸屏、电脑等电子查阅工具和复印机、打印机等设备，为社会公众提供省级行政机关主动公开的政府信息查阅服务。[①]

截至2013年12月31日，全省共受理政府信息公开申请19616件，比2012年增长48%。省政府收到与省政府或省政府办公厅有关的政府信息公开行政复议申请10件，全部维持具体行政行为，没有因政府信息公开引起行政诉讼。[②]

（四）规范行政权力阳光运行

十八届三中全会审议通过的《中共中央关于全面深化改革若干重大问题的决定》提出，"推行地方各级政府及其工作部门权力清单制度，依法公开权力运行流程"。所谓"权力清单"，简而言之就是要把各级政府和各个政府部

---

① 参见《江苏省政府办公厅2013年政府信息公开工作年度报告》，http：//www.js.gov.cn/jszfxxgk/zfxxgkzl/gzndbg/szfbgt/201403/t20140331_424477.html。

② 参见《江苏省政府办公厅2013年政府信息公开工作年度报告》，http：//www.js.gov.cn/jszfxxgk/zfxxgkzl/gzndbg/szfbgt/201403/t20140331_424477.html。

门所掌握的各项公共权力进行全面统计,并将权力的列表清单公之于众,主动接受社会监督。近年来,江苏依法推进行政权力网上公开透明运行,经过坚持不懈的努力,目前已经取得显著的阶段性成效。

在依法清理规范权力事项方面,江苏省按照"行使有据、裁量有方"的目标,由政府法制部门牵头组织对本级政府行政执法权进行清理,把行政执法权分为行政许可、行政处罚、行政强制、行政征收、非许可行政审批等11类行政权力,建立了省、市、县三级统一和动态调整的权力数据库,优化、固化权力运行流程,细化处罚裁量基准。2013年,江苏省政务公开办印发了《关于开展省市县三级行政权力事项统一清理规范工作的通知》(苏政公开办〔2013〕6号),要求在前期行政权力清理成果的基础上,各级部门根据省级条线部门要求开展行政权力事项清理规范工作,力争到2014年底,统一省市县三级权力名称、权力编码和运行流程,建立涉及权力运行所有环节的标准、条件、权责、时限等制度规范,制定完善和普遍适用的行政处罚裁量基准。

在推进行政权力网上运行方面,2010年底,江苏基本实现了县级以上行政机关全覆盖、行政权力事项全覆盖、网上行政监察全覆盖。在此基础上,江苏加快推进行政权力网上运行工作与政务服务中心审批、服务事项办理融合,与部门核心业务融合,与行政绩效管理融合,推进行政权力"真上网、全上网"。2011年以来,按照中央的部署和要求,积极开展依托行政权力网上公开透明运行系统,加强县级政府政务公开和政务服务工作,把行政权力网上公开透明运行向乡镇(街道)、村(社区)延伸,选择邳州、无锡滨湖区等12个县(市、区)进行试点。取得成功经验后,2013年,在全省进行部署,力争用两年左右时间实现全面、准确发布政府信息公开事项,实时规范实施行政职权和办理便民服务事项,实现电子监察全覆盖。2013年江苏省乡镇覆盖率达70%,其中苏南90%、苏中60%、苏北40%,2014年底前将实现乡镇全覆盖。① 2013年全省行政权力网上运行系统办件量达到4100万件,各地不断强

---

① 参见《江苏省推进行政权力网上公开透明运行成效显著》,中国广播网,http://js.cnr.cn/2011jsfw/syyw/201309/t20130906_513529309.shtml。

化行政权力库的日常维护和管理,有关部门根据依据、职能等变化及时调整权力事项,确保权力阳光运行。①

二 政府立法和制度建设

(一)年度立法计划的制定与实施

2013年2月18日,江苏省人民政府第二次常务会议审议通过了《省政府2013年立法工作计划》。省政府2013年的立法工作以建设法治政府为目标,深入贯彻落实科学发展观,紧紧围绕"十二五"发展的主题主线,牢牢把握省第十二次党代会的战略部署和省经济工作会议精神,始终坚持稳中求进的工作总基调和又好又快发展的鲜明导向,继续通过完善立法加强和改进制度建设,坚持科学立法、民主立法,着力抓好促进科学发展、深化改革开放、保护资源环境、保障和改善民生、维护社会和谐稳定、加强政府建设等方面急需制定或者修订的地方性法规和规章项目,力求适应时代需要、符合人民意愿和解决实际问题。按照立法工作计划,省政府2013年要力争完成20件地方性法规的督促起草和政府规章的制定工作,主要包含:②

(1)围绕深化改革,为促进经济平稳较快发展制定的地方性法规、规章项目(3件):

☆③江苏省土地利用总体规划管理办法;

江苏省小额贷款公司监督管理办法;

☆江苏省国有土地上房屋征收与补偿条例。

(2)为加大环境保护力度,倡导文明生活方式,推进生态文明建设制定、

---

① 参见《我省行政权力"全上网"》,江苏省人民政府门户网,http://www.jiangsu.gov.cn/zwhd/201404/t20140412_867633.html。

② 根据《江苏省制定和批准地方性法规条例》,地方性法规一般由主任会议、专门委员会、省人民政府、省高级人民法院、省人民检察院,按照各自职责组织起草。实践中,省人民政府承担着大部分地方性法规的起草工作,也将其纳入全年的立法工作计划。因此,本报告将地方性法规的起草也作为政府立法的重要组成部分。

③ 带☆表示在2013年度已经得到落实或者即将得到落实的项目。

修订的地方性法规、规章项目（3件）：

☆江苏省机动车排气污染防治条例；

☆江苏省爱国卫生条例；

☆江苏省水土保持条例。

（3）为加快社会事业发展，保障和改善民生制定、修订的地方性法规、规章项目（4件）：

江苏省实施〈工伤保险条例〉办法；

☆江苏省电梯质量安全监督管理办法；

江苏省城市道路停车泊位设置和使用规定；

☆江苏省邮政条例。

（4）为加强和创新社会管理，促进社会和谐稳定制定、修订的地方性法规、规章项目（6件）：

江苏省船舶过闸费征收管理办法；

☆江苏省地理信息基础设施管理规定；

☆江苏省农业机械安全监督管理条例；

☆江苏省高速公路条例；

☆江苏省地名管理条例；

☆江苏省社区矫正工作条例。

（5）为规范政府行为，加强政府自身建设制定、修订的地方性法规、规章项目（4件）：

☆江苏省机关事务管理办法；

☆江苏省统计条例；

江苏省行政程序规定；

江苏省政府专职消防队伍管理规定。

同时，《省政府2013年立法工作计划》还明确了需要抓紧研究、待条件成熟时提出的立法项目26件和需要积极研究论证的立法项目9件。这些项目涉及落实宏观调控、加强生态文明、创新社会管理、保障和改善民生等诸多方面。①

---

① 参见《省政府2013年立法工作计划》（苏政办发〔2013〕21号）。

截至2013年底，省人民政府共以省政府令的形式颁布了6件省政府规章（见表1）。

表1 2013年江苏省人民政府颁布的省政府规章目录

序号	省政府规章名称	文号
1	江苏省征地补偿和被征地农民社会保障办法	省政府第93号令
2	江苏省行政事业性收费监督管理办法	省政府第92号令
3	江苏省大气颗粒物污染防治管理办法	省政府第91号令
4	江苏省劳动人事争议调解仲裁办法	省政府第90号令
5	江苏省房屋建筑和市政基础设施工程质量监督管理办法	省政府第89号令
6	江苏省内部审计工作规定	省政府第88号令

资料来源：参见江苏省人民政府信息公开网站，http：//www.js.gov.cn/jsgov/tj/bgt/，最后访问日期：2014年3月16日。

截至2013年底，江苏省人大及其常委会颁布了6件地方性法规（见表2）。

表2 2013年江苏省人大及其常委会颁布的地方性法规目录

序号	地方性法规名称	通过日期
1	江苏省机动车排气污染防治条例	2013年11月29日
2	江苏省水土保持条例	2013年11月29日
3	江苏省邮政条例	2013年11月29日
4	江苏省农业机械安全监督管理条例	2013年9月27日
5	江苏省爱国卫生条例	2013年9月27日
6	江苏省非物质文化遗产保护条例	2013年1月15日

资料来源：参见江苏省人大门户网站，http：//www.jsrd.gov.cn/rdgz/lfgz/dffg1，最后访问日期：2014年3月16日。

此外，截至2013年底，还有10件地方性法规草案和省政府规章（不含上述已经正式颁布的）先后公开征求意见（见表3）。

表3 2013年江苏省公开征求意见的地方性法规和省政府规章

序号	地方性法规、省政府规章名称	日期
1	江苏省高速公路条例	2013年12月3日
2	江苏省土地利用总体规划管理办法	2013年10月18日
3	江苏省国有土地上房屋征收与补偿条例	2013年10月18日

续表

序号	地方性法规、省政府规章名称	日期
4	江苏省林业有害生物防控办法	2013年10月18日
5	江苏省测绘地理信息基础设施管理规定	2013年8月6日
6	江苏省电梯安全监督管理办法	2013年6月14日
7	江苏省机关事务管理办法	2013年4月12日
8	江苏省地名管理条例	2013年3月1日
9	江苏省社区矫正工作条例	2013年2月27日
10	江苏省统计条例	2013年2月27日

资料来源：参见江苏省人大门户网站，http：//www.jsrd.gov.cn/rdgz/lfgz/dffgl。

结合以上省人民政府颁布的政府规章、省人大及其常委会颁布的地方性法规以及公布的草案征求意见稿，对照2013年度立法计划所确定的立法项目，可以看出，其中14项（前文列举的立法项目中带☆标志者）已经得到落实或者即将得到落实，占年度立法计划（年内力争完成项目）的70%。与2012年相比，该数字上升了约2个百分点，连续两年呈现上升态势。①

（二）突出政府立法的重点

1. 规范政府行政行为

2013年3月27日，省人民政府第四次常务会议讨论通过了《江苏省行政事业性收费监督管理办法》（省政府令第92号）（以下简称《办法》），于2013年10月1日起施行。《办法》的出台，是省政府转变政府职能，规范行政权力，改革行政管理方式，服务群众、服务社会的一个重要体现。制定行政事业性收费监督管理办法，就是通过制度建设，加强对收费项目和收费行为的控制和管理，规范收费项目设定和标准制定，提高收费工作的公开性和透明度，从根本上解决乱收费问题，保障公民、法人和其他组织的合法权益不受侵害。

从2008年至2013年，江苏省共组织过五次较大的行政事业性收费清理活

---

① 参见《江苏法治发展报告（2012）》的《2011年江苏法治政府建设的进展》一文，文中指出该年度立法项目已经落实或将要得到落实的占整个立法计划的52.6%；参见《江苏法治发展报告（2013）》的《2012年江办法治政府建设的进展》一文，文中指出该年度立法项目已经落实或者将要得到落实的占整个立法计划的68.2%。

动,减少了一半以上的收费项目,每年减轻企业和个人负担60多亿元,成为全国收费项目最少、收费标准最低、企业负担最轻的省份之一。①

《办法》本着从严控制收费以及规范、公开管理的理念,一是严格限制设定依据。《办法》在第8条中规定,只有法律、法规,国务院财政、价格部门和省人民政府制定的规章,国务院和省人民政府制定的规范性文件才能作为行政事业性收费项目的设定依据。较大市制定的规章以及省财政、价格主管部门制定的规范性文件等,都被排除在设定依据之外。二是严格控制设定权限。《办法》在第6条中规定,所有新设行政事业性收费项目都必须经省人民政府批准后方可实施。市、县人民政府及其有关部门以及省级机关部门都无权批准设定。三是严密规范审批程序。《办法》从第9条到第14条,对收费项目设立、收费标准制定和调整的审批程序及要求做了详细规定,突出强调公众参与机制,要求在实施行政事业性收费项目和标准审批时,应当通过座谈会、论证会、书面征求意见等形式,听取收费对象、相关管理和监督部门的意见,属于新设立收费项目或者调整收费标准的,应当公开征求意见,涉及重大社会公共利益或者民生的收费项目和标准,应当组织听证,充分保障公众的知情权和决策参与权。

2. 加大环境保护和生态建设力度

2013年5月10日,省人民政府第七次常务会议讨论通过了《江苏省大气颗粒物污染防治管理办法》(省政府令第91号)(以下简称《办法》),于2013年8月1日起施行。该《办法》是江苏省在大气污染防治方面的第一部政府规章,重点对工业排放、扬尘污染、机动车尾气污染、油烟污染等容易产生PM10、PM2.5的污染行为做出限制规定。

《办法》规定,拆除建筑物、构筑物时应设围挡,采取持续加压喷淋措施。气象预报风速达到5级以上时,应当停止房屋爆破或者拆除。实行建筑渣土运输处置行政许可制度。运输过程中因抛洒滴漏或故意倾倒造成路面污染的,由运输单位或者个人负责及时清理。违反相关规定环保部门将责令整改,

---

① 参见《〈江苏省行政事业性收费监督管理办法〉政策解读》,江苏省物价局门户网站,http://www.jswjj.gov.cn/,最后访问日期:2013年9月27日。

并处以5000元以上3万元以下罚款。对于机动车尾气污染,《办法》明确规定,拖着"黑尾巴"的机动车不准出现在城市道路上。《办法》规定:加快淘汰20多万辆高排放的运输车辆;禁止排放黑烟等可视污染物的机动车在城市道路行驶;相关部门协调供应高品质车用燃油,推广使用清洁能源。对露天烧烤,《办法》正式开出"禁令",规定禁止在城市主次干道两侧、居民居住区、公园、绿地等公共场所露天烧烤食品。非商用建筑内禁止建设排放油烟的餐饮项目,餐饮经营单位必须安装油烟净化设施。500平方米以上或座位在250座以上的餐饮企业,要安装油烟在线监控。

3. 维护被征地农民和农村集体经济组织的合法权益

2013年9月4日,省人民政府第十三次常务会议讨论通过了《江苏省征地补偿和被征地农民社会保障办法》(省政府令第93号)(以下简称《办法》),于2013年12月1日起实施。这是维护被征地农民和农村集体经济组织的合法权益,保障被征地农民当前生活和长远生计,推进城乡一体化的一项重大决策。

2005年9月起,江苏在全国率先建立被征地农民基本生活保障制度,截至2013年9月底,涉及被征地农民329.8万人。但由于此前实施的《江苏省征地补偿和被征地农民基本生活保障办法》(省政府令第26号)设置了参保、货币补偿等多种补偿方式,在329.8万被征地农民中,仅有67.8%的人参加了基本生活保障体系,还有32.2%约106万人选择了一次性的货币安置。①

新颁布实施的《办法》率先在全国对被征地农民确立即征即保、应保尽保、分类施保、逐步提高的原则,并将被征地农民分为未成年年龄段、劳动年龄段、养老年龄段三个年龄段,规定劳动年龄段的被征地农民参加企业职工基本养老保险,未参加企业职工基本养老保险的,可以选择参加城镇居民养老保险或者新型农村社会养老保险。《办法》注重被征地农民当前生活与长远生计的统筹制度设计,确立了征地补偿标准和保障标准的动态调整机制,要求各市、县人民政府根据社会经济发展水平和物价变动情况,对征地补偿标准适时做出调整,保证被征地农民能及时分享到土地增值的收益。

---

① 参见《〈江苏省征地补偿与被征地农民社会保障办法〉12月1日起施行》,江苏网络电视台,http://inews.jstv.com/art/d/20131125/31536.shtml,最后访问日期:2013年11月25日。

(三)健全政府立法机制

立法协调工作是立法工作的关键环节,也是立法工作的重点和难点。为了进一步规范法规规章草案审查活动,加强审查过程中的协调配合,提高法律制度建设质量,2013年8月5日,省政府办公厅下发了《关于进一步加强和改进立法审查协调工作的通知》(苏政办发〔2013〕150号)。文件就进一步加强和改进法规规章草案起草审查协调工作做出了规定。一是要求起草部门提高草案送审稿质量,涉及其他部门职责或与其他部门关系紧密的,应充分征求其他部门的意见。起草部门与其他部门有不同意见,经充分协商后仍不能取得一致意见的,应在上报草案送审稿时说明情况和理由。二是要求省政府法制机构依法开展审查处理。在对法规规章草案送审稿进行审查的过程中,部门之间意见不一致的,由省政府法制机构提出处理意见。如省有关部门对主要制度存在较大争议,起草部门未与其协商的,可以缓办或退回起草部门。三是要求其他部门及时反馈意见,所提修改意见和建议应经本部门主要负责人同意,并加盖单位公章。四是要求各部门积极参加立法协调。省政府法制机构组织召开的立法协调会,起草部门主要负责人因特殊情况不能出席的,应授权分管负责人携带经主要负责人签署的书面意见到会说明并做出解释。省有关部门对法规规章草案有不同意见和建议的,应由主要负责人或授权分管负责人携带经主要负责人签署的书面意见到会进行解释并说明理由。无不同意见的,应提交经本部门主要负责人签署的书面材料,并加盖单位公章。五是要求各部门充分尊重经省政府法制机构协调一致的意见,切实维护立法审查协调工作的严肃性。

在完善公众参与方面,江苏在遵循立法客观规律的基础上,不断探索科学立法、民主立法的新途径、新方法,把立法工作各个环节纳入科学化、民主化、制度化轨道。向公众征集立法建议项目,所有地方性法规、规章草案均广泛听取和征集社会公众、专家学者及相关部门的意见。精心选择与广大群众的日常生活和切身利益紧密相关的立法项目召开立法听证会,广泛听取人民群众特别是基层群众的意见,基本做到了立法听证常态化。2013年5月20日,南京市召开《南京市行政执法监督办法(草案)》立法听证会。10名听证代表、30名旁听人员和《江苏法制报》《南京日报》、中国网络电视台等7家媒体参加会议。听证会代表包括专家学者、律师、媒体、企业、政府机关工作人员和普通市民代表。在《江苏省行政事业性收费监督管理办法(草案)》的审核修改过程中,省政府法制办面向全省公众召开立法辩论会,邀请8名来自高校、行政机关和律师界的辩论人围绕行政事业性收费项目设立依据、行政事业性收费委托征收、缴费人救济途径和方法、收费单位法律责任设定等内容进行辩论,为草案的修改完善提供了重要的参考意见。

(四)加强规章和规范性文件管理

在规章和规范性文件管理方面,江苏积极研究规章和规范性文件制定和备案审查工作的新思路、新举措,着力完善合法性审查工作机制,健全备案审查具体工作制度和方法,坚决纠正审查中发现的违法、不当问题。按照深化改革的要求,统筹做好备案审查的各项工作:一是规范程序,加强核查,进一步提高规范性文件实际报备率;二是调整"三率"统计权重,进一步提高报备的规范率;三是充实审查力量,把握改革精神,进一步加大审查力度;四是推进审查公开,完善基础信息,进一步提高监督管理水平。截至2013年12月底,设区的市、省直管县体制改革试点县(市)人民政府和省政府部门共向省政府报送备案文件318件。经审查,准予备案登记规章28件、规范性文件290件。向国务院和省人大常委会上报备案省政府规章8件,办理公民、法人和其他组织提出的规范性文件审查建议6件。①

2013年12月16日,全省规章和规范性文件备案审查专家公开点评会在南京召开,会议邀请实务界和理论界的专家着重从合法性、合理性、可操作性和制定技术等方面,分别对《徐州市市区扬尘污染防治办法》《江苏省政府采购供应商监督管理暂行办法》等6件规章、规范性文件进行了点评,从专家点评情况来看,对文件质量总体上比较肯定,认为各地各部门能够根据本地、本部门的实际需要,适时制定出台相关规章和规范性文件,以此推动各项工作;这些文件的内容基本合法、适当,制定程序基本符合国务院《规章制定程序条例》和《江

---

① 参见《省政府法制办2013年工作总结和2014年工作要点》,江苏政府法制网,http://www.jsfzb.gov.cn/art/2014/3/25/art_39_39697.html。

苏省规范性文件制定和备案规定》，条文明确、具体，具有一定的可操作性；同时，专家们还对文件中存在的问题，从严格、科学、完善的角度，提出了许多中肯的、富有见地的意见或建议，对各地各部门备案审查工作很有启发和帮助。

建立完善政府立法和规范性文件立法后评估制度。2013年9月，省政府法制办会同省级机关事务管理局选取省政府规章《江苏省公共机构节能管理办法》（以下简称《节能办法》），开展立法后评估。检查采用随机抽查，暗访通报、问卷调查、召开座谈会等方式进行，检查前不提前通知，检查时随机选取公共机构暗访，检查后当面通报情况，改变以往定单位定路线，事先准备等执法检查方式。检查收集了公共机构贯彻《节能办法》中存在的问题，听取了这部规章中涉及的机关事务管理局、发改、财政、经信、住建、环保等相关部门的意见和建议。检查促进了公共机构的各项节能制度的落实。

三 加强和改进行政执法工作

（一）完善行政执法体制

2013年，在省政府有关部门的积极争取下，省人大将《江苏省城市管理相对集中行政处罚权条例》《江苏省行政执法监督条例》列入《江苏省人大常委会2013—2017年立法规划》。通过地方立法逐步理顺城管执法体制，加强和完善行政执法监督工作，促进行政机关依法行使职权，为城市管理和执法的依法有序发展提供更完备的法律支持。省政府法制办制定出台了《关于在城市管理行政执法中队配备法制员的意见》，明确从2013年起，所有基层中队配备法制员，暂不具备设置专职法制员条件的，可以先行明确兼职的法制员。

2013年，省政府新批准句容、丰县、沭阳、射阳、滨海5个县（市）在城市管理领域开展相对集中行政处罚权，基本实现了城市管理领域相对集中行政处罚权工作县市全覆盖。经批准的设区的市、县（市）集中行使了市容环境卫生管理、城市规划管理、绿化管理、市政管理、环境保护管理、工商行政管理及公安交通管理的全部或部分行政处罚权，执法主体更加明确，执法力量更为集中，执法体制进一步理顺，解决了多头执法、职责交叉、重复处罚、执法扰民等问题,通过执法行为、方式方法的创新和规范,依法行政能力和水平显著提高。为适应城市化进程的需要,批准南京市扩大相对集中行政处罚权,批准启东市、海安县城市管理相对集中行政处罚权向建制镇延伸。

(二)推进行政执法规范化

2013年5月,南京市在全市开展为期3个月的行政执法大检查,发现和解决行政执法中的突出问题,提高人民群众对行政执法工作的满意度,全面推进"法治建设工程"。此次行政执法大检查的重点,是针对与城市环境、城市秩序、人民生活密切相关的七个领域,即城市管理、环境保护、城市建设、交通秩序、食品安全、亚青会与青奥会知识产权保护和体育场馆周边环境整治以及景区和窗口地区,着重解决行政执法职责不清、职能交叉、执法不力、力量分散、队伍素质不高等问题。检查的主要内容:一是行政执法保障中心工作的情况;二是行政执法制度建设情况;三是行政执法职责和事项的梳理确认情况;四是行政执法实施情况;五是行政执法中的体制性问题;六是行政执法中存在的突出问题以及改进措施。

2013年5月,淮安市连续第8年开展"行政执法服务月"活动,形成了旨在转变行政执法理念的有效特色品牌。市政府法制办组织46个部门、8个县(区)及开发区、园区,动员全市万名执法人员,走进企业社区,深入田间地头,为企业、群众送上贴心周到的法治宣传和便民服务,受惠群众百万人次。通过"行政执法服务月"活动,实现了行政执法的三个转变:从单纯强调执法管理向更加注重优化服务转变,执法为民、执法惠民的亲民服务理念得以进一步确立;从片面依赖执法权威向更加注重沟通交流转变,人民群众的知情权、参与权、监督权得以进一步强化;从主要体现机关意志向更加注重善待百姓转变,人民群众的合法权益、根本利益得以进一步保障。

常州市认真组织实施《常州市行政执法程序暂行规定》,通过建立健全行政执法各项制度、完善行政执法文书、强化执法监督等途径,严格规范行政执法自由裁量权,进一步健全完善调查取证、告知、听证、集体讨论决定、罚没收入管理等行政执法程序,推进行政执法结果公开,充分保障行政相对人的知情权、参与权、表达权和监督权，有效提升各级行政机关的执法水平和能力。

省公安厅强化信息化建设，建立完善执法信息网上录入、执法流程网上管理、执法活动网上监督、执法质量网上考核的执法办案新模式。以完善全省统一的公安"大平台"为契机，坚持标准化、信息化、规范化"三位一体"同步建设，实现民警执法办案、领导审核审批、涉案证据管理、法律文书制作网上全流程运转，做到业务流与信息流高度融合。依托"大平台"研发执法监督管理系统和涉案财物管理系统，接入执法窗口、讯（询）问室和监管场所视频监控，建立完善电子档案、电子笔录和电子卷宗系统，通过信息化手段实现对执法办案全程、实时监督。

（三）创新行政执法方式

大力推行行政指导制度。深入基层专题调研了解、监督指导全省行政指导推行工作，将行政指导推行情况纳入执法检查和依法行政考核内容。搭建工作交流平台，汇编各地各部门推行行政指导工作的经验交流材料、典型案例和工作制度，供各地学习参考。各地围绕贯彻落实《全面推行行政指导工作的意见》，通过召开专门会议、开展业务培训、组织督促检查等方式，全面推行行政指导工作，把行政指导贯穿于行政管理、行政执法工作全过程，综合运用政策辅导、走访约见、规劝提示、奖励引导、示范推荐、信用公示、信息披露、警示告诫、行政建议等方式开展行政指导工作，着力提升管理效能和依法行政水平。宿迁市探索建立行政指导"五项工作机制"，推行"七种行政指导方式"。连云港市全面推行全程说理式执法、行政监管劝勉、执法事项提示、轻微问题告诫。把说理式执法作为创新理念贯穿行政执法全程，探索行政执法监督方式。积极推进柔性化执法方式，规范行政执法自由裁量权，完善自由裁量基准制度，将说理式执法贯穿于行政管理、行政执法全过程。按照依法行政、过程优先、公正公平、教育为主的工作原则，各有关部门在执法工作中做到调查取证时平等说理、案件审理时公开说理、执法文书中全面说理、行政执行中真情说理，在执法中普法、在执法中化解矛盾，主动接受社会监督，达到执法效果与社会效果的统一。组织召开第二届全省城市管理行政执法典型案件评析研讨会，大力推动实施行政执法案例指导制度。

四 依法有效化解社会矛盾

（一）建立健全行政调解机制

2013年，江苏省政府不断深化政府负总责、部门为主体、政府法制机构牵头的行政调解工作体制，充分发挥行政调解在化解矛盾纠纷中的重要作用。省级层面，对配套制度、工作机制、工作流程、调解文书、办公条件等及时做出部署安排，加大行政调解工作推进力度。根据省行政调解工作组组成人员的变动情况，对省行政调解工作组组成人员进行了调整。印发了《关于做好2013年行政调解工作的通知》，从五个方面对全省行政调解工作进行规范和指导。通过召开行政调解工作组成员单位联络员座谈会、报送书面材料、实地调研等形式，全面掌握行政调解工作开展情况。组织开展行政调解典型案例汇编工作，发挥示范效应，推进行政调解工作。

2013年5月23日，苏州市在《苏州市行政调解办法》的基础上又出台了《苏州市行政调解工作考核和评估制度》（以下简称《制度》）。《制度》规定，该市行政调解工作考核和评估包含组织机构是否健全、工作机制是否完善、调解程序是否规范、宣传培训是否到位、统计报告是否及时准确、工作成效是否明显六个方面内容，并设置了较为具体的考核标准。同时明确，市行政调解工作领导小组办公室可根据工作需要，采取日常检查、查看材料等方式，对全市行政调解工作进行监督考核、评估和通报结果。并将全市行政机关行政调解工作开展情况纳入年度依法行政考核和市级机关作风效能建设考核范围。

2013年6月8日，镇江市制定下发了《镇江市行政调解示范单位管理办法》（以下简称《办法》）。《办法》提出行政调解示范单位应当具备以下基本条件：行政调解组织机构健全；行政调解工作队伍充实；调解案件操作程序规范；调解案件卷宗规范整洁；行政调解工作场所设施完备；行政调解统计分析制度落实；行政调解工作成效明显。与此同时，镇江市确认市公安局交巡警支队、市住建局、市工商局、京口区人社局、京口区四牌楼街道、丹徒区公安分局6个单位为全市首批行政调解示范单位。

2013年7月19日，扬州市全面推进依法行政领导小组办公室在广泛征求意见的基础上，制定出台了《扬州市行政调解暂行办法》（以下简称《办法》）。《办法》从行政调解范围、行政调解原则、行政调解工作机制和行政调解程序等方面对行政调解工作制度做出了系统性规定。《办法》的出台进一步推动形成了以制度为引领的行政调解工作规范体系，有利于进一步畅通政府纠纷解决通道，增强了政府的纠纷解决吸纳能力，推动各类纠纷在行政系统内能够得到有效化解。同时扬州市还在全省率先建立行政调解工作指导处，具体承担办理重大复杂行政调解案件、全市行政调解工作组织推进、协调指导和考核督查等职能。

（二）加强行政复议工作

2012年，江苏省政府充分发挥行政复议的主渠道作用，全面推进行政复议规范化建设，加强行政复议工作的监督检查，深化行政复议委员会试点工作，创新行政复议工作方式方法，行政复议的救济、监督双重功能得到了较好发挥。2013年，省政府收到行政复议申请588件，受理208件，比2012年同期翻了一番，为历史最高；截至2013年年底，已审结181件，其中维持123件，驳回复议请求42件，申请人撤回行政复议申请做终止决定11件，撤销、责令履行、确认违法共5件。[1] 同时，制定了重要案件信息梳理排查专报制度，定期对所有在办案件进行梳理，重点排查存在重大群体性事件安全隐患的情况。

1. 推进行政复议工作规范化建设

2013年1月6日，省政府法制办印发了《关于全面开展行政复议工作规范化建设的通知》，对全面开展行政复议工作规范化建设做了部署和安排。制定了行政复议工作规范化建设标准，对行政复议经费、办案设备、办案场所（接待、听证、档案、阅卷等场所）等方面提出了具体要求和量化标准。行政复议工作规范化建设标准共分为9章33条，涉及组织机构、案件受理、案件审理、

---

[1] 参见《省政府法制办2013年工作总结和2014年工作要点》，江苏政府法制网，http://www.jsfzb.gov.cn/art/2014/3/25/art_39_39697.html。

复议决定、档案管理、监督指导、保障措施、制度建设8个方面的内容。进而又制定了《江苏省行政复议工作规范化建设考核办法》（含考核评分标准），要求通过实施行政复议工作规范化建设活动，力争3年内省、市、县（市）三级政府行政复议机构规范化建设合格率达90%以上，5年合格率达100%。

2. 加强行政复议工作的监督检查

组织开展对全省2008年以来的行政复议决定书、行政复议意见书和行政复议建议书的履行和落实情况的专项检查，加强行政复议决定的履行力度。配合省人大常委会在全省范围内开展了《行政复议法》执法检查，重点是了解相关部门和基层贯彻实施《行政复议法》的主要措施和效果，行政复议能力建设，行政复议与相关制度的衔接情况，《行政复议法》实施中存在的主要问题及对改进执法工作、完善法律制度的意见和建议。

3. 深化行政复议委员会试点工作

在认真总结经验的基础上，深入调研，听取意见，围绕"完善模式、有效推进，理顺机制、加强协调"的要求，明确江苏省进一步推进试点工作的目标、路径和方法，目前有24个县（市、区）开展试点工作。从全省各试点单位的情况来看，试点地区的行政复议的案件量都明显有所上升，纠错率也有所提高，行政复议委员会成立前后的复议后再诉讼比率有所下降，行政复议案件与诉讼案件和信访案件的比例正渐渐提高。行政复议委员会的试点工作，进一步提高了行政复议案件办理质量，增强了行政复议的公信力，申请人对行政复议的信任度明显提升。江苏省的行政复议委员会试点工作得到国务院法制办的充分肯定。

4. 组织召开行政复议典型案件评析研讨会

2013年11月5日，江苏省第四届行政复议典型案件评析研讨会在无锡召开，全省13个地级市，昆山、泰兴、沭阳、海门等9个县（市、区）法制办分管复议工作副主任、复议处处长和省人社厅、省住建厅等5家省级机关法规处处长参加了会议，会议专门邀请了法院部分法官作为专家评审组成员出席会议。各参会单位推选了26篇在各行业、领域具有代表性的行政复议案例参与评选。会上，就其中选取出的8篇案例进行了现场交流，与会代表踊跃发言，专家们进行了精彩的点评，并以无记名投票方式从参评案例中评选出一二三等奖。

五　2014年江苏法治政府建设展望

2014年是全面深化改革和党的十八届三中全会明确提出"推进国家治理体系和治理能力现代化"的开局之年，也是法治江苏建设紧紧围绕法治中国建设的目标任务，努力构建全国法治建设先导区的关键之年。因此，我们有理由相信江苏省政府将会在2014年进一步提速法治政府建设。基于2014年政府工作报告以及相关部门公布的计划措施，有以下几个方面值得我们重点关注。

在加快政府职能转变方面，继续深化行政审批制度改革，政府职能转变逐步到位。最大限度地减少政府对微观事务的管理，加强公共服务、市场监管、社会管理、环境保护职责，继续取消、下放审批事项。加快建设省级政务服务中心，积极探索政务中心与公共资源交易中心一体化模式，构建综合高效的政务服务平台，提高行政审批效率。

在推进依法科学民主决策方面，规范行政决策程序，健全科学民主依法决策机制。建立完善重大行政决策由法制机构进行合法性审查机制，推动建立重大行政决策目录管理。全面推行政府法律顾问制度，积极做好省政府法制咨询委员会筹建工作，推动全省县级以上政府在2014年年底前普遍建立政府法律顾问制度。以省政府名义下发《关于进一步推动参与式行政程序建设的意见》，推动全省各级行政机关全面建立参与式行政程序制度。

在加强重点领域立法制规方面，为了规范行政权力运行，促进行政机关依法行政，提高政府公信力和执行力，建设法治政府，制定《江苏省行政程序规定》。针对日益严重的雾霾问题，制定《江苏省大气污染防治条例》，从制度上保障江苏省对大气污染的预防和治理工作，促进江苏空气质量持续改善。为了实现人口与经济、社会、资源、环境协调发展，促进家庭幸福、民族繁荣与社会进步，修订《江苏省人口与计划生育条例》，等等。

在强化行政执法监督方面，探索建立政府法制层级监督与行政监察联动机制，建立行政机关监督联席会议制度。聘请省级行政执法监督员，加大明察暗访力度。推行行政执法典型案例指导，探索试行行政执法人员资格等级制度。进一步加强行政执法队伍建设，严格实行行政执法人员资格管理和培训考核制度，健全依法行政或行政执法人员执法档案，完善行政执法风险评估和防范控制机制。

在依法化解行政争议方面，加大对违法和明显不当行政行为的纠错力度，建立重大行政复议案件审理结果通报制度，完善行政复议案件过错责任追究制度，积极推行行政机关负责人参加复议听证及制作说理式复议决定书。继续深化行政复议委员会试点，逐步在所有县级以上政府设立行政复议委员会。深化行政复议规范化建设，力争2年内省市县三级合格率达90%以上。

B.4
2013年江苏法院工作的进展*

陈飞翔 方乐**

摘 要： 2013年江苏法院围绕司法为民、公正司法工作主线，深化司法改革，规范审判权运行；充分履行司法审判职责，保障人民群众的合法权益，维护了社会稳定；创新执行工作机制，案件执结率稳步提升；深化制度措施，积极维护司法公正。

关键词： 司法改革 司法审判 执行机制 司法公正

2013年，江苏法院系统紧紧围绕司法为民、公正司法的工作主线，忠实履行宪法和法律赋予的职责，各项工作取得了新进展，为江苏全面推进"两个率先"做出了应有的贡献。2013年，全省法院受理各类案件1238381件，审执结1063965件，结案数首次突破百万件，同比分别增长23.39%和11.66%。其中，省高院受理7377件，审执结5851件，同比分别上升26.69%和25.32%；中级法院受理79230件，审执结66879件，同比分别增长26.10%和17.99%；基层法院受理1151774件，审执结991235件，同比分别增长23.19%和11.19%。全省法院一线法官人均结案157.48件，同比增加16.18件，其中，基层法院一线法官人均结案达190.72件，同比增加19.72件。①

---

* 本报告中的数据，来自2014年1月21日许前飞院长在江苏省第十二届人民代表大会第二次会议上所做的《江苏省高级人民法院工作报告》和江苏省高级人民法院司法改革办公室所编辑的《2013年江苏法院司法改革报告》。
** 陈飞翔，江苏省高级人民法院法官；方乐，南京师范大学法学院副教授。
① 《江苏高院发布2013审判执行情况结案数突破百万件》，江苏法院网，http://www.jsfy.gov.cn/mtjj/sjmt/2014/01/26113232273.html，最后访问日期：2014年2月3日。

一 深入推进司法改革,进一步规范审判权运行

党的十八届三中全会通过的《中共中央关于全面深化改革若干重大问题的决定》明确提出:"确保依法独立公正行使审判权检察权。改革司法管理体制,推动省以下地方法院、检察院人财物统一管理,探索建立与行政区划适当分离的司法管辖制度,保证国家法律统一正确实施。建立符合职业特点的司法人员管理制度,健全法官、检察官、人民警察统一招录、有序交流、逐级遴选机制,完善司法人员分类管理制度,健全法官、检察官、人民警察职业保障制度。"这一有关当代中国司法管理体制改革的重大战略与系统部署,既为深入推进中国司法管理体制改革指明了新的方向,也对司法管理体制改革的内容提出了新的要求。江苏法院系统如何贯彻落实中央司法管理体制改革的工作部署,同时又如何通过自身的改革实践为全国司法管理体制改革整体方案的提出提供地方经验与样本模型,无疑是今后一段时期江苏法院系统工作的重点之一。

2013年,为了适应深化法治江苏建设的需要,在最高人民法院的监督指导下,江苏法院系统稳步推进各项司法改革工作,积极回应人民群众的司法关切,充分满足人民群众的司法需求,努力实现审判权公正高效运转,取得了良好的社会效果。江苏法院系统2013年司法改革工作的主要内容,包括以下几个方面。

第一,深化司法公开。2013年,江苏法院系统继续实施"看得见的正义"工程,努力提高审判工作透明度。在这一年里,江苏法院系统进一步增强立案公开实效,江苏全省各级法院积极探索通过手机短信向当事人告知立案审查节点信息。与此同时,江苏法院系统建成了互联网庭审视频直播平台,进行庭审视频直播920场次。除此之外,江苏法院系统在2013年继续加大裁判文书公开力度,在互联网公布生效裁判文书125434份,同比增长115.44%。与此同时,江苏法院联合有关单位召开新闻发布会、记者通气会18场次,及时向社会发布审判信息。2013年,江苏全省所有法院均建成门户网站,绝大多数法院开通了官方微博,社会关注度不断提高。江苏法院系统司法公开工作所取得的成绩,继续获得社会的高度认可。据2013年中国社会科学院调查统计,江

苏省高级人民法院司法透明度处于全国高级法院第二位。

第二，扩大司法民主。2013年，江苏法院系统进一步加强司法与社会的沟通交流，健全完善"三解三促"长效机制，认真倾听群众意见，及时满足群众司法需求。与此同时，江苏法院系统在2013年启动实施了人民陪审员"倍增计划"。通过该计划的实施，至2013年底人民陪审员总数达到了7674人。同时，江苏法院系统在2013年继续扩大人民陪审员参审范围，全年参审案件139363件，占一审普通程序案件的93.27%。2013年，江苏法院系统进一步加强法官与律师的良性互动，依法保障律师执业权利，积极为律师参加诉讼活动提供便利。

第三，深化审判管理机制改革。2013年，江苏法院系统进一步健全完善审判管理机制，不仅修订了全省法院审判管理指标体系，而且改进了对下考核机制，精简考核指标，取消通报排名。省高级人民法院期望通过这样的改革措施，强化法院审判管理机制的正确导向，真正确保考评机制能够发挥好对审判工作的研判促进作用。与此同时，江苏法院系统继续推进审判流程管理改革，防止案件久拖不决，提高司法审判工作效率，确保司法公正的积极实现。

第四，推进涉诉信访机制改革。江苏省高级人民法院在2013年制定《关于依法推进涉诉信访工作法治化的实施意见》。省法院旨在通过这一意见的出台，来强化运用法律手段解决涉诉信访问题，提升涉诉信访工作实效。从2013年底的数据统计来看，江苏法院案访比继续处于全国法院系统最低位次。这在一定程度上反映出该项措施取得了积极的社会效果。与此同时，江苏法院系统进一步畅通涉诉信访渠道，启动网上接访工作，规范信访流程管理，努力解决信访群众反映的实际问题，依法办结最高人民法院转办、全国人大通报的进京访案件383件，办结率100%。

在深化司法改革领域，江苏法院系统2013年所取得的成绩无疑是突出的，因而获得了社会的高度认可。但同时我们也要意识到，在确保法院依法独立公正行使审判权的体制机制方面，江苏法院系统还有进一步需要完善的地方。因此，在新一轮司法管理体制改革中，江苏法院系统将采取怎样的改革措施，以进一步规范和完善审判权的运行机制，提高司法公正，提升司法权威，显然值得我们期待。

二 充分履行司法审判职责

2013年,江苏法院系统在刑事、民事、商事和行政审判工作领域取得了突出的成绩,大力保障了人民群众的合法权益,有力维护了社会稳定,推动了法治江苏建设。

第一,在刑事审判工作上,江苏法院认真执行修改后的《刑事诉讼法》,依法惩罚各类刑事犯罪,有力地保护了人民群众的合法权益。全省各级法院2013年共受理一审刑事案件66584件,同比减少了7.40%;审结63910件,同比减少了9.28%;生效判决罪犯82342人,同比减少了10.65%。具体来说:(1)对严重的刑事犯罪予以依法严惩。全省各级法院2013年一审共审结杀人、抢劫、绑架、贩卖运输毒品、拐卖妇女儿童、黑社会性质组织等刑事犯罪案件4111件5888人,其中判处5年以上有期徒刑、无期徒刑和死刑的2465人,占判处人数的41.86%。(2)对多发性侵犯财产的犯罪予以依法严惩。全省法院系统2013年一审审结盗窃、诈骗、敲诈勒索案件17713件24514人,其中"11·29"特大跨国电信诈骗系列案件174名被告人受到刑事处罚。同时,2013年,江苏省高级人民法院还会同有关部门制定关于依法办理环境保护案件、危害食品安全刑事案件、非法集资刑事案件若干问题的实施意见,加大对相关犯罪的打击力度。2013年,全省各级法院一审审结上述犯罪案件291件662人。(3)对各种职务犯罪予以依法严惩。江苏全省各级法院2013年一审审结贪污贿赂、渎职等职务犯罪案件1269件1609人。其中,依法审理了山东省原副省长黄胜受贿案等重大职务犯罪案件。同时,江苏法院系统加大对重大安全责任事故、伪劣食品药品事件中涉职务犯罪的打击力度,依法严惩发生在环境保护、征地拆迁、社会保障等领域的职务犯罪。除此之外,江苏法院系统还严格规范职务犯罪非监禁刑的适用。根据相关数据统计,2013年江苏法院系统职务犯罪适用缓刑、免予刑事处罚比例较2012年下降5.23个百分点。(4)在刑事司法审判领域不断加强人权的司法保护。在有关人权司法保护规范性文件的制定上,2013年江苏省高级人民法院制定了防范刑事冤假错案贯彻落实意见,严格证据审查判断,全力防范冤假错案。2013年,江苏全省各

级法院对143件案件启动非法证据排除程序,对4名公诉案件被告人和6名自诉案件被告人宣告无罪。2013年,江苏法院系统积极推进二审直接开庭审理,刑事案件二审开庭率达69.07%,通知法律援助机构为3611名被告人指派辩护律师。(5)依法做好轻微刑事案件和解、刑事附带民事诉讼调解和被害人国家救助工作,严格减刑假释条件及审理程序,加强刑事审判与社区矫正衔接工作。在规范性文件的制定上,2013年江苏省高级人民法院会同有关部门制定《江苏省未成年人犯罪记录封存工作实施意见》。2013年,江苏全省法院系统为2702名未成年犯封存前科记录,建立107个未成年犯帮教基地。

第二,在民事审判工作上,充分发挥民事审判在定分止争、化解矛盾等方面的作用,维护人民群众的合法权益。2013年,江苏全省各级法院受理一审民事案件556527件,同比增长16.12%;审结506901件,同比增长6.68%。民事工作在2013年所取得的新进展,具体包括以下几个方面。(1)依法保障涉诉民生权益。2013年,江苏省高级人民法院制定规范性文件,及时指导全省法院妥善审理民间借贷、房地产纠纷案件,全省各级法院一审审结上述案件127342件;江苏省高级人民法院还会同有关部门制定的《江苏省家庭暴力告诫制度实施办法(试行)》,得到中央政治局委员、中央政法委书记孟建柱同志批示肯定。当然,就民事审判工作来看,2013年江苏全省各级法院一审审结婚姻家庭、损害赔偿、医疗纠纷、劳动争议、土地承包案件273134件,依法保护各方当事人特别是妇女、儿童、老年人、残疾人、农民工的合法权益。2013年江苏法院系统还依法审理环境保护公益诉讼案件,探索建立恢复性司法、临时禁令等公益诉讼机制,取得了良好的成效。除此之外,江苏法院系统在2013年还依法审理涉军案件,维护国防利益和军人军属的合法权益。(2)妥善调处民事纠纷。2013年,江苏全省法院充分发挥调解优势,解决社会纠纷,共完成民事案件调解撤诉结案341057件,调解撤诉率达63.51%,继续保持较高水平。同时,江苏法院系统在2013年继续推动完善人民调解、行政调解、司法调解联动工作机制,进一步落实与国土资源、住房建设、知识产权以及保险、工商联等单位和组织的诉调对接机制。2013年,江苏法院系统进一步加强了对人民调解工作的指导,依法确认人民调解协议2094件,增强共同化解社会矛盾纠纷的实效。(3)防范和打击虚假诉讼。2013年,针对房地产、民间借贷、建设工程等纠纷中虚假诉讼增多的趋势,江苏省高级人民法院会同相关部门制定《关于防范和查处虚假诉讼的规定》,加大对虚假诉讼防范和打击力度,及时通报虚假诉讼查处情况,引导当事人诚信诉讼,积极促进社会诚信体系建设。

第三,在商事审判工作上,充分发挥商事审判对于规范市场秩序、促进科技创新的作用,促进经济转型升级。江苏全省各级法院2013年受理一审商事案件151535件,同比增长11.77%;审结138491件,同比增长4.68%。商事审判工作在2013年所取得的突出成绩,主要包括以下几个方面。(1)依法保障经济持续健康发展。2013年,不仅江苏省高级人民法院制定了为全省金融业持续健康发展、防范化解金融风险提供司法保障的意见,而且全省各级法院也加大金融债权的司法保护力度。就这一方面的工作来看,2013年江苏法院系统一审审结保险、融资租赁、票据等金融纠纷案件19948件,同时审结企业破产案件174件。法院运用司法手段拯救经营困难企业,这其中较为典型的案例,是2013年江苏法院对无锡尚德太阳能电力有限公司等企业实施重整,避免企业破产带来的社会震荡。当然,在商事审判工作中,为了规范公司治理,强化股权保护,江苏法院系统在2013年一审审结公司治理结构诉讼案件2467件。为了积极促进对外经济活动,2013年江苏全省法院系统一审审结涉外、涉港澳台商事案件442件,办理对外、对港澳台司法协助案件589件。(2)通过商事审判工作来强化商事司法规则的治理作用。江苏法院始终注重诵讨规则治理维护公平竞争的市场环境。2013年,江苏省高级人民法院制定指导意见,规范票据流转与物权担保行为,确立金融领域纠纷案件的裁判尺度。2013年,江苏全省各级法院依法判决一审商事案件61284件,同比增长39.68%。需要特别指出的是,江苏省高级人民法院有关公司解散、法人资格认定等典型案例成为裁判同类案件的全国性示范。(3)强化知识产权司法保护。2013年,江苏省法院系统围绕建设创新型省份开展知识产权审判工作,全省各级法院一审审结专利、商标、商业秘密等各类知识产权案件7485件。在有关知识产权的司法保护工作中,江苏法院继续加大对创新程度高、研发投入大、对经济增长具有突破和带动作用的创造发明的司法保护力度,通过司法

裁判引导形成有利于创新的良好环境。2013年，江苏省高级人民法院会同有关部门制定办理知识产权刑事案件的规范性文件，加大对侵犯知识产权犯罪的惩治力度。同时，江苏法院继续深入推进知识产权案件审判"三合一"改革试点工作，合理配置知识产权案件审判资源，积极开展知识产权专门法院试点工作。除此之外，江苏法院系统继续实施审判精品战略。其中，2013年有一起案件入选中国法院知识产权司法保护十大创新性案件。目前，江苏全省有12个中级法院和3个基层法院具有专利案件管辖权，有34个基层法院具有知识产权案件管辖权，均处于全国法院系统前列。

第四，在行政审判工作上，充分发挥行政审判职能作用，切实维护行政相对人合法权益，支持和监督行政机关依法行政，促进法治政府建设，有力地推动了法治国家、法治政府与法治社会的一体化建设。2013年，江苏全省各级法院受理一审行政案件6441件，同比增长4.26%；审结5783件，同比减少2.51%。行政审判工作所发挥的重要作用，主要体现在以下三个方面。（1）加大司法审查力度。2013年，江苏法院系统强化了对被诉具体行政行为的合法性审查，全省各级法院依法公正审理国有土地上房屋征收、集体土地征收及环境保护等各类行政案件，在审结案件中以撤销、确认违法等方式判决行政机关败诉262件，占结案总数的4.53%，同比上升2.04个百分点。此外，2013年，江苏全省法院系统审结国家赔偿案件65件，依法维护了赔偿请求人的合法权益。（2）促进司法与行政良性互动。2013年，江苏全省各级法院以维持、驳回诉讼请求等方式判决行政机关胜诉案件1653件，占结案总数的28.58%，同比上升10.46个百分点，有力地支持了行政机关的依法行政。同时，2013年，江苏法院系统共裁定准予执行的非诉行政执行案件9888件，准予执行率达92.72%。江苏全省各级行政机关负责人出庭应诉意识普遍增强，出庭应诉率连续两年稳定在90%以上。2013年，江苏法院系统继续规范行政诉讼协调工作，促成行政机关主动改变不当具体行政行为，弥补执法瑕疵。通过法院释明，妥善化解行政争议，2013年江苏法院系统一审行政案件撤诉结案2444件，撤诉率为42.26%。（3）探索行政审判新模式。2013年，江苏法院系统全面推进资源环境案件管辖制度改革，启动资源环境案件审判"三合一"改革试点，提高这类案件专业化审判水平。2013年，江苏法院系统在南通中院辖区开展行政案件相对集中管辖试点，组织南京市江宁区法院等开展行政诉讼简易程序试点，进一步提高行政案件审判质量效率，降低了当事人的诉讼成本。

三 继续创新执行工作的新机制

在执行机制的创新上，2013年无锡法院有关"执行实施权分权集约实施及流程管理"的做法、江苏省高级人民法院"建立执行司法查控系统"的经验与"裁执分离"的模式，以及徐州市泉山区法院"全员能动执行模式"都非常有特色。2013年，江苏法院系统继续创新执行工作制度机制，采取积极有效措施，努力使生效法律文书确定的债权最大限度得到实现，最大化地保护当事人的合法权益。2013年，全省各级法院执结案件261170件，同比增长38.81%，实际执结率66.69%。执行工作所取得的突出成绩，主要表现在以下几个方面。

1. 进一步提升执行实效

2013年，江苏法院系统进一步规范执行案件受理工作，严格依法受理执行案件，全省各级法院新收执行实施案件315323件，同比增长68.81%。与此同时，江苏法院系统进一步严格结案标准，提升执结质量，执结标的金额达626.26亿元，创历史新高，同比增长40.14%。此外，2013年，江苏法院系统继续加大对恶意逃避债务履行行为的制裁力度，司法拘留5270人次，罚款296件次，罚款总金额1057.03万元，把2860例失信被执行人信息纳入"黑名单"并向社会公开。2013年，在江苏省委、省政府统一部署下，江苏法院系统继续深入开展党政机关执行法院生效裁判专项积案清理工作，共清结案件216件，实际执行到位金额2.64亿元，执行标的金额到位率74.08%。

2. 推进执行指挥中心建设

作为最高人民法院确定的试点法院，江苏省高级人民法院2013年抢抓机遇，大力推进执行指挥中心建设，全面落实执行工作统一管理、协调联动。截至2014年1月，江苏省高级人民法院和13个中级法院均已建成执行指挥中心；在执行工作机制上，江苏法院系统建立"点对点"金融司法查控系统，共查询存款金额近54亿元，覆盖银行将由21家增至67家；此外，江苏省高级人民法院执行指挥中心与公安、国土资源、工商管理等部门的信息联网已基

本就绪,司法协助查控机制初步形成。

3. 稳步推进网上司法拍卖工作

为最大限度保护权利人合法权益、最大限度推进执行标的物处置公开透明,江苏省高级人民法院改革诉讼资产变现方式,将过去的委托拍卖转变为由法院自行网上拍卖。截至2014年1月,江苏省高级人民法院和13个中级法院、67个基层法院已入驻"淘宝网"司法拍卖平台,涉案资产拍卖全部实现零佣金。2013年12月18日,首件拍品以15%的溢价交易成功;网上司法拍卖开展一个月以来,成功拍卖涉案资产11件,平均溢价率达到45.83%。

四 深化制度措施切实维护司法公正

1. 加强审判监督工作,切实维护司法公正

2013年,江苏全省各级法院继续加大内部审判监督力度,进一步纠正确有错误的生效裁判,维护正确裁判的既判力,不断集聚司法公正的正能量。审判监督工作在2013年所取得的成绩,主要表现在以下几个方面。(1)依法保障当事人申诉、申请再审权利。2013年,江苏全省各级法院受理申诉、申请再审案件12158件,审结10441件,同比分别增长47.55%和44.21%,有力地畅通了当事人申诉、申请再审渠道。(2)加强审判权运行的内部监督。2013年,江苏法院系统继续发挥审级监督功能,规范个案请示,依法审结二审、再审案件47659件,其中,改判、发回重审4166件,占审结一审案件数的0.56%。与此同时,继续发挥审判委员会作用,及时就类案审理编发纪要,发布典型案例,规范法官自由裁量权。江苏法院系统继续推动院长、庭长参加合议庭审理重大疑难复杂案件,增强院长、庭长监督指导审判工作的能力和实效。建立重点涉诉信访案件倒查制度,对确有错误的裁判依法予以审查纠正。(3)建立违纪违法线索移送审查制度。2013年,江苏省高级人民法院明确规定,审判业务部门在审理案件过程中发现原审法官违纪违法线索的,及时移送纪检监察部门查处。

2. 大力提高法院队伍整体素质

2013年,江苏法院扎实开展党的群众路线教育实践活动,大力提高法院队伍整体素质。在第一批党的群众路线教育实践活动中，江苏省高级人民法院领导班子聚焦"四风""四查四治"查摆了5个方面20项突出问题，制定43项整改措施并抓好落实。全省各级法院以教育实践活动为契机，进一步加强队伍建设。在提高法院队伍整体素质上，主要措施包括以下几个方面。（1）加强思想政治建设。2013年，江苏法院继续深化对法院干警的社会主义核心价值观和社会主义法治理念教育，引导广大法官进一步坚定理想信念，信仰法治、坚守法治，坚决维护宪法法律权威。与此同时，江苏法院系统进一步强化陈燕萍等先进典型的引领作用，取得了良好的效果。2013年，江苏全省法院共有52个集体、79名个人受到中央和省有关部门以及最高人民法院的表彰奖励，其中赣榆县法院姜霜菊法官荣获"全国人民满意的公务员"称号，扬州市广陵区法院郭祝山同志被评为江苏"最美基层干部"。（2）加强司法能力建设。2013年，江苏法院系统继续完善和落实初任法官宣誓和青年法官导师制度，开展办案标兵和审判业务专家评选、法官视频培训日、司法讲堂等活动，提升法官的审判业务和群众工作能力。2013年，江苏省高级人民法院举办培训班31期，培训干警5584人次。江苏全省法院系统共有10篇案例入选《最高人民法院公报》，39篇论文在全国法院学术讨论会上获奖，均处于全国法院前列。江苏省高级人民法院继续完善和建立与六所高校人员互聘挂职锻炼制度，较早在全国法院系统实施了卓越法律人才教育培养计划。努力提升书记员队伍的专业化水平，开展书记员管理体制改革试点工作，首批招录和培训聘用制书记员76名。（3）转变司法工作作风。2013年，江苏法院系统严格执行中央八项规定和省委十项规定，切实抓好专项整治工作，在改进调查研究、精简会议和文件、简化接待、厉行勤俭节约等方面取得了明显实效。江苏省高级人民法院下发文件数量、召开会议次数较2012年分别减少了40.25%和38.60%，"三公"经费明显下降，其中公务接待费减少了27%。2013年，江苏全省法院进一步加强司法规范化建设，认真执行法官行为规范，努力提升司法形象。（4）加强司法廉洁建设。2013年，江苏法院系统继续抓好司法廉洁教育和廉政文化建设，引导广大干警坚守法律底线，恪守职业道德。2013年，江苏全省法院进一步完善廉政风险防控机制，强化司法巡查和审务督察，开展对违规配置使用警车和违规经商营利等问题的专项治理。2013年，江苏法院

系统进一步狠抓各项纪律规定的贯彻执行,以"零容忍"的态度严肃查处违纪违法干警52人。2013年,江苏法院系统进一步严格落实党风廉政建设责任制,加大对不问责的问责、不查处的查处力度。

3. 继续加强基层法院基础建设,夯实全省法院工作根基,切实保障司法公正的实现

2013年,江苏法院继续拓展基层基础建设思路,以推进信息化建设为重点,以服务保障工作提档升级为目标,全面提升基层基础工作水平。具体包括以下几个方面。(1)大力推进信息化建设。2013年,江苏法院系统以"一个门户、九大平台"案件信息管理系统建设为抓手,精心打造网上诉讼服务中心、网上执行指挥中心、网上办公办案系统、数字审判委员会、远程视频接访和提讯系统,全面提升审判执行、便民诉讼、司法公开等工作的信息化水平。截至2014年1月,江苏法院系统全面实现了庭审同步录音录像、同步记录、同步显示记录,106个法院建成网上诉讼服务中心,完成远程提讯室与32个看守所的联网,江苏省高级人民法院归档案卷全部实现了数字化。(2)继续强化便民利民措施。2013年,江苏省高级人民法院制定《关于进一步提高诉讼服务质量的规定》,全省法院诉讼服务中心提供各类诉讼服务738495人次。江苏法院系统2013年扎实做好司法救助工作,为确有困难的当事人缓减免诉讼费6021.97万元。合理调整人民法庭布局。2013年,江苏法院系统新设立人民法庭10个,全省人民法庭数量达到了288个。2013年,继续完善人民法庭高效便捷审判机制。江苏法院系统人民法庭案件简易程序适用率达到了84.38%,巡回审判率达到了29.31%。(3)不断提升服务基层水平。2013年,在江苏法院系统内部,各上级法院通过制定指导性意见、完善改判发回重审案件通报制度等多种方式,加大对基层审判工作的指导力度,全省基层法院审执结各类案件991235件,一审案件服判息诉率达94.39%。2013年江苏法院系统继续组织开展庭审、裁判文书、定案把关"三评查"活动,共评查案件97478件。2013年,江苏法院系统在各级党委、政府及其组织、人事、编制、财政、发展改革等部门的支持下,进一步加强基层工作保障,积极解决一些法院案多人少、法官职级偏低、人才流失等问题,新增政法专项编制主要分配给基层法院,全面落实基层法院经费分类保障和正常增长机制。

B.5
2013年江苏检察院工作的进展

陈兴生 徐红喜*

摘　要：
2013年，江苏全省各级检察院深入学习贯彻党的十八大和十八届三中全会精神，积极落实省委和最高人民检察院的工作部署，全面履行检察职能，深入推进平安江苏、法治江苏和过硬队伍建设，各项工作取得了新的进展和明显成效，为全省深入推进"两个率先"提供了有力司法保障。

关键词：
检察　法律监督　执法为民　执法公信力

2013年是江苏全省检察机关深入学习贯彻党的十八大精神、奋力推进检察工作科学发展并取得积极进展的一年。全省检察机关认真贯彻省委和高检院部署要求，积极顺应江苏经济社会发展新形势和人民群众新期待，着力强化法律监督、强化自身监督、强化队伍建设，深入推进平安江苏、法治江苏、廉洁江苏建设，各项检察工作取得了新进展、新成效。

一　认真贯彻新一届党中央对江苏发展的新要求，服务江苏转型升级和科学发展

2013年3月8日，习近平总书记在参加十二届全国人大一次会议江苏代

---

* 陈兴生，江苏省人民检察院法律政策研究室副主任，检察员；徐红喜，江苏省人民检察院检察官。

表团审议时发表重要讲话,对江苏过去 5 年各项事业取得的成绩给予充分肯定,并对江苏今后一个时期工作提出了深化产业结构调整、积极稳妥推进城镇化、扎实推进生态文明建设明确要求。江苏全省各级检察院深入学习贯彻习近平总书记对江苏发展的新要求,紧紧围绕全省深化产业结构调整、推进城镇化、加强生态文明建设三项重点任务,找准履行检察职能的切入点和着力点,保障全省经济社会科学发展。

(一)着力促进全省经济转型升级

依法严厉打击破坏市场经济秩序、妨碍经济发展方式转变的各类犯罪,全省检察机关共审查批准逮捕走私、金融诈骗等破坏社会主义市场经济秩序犯罪 1762 件 2385 人。省检察院与省法院、省公安厅出台《关于办理非法集资刑事案件的意见》,进一步统一执法标准和尺度,严格把握政策法律界限,加大打击犯罪力度,全省检察机关共提起公诉集资诈骗、非法吸收公众存款犯罪 464 件 891 人,其中涉案金额达亿元以上的 38 件 109 人。淮安市检察机关依法办理了涉及 4 万余人、涉案金额达 15 亿元的"香港宝马有限公司"特大网络传销案件,最大限度地帮助受害群众挽回经济损失。切实加大对知识产权的司法保护力度,深入开展打击侵犯知识产权和制售假冒伪劣商品专项行动,全省检察机关共提起公诉假冒注册商标、侵犯商业秘密等犯罪嫌疑人 601 人,[①] 促进了自主创新。镇江市开发区检察院立足检察职能强化知识产权司法保护工作,被国家人力资源和社会保障部等部门表彰为"国家知识产权战略实施工作先进集体"。

(二)着力促进区域协调发展

2013 年,国务院批准了《苏南现代化建设示范区规划》,这是我国目前唯一以现代化为主题的区域规划,是指导和推动苏南地区当前和今后一个阶段经济社会发展的纲领性文件。江苏省委、省政府专门召开会议,专题部署推进苏

---

① 参见江苏省人民检察院徐安检察长 2014 年 1 月 21 日在江苏省第十二届人大二次会议上所做的《江苏省人民检察院工作报告》。

南地区现代化建设示范区工作。此外，为加快推进全省区域协调发展，省委、省政府还专门召开全省苏中发展工作会议，明确苏中新一轮发展的目标任务，在新的起点上促进苏中崛起。全省各级检察院认真贯彻省委推进苏南现代化示范区建设和加快苏中发展的战略部署，立足检察职能，积极发挥服务保障作用。省检察院组织开展专题调研，召开苏南地区检察长座谈会，制定出台《关于充分发挥检察职能作用　服务保障苏南现代化建设示范区的意见》等工作意见，指导江苏全省各级检察院主动融入发展大局，树立更高工作标准，着力提升服务发展、保障民生工作水平。常州市检察机关深入开展服务保障全市"现代化建设推进年"活动；扬州市检察机关对全市29个总投资达170亿元的重大工程建设项目同步开展职务犯罪预防；① 宿迁市检察院制定《服务保障六大民生工程建设的实施意见》，全力服务计划总投资40亿元的六大民生工程建设，② 受到党委政府的好评。

（三）着力促进美丽江苏建设

2013年7月召开的江苏省委十二届五次全会，对加强生态文明建设做出明确部署，提出要把生态文明建设作为"两个率先"的重要标杆，经过10年左右时间的不懈努力，实现生态省建设目标，率先建成全国生态文明建设示范区。江苏全省各级检察院紧紧围绕省委部署要求，立足检察职能，积极促进美丽江苏建设。省检察院出台《关于充分发挥检察职能作用　服务和保障生态文明建设的意见》，与省法院联合出台贯彻"两高"司法解释、加强生态环境司法保障的实施意见，指导全省检察机关与环保、公安等部门建立环保联动执法机制，不断增强环境保护工作合力，着力解决环保执法中存在的以行政罚款代替刑事责任追究等突出问题。依法打击破坏生态环境的犯罪，对破坏环境资源保护犯罪共提起公诉171件405人，一批故意将大量有毒有害的气体、液体向天空、河湖、农田排放的污染环境犯罪嫌疑人依法受到惩处；立案查处环保领域受贿、渎职等职务犯罪52人。常州市检察机关积极联合公安、环保等部

---

① 参见2013年扬州市检察工作情况通报。
② 参见2013年宿迁市检察工作情况通报。

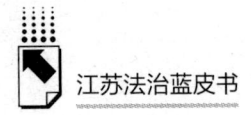

门建立"环境公益保护联动执法中心",深入开展整治固体废物违法处置行为等专项行动。苏州市检察机关认真开展环境公益调查,对太湖水环境治理、苏州古城保护、村庄环境整治等工作向有关部门提出检察建议,推动相关部门切实加大环境保护的工作力度。

二 扎实开展党的群众路线教育实践活动,增强执法为民工作实效

党的十八大提出在全党深入开展以为民、务实、清廉为主要内容的党的群众路线教育实践活动。2013年6月18日,党中央召开党的群众路线教育实践活动工作会议,习近平总书记发表了重要讲话,深刻论述了坚持党的群众路线、开展教育实践活动的重大意义,精辟阐述了开展教育实践活动的指导思想、目标要求和重点任务,对贯彻"照镜子、正衣冠、洗洗澡、治治病"的总要求,对整治形式主义、官僚主义、享乐主义、奢靡之风等"四风"问题提出明确要求。讲话总揽全局、立意高远、思想深刻、内涵丰富,既是一次全党范围内的思想发动,又是一次深刻的党性党风党纪教育,是加强作风建设、坚持群众路线的行动指南。此后,江苏省委也专门召开会议,对深入开展党的群众路线教育实践活动做出具体部署。省检察院作为江苏第一批参加教育实践活动的单位,认真贯彻中央和省委统一部署,扎实开展群众路线教育实践活动,切实加强学习教育,深入查摆剖析"四风"方面突出问题,认真抓好整改落实,取得了初步成效。

(一)深入排查整改"四风"方面突出问题

省检察院按照江苏省委的部署要求,结合全省检察工作和省院机关实际,突出抓好"五查五治",即一查执法为民意识牢不牢,治高高在上、脱离群众之病;二查执法作风实不实,治急功近利、华而不实之病;三查精神状态好不好,治精神懈怠、不思进取之病;四查廉洁自律严不严,治贪图享乐、铺张浪费之病;五查执法办案公不公,治徇情枉法、以权谋私之病。着力提高解决"四风"问题的针对性,努力实现进一步牢固树立群众观点、进一步弘扬求真

务实的执法作风、进一步解决检察工作中的突出问题、进一步推进全省检察机关科学发展的目标。省检察院先后召开人大代表、政协委员、律师、新闻媒体代表等13个座谈会征求意见,并当面听取案件当事人、申诉人378人次意见,① 重点查出执法为民意识不牢、脱离群众,法律监督意识不强、讲情面不作为,执法作风不实、急功近利,干事创业激情减退、安于现状,艰苦奋斗精神淡化、讲排场比阔气等突出问题。省检察院领导班子对这些问题逐一梳理,从主观上剖析原因,主动认领责任地,在此基础上,利用3个半天时间召开专题民主生活会,以整风精神严肃认真开展了批评与相互批评,深挖思想根源,坦诚开展批评,深入研究整改措施,达到了"排毒治病"的目的。

(二)动真碰硬抓好"四风"问题的整改落实

对查摆出的问题,省检察院坚持立行立改,围绕加强机关管理、改进执法作风、坚持执法为民确定了12项即知即改事项,及时制定控制会议论坛研讨活动、加强调查研究等6个规定,全面抓好落实;省检察院领导班子还制定整改落实的工作方案,确定4个方面的整改任务和18项具体整改措施,逐一明确责任领导和整改的时限要求,并向社会公布,自觉接受人民群众监督;部署开展整治机关作风、整治执法作风、集中开展维护群众利益的执法办案工作等3个专项整治行动,推动整改落实工作不断见到成效;围绕解决队伍管理和执法办案中存在的深层次问题,认真研究制定完善检察机关服务群众、规范涉检信访、查封扣押冻结处理涉案款物等11项工作机制,② 把整改的成效制度化、长效化。省检察院坚决执行厉行节约、反对浪费各项规定,被评为"江苏省公共机构节能示范单位",全年下发文件数量、召开会议次数分别减少32.5%和29.6%,"三公"经费支出有较大幅度下降,其中公务接待费下降31%。③ 全面修订了业务考评办法,废止了以办案数量排名次的做法,坚持内部综合评

---

① 参见江苏省人民检察院徐安检察长2014年1月21日在江苏省第十二届人大二次会议上所做的《江苏省人民检察院工作报告》。
② 参见2013年江苏省检察工作情况通报。
③ 参见江苏省人民检察院徐安检察长2014年1月21日在江苏省第十二届人大二次会议上所做的《江苏省人民检察院工作报告》。

价与群众满意度测评相结合,引导全省各级检察院根据人民意愿开展检察工作,全省检察工作中重部署轻落实、重办案数量轻质量效果、重自我评价轻人民群众评价等问题有了明显改变,形成了求真务实、真抓实干的新风正气。

(三)立足职能突出加强执法为民工作

坚持把人民群众最希望检察机关改进和加强的工作作为教育整改的重点,着力以执法为民实绩体现教育实践活动成效。2013年初,江苏省委书记罗志军在省检察院报送的有关材料上做出重要批示,要求检察机关把查办和预防发生在群众身边、损害群众利益的职务犯罪作为群众路线教育实践活动的重要内容,切实抓出成效。省检察院认真贯彻省委罗志军书记的批示精神,组织全省检察机关深入开展查办和预防发生在群众身边、损害群众利益的职务犯罪专项工作,集中力量查办发生在征地拆迁、食品药品安全等领域的职务犯罪1400件1709人。[①] 扎实开展打击"地沟油"等危害食品药品安全犯罪专项行动,对重点案件挂牌督办,全省检察机关共批准逮捕生产、销售有毒有害食品和假药犯罪嫌疑人114人,[②] 开展危害民生刑事犯罪立案监督专项活动,切实加大对涉及危害民生犯罪有案不立、以罚代刑等行为的监督力度,依法监督行政执法机关及时移送涉嫌犯罪的线索,一批危害民生的刑事犯罪案件得到依法查处。针对一些不良老板携款跑路、百姓讨薪无门的问题,南京、常州、连云港等地检察机关联合法院、公安、社保等部门共同出台意见,建立拒不支付劳动报酬犯罪案件信息互通、协调联动机制,形成打击"老赖"合力,依法维护劳动者合法权益。宿迁市检察机关在办案中依法帮助72名农民工讨回工资19万元,[③] 受到群众肯定。省检察院出台执法为民七项公开承诺,对群众的实名举报及时调查核实并限期联系举报人,通报工作进展情况,对群众通过"12309检察民生服务热线"反映的问题力求件件有回音。

---

① 参见江苏省人民检察院徐安检察长2014年1月21日在江苏省第十二届人大二次会议上所做的《江苏省人民检察院工作报告》。
② 参见江苏省人民检察院徐安检察长2014年1月21日在江苏省第十二届人大二次会议上所做的《江苏省人民检察院工作报告》。
③ 参见2013年宿迁市检察工作情况通报。

三 积极推进更高水平平安江苏建设，维护社会和谐稳定

平安是国家繁荣富强的基本前提，是人民幸福安康的基本要求。江苏全省各级检察院充分认识全面推进更高水平平安江苏建设的重要性、紧迫性，牢固树立"大平安"理念，切实在检察环节做好依法打击犯罪、化解矛盾、维护稳定各项工作，促进江苏构建平安建设示范区。

（一）依法严厉打击各类严重刑事犯罪

全省检察机关认真履行审查批准逮捕、审查起诉工作职责，依法惩治危害人民群众生命、财产安全的刑事犯罪，共批准逮捕各类犯罪嫌疑人41390人，提起公诉87636人。① 扎实开展"打黑除恶"等专项斗争，省检察院联合省公安厅对重点案件进行挂牌督办，全省各级检察院提起公诉故意杀人、抢劫、黑恶势力犯罪等严重暴力犯罪共11321人，提起公诉盗窃、抢夺、电信诈骗等多发性侵财犯罪24324人，② 切实保障人民群众生命财产安全。针对非法集资案件多发、严重侵害群众利益的问题，省检察院与省法院、省公安厅联合出台《关于办理非法集资刑事案件的意见》，江苏全省各级检察院依法提起公诉非法吸收公众存款、集资诈骗等涉众型经济犯罪464件891人，其中涉案金额亿元以上的38件109人，③ 并在办案中与法院、公安等部门加强协作配合，积极做好追赃工作，尽力帮助受害群众挽回经济损失，维护群众合法权益。

（二）全面贯彻宽严相济的刑事司法政策

准确把握宽严相济的刑事司法政策，做到该严则严、当宽则宽、宽严适

---

① 参见江苏省人民检察院徐安检察长2014年1月21日在江苏省第十二届人大二次会议上所做的《江苏省人民检察院工作报告》。
② 参见江苏省人民检察院徐安检察长2014年1月21日在江苏省第十二届人大二次会议上所做的《江苏省人民检察院工作报告》。
③ 参见江苏省人民检察院徐安检察长2014年1月21日在江苏省第十二届人大二次会议上所做的《江苏省人民检察院工作报告》。

度、宽严有据,有利于依法准确打击犯罪,促进轻微犯罪人员的教育感化,最大限度增加社会和谐因素。江苏全省各级检察院对犯罪情节轻微的初犯、偶犯、过失犯等依法实行宽缓处理,对无逮捕必要的依法不批准逮捕5544人,决定相对不起诉2321人,最大限度减少社会对立面。积极推行未成年人犯罪专门办理机制,严格落实未成年人附条件不起诉、犯罪记录封存等制度,共依法对279名未成年人犯罪做出了附条件不起诉决定,① 对未成年人犯罪记录依法进行封存,最大限度地教育、挽救涉罪未成年人。联合公安、教育、共青团等部门积极开展"护苗行动",共同构建未成年人社会化帮教体系。新沂市检察院通过设立社会观护网络、涉案未成年人品格重建、青少年维权驿站等方式,有效维护未成年人合法权益,《人民日报》予以专题报道。认真落实当事人和解的公诉案件诉讼程序,支持1360件轻微犯罪案件被害人与加害人双方就赔偿损失、赔礼道歉等自愿协商达成和解,促进修复社会关系。②

(三)积极参与社会治理创新

创新社会治理体制,是我国社会主义社会发展规律的客观要求,更加突出党委政府主导下的社会各方面积极参与,更加突出法治思维和法治方式,更加突出源头治理综合措施。江苏全省各级检察院坚持立足检察职能,积极参与和促进社会治理创新。进一步畅通人民群众的诉求表达渠道,全面落实各级检察院检察长下访接访制度,加强和规范基层检察院派驻乡镇检察室、检察站工作,更加注重贴近群众开展检察工作,共接受、办理群众各类来信来访和控告申诉、举报案件36900余件。③ 泰州、常州、南通等市检察机关建立集信访接待、案件受理、矛盾化解于一体的统一规范服务群众工作平台,方便了群众,提高了效率。依法维护当事人对民事行政诉讼案件申请检察监督的权利,共受理监督申请5457件,及时解决民生诉求;加强刑事申诉案件公开审查、答复

---

① 参见江苏省人民检察院徐安检察长2014年1月21日在江苏省第十二届人大二次会议上所做的《江苏省人民检察院工作报告》。
② 参见江苏省人民检察院徐安检察长2014年1月21日在江苏省第十二届人大二次会议上所做的《江苏省人民检察院工作报告》。
③ 参见江苏省人民检察院徐安检察长2014年1月21日在江苏省第十二届人大二次会议上所做的《江苏省人民检察院工作报告》。

工作，依法办理国家赔偿案件，促进化解了疑难复杂的重点信访案件429件。① 盐城市检察院对一起多年赴省进京上访案件邀请人大代表、政协委员、原办案律师和新闻媒体进行公开听证答复，促成当事人息诉罢访。积极开展特困刑事被害人救助工作，对符合救助条件的1170件刑事案件的被害人及其近亲属，依照有关规定及时发放救助金464.7万元，② 帮助缓解受害群众的生活困难。江苏作为经济发达省份，外来人员犯罪现象突出，一些涉嫌轻微犯罪的外来人员，因无法提供保证人或保证金，而无法获准取保候审。针对这一问题，一些地方检察机关积极探索开展涉嫌犯罪外来人员观护教育工作，与政府有关部门及企业、社区等社会力量密切配合，共同做好507名涉嫌轻微犯罪外来人员的矫正教育，③ 使这些人无一再犯罪。

四 坚决贯彻中央和省委反腐倡廉新部署，依法惩治和预防职务犯罪

党的十八大以来，以习近平同志为总书记的新一届党中央对全面推进惩治和预防腐败体系建设做出了一系列新的重大部署，坚持"老虎""苍蝇"一起打，推动把权力关进制度的笼子，着力做到干部清正、政府清廉、政治清明。江苏全省检察机关深入学习贯彻中央和省委的新要求，进一步加大惩治和预防腐败的力度，充分发挥检察机关在反腐倡廉建设中的独特作用，保障和促进廉洁江苏建设。

（一）紧紧围绕人民群众反映强烈的突出问题，切实加大查办职务犯罪工作力度

严格落实有案必办、有腐必惩的要求，江苏全省检察机关2013年共立案

---

① 参见江苏省人民检察院徐安检察长2014年1月21日在江苏省第十二届人大二次会议上所做的《江苏省人民检察院工作报告》。
② 参见江苏省人民检察院徐安检察长2014年1月21日在江苏省第十二届人大二次会议上所做的《江苏省人民检察院工作报告》。
③ 参见2013年江苏省检察工作情况通报。

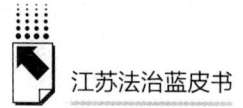

侦查贪污贿赂犯罪案件1393件1646人，大案率为99.40%，1393件贪污受贿犯罪案件中贪污受贿100万元以上的181件；依法立案侦查渎职侵权犯罪案件367件509人，其中重特大案件222件。[1] 查办的职务犯罪案件中，处级以上干部要案107人，[2] 其中包括高检院交办的山东省原副省长黄胜受贿案，中国农业银行原副行长杨琨受贿案，以及省太湖水污染防治办公室原副主任沈振新，徐州市政协原副主席张引，常州市委原常委、政法委书记孙国建，省人防办原副主任刘友超等厅级以上干部受贿案，还查办了镇江市产权交易中心原主任冯智皓涉嫌贪污、挪用、受贿达2亿余元等一批数额特别巨大的职务犯罪案件。通过办案，共为国家和集体挽回经济损失8.10亿元，[3] 居全国第二。徐州市检察机关通过查办农村低保领域职务犯罪，推动相关部门开展专项整顿，在清理不符合低保条件人员的同时，将符合低保条件的8159名困难群众依法纳入保障范围。[4] 切实加大境内外追逃工作力度，抓获在逃职务犯罪嫌疑人64人。[5] 对故意拉拢腐蚀国家工作人员、牟取不正当利益的严重行贿犯罪行为进一步加大打击力度，立案查办行贿犯罪嫌疑人289人，与2012年相比增加18.90%。[6]

（二）积极转变侦查理念和工作方式，着力提升职务犯罪侦查工作科学化、规范化水平

为切实提高全省检察机关职务犯罪侦查能力，省检察院制定了专门的工作意见和规划，大力加强精细化初查、科学化审讯和"两化"建设（即

---

[1] 参见江苏省人民检察院徐安检察长2014年1月21日在江苏省第十二届人大二次会议上所做的《江苏省人民检察院工作报告》。
[2] 参见江苏省人民检察院徐安检察长2014年1月21日在江苏省第十二届人大二次会议上所做的《江苏省人民检察院工作报告》。
[3] 参见江苏省人民检察院徐安检察长2014年1月21日在江苏省第十二届人大二次会议上所做的《江苏省人民检察院工作报告》。
[4] 参见江苏省人民检察院徐安检察长2014年1月21日在江苏省第十二届人大二次会议上所做的《江苏省人民检察院工作报告》。
[5] 参见江苏省人民检察院徐安检察长2014年1月21日在江苏省第十二届人大二次会议上所做的《江苏省人民检察院工作报告》。
[6] 参见江苏省人民检察院徐安检察长2014年1月21日在江苏省第十二届人大二次会议上所做的《江苏省人民检察院工作报告》。

侦查信息化、装备现代化建设),坚决摒弃片面依赖犯罪嫌疑人口供的陈旧办案模式,推动侦查方式向科技信息型转变。认真落实讯问职务犯罪嫌疑人全面、全部、全程同步录音录像并随案移送审查逮捕、审查起诉制度,有效防范刑讯逼供等非法取证行为的发生;严格规范职务犯罪案件监视居住强制措施的适用。贪污贿赂案件初查成案率达92.80%,职务犯罪嫌疑人非羁押率为53.10%。① 通过加强内部监督制约,教育引导检察干警牢固树立理性平和文明规范执法理念,确保办案质量,社会各界对检察机关不文明、不规范办案的投诉大幅减少,职务犯罪案件被告人一审服判率达87.30%。② 在办理黄胜涉嫌受贿一案中,坚持理性平和文明规范执法,对犯罪嫌疑人、行贿人和关键证人共100余次讯(询)问均进行全程同步录音录像,③ 切实保障他们的合法权益,黄胜在庭审现场感谢检察机关规范文明执法,一审宣判后表示服判不上诉。

(三)切实加强职务犯罪预防工作,促进从源头上预防和减少职务犯罪

2013年全国"两会"期间,习近平总书记在参加江苏代表团审议时,听取南京市检察院林志梅代表发言后,提出了"预防职务犯罪也出生产力"的重要论断。江苏全省各级检察院深入学习贯彻习近平总书记重要讲话精神,结合查办案件,有针对性地加强预防职务犯罪专项调查,提出预防检察建议1133份,④ 很多建议引起当地党政领导的高度重视,推动了重点行业、重点领域的治理。省检察院深入分析全省检察机关5年来查办职务犯罪情况,提出预防对策建议,省委书记罗志军对此专门做出重要批示,要求有关部门加强源头预防工作。江苏全省各级检察院积极推进行贿犯罪档案查询应用,对新发现的

---

① 参见江苏省人民检察院徐安检察长2014年1月21日在江苏省第十二届人大二次会议上所做的《江苏省人民检察院工作报告》。
② 参见江苏省人民检察院徐安检察长2014年1月21日在江苏省第十二届人大二次会议上所做的《江苏省人民检察院工作报告》。
③ 参见2013年江苏省检察工作情况通报。
④ 参见江苏省人民检察院徐安检察长2014年1月21日在江苏省第十二届人大二次会议上所做的《江苏省人民检察院工作报告》。

189 个有行贿犯罪记录的单位、个人依法建议有关职能部门做出取消投标资格、降低单位资质等处置,① 促进社会诚信体系建设。组织开展生动具体的现场参观警示教育、网上专题警示教育和案例宣讲警示教育,促进国家工作人员增强拒腐防变免疫力。一些地方检察机关组建检察长宣讲团,深入党政机关、国有企事业单位等进行宣讲教育,通过以案释法,催人警醒,促使一批有贪污受贿行为的国家工作人员主动自首交代问题。江苏全省各级检察院依靠人民群众大力构建预防职务犯罪的人民防线,定期开展职务犯罪风险点排查防控、争创预防职务犯罪先进单位和预防职务犯罪"六进"(进机关、进企业、进社区、进学校、进乡村、进家庭)活动,组织 2000 余名预防志愿者协助检察机关开展预防调查、预防宣传、预防法律咨询等工作,② 一些行业主管部门也与检察机关建立协作配合机制,促进从源头上预防职务犯罪。泰州市检察机关在全市招募 600 余名预防志愿者,③ 创建预防志愿者微博、QQ 群,通过以案说法、编演文娱节目以及网络警示教育等形式开展预防职务犯罪活动,扩大预防工作的覆盖面。

五 认真学习贯彻《刑事诉讼法》和《民事诉讼法》,切实加强诉讼活动法律监督工作

2013 年,修改后的《刑事诉讼法》《民事诉讼法》正式颁布实施,既赋予检察机关更多的监督职责,又对检察机关强化法律监督、促进严格公正执法、维护社会公平正义提出了新的更高要求。江苏全省检察机关以学习贯彻修改后的《刑事诉讼法》《民事诉讼法》为契机,牢固树立人权意识、程序意识、证据意识、时效意识和监督意识,在自觉接受法院、公安、司法行政等部门的制约中,提升了正确规范适用新法的能力。

---

① 参见江苏省人民检察院徐安检察长 2014 年 1 月 21 日在江苏省第十二届人大二次会议上所做的《江苏省人民检察院工作报告》。
② 参见江苏省人民检察院徐安检察长 2014 年 1 月 21 日在江苏省第十二届人大二次会议上所做的《江苏省人民检察院工作报告》。
③ 参见 2013 年泰州市检察工作情况通报。

（一）不断加大工作力度，全面强化对刑事诉讼活动的法律监督

省检察院联合有关部门针对律师执业权利保障、非法证据排除、规范适用逮捕措施等问题共同出台工作意见，促进法律统一正确实施。完善重大案件提前介入侦查引导取证等工作机制，加强对刑事立案和侦查活动的法律监督工作，对侦查机关应当立案而未立案的依法监督立案192件，对不应当立案而立案的依法监督撤案94件，纠正漏捕270人，纠正漏诉504人。① 扬州市检察院组织对全市669名被刑事拘留后未提请逮捕人员进行逐案调卷核查，依法监督侦查机关撤案21件38人。② 加强刑事审判监督，省检察院组织开展不起诉和抗诉案件复查工作，制定加强二审法律监督工作意见，及时监督纠正法院有罪判无罪、量刑畸轻畸重等问题，共提出刑事抗诉138件，法院依法改判、发回重审88件。③ 加强对刑罚执行和监管活动的法律监督，依法监督纠正久押不决案件79人；强化对减刑、假释、暂予监外执行的法律监督，共出席庭审活动2926人次，依法监督纠正不当决定31人；加强社区矫正法律监督工作，对不严格履行职责问题提出书面纠正意见297件次，对违反监管规定的321名社区服刑人员建议有关部门予以收监执行。④ 严肃查处执法不严、司法不公背后的腐败问题，依法立案侦查执法司法工作人员职务犯罪案件64件65人。⑤

（二）严格落实保障人权各项要求，坚守防止冤假错案底线

江苏全省各级检察院深入贯彻习近平总书记重要指示精神，制定出台防

---

① 参见江苏省人民检察院徐安检察长2014年1月21日在江苏省第十二届人大二次会议上所做的《江苏省人民检察院工作报告》。
② 参见江苏省人民检察院徐安检察长2014年1月21日在江苏省第十二届人大二次会议上所做的《江苏省人民检察院工作报告》。
③ 参见江苏省人民检察院徐安检察长2014年1月21日在江苏省第十二届人大二次会议上所做的《江苏省人民检察院工作报告》。
④ 参见江苏省人民检察院徐安检察长2014年1月21日在江苏省第十二届人大二次会议上所做的《江苏省人民检察院工作报告》。
⑤ 参见江苏省人民检察院徐安检察长2014年1月21日在江苏省第十二届人大二次会议上所做的《江苏省人民检察院工作报告》。

范和纠正冤假错案的具体意见，切实强化人权保障意识和案件质量意识，努力使办理的每一起案件都经得起法律、事实和历史的检验。江苏全省各级检察院严格落实疑罪从无原则，严把案件的事实关、证据关、程序关和法律适用关，切实防止"带病批捕""带病起诉"。对侦查机关随案移送审查起诉的重大刑事案件同步录音录像资料加强审查，及时纠正存在的问题。严格落实非法证据排除制度，对犯罪嫌疑人及其辩护律师提出的，以及检察机关审查中自行发现的涉嫌非法取证的问题，依法及时启动调查核实程序，共排除非法证据23件，因排除非法证据而不批准逮捕、不起诉29人。①切实加强捕后羁押必要性审查工作，对1484名没有继续羁押必要的犯罪嫌疑人、被告人依法建议有关部门变更强制措施。切实保障律师执业权利，共安排辩护律师会见犯罪嫌疑人164次、阅卷9854次，听取辩护人意见6551次。②连云港、无锡等市检察机关与法院、公安等部门建立诉讼监督工作定期通报、核查机制，有效防范和纠正不严格、不规范执法司法问题，共同保障人权、促进司法公正。

（三）着力加强民事诉讼法律监督工作，切实提升监督工作质效

2013年7月，江苏省人大常委会专题审议了全省检察机关民事诉讼法律监督工作，提出具体审议要求。江苏全省各级检察院深入学习贯彻修改后的《民事诉讼法》和省人大常委会审议意见，进一步加强民事诉讼法律监督工作，共对认为法院确有错误的生效民事裁判提出抗诉237件，法院再审后改判、发回重审和调解的231件；提出民事再审检察建议503件；对1237件民事执行案件提出检察建议。③加强对虚假诉讼行为的法律监督，省检察院与省法院、公安厅、司法厅联合出台《关于防范和查处虚假诉讼的规定》，组织开展民事行政虚假诉讼监督专项活动，依法监督纠正恶意串通损害国家、集体利

---

① 参见江苏省人民检察院徐安检察长2014年1月21日在江苏省第十二届人大二次会议上所做的《江苏省人民检察院工作报告》。
② 参见2013年江苏省检察工作情况通报。
③ 参见江苏省人民检察院徐安检察长2014年1月21日在江苏省第十二届人大二次会议上所做的《江苏省人民检察院工作报告》。

益或他人合法权益的虚假诉讼案件375件，71名虚假诉讼行为人被依法追究刑事责任。① 积极督促相关部门和组织履行职责，发出检察建议830件，督促起诉、支持起诉1447件。②

六　全面加强检察队伍建设，着力提升法律监督能力和检察执法公信力

检察队伍建设关系检察工作的长远发展。江苏全省各级检察院始终坚持严格教育、严格管理、严格监督，着力提升公正廉洁执法水平。

（一）突出强化思想引领

组织全省检察干警深入学习习近平总书记系列重要讲话精神和最高人民检察院曹建明检察长在江苏调研时的讲话精神，引导全体检察人员牢固树立执法为民宗旨意识。发挥先进典型示范引领作用，省委和高检院分别授予林志梅同志全国"模范检察官"、全省优秀共产党员荣誉称号，江苏全省各级检察院通过举办先进事迹报告会、座谈会等形式，广泛开展向林志梅同志的学习活动；开展江苏"最美青年检察官"评选和"寻找最美检察官"活动，以先进典型引领广大干警立足本职工作，干事创业、执法为民。

（二）突出加强队伍能力建设

围绕提升队伍法律监督、化解矛盾、做群众工作等能力，加强教育培训，举办全省十佳公诉人评选、优秀法律文书评比、司法警察警务技能竞赛等活动，以考促学、以赛促训，不断提升干警的实战技能。实施《检察机关执法工作基本规范》全员培训，开展案例教学活动，由省检察院主要业务部门负责人围绕执法办案中的实际问题和典型案例进行专题讲座，并以电视电话会议

---

① 参见江苏省人民检察院徐安检察长2014年1月21日在江苏省第十二届人大二次会议上所做的《江苏省人民检察院工作报告》。
② 参见江苏省人民检察院徐安检察长2014年1月21日在江苏省第十二届人大二次会议上所做的《江苏省人民检察院工作报告》。

形式一直培训到基层院,提高了教育培训的针对性和实效性。加强检察人才建设,加强与高校的协作配合,选聘 8 位高校法学专家到检察机关挂职,推荐 15 名检察业务骨干担任高校法学院兼职教师,省检察院与中国人民大学法学院建立检校合作关系,选派职务犯罪侦查、公诉等业务骨干到知名高校开展专题培训,促进了高层次、专业化检察人才培养,全省有 3 名检察干警被评为"全国检察业务专家"。[1]

(三)加强基层检察院建设

全面落实省、市检察院领导班子成员联系基层检察院制度,切实改进对基层检察工作的考核办法和对下指导方式,切实帮助基层减轻工作负担、解决实际问题。省检察院领导班子成员轻车简从到基层驻点调研,组织 140 余名干部深入办案一线面对面了解基层真实情况,[2] 加强有针对性的指导,并直接倾听群众诉求,化解信访矛盾,实实在在帮助基层解决执法办案中的困难,促进了基层检察工作的发展。全省有 9 个基层检察院被评为新一届"全国先进基层检察院"。苏州市检察院探索制定《基层院科学发展指标体系》和《市院指导基层院建设工作规则》,有效提升了基层检察院执法规范化、队伍专业化、管理科学化、保障现代化的建设水平。

七 大力加强自身监督制约,着力提升检察执法公信力

检察机关作为法律监督机关,只有对自己约束从严、惩戒从重,保证自身过硬,才能有底气、有资格去监督别人。江苏全省各级检察院坚持抓好自身监督制约不放松,大力加强执法规范化建设,确保检察权依法正确行使。

(一)切实加强内部监督制约

江苏全省各级检察院着力深化案件监督管理工作,切实加强对受案、立

---

[1] 参见 2013 年江苏省检察工作情况通报。
[2] 参见江苏省人民检察院徐安检察长 2014 年 1 月 21 日在江苏省第十二届人大二次会议上所做的《江苏省人民检察院工作报告》。

案、结案等办案环节的流程管理和动态监督,促进严格规范执法。根据最高人民检察院统一部署,积极部署实施全国检察机关统一业务应用系统,全省检察机关办理的案件全部全程网上运行流转,以信息化促进执法的规范化。加强案件质量考评和专项检查,省检察院每月分析通报全省办案质量总体情况和存在的瑕疵问题,促进各地采取有针对性的措施提高办案质量。组织开展大规模案件质量专项检查,抽调143名业务骨干组成13个检查组在全省各地检察院对正在办理的5995件案件进行逐案评查,①对发现的保障人权不到位、执法不规范、办案质量有欠缺的问题,省检察院领导当面向各市检察院提出整改意见,带动全省检察机关形成严格公正执法的浓厚氛围。加强自身反腐倡廉建设,深刻吸取近年来全国政法队伍中发生的违纪违法典型案例教训,进一步加强队伍专项纪律整顿,严格规范各类公务活动和检察人员八小时以外行为,建立对检察人员执行检风检纪情况进行明察暗访、违纪违法案件定期通报等制度,严肃查处违纪违法问题,全年共查处检察人员违纪违法案件9件13人,②进一步纯洁了检察队伍。

(二)自觉主动接受外部监督制约

江苏全省各级检察院进一步加强与人大代表、政协委员的沟通联络工作,严格依法接受人大监督,自觉接受政协民主监督。江苏全省各级检察院共向各级人大及其常委会报告工作307次,落实各级人大代表、政协委员视察调研检察工作7656次。③认真办理人大代表、政协委员提交的75件建议提案议案,④逐件明确办理领导和责任部门,加强督查督办,确保件件有落实。省检察院组织全国和省人大代表到常州、镇江等地视察环保联动执法、监狱检察监督、案

---

① 参见江苏省人民检察院徐安检察长2014年1月21日在江苏省第十二届人大二次会议上所做的《江苏省人民检察院工作报告》。
② 参见江苏省人民检察院徐安检察长2014年1月21日在江苏省第十二届人大二次会议上所做的《江苏省人民检察院工作报告》。
③ 参见江苏省人民检察院徐安检察长2014年1月21日在江苏省第十二届人大二次会议上所做的《江苏省人民检察院工作报告》。
④ 参见江苏省人民检察院徐安检察长2014年1月21日在江苏省第十二届人大二次会议上所做的《江苏省人民检察院工作报告》。

件监督管理等工作,南京、无锡等地检察机关还邀请人大代表、政协委员和特约检察员观摩评议庭审以及参加各类办案能手评比等活动,主动接受监督。不断增强检察工作透明度,江苏全省三级检察院联动举办检察开放月活动,8600余名社会各界群众走进检察机关,① 现场观摩办公办案场所,听取检察情况介绍和宣传讲解。省市两级选出新一届人民监督员718名,对检察机关125件拟撤案、拟不起诉等"七种情形"案件进行有效监督。② 盐城、淮安、连云港等市检察院邀请人民监督员参与公开听证、信访接待等,促进了严格规范执法。为深化检务公开,省检察院制定专门工作意见,明确规定除涉及国家秘密外,全省各级检察院一律将执法办案的依据、程序、过程和结果依法对外公开,保障人民群众的知情权、参与权和监督权。在南京市秦淮区检察院、昆山市检察院、泰州市姜堰区检察院、徐州市云龙区检察院4个基层检察院开展公开终结性法律文书试点工作,主动接受社会查询和监督。全面整合升级江苏检察网,开通官方微博"江苏检察在线",及时传递检察资讯。省检察院还就社会各界关注的打击危害民生民利犯罪、生态环境司法保护、虚假诉讼监督等问题,召开专题新闻发布会,及时回应群众关切。宿迁市检察院对办理的销售假冒注册商标商品等典型案件的出庭支持公诉情况,在微博上全程同步图文直播,取得良好效果。

八 深入学习贯彻习近平总书记重要指示精神,科学谋划2014年江苏检察工作思路

2014年1月7日,习近平总书记亲自出席中央政法工作会议并发表重要讲话,深刻阐述了事关政法工作全局和长远发展的重大理论和现实问题,标志着我们党对政法工作发展规律的认识达到了一个新高度,充分体现了党中央对政法工作的高度重视和亲切关怀。1月22日,习近平总书记又对检察工作做

---

① 参见江苏省人民检察院徐安检察长2014年1月21日在江苏省第十二届人大二次会议上所做的《江苏省人民检察院工作报告》。
② 参见江苏省人民检察院徐安检察长2014年1月21日在江苏省第十二届人大二次会议上所做的《江苏省人民检察院工作报告》。

出专门批示，进一步指明了检察工作的指导思想、目标方向和重点任务，对做好检察工作具有十分重要的指导意义。江苏全省各级检察院将深入学习贯彻党的十八大、十八届三中全会和中央、全省政法工作会议精神，切实把思想和行动统一到习近平总书记对政法工作提出的新要求上来，认真贯彻落实省委和最高人民检察院的工作部署，以促进社会公平正义、增进人民福祉为出发点和落脚点，以维护社会大局稳定、促进社会公平正义、保障人民安居乐业为主要任务，以深化检察改革为动力，坚持从严治检、从严执法，确保自身正、自身净、自身硬，全面提升全省各项检察工作水平，着力为加快推进"两个率先"、谱写好"中国梦"的江苏篇章提供有力司法保障。

（一）全力维护江苏社会大局稳定

江苏全省各级检察院将坚持底线思维，依法严惩危害国家安全的各类犯罪活动，坚决打击以颠覆国家政权为目的的暴力恐怖、聚众扰乱社会秩序等犯罪活动。积极参与打击整治网络有组织制造传播谣言等违法犯罪专项行动，依法惩治利用网络实施的敲诈勒索、诈骗、造谣等犯罪，维护网络社会安全。依法严厉打击严重暴力、黑恶势力、涉枪涉爆涉恐、危害食品药品安全、环境污染、拐卖妇女儿童等严重危害人民群众生命健康的犯罪，严厉打击盗窃、诈骗等多发性侵财犯罪，深入开展社会治安突出问题专项整治，切实提升人民群众安全感。积极参与创新社会治理方式，落实社会风险排查研判、执法办案风险评估预警、检调对接等制度，着力在检察环节预防和化解社会矛盾。

（二）着力保障和促进全省经济转型升级

江苏全省各级检察院将进一步加大打击走私、集资诈骗等严重破坏社会主义市场经济秩序犯罪力度，依法打击财政、金融、证券等领域的犯罪，促进规范市场经济秩序。依法打击侵犯非公企业特别是小微企业合法权益的犯罪活动，切实维护公平竞争的市场环境。严厉打击制假售假、侵犯商业秘密等侵犯知识产权犯罪活动，强化对涉及市场准入、不正当竞争等方面的法律监督，保障战略性新兴产业发展，促进产业优化升级。依法打击征地拆迁、企业改制过程中侵犯人民群众合法权益的犯罪，妥善处理农村承包土地经营权流转等领域

的法律纠纷，着力促进城镇化和城乡发展一体化建设。深入推进环境保护行政执法与刑事司法的有效衔接，加大对破坏环境资源类犯罪的打击力度，积极查办土地资源开发、环境监管等领域职务犯罪，促进生态文明建设。

（三）严肃查办积极预防职务犯罪

江苏全省各级检察院将认真落实中央《建立健全惩治和预防腐败体系2013—2017年工作规划》，充分发挥检察机关在促进惩防体系建设中的职能作用，进一步加大依法查办职务犯罪案件的力度，既坚决依法查办发生在领导机关和领导干部中的贪污贿赂、渎职侵权犯罪案件，又严肃查办发生在群众身边、损害群众利益的腐败犯罪。不断深化预防职务犯罪工作，全面开展预防检察建议、预防调查和咨询、年度报告和预防警示教育等工作，使查办案件与源头治理更紧密结合起来，切实促进把权力关进制度的笼子。大力推进预防职务犯罪人民防线工程，深入开展预防职务犯罪"六走进"等活动，依靠人民群众提升预防职务犯罪水平。

（四）着力促进严格执法、公正司法

江苏全省各级检察院将充分履行法律监督职能，进一步加强对侦查、审判和刑罚执行活动的法律监督，着力监督纠正有案不立、有罪不究、量刑畸轻畸重、侵犯当事人人身权利等突出问题。深入开展清理纠正久押不决案件工作，及时依法监督纠正超期羁押等问题；扎实开展违法减刑、假释、暂予监外执行专项监督，及时监督纠正刑罚变更执行不当问题，严肃查处背后的司法腐败。进一步健全防止冤假错案的工作机制，严格把握证据标准，切实把好案件审查逮捕、审查起诉关。认真落实省人大常委会专题审议民事诉讼法律监督工作意见，不断加强和改进民事诉讼法律监督工作，综合运用抗诉、检察建议、调查违法等手段，加强对生效裁判、调解书和执行中违法情形的监督，促进形成多元化监督格局。

（五）积极稳妥推进检察改革

江苏全省各级检察院将深入学习领会中央和省委关于全面深化改革的总体

部署，精准把握中央深化司法体制改革的有关要求，坚持先易后难、分类推进，从人民群众最期盼、制约司法公信力和司法能力最突出、最容易形成共识的问题改起。推进涉法涉诉信访工作机制改革，规范涉检信访案件办理工作，引导群众依法维护自身合法权益。积极深化检务公开，坚持"能公开的一律公开"，建立检察机关终结性法律文书公开机制，健全公开审查、公开答复制度，探索建立审查逮捕公开听取意见机制，保障群众知情权、参与权、监督权。广泛实行人民监督员制度，拓展人民群众有序参与和监督司法的渠道，增强人民监督员制度的公信力。探索推行检察官办案责任制，科学划分执法办案权限，健全执法办案组织，完善执法办案责任体系。健全错案防止、纠正、责任追究机制，严格落实非法证据排除制度，完善律师执业保障机制，加强人权司法保障。

（六）大力加强过硬检察队伍建设

江苏全省各级检察院将按照政治过硬、业务过硬、责任过硬、纪律过硬、作风过硬的要求，狠抓队伍的理想信念教育、业务能力提升、纪律作风养成和党风廉政建设，着力建设一支信念坚定、执法为民、敢于担当、清正廉洁的检察队伍。省检察院将在巩固和深化党的群众路线教育实践活动成果基础上，积极协助地方党委指导市县两级检察院扎实开展教育实践活动，推动全省检察机关进一步改进作风，更好地服务人民群众。坚决纠正特权思想、霸道作风，使检察权始终用于维护人民利益；坚决纠正不敢监督、选择性办案做法，使坚守公平正义底线成为检察人员自觉行为；坚决纠正享乐主义、奢靡之风，使勤俭节约、廉洁自律在检察机关蔚然成风；坚决防止和纠正执法办案中不文明、不规范的问题，使检察机关办理的每一个案件都经得起法律、历史和人民的检验。

专题报告
Special Reports

B.6
2013年江苏地方立法状况[*]

汤善鹏　赵小雷[**]

摘　要： 2013年，江苏地方立法在环境保护、文化创新、社会管理、经济领域等方面取得了较大的进展。本文对2013年江苏地方性法规的制定和修改进行了梳理，揭示了其中的若干亮点，对2014年江苏地方立法进行了展望并提出了地方立法中需要注意的若干事项。

关键词： 2013年　江苏　地方立法

2013年是江苏省全面贯彻落实党的十八大精神的开局之年，也是实施"十二五"规划承前启后的关键一年。江苏省人大及其常委会、各较大市人大

---

[*] 本文系教育部人文社会科学研究项目（09YJC820055）的成果之一。
[**] 汤善鹏，南京师范大学法学院副教授；赵小雷，南京师范大学法学院硕士研究生。

及其常委会围绕完善中国特色社会主义法律体系这一主题,加快制定和完善与国家法律法规相配套、与"两个率先"相适应的地方性法规,不断提高立法质量,取得了较大的进展。2013年江苏省人大及其常委会共制定和修改6件地方性法规,批准了有地方立法权的较大市通过的13件地方性法规。

一 2013年江苏地方性法规的制定[①]

(一)加大环境保护力度,促进人与自然全面协调发展

生态环境与人们的生活福祉休戚相关。2013年,江苏地方立法结合本地实际,制定了一批环境保护法规,将环境保护纳入了制度化、规范化和科学化的轨道。这些地方性法规是:《江苏省爱国卫生条例》、《江苏省水土保持条例》、《南京市湿地保护条例》和《徐州市城市绿化条例》。

公民是环境效益的享受者,也是环境危机代价的主要承担者,理应成为保护环境的主要参与者与建设者。为了动员全社会开展爱国卫生工作,保护人民健康,促进经济和社会的协调可持续发展,结合江苏省实际,江苏省人大常委会制定了《江苏省爱国卫生条例》。《条例》分为9章,共59条。该《条例》着眼于人们的日常生活卫生,从细微处入手,极大地调动了公众参与保护环境的积极性。《条例》规定:爱国卫生工作需要明确工作机制,各部门协调配合,全社会共同参与;爱国卫生工作实行政府组织、部门协作、属地管理、全民参与、科学治理、社会监督的方针;地方各级人民政府统一领导本行政区域内的爱国卫生工作;环境卫生治理包括环境卫生基础设施建设、农村改水改厕、垃圾污水处理等方面的内容;要通过一定措施的施行来加强社会教育,通过相应的政策、技术和组织支持,帮助群众掌握卫生保健知识,树立健康意识;加强对烟草烟雾危害的控制,明确禁止吸烟的场所和控制吸烟的执法主体,定期开展多种形式的禁烟宣传;加强对烟草广告和促销的监管;重视病媒

---

① 此处的"制定"仅包括那些在2013年已经生效的地方性法规。对那些较大市在2013年底制定,但在2014年初才得到江苏省人大常委会批准的地方性法规,不算在内;对那些较大市在2012年底制定,在2013年初得到江苏省人大常委会批准的地方性法规,在此包括在内。

生物预防控制活动,建立集中防控制度,实行重点防控制度,规范病媒生物防控服务。《条例》将为江苏省的爱国卫生工作提供有力的法制保障,推动江苏省爱国卫生事业迈上新的台阶。

为了预防和治理水土流失,保护和合理利用水土资源,减轻水、旱、风沙灾害,改善生态环境,维护生态安全,保障经济社会可持续发展,江苏省人大常委会制定了《江苏省水土保持条例》。《条例》分为7章,共37条。《条例》坚持以优先保护和自然恢复为主,加大水土保持和生态保护力度,努力从源头上扭转生态环境恶化趋势。《条例》的主要亮点有以下几个方面。一是在加强水土保持预防措施方面,明确规定了水土保持方案报告制度,例如,用地面积5万平方米以上或者挖填土石方总量5万立方米以上的生产建设项目,应当编报水土保持方案报告书。二是针对不同的水土流失类型,《条例》坚持具体问题具体分析的原则,对山区、平原沙土区和城市市区三种情况分别规定了不同的治理措施。三是建立了水土保持生态效益补偿制度,这项制度按照"谁开发谁保护""谁受益谁补偿"的原则,使流域上下游既可以公平承担水土流失预防和治理责任,也能够公平享受水土保持和生态建设成果。《条例》的制定将使江苏省地区经济发展和生态保护之间的矛盾得到有效缓解和调和,并最终对区域的协调有序发展起到良好的推动作用。

湿地资源是绿色南京、生态南京的重要自然生态基底。为了加强湿地保护,维护湿地功能,改善湿地环境,促进湿地资源可持续发展,南京市人大常委会制定了《南京市湿地保护条例》。《条例》分为6章,共40条。《条例》坚持顺应自然、尊重自然、保护自然的理念,坚持保护为主、适度利用的原则,对相关部门管理职责进行了明确,严格控制湿地保护范围,发挥湿地资源应有的生态功能和环境效益。《条例》的亮点主要有以下几个方面。一是建立湿地保护专家咨询机制。《条例》规定,市人民政府设立湿地保护专家委员会,为编制湿地保护规划、拟定湿地名录、划定湿地保护范围、制定湿地保护方案、评估湿地资源,以及在湿地保护范围内开展建设和利用等活动提供咨询。二是对湿地资源利用活动进行限制。《条例》规定,利用列入名录的湿地资源从事生态展示、科普教育、生态旅游等活动,应当符合湿地保护规划,不得超出湿地环境容量、改变湿地生态功能、破坏野生生物生存环境。

为了加强城市绿化建设和管理,保护和改善城市生态环境,徐州市人大常委会制定了《徐州市城市绿化条例》。《条例》共6章49条。《条例》的亮点有:明确了绿地保护管理主体及其各自的职责,避免互相推诿、逃避责任的情形;城市绿地保护管理责任人应当履行安全检查义务,避免树木妨碍交通,危害建筑物、相关设施和人身安全;建立城市重点绿地保护和永久性绿地保护制度,永久性绿地不得被占用或者改变用途;针对城市中树木经常被盗采盗伐的情形,明确规定任何单位和个人对城市中的树木都不得擅自大修剪、移植或者砍伐,确需修剪、移植或者砍伐的,必须符合法定情形并遵守相应程序。

(二)推进文化创新,建设优秀传统文化传承体系

优秀传统文化凝聚着中华民族自强不息的精神追求和历久弥新的精神财富,历史上流传下来的丰富文化遗产,是文化延续和传承的重要载体,必须加大保护力度。为此,苏州市人大常委会制定了2件地方性法规:《苏州市非物质文化遗产保护条例》和《苏州市古村落保护条例》。

苏州是具有两千五百多年悠久历史的国家历史文化名城,非物质文化遗产十分丰厚,在全国乃至全世界都具有重要影响。为了保护和利用好非物质文化遗产,继承和弘扬优秀传统文化,苏州市人大常委会制定了《苏州市非物质文化遗产保护条例》。《条例》有以下亮点。第一,规定了详细具体的保护方法,例如针对丧失传承人、客观存续条件已经消失或者基本消失的非物质文化遗产项目所应实施的记忆性保护方法,此外还有生产性保护和区域性整体等分类保护方法。第二,建立保护单位、代表性传承人传承保护体系。《条例》规定,文化主管部门负责建立保护单位和代表性传承人的保护工作体系,保护单位和代表性传承人享有一定权利,并同时承担非物质文化遗产的保护义务;为了督促保护单位和代表性传承人积极履行义务,《条例》专门规定了针对保护单位、代表性传承人的评估制度,保护单位、代表性传承人无正当理由不履行义务的,文物主管部门可以取消其资格。第三,加强非物质文化遗产保护人才队伍建设,加大宣传力度,提高民众保护意识。《条例》要求政府以及相关部门做好非物质文化遗产研究、传承、保护、管理等专门人才的培养与引进工作,鼓励普通高等院校、职业技术院校通过开设非物质文化遗产相关专业、传

承班等形式培养专门人才；保护单位、代表性传承人应当通过走进学校、社区等形式，传播非物质文化遗产知识；各级人民政府应当鼓励、支持单位和个人开展非物质文化遗产代表性项目的展示、展演等活动。

数代同居同耕同乐的古村落，是苏州历史文化延续和传承的重要载体。为了加强古村落保护，维护古村落传统风貌，传承优秀历史文化遗产，苏州市人大常委会制定了《苏州市古村落保护条例》，把古村落的保护纳入了规范化、法制化的轨道。《条例》共5章34条。《条例》的亮点主要体现在以下几个方面。一是确立古村落保护原则，厘清政府部门职责。规定了整体保护、抢救第一、活态传承、合理利用、政府引导、社会参与的古村落保护原则；明确了各级政府及规划部门、文化部门、建设部门、村民委员会的保护职责。二是对古村落申报认定和规划编制的相关条件和程序进行了明确。《条例》规定古村落申报权通常由镇人民政府行使，但在镇人民政府怠于行使时，市规划部门可以直接行使；古村落所在地镇人民政府在编制古村落保护规划时，应当征求有关部门、专家、居民和社会公众的意见，规划编制工作应当在古村落公布后1年内完成；经依法批准的古村落保护规划，不得擅自修改，确需修改的，镇人民政府应当按照法定程序报批。三是健全和完善古村落保护与利用制度。《条例》要求对古村落实行整体保护，禁止在古村落重点保护区内新建、扩建与古村落保护无关的建（构）筑物，以保持和延续古村落的传统格局和历史风貌。此外，《条例》还从资金、抢救修缮、土地流转、利用开发等层面分别做出了详细的规定，力争形成"边利用边保护"的保护、开发、利用一体化的格局。

（三）创新社会管理，加强公共安全体系建设

2013年，江苏省人大常委会以及各较大市人大常委会在社会管理方面立法成效卓著。在保障公共安全方面，苏州市人大常委会和徐州市人大常委会分别制定了《苏州市道路交通安全条例》和《徐州市消防条例》；在规范城市管理方面，徐州市人大常委会和无锡市人大常委会分别制定了《徐州市出租汽车客运条例》和《无锡市轨道交通条例》；在创新社会管理方面，无锡市人大常委会制定了《无锡市人口服务管理条例》。

1. 保障公共安全

公共安全是社会管理永恒的主题,与人们的生活息息相关。为了保障道路交通安全、有序、畅通,保护人身安全,维护公民、法人和其他组织的财产安全及其他合法权益,苏州市人大常委会制定了《苏州市道路交通安全条例》。《条例》共8章56条。《条例》的亮点主要有以下几个方面。第一,监管措施趋于人性化。比如规定交通违法记分达9分以上的,公安机关交通管理部门应当通过信件或者短信等方式提醒在本市注册登记的机动车所有人或者驾驶人。第二,完善交通事故处理流程。对于交通事故发生后可能导致的交通拥挤状况,《条例》明确规定,在道路上发生没有造成人员伤亡并且车辆可以行驶的轻微交通事故的,应当及时撤离到安全地点,自行协商处理或者报警等候处理,如果没有按照要求立即撤离现场,将给予100元罚款处罚。第三,鼓励与倡导见义勇为行为。《条例》规定,过往车辆驾乘人员和行人应当在注意自身安全的前提下主动救助道路交通事故当事人。救助行为符合见义勇为条件的,应当给予表彰、奖励。

为了预防火灾和减少火灾危害,加强应急救援工作,保护人身与财产安全,维护公共安全,徐州市人大常委会制定了《徐州市消防条例》。《条例》共7章56条。《条例》要求加强消防安全组织体系建设和消防设施体系建设,规定各级人民政府负责本行政区域内的消防工作,任何单位和个人不得占用公共消防设施建设用地或改变用途,确需占用或改变用途的,应征得消防机构同意,并由有关部门和公安机关消防机构根据消防需要另行确定用地。《条例》要求加强消防安全宣传教育和消防安全隐患监督消除机制建设,具体措施有:学校将消防安全知识纳入教育内容,每学期至少开展一次消防应急疏散演练;消防机构应依法进行消防安全监督检查,对于发现影响公共安全的重大火灾隐患,应及时报告同级人民政府,由政府及时组织或责成有关单位予以整改。此外,《条例》还分别对单位制定应急预案、火灾处置、消防组织的值班备勤、灭火救援以及火灾调查和灭火应急保障等措施做出了具体规定。

2. 规范城市管理

为了加强出租汽车客运管理,提高服务质量,维护正常运营秩序,保障乘客、经营者以及从业人员的合法权益,徐州市人大制定了《徐州市出租汽车客运条例》。《条例》共6章44条。《条例》针对现实中大量存在的出租汽车监管难题，规定了一系列的管理措施。主要有以下几个方面。第一，在职责分配方面，《条例》规定，人民政府以及有关部门应当按照各自的职责范围，共同做好出租汽车客运的监督管理工作，出租汽车客运管理经费和基础设施建设经费应当纳入本级财政预算。第二，在经营资质管理方面，《条例》明确了出租汽车客运经营权许可制度，严格控制出租汽车客运经营权有偿出让，针对企业和个人分别规定了相应的出租汽车客运经营条件，要求从事出租汽车客运的驾驶员必须依法取得从业资格证，并规定出租汽车客运的个体经营者应当与车辆所有人相一致。第三，在运营服务管理和监督检查方面，《条例》明确规定出租汽车客运经营者及驾驶员应当依法从事运营活动，除两种法定情形外，客运出租汽车驾驶员在运营中不得有拒载行为；道路运输管理机构应当建立投诉举报制度，投诉人、举报人应当提供客运出租汽车车辆牌号等有关证据及联系方式，客运出租汽车驾驶员被投诉或者被举报的，出租汽车客运经营者应当协助调查。

为了促进轨道交通事业发展，规范轨道交通管理，保障轨道交通安全，维护乘客合法权益，无锡市人大常委会制定了《无锡市轨道交通条例》。《条例》共7章60条。《条例》的亮点主要有以下几个方面。一是采取多种措施，保障轨道交通运营。《条例》规定，市人民政府应当加强对轨道交通事业的领导，统筹、协调轨道交通规划、建设、运营以及相关管理活动中的重大事项；轨道交通发展所需资金以政府投入为主，通过多渠道、多方式筹集；公民、法人或者其他组织应当支持轨道交通发展，保护轨道交通设施，维护轨道交通安全运营；供电、供水、排水、供热、供气、通信等相关单位，应当保证轨道交通需要，保障轨道交通正常建设和运营。二是齐抓共管，完善轨道交通管理制度。《条例》规定，轨道交通经营单位制定列车运行计划，应当报市交通运输行政管理部门核定，并通过报纸、网络等形式向社会公告；列车因故延误或者需要调整行车时间的，应当及时告知乘客和公众；轨道交通经营单位应当建立乘客投诉受理制度，应当自受理投诉之日起5个工作日内做出答复；在轨道交通设施内从事拍摄电影、电视剧及广告宣传片活动的，应当征得轨道交通经营单位同意。三是注重细节，努力提高服务水平。例如，《条例》禁止在车站付费区、列车内饮食，或者携带严重异味、易污损设施的物品乘车，这主要是考虑到该类行为既容易污染公共环境，又影响他人正常乘车；另一方面，《条例》结合实际情况，规定残疾人可以携带有识别标识的助残犬乘车，其他畜禽、宠物等动物则禁止乘客携带进站乘车。

3. 创新社会管理

为了加强人口服务管理工作，提高人口素质，促进人口与经济社会协调发展，无锡市人大常委会结合当地实际，结合本市实际情况，制定了《无锡市人口服务管理条例》。《条例》共7章45条。它是我国首部规范人口服务管理的地方性法规，在全国同类城市中尚属首次，其中有很多富有创见的制度措施。《条例》坚持"本地外地无不同，户口不到服务到"的理念，使得外来人口也可以享受基本公共服务。《条例》详细地列举了外来人员可以享受的13条权益。比如，免费享受公共就业服务机构在规定范围内提供的就业政策法规咨询、信息发布、职业指导和职业介绍、就业失业登记等服务；按照市住房公积金、公共租赁住房管理规定，享受住房公积金制度保障和公共租赁住房保障；随行子女享受九年制义务教育，免除学杂费；享受基本医疗卫生服务，免费享受结核病等重大传染病检查服务，享受国家规定的结核病、艾滋病等诊疗减免政策；随行适龄儿童免费接受一类疫苗的接种；未满18周岁的随行子女，符合规定条件的，参加本市城镇居民医疗保障；居住满5年的困难家庭户，符合规定条件的，享受本市居民最低生活保障、城乡困难家庭临时生活救助和城镇居民医疗救助。

（四）完善经济制度，加强资源节约与管理

2013年，江苏省人大常委会以及各较大市人大常委会围绕绿色发展这一经济主题，在统筹城乡发展、创新发展模式方面取得了新的进步。这一年江苏地方立法在经济方面有4件地方性法规：《江苏省农业机械安全监督管理条例》、《南京市安全生产条例》、《无锡市促进中小企业转型发展条例》和《无锡市水资源节约利用条例》。

为了加强农业机械安全监督管理，预防和减少农业机械事故，保障人民生命和财产安全，江苏省人大常委会制定了《江苏省农业机械安全监督管理条例》。《条例》共8章42条。《条例》强调农业机械安全监督管理应当遵循以

人为本、预防为主、综合治理、保障安全、促进发展的原则,鼓励和支持开发、生产、推广,应用先进适用、安全可靠、节能环保的农业机械。《条例》建立了缺陷农业机械的召回制度,对拒不召回的情形,省质量监督部门应当责令生产者召回,省工商行政管理部门应当责令销售者停止销售。

为了加强安全生产工作,防止和减少安全事故,保障人民群众生命和财产安全,促进经济发展和社会稳定,南京市人大常委会制定了《南京市安全生产条例》。《条例》共7章62条。《条例》的亮点有以下两个方面。第一,为了方便重点单位的安全监管,《条例》将安全生产经营单位分为高危行业、较大危险行业和一般生产经营单位三个类别,并规定符合一定条件的生产经营单位要设置安全生产管理机构或者配备专职安全生产管理人员。第二,《条例》从职工的个人权益出发,要求可能产生职业病危害的生产经营单位应当按照规定采取职业病防治管理措施,加强高温作业和高温天气作业的劳动保护工作,采取防暑降温措施,保证作业场所符合国家职业卫生标准。

为了促进中小企业转型发展,提高企业的发展质量和效益,增强企业竞争力,推动经济可持续发展,无锡市人大常委会制定了《无锡市促进中小企业转型发展条例》。《条例》共5章42条。《条例》立足解决中小企业发展难题,推进中小企业转型发展,提高区域经济发展活力。其中规定:各级中小企业行政主管部门负责本行政区域内中小企业转型发展的指导和服务工作,督促中小企业转型发展各项政策措施的落实;依法维护中小企业合法权益,促进中小企业健康发展,鼓励社会资本创办中小企业,积极创造社会财富;各级政府应当安排创业引导扶持资金并加强中小企业创业基地建设以扶持创办中小企业,高层次创新创业团队和人才来本市自主创业的,应当按照规定给予资助;支持中小企业采用新技术、新工艺、新设备、新材料进行技术创新,鼓励中小企业研发自主知识产权的技术和产品,创建自主品牌,提升产品质量。此外,《条例》顺应当前的电子商务发展趋势,明确支持中小企业创立电子商务平台或者通过第三方电子商务平台开展营销活动。

为了加强水资源的节约利用,提高用水效率,保护和改善生态环境,促进经济社会可持续发展,无锡市人大常委会制定了《无锡市水资源节约利用条例》。《条例》共6章47条。《条例》对水资源节约、利用和监督管理等进行了全面规范,具有鲜明的地方特色和较强的可操作性。主要有以下亮点:取用水户应当严格按照下达的取用水计划取用水,增加取用水量须经主管部门批准;大力推广现代农业节水灌溉技术,从事餐饮、洗浴、游泳、住宿等耗水量较大的服务单位和个人,应当采用节水设施、设备;未依法完成水资源论证工作的建设项目不得开工建设,节水设施应当与主体工程同时设计、同时施工、同时投入使用;规定新建建筑物应当配套建设雨水收集利用设施,游泳池应当配套建设循环用水设施,水上娱乐设施应当配套建设水循环或者雨水利用设施等。

二 2013年江苏地方性法规的修改概况

2013年,江苏省人大常委会以及各较大市人大常委会在"制定与修改相结合"的立法原则指导下,及时对过时的、同上位法相违背、不协调的地方性法规进行了修订。它们是:《江苏省非物质文化遗产保护条例》、《江苏省机动车排气污染防治条例》、《江苏省邮政条例》和《南京市航道管理条例》。

对于非物质文化遗产的保护,新修订的《江苏省非物质文化遗产保护条例》规定得更为完备,值得我们注意的地方有以下几点。第一,非物质文化遗产的定义更加科学合理。新规定摒弃旧条例的笼统定义,采取列举的方式对非物质文化遗产进行界定,科学而合理。第二,健全和完善保护单位和代表性传承人保护体系。规定保护单位和代表性传承人由文化主管部门进行认定和评估,并对保护单位和代表性传承人的权利和义务做了明确的规定。第三,转变非物质文化遗产保护观念。《条例》顺应了非物质文化遗产的传承特性,淡化了政府的"大管家"色彩,强调政府在非物质文化遗产保护工作中应当主要扮演一个协助者的角色,帮助单位和个人进行非物质文化遗产的保护工作。第四,大力加强保护宣传力度。《条例》鼓励和支持教育机构将本地优秀的非物质文化遗产项目内容纳入素质教育,以开设相关课程等形式传播弘扬优秀非物质文化遗产;要求广播电视等媒体宣传非物质文化遗产保护工作,提高全社会非物质文化遗产保护意识;鼓励和支持科研机构、教育机构开展非物质文化遗产的研究以及专门人才的培养工作。

新修订的《江苏省机动车排气污染防治条例》针对尾气污染问题,规定了严控机动车数量、老旧机动车提前报废、推广新能源机动车等一系列合理措施;为了尽量减少机动车尾气排放,规定了机动车环保定期检验制度、机动车环保检验与维修制度,要求对环保检验结果不符合标准的机动车,应当由具有相应资质的机动车维修经营者进行维修,机动车经维修合格后,机动车所有人还需要到机动车环保检验机构进行复检;在此基础上,完善了机动车环保检验环节的监督管理机制,健全了机动车环保检验机构应当遵守的行为规范,并对环境保护行政主管部门或者其他依法行使监督管理权的部门的职责范围进行了明确。

在电子商务日渐发达的今天,人们足不出户就可以买到自己喜欢的东西,作为网上交易双方的重要枢纽,快递行业近年来发展迅速。新修订的《江苏省邮政条例》对邮政业做出许多新的规定。一是机关、团体、企业事业单位应当为邮件和快件的投递提供便利。二是经营快递业务的企业在经营许可期内不得擅自停止提供快递服务。如需临时停止提供快递服务,应当提前报告和公告,并按照规定及时妥善处理未投递的快件。三是对小区、高校等投递矛盾频发领域进行了专门规制。新《条例》规定高等院校应当设立用于存放、保管快件的场所,为快件投递提供便利;鼓励机关、企业事业单位以及住宅小区通过设置自助服务终端等形式为快件投递提供便利和安全保障。

新修订的《南京市航道管理条例》从合理利用水运资源,加强航道管理,保障航道安全畅通的立法目的出发,在旧条例的基础上进行了诸多完善与创新,其亮点主要有:实行航道保护范围制度,航道划定规划控制线的,保护范围为航道规划控制线范围,未划定规划控制线的,为航道岸线外两侧20米以内;降低航道等级或者取消航道功能的,应当召开听证会,充分听取各方意见;在航道保护范围内,除必要的水利设施和航道建设、养护设施外,禁止新建永久性建筑物;此外,新《条例》还对航道管理的监督检查制度以及相应的法律责任进行了完善。

三 2014年江苏地方立法展望

2014年,江苏有多个地方性法规值得期待。目前,已有多个立法草案即将进入最后的审议或批准阶段,相信很快就可以成为正式的地方性法规,它们是:《江苏省社区矫正工作条例(草案)》、《江苏省国有土地上房屋征收与补偿条例(草案)》、《江苏省统计条例(草案)》、《江苏省地名管理条例(草案)》、《南京市燃气管理条例(修订草案)》、《苏州市生态补偿条例(草案)》、《徐州市水上交通安全管理条例(草案)》和《无锡市义务教育均衡发展条例(草案)》。

回望过去,展望未来,我们认为有必要对地方立法的现行机制和立法思维提出若干问题,以供参考。虽然这些问题在中国地方立法中普遍存在,但对于努力走在全国法治化前列的江苏省而言,我们有理由也应当有更大的勇气直面这些问题,在地方立法的民主化、科学化、法治化上实现新的突破。

(一)拓宽立法的民主化渠道,实现立法的民主化

近年来,江苏地方立法在拓宽立法的民主化渠道方面,取得了较大的进展。比如,地方性法规草案的公开、立法听证会的举行等成为地方性法规制定程序中的必备程序。但是,某些环节还需进一步强化与开拓。比如,现行的地方立法的草案很多都是由部门起草,这无疑会打上部门利益的烙印,如何改变公众在立法草案这一环节的"被动性",在立法草案的起草中充分吸收公众的意见,是今后地方立法机关需要注意的。再比如,在立法的公开性方面,除了草案公开之外,其他立法程序的过程公开性还不够。诸如人大委员在审议地方性法规草案时的争议和辩论材料、立法决策的决定过程、立法听证会中的意见等公众很难知晓。这些都要求地方立法机关从"闭门立法"的立法思维转向"开门立法"的立法思维。

(二)减少甚至杜绝对上位法的立法重复,突出地方立法为地方服务的功能

综观地方立法的现状,立法机关对立法重复的重视程度还不够,导致地方性法规中重复上位法的现象比较普遍,这就减损了地方立法为地方服务的功能。立法重复的问题要得到根本的解决,除了提高地方立法的民主化以外,还需要树立社会主义法律体系的体系性思维,摆正地方立法在这个体系中的位

置，尤其注意在立法中体现地方的实际情况和地方特色，真正实现地方立法为地方服务的功能。

（三）及时修改或废止过时的地方性法规，坚持立法的制定与修改相结合原则

中国当下是一个转型社会，这就决定了部分法规生命力短暂的现实。立法机关要敢于面对这一现实，对那些已经不适应市场经济发展的地方性法规、同其他地方性法规不相协调的法规、操作性差的法规及时地予以修改或废止。除了立法机关应当及时进行立法清理之外，还应当高度重视法律适用机关在适用地方性法规过程中出现的问题和提出的意见。

（四）高度重视地方性法规的可操作性，敢于在地方立法中设置法律后果

当下地方立法往往规定很多新的行为模式，但法律后果不明确，导致了地方性法规在实践中很难操作，处于虚置的状态。比如，地方立法中有很多所谓的"提倡性条款"，这显然与法律的特性不符。无论是肯定的法律后果还是否定的法律后果，地方立法只要在不违背"合法性"的前提下，应当敢于制定法律后果，提高立法的可操作性。

（五）高度重视立法的前评估和后评估工作

最近几年，江苏省在立法后评估方面做出的成效十分显著。比如2011年江苏省人大常委会开展对《江苏省道路运输市场管理条例》的立法后评估，南京市人大常委会开展了对《南京市轨道交通管理条例》《南京市固体废物污染环境防治条例》的立法后评估。2012年南京市人大常委会还对《南京市航道管理条例》进行了立法后评估，为后来该条例的修改提供了依据。立法后评估逐渐成为立法机关"回头看"继而提高立法质量的一项有力措施。但是，对如何实现第三方立法后评估的中立性、如何将立法后评估作为立法机关的一项常态活动、如何科学确立立法后评估的评估指标等问题还需要进一步探讨和摸索。除了立法后评估活动之外，立法机关还应当高度重视立法的前评估工

作。立法的前评估主要对立法的必要性、可行性、适时性、预期的立法效益、社会的可接受性程度等进行评估,这项评估工作的重要性不亚于立法后评估,甚至高于立法后评估。因为相对于"回头看"的立法后评估而言,"防患于未然"的立法前评估为后来法规的顺利实施奠定了重要基础,减少了立法修改或废止的风险和成本。

(六)高度重视立法机关与立法机关、立法机关与政府机关、立法机关与司法机关的协调工作,形成一种联动的推动立法工作的协调机制

在下位立法机关与上位立法机关的关系上,应当形成立法规划的协调机制,避免规划"打架",从而避免立法资源的浪费。如果明知上位立法机关正在准备就某项事项立法,下位立法机关就应当尽量避免抢先立法。不同地方的立法机关之间也应当加强立法经验的交流,避免地方性法规之间的不适当"抄袭"和照搬。立法机关与政府机关也应形成良好的协调机制,将法规执行过程中出现的问题及时间立法机关反映,同时立法机关也应尽量避免部门的利益保护主义。在立法机关与司法机关之间,立法机关应当多调查和研究地方性法规的适用问题,特别是对地方性法规在法院判决中的援引进行调研,避免"立法过剩"现象的发生。

B.7
2013年江苏行政复议状况[*]

黄永忠[**]

摘　要： 2013年以来，江苏全省行政复议机构在省委省政府正确领导下，围绕经济社会发展的新任务新要求，不断提升法治思维能力，着力运用法治方式促进改革、推动发展、化解矛盾、维护稳定，为推进依法行政、建设法治政府，发挥了应有的作用。

关键词： 2013年　行政复议　分析报告

　　2013年是深入贯彻落实党的十八大精神的第一年，也是新一届政府开局之年。党的十八大报告在论及"加强和创新社会管理"时要求："建立健全党和政府的维护群众权益机制……畅通和规范群众诉求表达、利益协调、权益保障渠道。"行政复议制度是在行政系统内部监督行政机关依法行政、维护行政相对人合法权益的法定制度。在法治作为治国理政的基本方式渐入人心、社会主义法治理念逐步树立、全社会学法尊法守法用法意识稳步提高的时代大潮下，行政复议制度继续当仁不让地扮演着化解行政争议、畅通行政相对人权利表达和维护行政相对人利益诉求的第一"主角"。

一　2013年度江苏行政复议工作的指导思想

　　2013年3月8日，习近平同志参加十二届全国人大一次会议江苏代表团

---

[*] 本文数据来源于江苏省历年行政复议案件年度统计分析报告。
[**] 黄永忠，江苏省人民政府法制办公室经济法规处处长。

审议时指出,新的5年奋斗历程已经开启,江苏要按照率先全面建成小康社会、率先基本实现现代化的要求,不断开创各项工作新局面。针对未来一段时期江苏经济社会发展情况,习近平同志强调,要深化产业结构调整,构建现代产业发展新体系,抓住化解产能过剩矛盾这一工作重点,使我国经济发展提高质量、增加效益、增强后劲。要积极稳妥推进城镇化,促进大中小城市和小城镇协调发展,推动城镇化向质量提升转变,加强社会主义新农村建设,做到工业化和城镇化良性互动、城镇化和农业现代化相互协调。要扎实推进生态文明建设,实施"碧水蓝天"工程,让生态环境越来越好,努力建设美丽中国。

习近平总书记对江苏的殷切期望,为江苏今后的发展指明了方向。按照十八大和总书记提出的一系列新思想新观点新论断新要求,江苏省委省政府在深入调查研究的基础上,丰富提升"两个率先"的目标内涵,修订完善全面小康和基本现代化指标体系,在发展导向上突出质量效益,在工作推进上体现更高要求,在衡量标准上强调群众认可,经济社会发展稳中有进、稳中向好。主要经济指标增幅保持在合理区间和预期目标之内,一大批行政审批事项取消和下放,社会活力空前提高,人民生活持续改善,城乡基本公共服务水平、社会保障水平和统筹层次稳步提高。全省三大区域依托长三角区域经济发展一体化、江苏沿海地区发展、苏南现代化建设示范区三大国家战略,努力向更高目标迈进,区域协调发展新格局全面展开。全省社会管理的理念思路、体制机制和方法手段不断创新,平安中国示范区、法治建设先导区建设取得新成效,法治江苏建设取得新进展。社会矛盾化解工作得到进一步重视。全省上下继续抓源头、抓重点、抓基础,对环境污染、征地补偿、房屋拆迁、涉法涉诉、劳动工资等影响社会稳定的突出问题,逐一查找、逐个解决,对新出现的矛盾纠纷及时处理,全省社会总体保持和谐稳定。

二 2013年度江苏行政复议工作概况

在经济社会发展取得来之不易成绩的同时,行政复议工作也发挥了应有的功能。2013年以来,全省各级行政复议机关、行政复议机构认真贯彻《行政复议法》和《行政复议法实施条例》(以下简称《实施条例》),全面履行职责,采取积极措施,努力化解行政争议,行政复议工作取得明显进展。

1. 收到和受理案件

全省各级行政复议机关共收到行政复议申请6715件,同比增长25.63%;受理5600件,同比增长27.80%,占申请数的83.40%。其中,省政府及其工作部门共收到行政复议申请1748件,占总收案数的26.03%,受理1311件,同比增长107.11%,占申请数的75%;市县两级政府及其工作部门共收到行政复议申请4967件,占总收案数的73.97%,受理4289件,同比增长14.4%,占申请数的86.35%(见图1)。行政复议案件数量目前仍集中在市县两级政府及其部门。

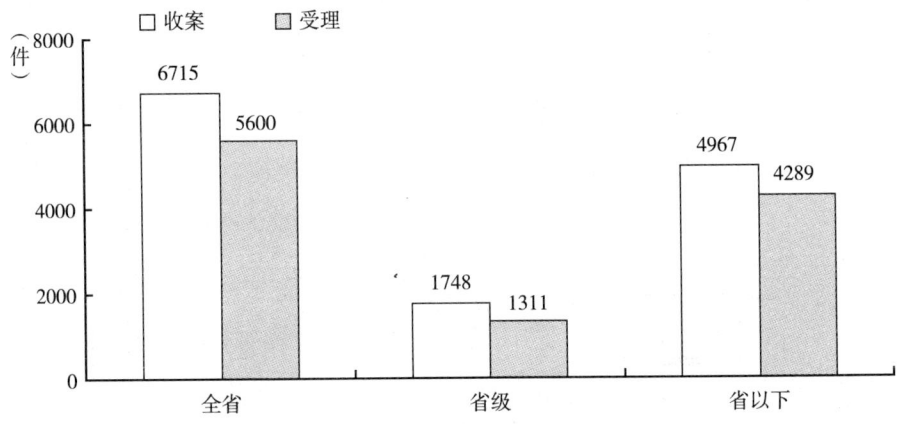

图1 2013年江苏全省行政复议收案和受理情况

全省行政复议申请与受理案件数与2012年相比增幅均较大。2013年全省收到的行政复议申请数比2012年增加了1370件(见图2),受理案件数增加了1218件(见图3)。近几年,省政府及其工作部门收案数一直在上升,2013年增长的幅度较高,收案数(1748件)和受理数(1311件)都为历年之最。从近年来行政复议案件量分布的整体情况看,矛盾上移的趋势明显。

2. 被申请人情况

2013年行政复议案中被申请人是乡镇政府的占总申请数的3.14%;是县级政府及其部门的占总申请数的56.71%;是市级政府及其部门的占总申请数的32.08%;是省政府及其部门的占总申请数的3.89%;是其他机关或组织的

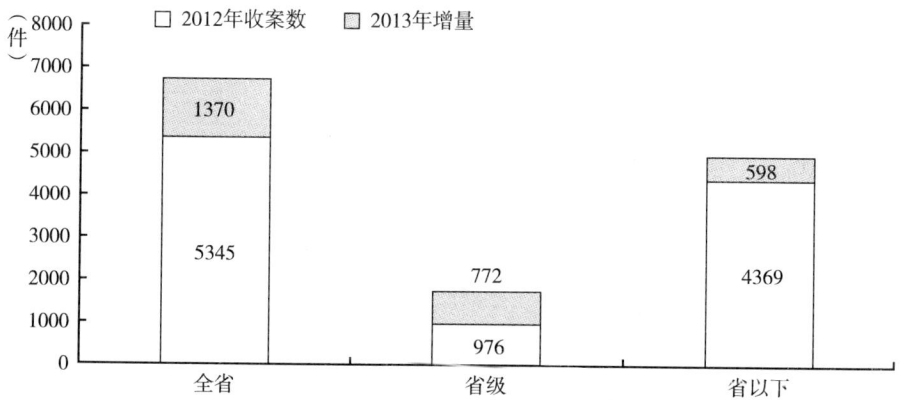

图2 2013年与2012年行政复议收案数量比较

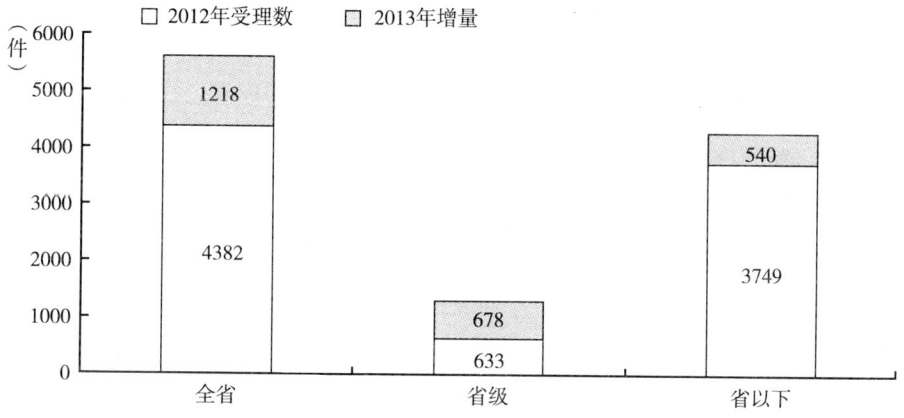

图3 2013年与2012年行政复议受理案件数量比较

281件,占总申请数的4.18%（见图4）。与2012年相比,除了以非行政机关作为被申请人的案件量略有下降外,各级行政机关作为被申请人的案件数都比2012年有所上升。从绝对数来看,以县级政府的部门、县级政府和市级政府的部门作为被申请人的案件数上升明显,上升数分别是719件、272件和221件。从相对数来看,增幅明显的是以省政府、省级政府的部门和市级政府作为被申请人的案件数,分别增加78件、39件和82件,增幅分别为105.41%、55.71%和58.99%。行政复议案件的被申请人主要还是市县两级政府的工作部门,占全部总申请数的76.25%。

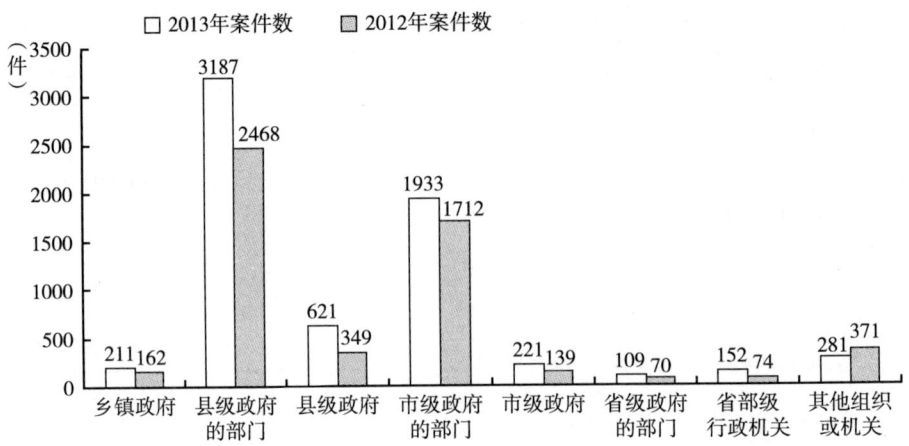

图 4　2013 年和 2012 年以被申请人分类的行政复议案件数分布比较

3. 申请行政复议的事项

2013 年，案件涉及的主要事项按比重由高到低排序分别是行政处罚、行政不作为、行政确认、信息公开、行政征收、行政强制、行政许可等。行政处罚类案件所占比重最高，为 21.61%，比重超过 10% 的还有行政不作为、行政确认、信息公开（见图5）。对行政处罚不服申请复议的 1451 件案件中，拘留 274 件，没收 1 件，罚款 1029 件，其他处罚 147 件；对行政强制措施不服申请复议的 393 件案件中，对人身的强制措施案件 158 件，对财产的强制措施案件 235 件。

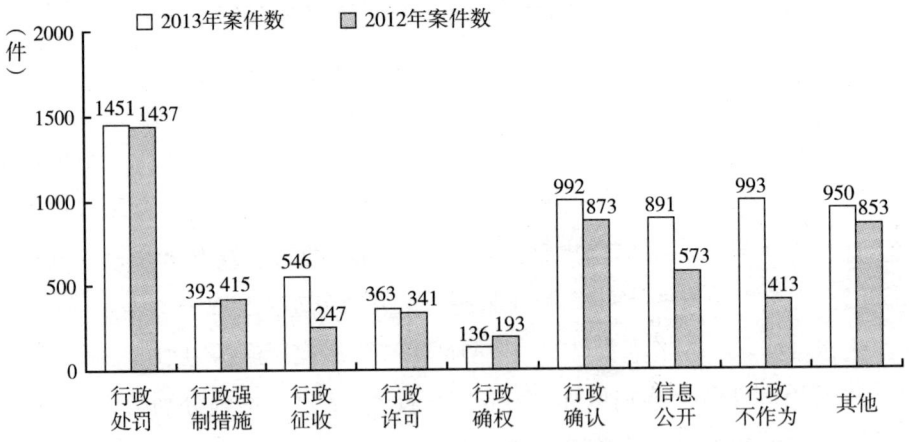

图 5　2013 年和 2012 年以申请复议事项分类的行政复议案件分布比较

与2012年相比,行政征收、信息公开和行政不作为的案件数增长较多,其中,行政征收的案件数增加了299件,同比增长121.05%;信息公开的案件数增长了318件,同比增长55.50%,增幅比2012年有所缓解(注:2012年信息公开的案件量是2011年的3.33倍);行政不作为类案件增加580件,同比增长140.44%。

4. 案件审理结果

2013年,全省各级行政复议机关共审结行政复议案件5435件,占受理案件总数的97.05%。从审理结果看,维持的占60.63%;做出撤销、变更、确认违法和责令履行决定等直接纠错的占3%;以调解、被申请人自我纠错后申请人撤回申请等方式结案间接纠错的占26.41%(见图6)。在终止的1340件案件中,和解协议终止26件;申请人自愿撤回复议申请1174件;被申请人改变具体行政行为后申请人撤回复议申请的89件;其他原因终止的51件。

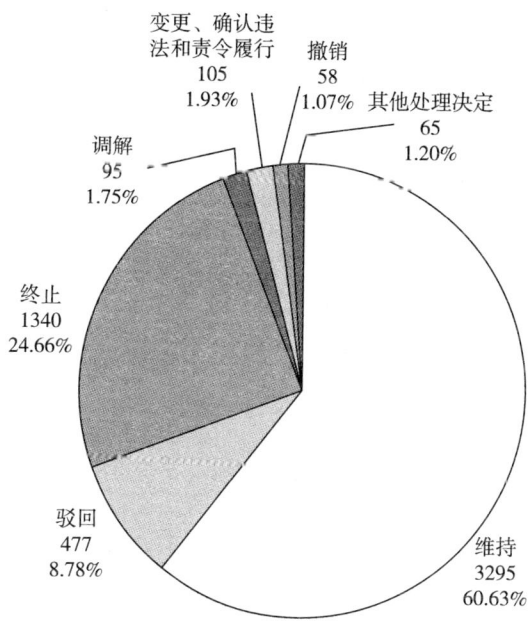

图6 2013年全省行政复议案件审理结案情况

5. 案件涉及的领域

从申请行政复议的行政管理类别上来看,公安、劳动和社会保障、土地、房屋拆迁、城市规划、质监和工商等领域的案件较为集中(见表1)。其他涉及案件的领域按案件量从低向高排,依次是地矿、版权、旅游各1件,商务、能源、邮政、烟草各2件,司法行政3件,信息产业、审计各4件,水利、林业各6件,农业7件,文化8件,民政15件,药监和计划生育各18件,教育21件,财政29件,交通、卫生各48件,环保50件,房屋登记87件,其他类别812件。质量监督类案件数上升比较明显。

表1 行政复议案件涉及的主要领域

单位:件,%

行政管理领域	公安	劳动和社会保障	房屋拆迁	土地	质监	城市规划	工商
数量	1463	1161	790	789	646	341	330
百分比	21.79	17.29	11.76	11.75	9.62	5.08	4.91

值得一提的是,作为江苏省政府具体负责办理行政复议事项的省政府法制办公室,2013年首次收到自成立以来的第一份政府信息公开申请,进而又首次以自己的名义成为行政复议的被申请人,再而首次以自己的名义成为行政诉讼的被告进入诉讼程序。2013年2月6日,常州某居民向省政府法制办提交政府信息公开申请,要求公开"省政府为实施国法〔2011〕38号《关于做好有关征地拆迁的规章和规范性文件专项清理工作的通知》而制作的继续有效的规范性文件目录及规范性文件专项清理情况统计表的具体内容"。由于省法制办按照国法〔2011〕38号文件开展的规章和规范性文件清理仅需按照要求向国务院法制办报告目录即可,故对目录以外的内容省法制办无须掌握,而且该报告行为属于行政机关内部行政行为。又因省政府法制办仅是省政府负责法制工作的机构,无权代表省政府公开应当由省政府公开的信息,所以省法制办并没有向该居民公开其申请信息的法定职责。但从便民角度出发,省法制办仍然及时对该居民的申请进行了回复,提供了规章及规范性文件清理的数据统计表,并告知其向相关部门申请信息公开。该居民不满回复,向省法制办申请行政复议,没有得到支持后,提起行政诉讼。经南京市中级人民法院和江苏省高级人民法院开庭审理,驳回了该居民的诉讼请求,维持了省政府法制办对该申请的回复行为。

尽管案件的整个过程已经全部结束,但在公民权利意识日益觉醒的当今时代,即使是专门从事法制工作的机构也应当对自身履行法定职责的行为足够重视，因为在推进依法行政、建设法治政府的时代潮流中，政府法制机构不仅是一个推动者，也是一个践行者，还应当是一个表率者。

三 2013年度江苏行政复议工作的主要特点

2012年12月4日，习近平总书记在首都各界纪念现行宪法公布施行30周年大会上的讲话中强调，依法治国是党领导人民治理国家的基本方略，法治是治国理政的基本方式，要更加注重发挥法治在国家治理和社会管理中的重要作用，全面推进依法治国，加快建设社会主义法治国家。国务院和地方各级人民政府作为国家权力机关的执行机关，作为国家行政机关，负有严格贯彻实施宪法和法律的重要职责，要规范政府行为，切实做到严格规范公正文明执法。要依法保障全体公民享有广泛的权利，保障公民的人身权、财产权、基本政治权利等各项权利不受侵犯，保证公民的经济、文化、社会等各方面权利得到落实，努力维护最广大人民根本利益，保障人民群众对美好生活的向往和追求。十八大精神和习总书记的讲话要求，为我们进一步开展行政复议工作树立了信仰，坚定了信心。一年来，全省上下按照自由、平等、公正、法治的行政复议价值取向，加强和创新社会管理，注重提高行政复议的质量和效率，行政复议的功能得到了更好的发挥。

1. 从数量上看，全省案件总数增幅较高，案件总量首次超过全省行政诉讼一审案件量

与2012年相比，2013年全省收到行政复议申请6715件，增幅达25.63%；受理5600件，增长27.80%，案件受理数量增幅明显大于收案总量的增幅。案件数量上升比较明显的省辖市有南通、南京、苏州、连云港、镇江、泰州和宿迁等市。2013年，南通全市共受理行政复议申请771件，与2012年相比增加207件，增长36.7%。南京全市受理行政复议申请594件，在2012年增长70.4%基础上又增长了34.09%。苏州要求所有市级部门如果决定不予受理行政复议申请，需报市行政复议委员会备案，2013年案件受理数明显比2012年又有所增加，受理行政复议申请520件，同比增长26.21%。镇江市2013年实现了辖区内各乡镇行政复议受理点全覆盖，成效显著，2013年全市受理案件256件，比2012年增长54.22%。2013年，全省行政复议当年收案数（6715件）首次超过全省行政诉讼一审当年案件数（6191件）。这表明，近年来，江苏省各级行政复议机构积极采取措施，进一步畅通行政复议渠道，提高办案质量，已经取得了明显的效果，化解行政争议的主渠道作用逐步显现，越来越多的人民群众选择通过行政复议来维护其合法权益。

2. 从案件类型看，案件涉及面虽广但相对集中于与民生密切相关的领域

一方面，行政复议案件涉及面逐步扩大，已涉及30多个行政管理领域，除公安、土地、建设、环保、工商、财政、交通、文化、民政等传统领域外，新增版权、旅游等领域；另一方面，行政复议案件仍相对集中在与社会经济发展和人民群众切身利益相关的城建（包括拆迁、房屋登记、规划等）、劳动和社会保障、土地资源、公安、质监和工商等执法领域，这几类案件总量5607件，占总数的83.5%，数量仍占绝对多数。群体性复议案件多存在于土地、房屋拆迁等案件中。

3. 从申请行政复议事项看，信息公开类和行政不作为类案件增幅仍然明显

2013年行政复议事项排名前五的分别是行政处罚类1451件，占收案总数的21.61%；行政不作为类993件，占收案总数14.79%；行政确认类992件，占收案总数14.77%；信息公开类891件，占收案总数13.27%；行政征收类546件，占收案总数8.13%（见图5）。上述五类复议事项共占总收案数的72.57%。值得注意的是，行政不作为类和信息公开类复议案件量近年来一直增幅很高。行政不作为类案件2011年排名第六位，2012年排名第五位，2013年排名第二位，案件量同比增长140.44%。信息公开类案件2011年排名第七位，2012年排名第三位，2013年排名第四位，案件量一直在大幅度上升。2008年以来，政府信息公开案件数量逐年大幅上升，主要集中在征地、拆迁领域。信息公开案件量快速增长反映出人民群众维权意识的提高，特别是对知情权日益重视。但当事人申请政府信息公开并不单纯是为了获取政府信息，而且是出于为后续维权寻求先期介入途径，收集相关证据，以便提起行政复议或者行政诉讼，有的甚至作为规避行政复议期限的手段，更有甚者，当事人向多个部门反复提出申请，滥用申请权。信息公开与信访的界限也越来越模糊，部分信访人以信息公开方式提出信访事项，将信访事项纳入信息公开的范围并进而就行政机关的答复申请行政复议，明显造成了行政资源的浪费。

4. 从审理结果看，调解、和解逐渐成为解决行政争议的有效方式

对于一些疑难复杂案件，有些历时久远，即使发现问题也很难处理，一方面如果简单撤销，具体行政行为往往已经完成，撤销该行为很难执行，甚至会引发新的更大矛盾；另一方面如果放任不管，又不符合有错必纠原则，不利于维护法制统一和法律权威。对于这类维持和撤销两难的案件，全省各级行政复议机构在办案过程中，普遍加大了行政复议调解、和解的力度，注重运用调解、和解手段，积极为申请人和行政机关搭建平台，促进他们之间互相沟通和理解，尽可能减少行政争议的负面效应，最大限度地保护申请人的合法权益，在行政争议的实质性化解方面取得新进展，行政复议效果明显提升。2013年，全省共运用调解、和解方式结案1435件，占结案总数的26.41%；行政复议调解、和解逐渐成为行政复议化解行政争议的重要手段。

此外，在案件办理过程中，尽量兼顾案外关联问题的处理，努力维护申请人的合理诉求。行政复议不仅具有纠正具体行政行为的功能，还具有规范和监督行政机关依法行政的法定职责。行政复议实践中，各级行政复议机构以促进和谐社会建设为己任，对属于本行政复议机关职责范围内的事项当然尽力解决，对不属于行政复议解决的问题，也不是简单地一推了之，而是尽量告知其解决的方式和途径，协助其寻求实体利益的保护，使矛盾得到了比较稳妥的处理，整体上提升了行政复议的效果。

四　提高行政复议能力

2013年9月至10月，全国人大常委会执法检查组对《行政复议法》实施14年来的执行情况进行了检查。检查组在肯定各地贯彻实施《行政复议法》成效的同时，明确指出"行政复议的作用远未得到充分发挥"，"各级政府行政复议能力普遍偏弱，与承担的工作任务不相适应"。[1] 事实上，行政复议外部环境不佳、资源高度分散、能力建设滞后，一直是困扰行政复议的三大难

---

[1] 参见彭波、毛磊《有的县14年来没办一起行政复议案件》，《人民日报》2013年12月24日，第15版。

题。各地各部门为此进行了长期艰苦的探索,大力推进行政复议规范化建设,增强行政复议能力。据不完全统计,全国已有22个省份和3个国务院部门出台了推进行政复议规范化建设的方案,制定了监督考核的具体办法,在一定程度上缓解了行政复议能力不足的问题。

在国务院法制办的指导和省政府的重视下,2013年全省上下以提高行政复议能力为目标,以行政复议规范化建设为重要抓手,不断加强基层行政复议机构和队伍建设。年初印发的《江苏省行政复议工作规范化建设标准》明确要求省辖市行政复议专职办案人员不得少于4人,县(市、区)不得少于2人。尽管从目前落实的情况来看,绝大部分县(市、区)还没有达到标准。但这项标准是对市县两级行政复议机构和队伍建设现状明显与化解行政争议任务所需要的力量不匹配现状所做出的有力回应,是加强行政复议机构建设,提高行政复议能力建设,提升行政复议队伍素质的有益尝试。

从长远来看,要改革现行的行政复议模式,相对集中行政复议权恐怕不失为现实条件下提高行政复议能力的现实选择。我国现行行政复议制度正式确立于1990年。是年12月24日国务院发布《行政复议条例》,在新中国历史上建立了统一的行政复议制度。4年之后,国务院就其受案范围和管辖体制进行了局部的修改。1999年,《行政复议条例》经全国人大常委会审议通过上升为《行政复议法》,开创了我国行政复议制度新的里程碑。2007年,国务院因应时势的需要,出台了《行政复议法实施条例》(以下简称《实施条例》)。该《实施条例》虽囿于《行政复议法》确立的基本原则和框架,但在允许的范围内对行政复议制度的许多规定进行了最大限度的创新。遗憾的是,行政复议制度立法上的完备并没有给人们带来行政复议实践中的良好预期,相反,行政复议功能似乎还有下降的趋势。个中原因固然很多,但可以肯定的一点是,行政复议权力的过分分散以及由此导致的行政复议机构过分林立是削弱行政复议功能正常发挥的重要因素。因此,改革现行行政复议体制,相对集中行政复议权势在必行。

1. 相对集中行政复议权是创新行政执法体制、加快行政管理体制改革的重要内容

行政复议,是县级以上各级人民政府及其部门依法解决行政争议、化解社会矛盾、加强层级监督的一项重要法律制度。行政复议工作是政府工作的基本组成部分,依法开展行政复议工作是政府实施行政管理的重要手段,也是政府必须履行的基本职责。目前,我国的行政复议机构主要是四级:国务院法制办公室、国务院各工作部门法规司和省级政府法制办公室、省级政府组成部门法规处和市级政府法制办公室、市级政府工作部门法规科和县级政府法制办公室;另外有极少数县级政府工作部门的法规科也承担部分行政复议职责。① 如此广泛设置的复议机构,固然使每一个可能引起行政复议的具体行政行为都能迅速地进入行政复议机构的视线,极大地体现了便民原则,但其弊端也是显而易见的。一是复议机构设置臃肿。在现行行政复议管辖体制下,县级以上人民政府及其工作部门都分别设立了行政复议机构,导致其数量众多但又非常分散,缺乏一个统一的体系,既不便于机构的管理,也违背了精简与效能的行政原则。二是行政复议机构缺乏必要的独立性。行政复议机构属于行政复议机关的内部工作机构,自身一般不具有独立的法律地位和法律人格,不能独立对外发生法律效力,其承办案件的最终处理结果听命于并不具体承办案件的行政复议机关,因而不利于客观公正地行使行政复议权。三是机构设置不符合行政复议工作实践。在同级行政复议机关的复议机构中,办理案件数量严重不均。有的部门几年来从未办理过一件复议案件,而有的部门一年要办数十件甚至上百件案件,② 造成复议资源不能得到有效利用。四是行政复议机构职能不清晰。县级以上人民政府

---

① 如对县级人民政府公安机关内设的公安交通管理机构做出的具体行政行为不服的,向该公安机关申请行政复议。
② 以国务院部门为例,在61个有行政复议权的国务院部门中,2005年有20个部门未收到行政复议申请,约占有复议权部门总数的33%;在41个收到行政复议申请的部门中,10件以下的23个部门,约占有复议权部门总数的38%;100件以上的6个部门,约占有复议权部门总数的10%。2006年有22个部门未收到行政复议申请,约占有复议权部门总数的36%;在39个收到行政复议申请的部门中,10件以下的17个部门,约占有复议权部门总数的28%;100件以上的6个部门,约占有复议权部门总数的10%。2007年有21个部门未收到行政复议申请,约占有复议权部门总数的34%;在40个收到行政复议申请的部门中,10件以下的14个部门,约占有复议权部门总数的23%;100件以上的8个部门,约占有复议权部门总数的13%。2008年3月,十一届全国人大批准了关于国务院机构改革方案的决定,有行政复议权的部门减为57个。当年有31个未收到行政复议申请,约占有复议权部门总数的54%;在30个收到行政复议申请的部门中,10件以下的8个部门,约占有复议权部门总数的14%;100件以上的9个部门,约占有复议权部门总数的16%。2009年有21个部门未收到行政复议申请,约占有复议权部门总数的37%;在36个收到行政复议申请的部门中,10件以下的14个部门,约占有复议权部门总数的25%;100件以上的7个部门,约占有复议权部门总数的12%。2010年(转下页注)

各部门大都既是行政执法机构，又是行政复议机构。其中的行政复议机构在承担行政复议职能的同时，更多地履行着指导行政执法的职责，有的甚至直接参与行政执法。这些问题导致的直接结果是行政复议机构设置不合理、职能庞杂、效能低下，不利于形成权责一致、分工合理、决策科学、执行顺畅、监督有力的行政管理体制。

2. 相对集中行政复议权是建立健全既相互制约又相互协调的权力结构和运行机制的内在要求

权力运行的规律和实践告诉我们，权力是一把双刃剑，既可以成为保护主体权利的力量，也可以成为侵犯主体权利的利刃。因此，必须加强对权力的监督，使权力在可以控制的范围内按照其设定的目运行。行政复议是监督行政权力正确行使的重要法律制度，是行政系统内部的自我监督，"这是一种旨在确保行政机构良好运转，确保行政机构的合法性及效率的自我监督形式。这种监督应当有助于检查行政机构是否凭借它拥有的法律、技术和人力手段履行了职责"。[1] 然而，在目前的行政复议管理体制下，有限的行政复议权力分散由许多行政机关行使，既不利于形成监督合力，有效发挥行政系统内部的自我监督作用，又导致行政机关职能庞杂，职责不清，决策、执行、监督职能配置不科学。

无数的历史实践已经证明，权力的过分分散和过分集中都难以实现设定权力的目的，不利于发挥权力的实际功能。"行政权力过于分散会使行政工作迟

（接上页注②）有26个部门未收到行政复议申请，约占有复议权部门总数的46%；在41个收到行政复议申请的部门中，10件以下的18个部门，约占有复议权部门总数的32%；100件以上的7个部门，约占有复议权部门总数的12%。2011年有22个部门未收到行政复议申请，约占有复议权部门总数的39%；在35个收到行政复议申请的部门中，10件以下的15个部门，约占有复议权部门总数的26%；100件以上的7个部门，约占有复议权部门总数的12%。2012年有8个部门未收到行政复议申请，约占有复议权部门总数的14%；在49个收到行政复议申请的部门中，10件以下的17个部门，约占有复议权部门总数的30%；100件以上的9个部门，约占有复议权部门总数的16%。2013年有2个部门未收到行政复议申请，约占有复议权部门总数的4%；在55个收到行政复议申请的部门中，10件以下的11个部门，约占有复议权部门总数的19%；100件以上的14个部门，约占有复议权部门总数的25%。原始数据参阅国务院法制办公室编《2005—2013年全国行政复议行政应诉案件统计分析报告》。

[1] 〔法〕夏尔·德巴什：《行政科学》，葛智强、施雪华译，上海译文出版社，2000，第532页。

滞不前乃至宏观失控,行政权力过于集中又有出现专制甚至是独裁的可能。"①西方不少发达国家在长期的行政管理体制改革中普遍探索出决策、执行、监督职能相分离的权力结构体制,这一经验值得我们在建立健全既相互制约又相互协调的权力结构和运行机制时学习借鉴。

3. 相对集中行政复议权是探索实行职能有机统一的大部门体制的基本内容

改革开放以来,为适应不断深入的社会主义市场经济体制改革,完善行政管理体制,我国先后于1982年、1988年、1993年、1998年、2003年、2008年进行了6次机构改革,政府职能转变取得了重要进展,机构设置和人员编制管理逐步规范,行政效能显著提高,为改革开放和社会主义现代化建设提供了重要的制度保障。但面对我国经济社会发展变化的新形势新任务,政府机构和政府职能还有诸多不适应的地方,一个突出的问题是权责脱节比较严重,权责配置不合理,监督职能配置不科学,因此,需要进一步调整和优化政府机构设置。党的十七大报告提出,要加大机构整合力度,探索实行职能有机统一的大部门体制,健全部门间协调配合机制。实际上,"实行大部门体制,是指把政府相同或者比较接近的职能加以整合,归入一个部门为主管理,其他有关部门协调配合;或者把职能相同或者比较接近的机构归并成一个较大的部门"。②显然,把现行分散于各行政机关的行政复议职能进行剥离,并将其集中到一个或几个部门统一行使,进而整合相应机构,恰恰契合了大部门体制改革的要求。

4. 相对集中行政复议权是完善行政复议制度、加强政府层级监督的必然举措

中共中央、国务院《关于深化行政管理体制改革的意见》指出,要"完善行政复议制度","加强政府层级监督","健全对行政权力的监督制度"。根据国务院向全国人大常委会提交的《关于〈行政复议法(草案)〉的说明》,"行政复议是行政机关内部自我纠正错误的一种监督制度"。《国务院关

---

① 张国庆主编《行政管理学概论》,北京大学出版社,2000,第123页。
② 吉苏:《行政管理体制改革是深化改革的重要环节》,载《十七大报告辅导读本》,人民出版社,2007。

于贯彻实施〈中华人民共和国行政复议法〉的通知》也指出："行政复议是行政机关自我纠正错误的一种重要监督制度。"尽管近年来行政复议司法化的呼声日益高涨,行政复议制度准司法化的价值定位也渐占上风,但行政复议作为行政系统内部实施层级监督的基本性质并没有发生动摇,理论和实务界呼吁行政复议司法化改革的主要目的恰恰是要建立相对独立的行政复议机构以确保行政复议的公正性。① "行政复议制度的司法化,从性质上讲是在保持以行政方式解决争议的效率的同时,尽量引入司法程序所具有的独立性和公正性,使行政复议制度实现公平与效率的有机结合,最大限度地保护公众的合法权益。"② 而现行由县级以上地方人民政府及各级政府部门各自分散行使的行政复议权显然与行政复议制度应有的独立公正的目标相距甚远,因此,撤销相应的行政复议机构、相对集中行政复议权就成为加强对行政执法权力运行的制约与监督的必然举措。

---

① 参见周汉华《我国行政复议制度的司法化改革思路》,《法学研究》2004 年第 2 期。
② 周汉华:《中国行政复议制度的司法化改革方向》,载周汉华主编《行政复议司法化:理论、实践与改革》,北京大学出版社,2005,第 8 页。

B.8 2013年江苏省行政审判状况

朱建新*

摘　要：

2013年江苏全省法院新收一审行政案件数量有所增加，行政案件实体裁判率、被告败诉率有所回升，协调撤诉率明显下降，行政审判职能发挥更加充分。全省法院开展了司法管辖区和行政管理区有限分离试点和行政案件简易审试点，推进了资源环境案件专业化审判。也着重对行政诉讼协调撤诉率高、实体判决率低、被告败诉率低、行政审判的法律监督功能趋于弱化等突出问题进行了专题调研并拿出解决措施。从行政案件的审理情况看，江苏行政执法工作仍然存在职权法定原则把握不当、法律标准理解存在偏差、合理行政关注力度不足、行政程序意识相对欠缺等问题，行政法治建设有待进一步强化。

关键词：

江苏　行政审判

2013年是行政审判司法理念发生重大变革的一年。十八大把依法治国基本方略全面落实，法治政府基本建成，实现国家各项工作法治化作为全面建成小康社会和全面深化改革开放的重要目标。《中共中央关于全面深化改革若干重大问题的决定》把推进法治中国建设作为深化改革的重大问题。人民法院的各项审判工作中，行政审判与依法行政和法治政府建设的联系最为直接、最为紧密。行政审判是司法权对行政权运行的监督、评价机制，必然要成为权力

---

* 朱建新，江苏省高级人民法院行政审判庭副庭长。

运行制约和监督体系的重要组成部分。行政案件的受理、审理、裁判触动着各个方面的神经。行政审判必须回应时代的要求，对其职能进行重新定位。本文从行政审判的权利救济与法律监督角度出发，对江苏法院2013年行政审判情况以及江苏省涉诉行政案件中所反映出的行政执法状况进行综合评述。

一 2013年江苏法院行政审判基本情况

（一）行政案件受理审理情况

新收一审行政案件数量有所增加。2013年，江苏法院新收一审行政案件6194件，同比增加4.03%。新收案件数位列全国第六。[①] 南通、宿迁、苏州、徐州、镇江等市新收一审行政案件数量增幅超过20%，其中南通市新收案件数同比上升50.40%，盐城、连云港等市新收一审行政案件数同比下降30%左右。

实体裁判率、被告败诉率有所回升。2013年江苏法院审结一审行政案件5783件，实体裁判率33.11%，同比增加12.45个百分点。其中，判决被告败诉案件262件，被告败诉率为4.53%，同比上升2.04个百分点。如果以判决案件为基础，败诉率为13.7%。初步扭转了被告败诉率逐年走低的势头。判决被告胜诉案件1653件，被告胜诉率为28.58%，同比增加10.46个百分点。

协调撤诉率明显下降。行政案件协调撤诉考核指标取消之后，江苏法院协调撤诉的一审行政案件2444件，协调撤诉率为42.26%，同比下降23.82个百分点。

非诉行政强制执行案件数量明显上升。江苏法院共受理非诉行政强制执行案件10664件，同比增加14.68%，其中裁定准予执行9888件。

行政案件案结事难了的情况依然存在。江苏法院全年新收二审行政案件2131件，同比增加60%；以一审结案数为基数，上诉率为36.85%。全年新收申诉复查案件771件，同比增加308件，增幅为66%。

行政审判与保障民生联系日益密切。虽然行政管理领域广泛、类别众多，

---

① 2013年，全国法院新收一审行政案件123194件，同比下降4.93%。新收一审行政案件数较多的省市分别是山东18403件，河南13821件，湖南10885件，广东9079件，北京7121件。

但江苏一审行政案件主要集中在劳动和社会保障、城建、公安、资源、环保等十大类型，这十类行政案件共收案4654件，占全部新收和旧存行政案件的72.26%；其中，劳动和社会保障类行政案件1446件（含旧存41件），案件总数在各大行政管理门类中位居第一；城建类行政案件1435件（含旧存70件），案件总数已退居第二。

（二）推进行政法治建设情况

江苏法院利用行政审判的独特优势，积极促进行政机关依法行政。

大力倡导行政机关负责人出庭应诉。行政机关负责人出庭应诉是江苏法院大力推进的一项工作，在全国具有一定的影响。2013年，江苏法院继续深入推进这项工作，行政机关负责人出庭应诉案件比例有新提升，效果有新突破，示范效应上有新扩展。江苏行政机关负责人出庭应诉3738件，出庭应诉率达91.12%，连续两年稳定在90%以上。南通、徐州等9个地级市的行政机关负责人出庭应诉率超过90%，昆山等59个县（市、区）达100%。国土资源厅、人社厅、住建厅等7家省级行政机关的负责人相继出庭应诉，省地税局8件行政诉讼案件，有7件案件行政负责人出庭应诉。如东、响水、昆山等许多法院探索出一些提升行政机关负责人出庭应诉效果的具体工作机制、工作方法。

努力构建法治建设互动平台。2013年，江苏法院共向各级党委、人大、政府提交有关行政审判、行政执法状况的专项报告、通报（含年报、白皮书等）共341份，其中62份得到有关领导的批示。参与法治建设联席会议、联合座谈900余次，开展联合调研项目超过120个。江苏各级法院行政庭给各级行政机关发送司法建议424件，为各级行政执法业务培训班授课400余次，培训人员超过34000人次。此外，江苏法院行政审判条线还参与了《中华人民共和国广告法》《江苏省国有土地上房屋征收与补偿条例》等法律、法规草案以及规范性文件的起草论证工作。

（三）行政审判司法改革情况

开展司法管辖区和行政管理区有限分离试点。为解决制约法院依法受理审理案件的体制机制性问题，按照最高人民法院的统一部署，江苏省高级人民法院（以下简称省法院）决定从2013年下半年开始，在南通市中级人民法院辖区内开展行政案件两区分离集中管辖试点工作。将南通市各县（市、区）划分为三个司法管辖区，并确定港闸区法院、如东县法院、海门市法院作为试点法院，交叉管辖三大司法管辖区的一审行政案件。南通中院和三个试点法院以务实的作风积极推进改革试点，半年的实践效果表明试点工作达到了预期的目标。突出地表现在法院敢收、敢审和敢判：新收一审行政案件数量明显增多，全年新收一审行政案件755件，同比增加50.4%；被告败诉案件数量从2012年的18件上升到2013年的39件，同比增加了117%。

推进资源环境案件专业化审判。为进一步强化生态文明建设司法保障，提升资源环境案件的审判专业化水平，江苏法院积极开展资源环境案件"三合一"集中化审判筹备工作。省法院下发了一系列文件，对资源环境案件的案号、专项司法统计、司法保护专家库以及集中审判的基层人民法院等配套制度做出具体规定。省法院和江苏省检察院（以下简称省检察院）共同下发文件，结合江苏的实际对最高法和最高检的相关刑事司法解释进行了细化，明确了法院和检察院在办理涉及资源环境的行政和民事案件中的职能分工和协调配合机制。从2013年12月21日开始，江苏法院全面启动专业化审判改革。目前，除无锡市、常州市、宿迁市中级人民法院成立了专门的审判庭外，其他地级市统一由行政庭扎口管理这项工作。各市也在其辖区内分别选择1~3家基层法院承担资源环境案件"三合一"集中审判工作。

开展行政案件简易审试点。行政案件虽然数量不多，但简化诉讼程序、节约诉讼资源、缓解当事人诉累同样具有现实意义。2013年6月，省法院下发《关于开展行政诉讼简易程序试点工作的通知》，决定在南京市江宁区人民法院、南通市港闸区人民法院和扬州市邗江区人民法院开展行政诉讼简易程序的试点工作。对事实较为清楚、法律关系较为简单的案件，在征得当事人同意的前提下简化诉讼程序，进一步提高审判效率。

（四）行政审判司法调研情况

针对当前行政诉讼中存在协调撤诉率高、实体判决率低、被告败诉率低、行政审判的法律监督功能趋于弱化等突出问题,省法院对行政诉讼过度协调问题进行了专题调研。课题组走访盐城、常州等地,通过查阅卷宗、发放调查问卷等方式,全面了解了当前行政案件协调的基本状况、存在问题,形成了《关于行政诉讼过度协调撤诉问题的调查分析报告》。

针对当前江苏部分地区存在的较为严重的行政案件不立不裁问题,在全省范围内对行政案件不立不裁问题进行全面摸底排查。对个别问题较为突出地区的不立不裁情况进行全面分析研究,形成《关于无锡地区国有、集体土地上拆迁行政案件"不立不裁"调研情况及相关意见的报告》。

针对当前资源环境司法保护成效不佳的现状,省法院组织对资源环境司法保护问题进行专项调研。对5年来江苏法院各类环境案件的受理审理和裁判情况进行了全面系统地分析,与省环保厅、水利厅、国土厅、海洋渔业局等单位以及盐城、江阴等地执法人员和审判人员进行座谈。为强化资源环境司法保护、开展"三合一"专业化审判进一步理清了思路,在此基础上形成专项调研报告。

对重点类型行政案件审理中的疑难问题的专项调研也取得明显成效。《政府信息公开行政案件司法审查若干问题研究》被最高人民法院评为全国行政审判优秀业务成果一等奖,《行政强制司法审查若干问题研究》荣获江苏法院重点调研课题一等奖,《房屋征收非诉行政执行案件司法审查经验总结》被评为江苏优秀审判经验。这些调研成果为江苏法院明确相关类型案件的司法裁判标准和行政审判思路奠定了基础。

二 行政审判工作中存在的主要问题

2013年,省法院以"加强行政审判、促进依法行政"为题,对江苏行政审判工作进行了全面的摸底调研。从调研的情况看,当前行政审判工作中存在一些突出问题。

(一)人民群众"告状难"问题依然存在

对来信来访情况进行分析可以发现,不立不裁问题集中在征地拆迁领域,重点是苏南地区。有案不收、有诉不理,既有外部的原因,也有怕判政府败诉、怕得罪地方党委政府、怕信访考核等内部因素。人民群众对这一问题反映十分强烈,直接损害司法公信。

(二)行政诉讼过度协调状况未切实改变

协调是解决纠纷的有效方式,但在实践中出现了盲目追求调撤率的倾向。2012年,江苏法院一审行政案件协调撤诉率高达66.08%。2013年,这个问题有所好转,协调撤诉率下降到42.26%。但从调研的情况看,过度协调情况依然存在。一些法院把协调作为解决纠纷的主要方式,逢案必调。

(三)行政审判的裁判结果与依法行政实际状况不吻合

2012年,江苏一审行政案件的判决被告败诉率为2.49%。2013年回升到4.53%,是同期全国一审行政案件被告败诉率的一半。如此低的行政机关败诉率和当前行政机关依法行政的实际状况并不吻合。

(四)行政审判的司法能力不能完全适应审判工作需要

一些法院和行政审判人员的司法理念存在偏差,职责意识、担当意识不足,对行政审判存在畏难情绪,回避矛盾纠纷;一些法院和行政审判人员把行政诉讼协调作为规避对被诉行政行为进行合法性审查的避风港,过度协调问题愈演愈烈;一些法院不能立足本地区的实际建立切实可行的工作运行机制,不能充分发挥行政审判的独特优势有针对性地推进法治建设;一些法院总是找外在客观原因,很少从自身找不足,在别的地区普遍做得很好的行政机关负责人出庭应诉工作在一些地区也推行得很不理想,各项制度规定没有得到认真贯彻执行。

三 从行政审判看江苏行政执法状况

总体而言,江苏较为重视依法行政工作。省委、省政府都对依法行政工作提出了明确具体的要求,建立了目标考核制度。各级行政机关的行政执法水平逐年提升，执法能力不断提高，执法程序日益规范，执法效果明显改善。我们对行政处罚案件的审理情况以及被告败诉案件的审理情况进行了专题调研。从这些行政案件的审理情况看，江苏行政执法工作仍然存在一些需要改进的问题。

（一）行政处罚案件审理情况

1. 行政处罚案件受理审理的基本情况

涉诉行政处罚案件数量居各具体行政行为种类之首。根据人民法院的司法统计，①2011～2013年，江苏法院共受理起诉行政处罚的一审行政案件2040件，占3年全部新收一审行政案件总数的11.58%。其中2011年718件，占当年新收一审行政案件总数的13.13%；2012年854件，占当年新收一审行政案件总数的14.34%；2013年468件，占当年新收一审行政案件总数的7.56%。从涉诉行政处罚的案件数量来看，其居于各具体行政行为诉讼之首，不仅高于起诉行政许可、行政裁决和行政强制措施等传统行政行为的案件数量，也高于起诉政府信息公开等新类型行政行为的案件数量。2012年，涉诉行政许可案件数量246件，涉诉行政裁决案件数量487件，涉诉政府信息公开案件数量234件；2013年，涉诉行政许可案件数量201件，涉诉行政裁决案件数量457件，涉诉政府信息公开案件数量289件，均低于涉诉行政处罚的案件数量。

涉诉行政处罚案件几乎涵盖所有行政执法领域。由于行政处罚是行政执法活动中极为普遍的一种形式，行政处罚权的运用涉及各个行政执法领域。因此，涉诉行政处罚的案件类型也几乎涵盖所有的行政执法领域。不仅受理了土地行政处罚、公安治安行政处罚、规划行政处罚等基本类型的案件，还受理了旅游管理行政处罚、畜牧管理行政处罚、海关行政处罚、商业管理行政处罚、证券行政处罚等类型行政案件，涉及资源、公安、民政、教育、金融、财政等各个行政执法领域。

涉诉行政处罚案件量及地域分布变化差异明显。2011年江苏涉诉行政

---

① 本文的所有数据均来源于人民法院的司法统计报表。

处罚案件数量为718件，2012年854件，同比增长18.94%；2013年江苏涉诉行政处罚案件数量却出现了大幅下降，为468件，同比减少45.20%，变化差异明显。2013年涉诉行政处罚案件数量大量减少的一个重要原因就是信访行政处罚案件数量的大幅下降。从案件的地域分布来看，涉诉行政处罚案件收案数量最多的为南京，2012年为294件，2013年为93件，收案数量均位居全省第一；收案数量较少的有无锡和宿迁等地，2012年江苏涉诉行政处罚案件收案数量最少的为宿迁，为8件，2013年最少的地区为无锡，为10件。可见，涉诉行政处罚案件数量的地区分布也存在很大的差异。

涉诉行政处罚案件协调撤诉成为主要结案方式。2011~2013年，江苏法院共审结涉诉行政处罚案件2018件，其中协调撤诉的案件数量为1419件，协调撤诉率高达70.32%，成为涉诉行政处罚案件的主要结案方式。其中，2011年协调撤诉的案件数量为527件，协调撤诉率为73.60%；2012年协调撤诉的案件数量为661件，协调撤诉率为78.32%；2013年协调撤诉的案件数量为231件，协调撤诉率为50.44%，均高于各年度江苏全部一审行政案件的协调撤诉率。

2. 涉诉行政处罚中存在的主要问题

2011~2013年，江苏法院共判决行政机关败诉的行政处罚诉讼案件26件，2011年为7件，2012年为8件，2013年为11件；行政处罚诉讼案件行政机关3年平均败诉率为1.29%，2011年败诉率为0.98%，2012年为0.95%，2013年为2.40%。这充分表明江苏行政处罚执法的总体情况是好的，但也存在着一些与依法行政理念和要求不符合的一些问题，有些问题在某些行政执法领域还具有普遍性。这些问题主要表现在以下几个方面。

个别行政机关实施行政处罚超越法定职权。职权法定是依法行政原则的基本内涵之一。虽然《行政处罚法》对行政处罚的种类和设定权限做了具体规定，但我国繁杂的行政法律体系，加之法律条文本身可能存在的冲突，极易导致在实践中对法律所规定职权的理解出现偏差，超越法定职权就是突出的表现之一。例如，鲁潍（福建）盐业进出口有限公司苏州分公司诉苏州市盐务管理局盐业行政处罚及行政赔偿一案，苏州市盐务管理局依据《盐业管理条例》和《江苏省〈盐业管理条例〉实施办法》认为其具有做出行政处罚的相应职权。该案最终由最高法征求全国人大法工委和国务院法制办意见后做出答复,认为《盐业管理条例》对盐业公司之外的其他企业经营盐的批发业务没有规定行政处罚权,因而地方政府规章不能对该行为规定行政处罚,盐务部门不具有做出行政处罚的法定职权。该案也因其所具有的典型示范意义成为最高法向社会发布的第5号指导案例。

个别行政机关行政执法缺位明显。行政机关实施行政处罚的总量往往与行政诉讼的数量成正比例关系,而当前个别行政执法领域却存在执法力度偏弱、实施行政处罚缺位的现象。以环保为例,2012年江苏环保类一审新收行政案件仅39件,占全年一审新收行政案件总数的0.84%,其中环境行政处罚案件有22件。环境行政案件极少但却面临着环境污染事件频发、生态环境持续恶化的困境。这些现象折射出有关主管部门对环境监管的力度与公众对环境违法行为严管重处的企盼相距甚远。而且,目前对环境污染企业主要使用罚款处罚方式,对污染企业极少使用责令停产、停业、关闭等更为严厉的行政处罚方式,也就难以有效遏制其再次违法。对于严重污染环境可能构成犯罪的行为,相关部门未能依法向司法机关移送,往往以行政罚款了结,存在"以罚代刑"现象。

3. 个别行政机关实施行政处罚滥用自由裁量权

现代行政既要求合法行政,也要求合理行政。行政自由裁量权是行政机关有效进行社会治理的必要手段,它是指法律授权行政机关在一定范围内,可以在斟酌法律目的与个案事实后,经过衡量而采取一定的法定措施的权力。但在实际执法过程中,行政主体不能正确把握公正、合理、客观、适度的法律要求以及法律界限,往往因自身素质不高、经济利益驱动而导致滥用裁量权,处罚无序、随意,使行政处罚显失公正。例如,某公司诉某县公安局公安行政处罚一案,被告在法律法规规定的自由裁量幅度内没有根据原告违法行为的事实、性质、情节及社会危害程度,合理地确定罚款数额,而直接对原告做出法律所规定的最高限额罚款,违反了过罚相当原则,显失公正。

4. 个别行政机关以放弃行使处罚职责换取当事人撤诉

行政处罚诉讼案件近3年平均协调撤诉率高达70.32%。协调是解决行政争议的有效方式，但过高的协调撤诉率，导致行政案件实体判决率过低，制约行政诉讼法律监督功能和依法纠错功能的发挥，在涉诉行政处罚案件中表现尤为明显。实践中，由于"法治江苏"考核所形成的败诉责任追究机制，有些被告行政机关对判决结果异常重视，对存在败诉风险的案件，积极争取法院协调，甚至不惜放弃行使行政处罚的法定职责、无原则地让步，以换取当事人的撤诉。比如有些行政机关做出小额罚款而被起诉后，认为应诉成本过高而放弃罚款。

（二）败诉行政案件中所反映的问题

1. 职权法定原则把握不当

基层政府滥用职权现象时有发生。公权力应有其自身边界，行政权应严格依法律授权行使，特别是对行政相对人课以义务的行政行为，必须要得到法律明确授权。在2013年审结的被告败诉案件中，以基层县（区）、乡（镇）政府为被告的案件占全部败诉案件的比例超过1/3，其中很大一部分与超越法定职权违法行政有关。例如，淮安地区2013年判决被告败诉的案件共40件，涉及涟水县多个镇政府败诉的案件就有12件（含行政赔偿案件），败诉原因多集中在违法拆迁、拆违方面，有的越权进行强拆或在法定期限内未向法院举证而被法院判决确认违法。基层执法乱象表明少数基层行政机关"权大于法"的错误观念没有彻底纠正，法律意识的淡薄导致一些基层乡镇政府对于司法裁判不以为然，更没有引以为戒。

民生领域职权缺位现象值得反思。没有一项行政权是可以闲置的，特别是诸如环境保护、食品药品安全等与人民群众切身利益密切相关的行政执法领域，但实际上职权履行效果不佳。人民群众最为关心的这些执法领域往往案件数量极少，2013年江苏法院受理环保行政案件仅为31件（含旧存1件），食品安全监管案件则少之又少。

2. 法律标准理解存在偏差

立法精神贯彻不到位。部分行政执法领域对于法律规范的总体精神把握不准确，导致具体适用法律条文时存在理解偏差。《政府信息公开条例》正式实施5年来，政府信息公开类案件的数量稳步增长，2013年江苏共受理该类案件289件，同比增长3.5%。该类案件败诉原因集中表现为以下三类：一是应当公开但明确拒绝公开；二是既不公开也不给予答复；三是部分公开、部分不公开或答非所问。一些行政机关对于"三安全一稳定""两秘密一隐私"等概念的理解和把握不到位，一些行政机关通过内部文件扩大不予公开的范围，这与《政府信息公开条例》的总体立法精神相违背。此外，2013年各类行政登记案件被告败诉的共有38件，在行政败诉案件中占14.23%。一些登记机关认为只要符合法律规定的形式要件即可进行登记，而立法原意是要求登记部门对有关事实必须尽到合理、审慎的审查义务，其审查标准不应是简单的形式审查。

法律规范微观适用不明确。近年来，各行政领域执法难度普遍增加，执法依据的法律条文是抽象的，而所面对的执法现象是具体、复杂的。2013年，江苏劳动和社会保障类行政一审新收案件高达1405件，已经成为江苏行政案件数量最多的行政管理领域。《工伤保险条例》用列举方式规定了可认定为工伤或视为工伤的若干种情形，而实践中工伤具体表现情形远远不止这些，因此认定难度比较大。该类案件在江苏范围内有如此高的发生概率，说明各级劳动行政主管部门在是否认定工伤的标准上并不统一明确，裁量弹性区间过大。例如，某市人力资源和社会保障局曾因对工作地点的理解局限于固定地点而被法院判决撤销不予认定工伤的行政决定。此外，工伤事故频发的苏南地区，工伤保险赔付基金总量逼紧，如此大规模的案件数量提示相关部门一方面要加强劳动保护，另一方面要进一步明确细化工伤认定标准，既要考虑受伤职工的合法需求，也要考虑当前各地经济社会发展的实际，尤其是工伤保险基金的公平补偿功能。

3. 合理行政关注力度不足

民生利益保障标准被人为拉低。合理行政是法治政府的内在要求，而在一些敏感的行政领域，如征收领域，自由裁量却不受控制。在国有土地上房屋征收领域，公益征收是基本原则，对于公共利益的范围法律有明确规定，而有的地方政府名为公益征收实为商业开发，或只有少量公益项目成分；在补偿标准上，法律规定应当是同类地区房地产交易的市场价格，但实践中往往不能达到此标准；对于同一地区不同被征收人的补偿存在较大差异性，公平补偿原则未能落实到位。在集体土地征收领域，合理行政的问题更加突出，被征地农民不仅失去土地更失去了生产、生活资料，一旦合理补偿不能保证，将会严重影响社会稳定。

一线执法不注重比例原则。《行政强制法》等最近几年颁布实施的新法都毫无例外地给合理行政原则予以高度定位，法院在对行政强制行为进行审查的过程中发现，一些已经被法律明确定性为违反合理行政原则的行政强制行为依然在行政执法活动中时有发生。有的行政执法部门违法实施强拆未对现场进行登记保全，客观上造成原告财产损失的扩大和举证困难；有的先行登记保存措施明显超过了《行政处罚法》规定的法定期限，这些行为都无一例外地反映出，在具体执法活动中部分行政机关没有对行政行为合理性给予高度重视。类似行政强制、行政处罚等负担性的行政行为，应当更加关注行政行为合理性。

4. 行政程序意识相对欠缺

法定程序未能遵守。多数行政机关能够遵守法定程序，但我们也在被告败诉案件中发现有一些行政机关的行政行为违反法定程序：一是违反顺序，一些征地行为先用后征、程序倒置；二是违反告知义务，少数治安行政处罚行为未经告知当事人而做出重新鉴定决定；三是没有听取当事人的陈述和申辩，有的规划行政许可变更时没有重新听取利害关系人的意见。成文法明确规定的法定程序尚且不能遵守，说明有些行政机关的行政程序意识仍然相当薄弱。

正当程序未能重视。《全面推进依法行政实施纲要》中对于依法行政的基本要求除了合法行政、合理行政之外还包括程序正当。作为行政法的一项基本原则，它要求行政行为尽可能公开、能听取利害关系人的意见、依法保障行政相对人的知情权、参与权、救济权以及回避权。一些行政机关并未遵循和重视正当程序原则，这也是多数原告的起诉理由，虽然针对违反正当程序做出行政机关败诉判决的数量并不多，但并不意味着法院对此一律采取放任的态度。随着过度协调理念的逐步被纠正，将来的行政审判会更加严格，越来越多的行政程序违法将会被司法裁判确认。

四 今后一段时期江苏行政审判的工作目标

（一）加大行政诉权保障力度，畅通司法救济渠道

省法院将继续强化行政诉权保障理念，严格贯彻执行最高院关于行政诉讼

管辖相关司法解释，进一步明确包括征收、拆迁等争议领域在内的行政案件立案标准，加强涉及民生行政案件的依法受理工作。对是否立案存在争议的，以先受理为原则。对于有案不收等问题，将加大惩戒力度，发现一起查处一起，并追究相关单位和个人的违法责任。在深入总结南通集中管辖试点经验的基础上，逐步扩大试点范围，全面推广行政案件相对集中管辖。加大提级管辖和指定管辖的力度，对于限制起诉或不能依法履行司法职责导致被告败诉率极低，以及因不能依法受理导致案件总体数量较少的法院，其管辖范围内的行政案件将全部集中到异地法院审理。

（二）规范诉讼协调行为，加大司法审查强度

江苏法院将进一步厘清调判关系，全面规范诉讼协调，着力强化司法审查。省法院将适时修改和完善《关于行政诉讼协调工作的若干意见》，进一步明确协调的适用范围和边界，使每一起协调案件都建立在查明案件事实、厘清法律关系和确定法律责任的基础上。同时，把行政审判重心转移到提升依法裁判能力和确保审判质效上来，扭转逢案必调的习惯思维，发挥行政判决的价值引导作用，切实履行司法职能，维护广大人民群众的合法权益。

（三）创新资源环境案件审判方式，完善联动保护机制

江苏法院将以提升资源环境的司法保障效果为目标，以完善资源环境案件"三合一"集中专业化审判工作机制为重点，形成环境恢复、有效预防、公益优先的环境司法理念。进一步加强资源环境案件的受理和审理，严厉打击环境刑事犯罪，形成威慑力、提高违法成本；强化恢复性司法，注重维护公共利益；大力支持环保机关依法履行环境监管职责。省法院还将进一步完善资源环境联动执法的具体工作制度，争取在信息共享、案件移送、应急机制、培育环保公益组织、创建环境审判专家库、推动环保公益基金组建等方面进一步与环保、公安、检察等单位加强沟通与联系。省法院还将积极做好2014年9月第四届中华环保联合会"环境司法论坛"的组织筹备工作，推进资源环境司法保护的理论研究，解决资源环境案件审判实务难题。

（四）加强联系与互动，形成法治社会建设合力

维护社会公平正义，推进法治社会建设是行政审判和行政执法的共同目标。江苏法院将以省级行政机关负责人积极出庭应诉为引导，自上而下积极倡导各级行政机关负责人出庭应诉，促进行政机关负责人出庭、出声、出效果，扩大其社会影响力；深化行政审判年度报告制度、丰富司法建议形式和内容，及时对行政审判中发现的新情况、新问题分析调研，提出应对举措，切实提升行政审判年度报告和司法建议的针对性与实效性。通过政府法治培训、法治政府评价等多种方式，推进法治社会建设。

2013年江苏知识产权法治发展状况

马晓燕 袁学术 臧文刚*

摘 要： 江苏深入实施知识产权战略，在知识产权的创造、运用、保护、管理等方面的能力不断增强，法治环境明显优化，但在知识产权法治发展的进程中仍有诸多问题亟待解决，进一步完善江苏知识产权方面的立法，加大知识产权保护力度，强化知识产权人才队伍的建设，注重知识产权文化培育，对进一步优化江苏知识产权法治环境有着重要的推动作用。

关键词： 知识产权 法治发展 法治环境

2013年江苏省深入实施知识产权战略，在知识产权创造、运用、保护、管理等方面成果卓著，全省知识产权综合发展指数增幅居全国首位，区域知识产权综合实力位列全国第二，知识产权的保护能力进一步提升，知识产权法治环境明显优化，全省已有11个省辖市、27个县（市、区）和9个园区被列为国家知识产权试点示范城市和园区，数量位列全国第一，为建设知识产权强省奠定了坚实的基础。①

一 2013年江苏知识产权法治发展的基本概况

（一）知识产权创造能力进一步增强

为深入实施知识产权战略，江苏省政府颁发了实施知识产权2013年行动

---

* 马晓燕，南京师范大学法学院院长助理、副教授；袁学术，江苏省新闻出版（版权）局主任科员；臧文刚，南京师范大学法学院研究生，南京市中级人民法院民三庭法官。
① 数据来源：江苏省知识产权局《深入实施知识产权强省战略调研报告》（2013年10月）。

计划，其中的69项重点任务已基本完成，知识产权创造能力进一步增强。2013年全省专利申请量、授权量，企业专利申请量、授权量和发明专利申请量5项指标继续位居全国第一。全省专利申请量504500件，授权量239645件；企业专利申请量325090件，授权量172787件；发明专利申请量141259件。专利质量明显提升，全省发明专利授权量16790件，同比增长3.37%，占全国11.70%，居全国第三位；PCT专利申请1186件，同比增长29.62%，占全国5.68%，居全国第三位。到2013年底，全省有效发明专利量达到了62112件，同比增长37.30%，占全国11.40%，居全国第三位；万人发明专利拥有量7.84件，同比增长36.82%。[1] 全省工商系统以"护航品牌"专项活动为载体，推动商标战略实施进一步向基层乡镇延伸，全省商标注册继续保持稳步增长的良好态势，全省申请商标注册超11万件，国内有效注册商标达45.91万件；地理标志商标注册量大幅增长，全省著名商标总量已突破100件，新增注册商标6万余件，新增马德里体系国际注册商标200件。2013年，新增驰名商标82件，驰名商标总数达508件。[2] 在江苏省版权局的大力推动下，江苏省版权保护中心成立，并于2013年10月开始对全省一般作品实行免费登记，2013年全省一般作品登记数为32488件，同比增长56.3%；计算机软件著作权登记4419件。著作权合同登记1632份，其中，著作权引进图书合同备案登记611份，涉外软件和电子出版物合同登记8份，复制境外出版物登记622种，一般著作权合同备案391份。农业植物品种权的申请量达到93件，授权量7件。全省累计农业植物品种权申请量达到828件，授权量306件，位列全国第五位。[3]

（二）知识产权行政执法力度进一步加大

南京、徐州、苏州成立了专利行政执法支队，执法力量得以充实。2013

---

[1] 参见江苏省人民政府知识产权联席会议办公室颁布的《2013年江苏省知识产权发展与保护状况》。
[2] 数据来源：江苏工商网，http://www.jsgsj.gov.cn/baweb/show/sj/bawebFile/1025295.html。
[3] 参见江苏省人民政府知识产权联席会议办公室颁布的《2013年江苏省知识产权发展与保护状况》。

年"护航品牌"行动中,江苏全省累计出动专利行政执法人员4757人次,立案查处各类专利违法案件2393起,其中假冒专利案件1979起,专利纠纷案件414起。全省假冒专利案件立案1979起,结案1979起,专利侵权纠纷案件立案385起,结案268起。全省工商系统积极推进打击侵犯知识产权和制售假冒伪劣商品工作,查处案件6483件,案值1.34亿元,为消费者挽回经济损失2478万元;对3起涉嫌滥用市场支配地位垄断行为开展调查,实施了打击虚假标识进口洋品牌商品专项执法行动,全年查处不正当竞争案件1303件,案值4.11亿元;① 完善商标保护机制,将全省30件遭受侵权面广、涉案地区多的驰(著)名商标列入省重点商标保护名录。省版权局积极推进"正版正货"承诺活动,新认定11家省级和27家市级"正版正货"示范创建街区,行业"正版正货"承诺企业600家;提高版权行政执法能力,全省共立案侵权盗版案件91起,涉案金额3.69亿元,办结案件63起,包括重大案件11起。全省农业系统加大种子市场执法监管力度,检查种子企业及种子经营门店16793个次,整顿种子市场1789个次,立案查处违法案件313起。开展打击制售假冒伪劣林木种苗专项行动,立案制售假劣林木种苗案件4件,办结4件,涉案价值3.3万元,移送司法机关2件。南京海关查获涉嫌侵权案件200起,查获涉嫌侵权物品近146万件,涉嫌案值2041余万元,依法打击了进出境侵犯知识产权的行为。②

(三)知识产权司法保护力度进一步加大

2013年,江苏省高级人民法院及全省中级人民法院均已设立了知识产权庭,12个中级法院已获得了专利案件的管辖权,全省已有31个基层法院取得部分知识产权案件管辖权。江苏全省法院依法调整各类知识产权关系,依法维护知识产权创造者、实施者、使用者合法权益,依法维护社会主义市场经济秩序,营造良好的司法环境,充分发挥其在知识产权司法保护中的主导作用,具体表现为:着力加大对知识产权的司法保护力度,知识产权审判

---

① 数据来源:江苏省行政工商管理局苏工商2014年1号文件。
② 参见江苏省人民政府知识产权联席会议办公室颁布的《2013年江苏省知识产权发展与保护状况》。

"三审合一"改革试点工作顺利推进,2013 年全省法院审理知识产权案件"三合一"改革试点一、二审刑事、行政案件分别为 420 件和 20 件;审理知识产权一、二审民事案件 9131 件,其中新收一审民事案件 7777 件;新收一审民事案件中,一审商标权纠纷案件达到 3486 件,位列第一,其次是著作权纠纷案件,达到 3051 件,专利权纠纷案件为 818 件,不正当竞争纠纷案件为 118 件,知识产权合同纠纷案件为 123 件,植物新品种纠纷案件达到 29 件(详见表 1)。2013 年江苏法院审理知识产权民事案件的特点为关联案件所占的比例较大,主要集中于音乐及图片作品著作权、电影作品网络传播权、商标权等与社会经济文化生活关系较为密切的领域,其中商标权纠纷案件增幅明显。知识产权刑事案件类型主要集中在假冒注册商标罪、销售假冒注册商标商品罪(详见表 2)。

表 1　2012 年、2013 年全省新收一审知识产权案件类型增减对比

	商标权	著作权	专利权	不正当竞争	合同	植物新品种
2012 年(件)	3151	3929	822	83	84	30
2013 年(件)	3486	3051	818	118	123	29
同比(+/-)%	+10.6	-22.3	-0.5	+42.1	+46.4	-3.3

数据来源:全省法院 2013 年知识产权审判工作运行态势分析报告。

表 2　全省法院审理一审知识产权刑事案件类型分布情况

罪名	2013 年新收一审案件数量	罪名	2013 年新收一审案件数量
假冒注册商标罪	110	侵犯著作权罪	71
销售假冒注册商标的商品罪	90	销售侵权复制品罪	0
非法制造、销售非法制造的注册商标标识罪	33	侵犯商业秘密罪	7
假冒专利罪	0		

数据来源:全省法院 2013 年知识产权审判工作运行态势分析报告。

全省法院重点加大了对恶意侵权、反复侵权的惩处力度,有效激励自主创新,维护公平有序的市场竞争秩序。例如,审理西门子产品生命周期管理软件有限公司与昆山长腾通讯科技有限公司侵害计算机软件著作权纠纷案,

综合现有证据及全案事实,在法定50万元赔偿额之上酌情确定赔偿额80万元,全面有效地救济了权利人的损失。积极探索完善疑难复杂案件的裁判尺度和标准,先后审结了一批具有典型意义的精品案件,通过司法裁判划清权利边界和合法竞争行为边界。注重刑事程序结束后对权利人损失的民事救济,提升了知识产权刑事、民事整体保护的合力;省高院与省检察院、省公安厅联合制定发布了《关于知识产权刑事案件适用法律若干问题的讨论纪要》,对当前亟须统一认识的侵犯商标权犯罪中"同一种商品""相同商标""非法经营额""权利人的损失",网络私服司法认定和商业秘密犯罪认定等刑事司法领域的争议问题予以明确;南通通州区法院继续推进"通州家纺市场"知识产权立体保护机制建设,出台《关于构建辖区内商品交易市场商标保护司法行政联动机制的意见》,并与广东南海法院、浙江绍兴法院签订《关于建立知识产权司法保护协作机制备忘录》及其实施细则,建立知识产权跨地区司法保护协作机制。[1]

全省公安机关破获涉假犯罪案件2421起,抓获犯罪嫌疑人3608名,捣毁制假窝点1075个,缴获假冒伪劣商品1023万件。江苏全省检察系统在深入开展打击侵犯知识产权和制售假冒伪劣商品专项行动中取得积极的成效,2013年提起公诉的侵犯知识产权犯罪案件已达到337件,涉及601人。[2]

(四)知识产权维权援助工作进一步加强

全省已设立江苏、无锡、常州、苏州、南通、盐城、镇江和泰州等8个国家级知识产权维权援助中心,设立了28个分中心,开通了12330举报投诉热线,形成了覆盖全省的知识产权援助网络体系,建立了资金援助和智力援助双轨支撑的援助工作机制。2013年,12330举报投诉热线共接听电话7759次,移交知识产权举报投诉案件144起,立案成功率超过78%,受理维权援助案件39起,出具专家意见书16份。

江苏省知识产权局与江苏省高级人民法院共同印发了《人民法院委托或

---

[1] 参见《2013年江苏法院知识产权司法保护状况》。
[2] 参见江苏省人民政府知识产权联席会议办公室颁布的《2013年江苏省知识产权发展与保护状况》。

者邀请知识产权维权援助中心调解涉知识产权民事纠纷案件的意见》。常州、镇江等 4 个市成立了调解委员会，共调解各类知识产权案件 29 起。江苏省知识产权维权援助中心在扬州、连云港、淮安、宿迁等 6 个市利用移动媒体同步播放 12330 公益广告，日覆盖 700 万人。执法与维权机构得到加强，南京市专利行政执法支队、中国南通（家纺）知识产权快速维权中心获批建立。①

（五）知识产权服务能力进一步提升

江苏已建成了国家知识产权局专利局专利审查协作江苏中心、国家知识产权局区域专利信息服务中心（南京中心）、国家专利战略推进与服务（泰州）中心、无锡（国家）外观设计专利信息中心、苏州高新区国家知识产权服务业集聚区、中国（江苏）知识产权维权援助中心、国家知识产权培训（江苏）基地等一批国家级知识产权公共服务载体，成为带动全省知识产权服务业发展的核心力量；江苏专利数据总量达到 8000 多万条，已建成集专利、商标、版权、集成电路布图设计、植物新品种等信息为一体的省知识产权公共信息服务平台。13 个省辖市、60% 的县（市、区）建立了专利公共服务中心，80% 的县（市、区）拥有公共服务平台。②

二 江苏知识产权法治发展有待完善的问题

（一）法律法规体系不完善

我国在知识产权保护的立法层面上相对较弱，立法对知识产权保护目前仅以补偿性为主，随着当今社会及高科技的发展，各类侵犯知识产权的新情况不断涌现，现行保护知识产权的法律体系对某些新产生的侵权行为已无法进行有力的调整，具体表现为：一是由于知识产权立法缺少对某些共性问题的统一规定已出现了法律的真空地带，例如，在高科技产业中面临以下问题：知识产权

---

① 参见江苏省人民政府知识产权联席会议办公室颁布的《2013 年江苏省知识产权发展与保护状况》。
② 参见江苏省知识产权局《江苏省知识产权强省建设规划研究》（2014 年 1 月）。

作为一种限制他人使用的专有财产权,如何与以反对垄断保障公平竞争的反垄断法达成平衡;如何界定知识产权的滥用;如何认定造成不公平及垄断的标准等。二是侵犯知识产权的犯罪手法、犯罪技能目前呈现高智能性和犯罪组织网络隐蔽性的特点,这使知识产权犯罪往往具有复杂化的特征,而现有立法的不完善,导致各地司法机关依据现有法律条文、司法解释处理同一类型案件时会出现罪名认定不一、量刑标准不一等现象。三是根据2010年4月1日起施行的《知识产权海关保护条例》(以下简称《条例》)第二条,我国知识产权海关保护是指海关对与进出口货物有关并受中华人民共和国法律、行政法规保护的商标专用权、著作权和与著作权有关的权利、专利权实施的保护,实务中海关根据"依法行政"的原则,只能依《条例》的规定收取担保金,而没有任何自由裁量权,这造成在执法实务中存在较多问题。主要表现在以下几个方面。其一,有些权利人因负担不起担保金而不得不放弃请求权。这与其说是为保护权利人的利益而设计,不如说是侵权人侵权的保护伞。其二,《条例》中只规定了单一的担保金形式。实践中,会导致那些知识产权屡遭侵犯的企业在全国各口岸均有侵权货物的情况下,由于无法在极短的期限内同时筹措多笔担保金,导致这些企业的合法权利无法有效行使,从而无法有效地打击进出境环节的假冒侵权行为。其三,权利人无论申请是否正当,都将要付出高额的仓储、保管等费用,而这些费用的付出,在日后却难以得到补偿。其四,我国知识产权保护的双轨制模式导致了在侵权判定规则方面,仍然存在司法与行政执法标准不一的问题;在行政执法规范上,仍然存在程序性规则不全面、实体性规则不细致的情况。其五,随着人们法律意识的日益增长,当事人诉求日益多元化,市场主体越来越多地利用诉讼进行竞争,一些知识产权案件的当事人则往往利用现今管辖权异议程序的漏洞向法院提出管辖权异议,以达到拖延诉讼的目的,知识产权诉讼管辖权异议增多,拖延诉讼现象明显,导致司法诚信问题日益严峻。其六,行政保护和司法保护之间缺乏协调配合,表现为在行政程序与民事程序之间缺少有效的信息协调渠道,重复审理和认定问题屡见不鲜,行政保护滥用等问题,这些都亟须国家在知识产权立法上加以完善。江苏在知识产权创造、运用、保护、管理方面除了国家立法层面存在的问题外,自身在知识产权的地方立法方面亦未能形成法制体系,江苏现仅颁布了《江苏省专

利促进条例》《江苏省软件产业促进条例》，一方面，这两部地方法规颁布实施至今已数年，需要依据现今发展需求进行修改；另一方面，与江苏知识产权法治发展的要求相比，仅有这两部地方立法，也难以满足营造知识产权强省建设的发展环境的需求，目前江苏在版权、商标、互联网知识产权保护方面的地方立法还属空白，在重大项目知识产权审查评议、知识产权融资等制度方面都需要进一步立法规范，以利于激励企业的创新精神，只有完善地方知识产权创造、管理、运用与保护的法律法规体系，才能真正实现江苏知识产权的治理法制化。

（二）知识产权保护能力不足

江苏现有知识产权执法机构不健全，以专利执法机构为例，仅南京、徐州、苏州成立了独立的专利行政执法机构，80%县级市专职专利执法人员不足3人；执法队伍不稳定，全省专利行政执法人员平均执法时间不超过3年，难以形成专业化的执法队伍。全省版权行政执法机构建设则更为薄弱，基层行政机构几乎处于不能常规执法的状态。而在执法实践中，知识产权行政执法与司法审判的衔接机制之间的矛盾突出，表现在知识产权行政执法与司法审判的程序规范不一致，侵权判断标准不统一，不利于形成一致的保护标准。随着经济的快速增长，知识产权侵权出现的新情况、新技术、新问题日益增多，一些新类型的知识产权犯罪及侵权案件难以认定，凸显出对知识产权审判和执法能力的要求进一步提高，而江苏省执法人员队伍专业人才缺少，专业化水平不高，执法设备落后等问题导致执法力量较为薄弱，使得对侵权行为的监管力不从心。因此，对专业人员知识水平的提升及人才队伍力量的充实，都是亟待解决的问题。

（三）公众知识产权的意识薄弱

江苏省公众知识产权的意识仍很薄弱，表现为大多企业知识产权保护意识欠缺，对于侵犯知识产权行为给企业带来的危害认识不足，企业自我保护能力较弱，企业内部知识产权管理制度不健全，总体上对知识产权这种新型财产权还欠缺足够的认识和实践经验，所具备的知识不足以应对实践中遇到的问题，企业知识产权法治与文化建设不足,市场规则和法治意识淡薄,在取财手段上忽视道德准则。江苏知识产权涉案纠纷的现实状况反映出公众普遍对盗版、假冒商标等侵权行为抱以容忍态度;对江苏部分高校的大学生知识产权问卷显示,购买盗版、假冒产品仍是学生中的普遍现象,许多学生对构成知识产权侵权的行为并不清楚,这表明江苏公众知识产权法律素质尚未形成,究其原因则在于知识产权本土文化的缺失,导致这一凭借地方政府的公共力量推动的自上而下的知识产权保护秩序法律效果并不尽人意。卢梭曾经谈到公众心中法律的重要性,认为这是一切法律之中最重要的一种,"这种法律不是铭刻在大理石上,也不是铭刻在铜表上,而是铭刻在公民的内心里,它形成了国家的真正宪法;它每天都在获得新的力量,当其他的法律衰落或消亡的时候,它可以复活那些法律或替代那些法律,它可以保持一个民族的创新精神。"① 在构建知识产权法治秩序的过程中,离不开公众意识,它是知识产权法律的思想基础,物质的、技术的法律制度仅仅是法治的"硬性"系统,若要真正发挥其作用和价值,就必须同时植入相适应的精神、意识和观念,即用法治的"软件"系统予以奠基和支持。②

(四)知识产权服务总体水平偏低

随着近年区域知识产权战略实施,各类创新主体的知识产权管理意识进一步增强,使得对知识产权服务的需求不断提高,知识产权服务质量竞争的局面已日益凸显。但江苏知识产权服务总体水平偏低,优质服务人才严重匮乏,难以满足创新发展需要。以江苏知识产权局2013年的统计数据计算,全国专业专利代理人平均每人写200多件专利申请,而江苏省专利代理人平均每人要写600多件专利申请,总体质量堪忧。江苏省专利代理队伍中,硕士及以上学历的专利代理人仅占19%,新兴产业领域的专利代理人只占15%。③ 同时,江苏省社会化的版权公共管理和服务平台较为缺乏,对创意产品提供版权咨

---

① 转引自吴汉东《知识产权法律构造与移植的文化解释》,《中国法学》2007年第6期。
② 转引自吴汉东《知识产权法律构造与移植的文化解释》,《中国法学》2007年第6期。
③ 参见杜颖梅《江苏省着力提升专利代理服务能力》,新华网,http://www.js.xinhuanet.com/2014-03/27/c_119970545.htm。

询、版权登记、版权许可、版权保护、版权交易、版权质押等服务的能力较低。到2012年底，江苏拥有专利代理机构59家，远远少于北京（251家）、广东（113家）；代理机构规模较小，平均每家代理机构的专利代理人不足7人；全省专利执业代理人仅397人，占全国的5.14%，与江苏占全国25%专利申请量极不相称；江苏的专利申请代理率仅为68.88%，排名全国第9位。江苏知识产权服务大多局限于专利申请、商标注册、版权登记及诉讼代理业务，知识产权转化运营、价值评估、信息分析、交易代理、战略策划、风险预警等高端增值服务缺乏，难以满足各类创新主体、市场主体对知识产权服务的需求。①

三　江苏知识产权法治发展的对策与建议

（一）完善知识产权立法

知识产权法律制度的建立是智力成果商品化的法律前提和保障。知识产权法律制度的建立和健全，有助于加速文化交流和科学技术知识的普及，有利于提高劳动者素质，繁荣文化市场；知识产权人通过转让或许可他人使用其智力成果，可使技术成果转化为现实生产力，从而创造出巨大的经济效益及社会效益。现今世界，随着知识经济的深入发展和经济全球化，知识产权日益成为国家发展的战略性资源和国际竞争力的核心要素，成为建设创新型国家的重要支撑和掌握发展主动权的关键。因此，健全的知识产权法律制度体系，是进行国际竞争，开展国际经济、科技、文化交流与合作的基本环境和条件之一。知识产权法律制度的建立，对开发智力成果，开拓技术市场，引进先进技术，扩大对外经济技术、科学文化的交流与合作，必将起到积极的促进作用。事实证明，那些知识产权制度完善、知识产权保护力度大的国家和地区，必然会吸引更多的投资者，资金的充裕必然会壮大创新产业的规模，创新产业规模的扩大必然会提升国家和地区的总体竞争力。与江苏具有相同地域面积的韩国的成功

---

① 参见江苏省知识产权局《深入实施知识产权强省战略调研报告》（2013年10月）。

经验值得学习。近年来韩国不断用本国的文化在世界舞台上打造属于自己的"国家名片",韩国文化内容产业2013年业绩结算报告显示,韩国2013年文化内容产业销售额91.53万亿韩元,较2012年增长约4.9%。2013年文化内容产业出口额51亿美元,较2012年增长约10.6%。韩国文化产业之所以取得巨大成功,离不开其立法先行,如韩国为将版权保护提高到国际水平,2011年两次修改了著作权法,将著作权的保护期由作者有生之年加死后50年延长到死后70年。① 在《知识产权强国战略》中专门规定了支持知识产权创业的措施,以促进知识产权转化运用,并规定对授权后3年内闲置的国家所有专利,任何人可以免费使用1年,之后3年享受50%专利许可费的优惠。② 因此,江苏在知识产权的创造、运用、保护、管理等地方立法方面须借鉴国内外的经验,形成体系化,如应加快江苏省著作权保护与产业发展方面的立法,在加大江苏知识产权保护力度方面制定相关地方立法,为江苏知识产权法治环境的不断优化提供法律保障。

(二)创新行政执法体制

我国知识产权行政保护体制呈现"多元、多层级"的特点。这 特点使得知识产权行政管理机关庞大,机构不够健全,物质无法保障,执法缺乏手段,管理成本太高、执法标准不统一;同时,受执法权限和执法体制的制约,执行公正易被效率和功利化目标所左右,从而导致执法公信力的缺失③。在此可以借鉴其他国家的经验,建立多部门协作的知识产权保护体系。美国知识产权保护体系包括民事、行政、刑事和边境保护四个部分,2010年6月公布的《知识产权执法联合战略计划》,以战略的形式跨部门、跨地域地全面整合了美国知识产权执法资源,彰显美国力图通过构建一个多层次、一体化的知识产权保护体系以全面提升美国知识产权的创造、运用、保护和管理

---

① 参见赵建国《韩国知识产权启示录》,中国知识产权报资讯网,http://www.cipnews.com.cn/showArticle.asp?Articleid=31281。
② 参见江苏省知识产权局《江苏省知识产权强省建设规划研究》(2014年1月)。
③ 参见安雪梅《集权模式下我国知识产权执法公信力的考察》,载《2012知识产权南湖论坛论文集》,第611页。

能力的决心,在美国知识产权执法协调办公室的统筹下,依托"知识产权执法协调员"实现多个联邦执法机构间的协调与合作。韩国在2011年颁布的《知识产权基本法》中强调政府机关在知识产权保护方面的联合与联系,在实践中进一步加强韩国公平贸易委员会(KTC)这一准司法性机构的作用,重点调查涉嫌侵犯知识产权的案件。① 江苏作为知识产权大省,尽管各级政府都在强调知识产权的行政保护力度,但行政执法人员都由各级行政管理部门的管理人员兼任,受专业知识和业务水平的限制,各地在执法裁判中对基本相似的案情裁定结果差异过大,而行政执法的立法不完善和监管的缺失又使得行政执法随意性增大,枉法裁判的现象时有出现,这些都大大降低了行政执法的公信力。江苏应建立省市县三级行政执法队伍,建立行政执法的协助机制,形成统一的行政执法标准,提升知识产权行政执法公信力。

(三)加大知识产权司法保护力度

充分发挥司法保护知识产权的主导作用,按照最高法院提出的"加强保护、分门别类、宽严适度"的司法政策要求,结合江苏经济发展和社会进步的客观需求,依法平衡知识产权提供者、经营者、传播者、社会公众等各类市场参与主体的利益,努力实现依法保护与适度保护的基本目标,不断提高知识产权司法保护的能力和水平。2013年江苏法院受理的民事案件中,涉及集成电路布图设计、医药专利、技术秘密、请求驰名商标认定、反垄断、特许经营合同等案件比重不断增加,新型法律关系不断涌现,给审判工作带来了新的挑战。如南京中院审理的桑高(美国)有限公司诉江苏高淳陶瓷股份有限公司、孔新保著作权权属、侵权纠纷一案,涉及美术作品著作权权利界限的划定、著作权和外观设计专利权之间的关系以及相关国际公约的规定等一系列问题。此外,小微经营者对立情绪严重也加大了案件的审理难度。商业维权案件中,小微经营者认为自身是弱势群体,权利人"只打苍蝇不打老虎",甚至认为法院是帮助维权机构牟利;同时,该部分人群多以微利的经营为谋生手段,经济状况较差,维权机构索赔往往超出其承受能力,因此,如何做到既维护权利人的

---

① 参见江苏省知识产权局《深入实施知识产权强省战略调研报告》(2013年10月)。

合法利益，激发其创新的热情，又对其权利加以必要的限制，以保护社会公众的利益，实现个人与社会公众间的利益平衡，已成为司法实践中的一大难题。从现代的法治精神出发，法律的目标是"尽可能地保护所有社会利益，并维持这些利益间的、与保护所有利益相一致的某种平衡或协调"①，所以可以理解为："当今社会，法更多的是一种利益协调工具。以新的社会需要为理由，以利益衡平、分配、协调和引导为中心的法学语义实践理念应当成为法学研究和实践的核心路径。"② 知识产权制度固然是以保护权利人的利益为核心的，但倘若过度强调权利人的个人利益则会导致权利人的权利滥用，妨碍社会公众获取和使用智力成果，进而延缓科学文化事业发展的进程，这一结果与知识产权保护的根本目的是相悖的，在知识产权法领域，利益的平衡有着极其重要的意义，可以说知识产权法是以利益平衡为基础的法，诚如美国法理学家博登海默所指出：法律的主要作用之一是调整及调和种种相互冲突的利益，无论是个人的利益还是社会的利益。这在某种程度上必须通过颁布一些评价各种利益的重要性和提供调整这种利益冲突标准的一般性规则才能实现。③ 面对当前信息技术发展带来的著作权保护新问题，特别是"三网融合"后出现的问题，应依法确定权利归属和认定侵权责任，妥善平衡著作权人、权利人、网络服务提供者以及社会公众的利益关系，促进新商业模式的发展和文化创意产业的繁荣。例如，由于数字化作品在当今很容易被非法复制，著作权人往往通过各种技术保护措施防止或限制作品被非法访问、复制，然而技术保护措施的滥用会限制技术的进步、产品的正当竞争。因此，现行法律应从平衡著作权保护和促进技术进步、正当竞争出发，对技术保护措施的司法保护应该严格限制为"保护著作权"。如果软件开发者为实现捆绑销售而采取技术措施，则超过了保护著作权的目的，对此则不应支持。深入推进"三审合一"司法改革，建立长期稳定的公、检、法沟通协调的刑事保护机制与司法、行政沟通协调的行政保护机制。加强对知识产权刑事犯罪在数额、犯罪形态认定、

---

① 参见刘作翔《权利冲突的几个理论问题》，《中国法学》2002年第2期。
② 参见〔美〕E. 博登海默《法理学——法律哲学与法律方法》，邓正来译，中国政法大学出版社，2004，第414~415页。
③ 参见冯晓青《论利益平衡原理及其在知识产权法中的适用》，《江海学刊》2007年第1期。

知识产权行政行为合法性审查等热点难点问题的调研力度，公、检、法三部门应在知识产权刑事犯罪方面形成统一认识，共同推进"三审合一"试点工作达到新的高度。建立公、检、法的司法保护联盟，统一司法适用标准。加快"信息共享平台"建设，强化对上下游违法犯罪的侦破和查处，从根源上打破侵犯知识产权的犯罪链条。进一步强化司法保护措施的有效性和针对性，贯彻落实知识产权保护司法政策的精神实质，综合运用各种措施，降低诉讼维权成本，依法制裁侵权行为：①对于权利界限不清或法律规定有争议的事项，应依据现有法律勇于实践，大胆探寻保护空间，努力开辟对创新成果保护的路径；②综合考虑被侵权人在市场竞争中的优势、取证能力，以及侵权方式等因素，适当把握证据认定标准，平衡双方当事人的举证责任；③进一步贯彻全面赔偿原则，让权利人的损失得以全面弥补，合理的维权成本得到完全补偿，引导当事人充分举证，避免简单地适用法定赔偿方法。总之，遵循"知识产权利益平衡"的司法原则，在此前提下加大司法保护力度，努力为经济发展营造更加良好的法治环境。

（四）健全知识产权维权机制

江苏全省知识产权维权援助工作虽然取得了一定的成效，但是仍存在一定的局限性，并未形成健全的知识产权维权援助机制。当今社会，很多国家的知识产权维权援助已经涵盖了对知识产权的创造、申请、实施、管理、市场化、侵权等各个阶段的保护，而不是仅仅局限于事后援助。早在20世纪末，德国就专门设立"中小型企业专利行动计划"，给予那些希望就获得发明专利采取必要措施的中小型企业提供法律和资金上的援助。首次申请专利或实用新型的或者在此次申请之前5年内没有提交任何申请的中小型企业可以从该项计划中获得资金支持。根据该项计划，一家中小型企业能够收到的补助金最高额达1.5万德国马克。在接受资助的中小型企业中，91.6%已经提交了德国专利申请。德国设立该项计划的长期目标始终是：通过提高发明人和企业在创新方面的意识，加强德国的创新活动。美国知识产权法律援助主要依靠其法律服务公司，该法律服务公司根据1974年美国议会通过的《法律服务公司法案》而创建，为包括知识产权案件在内的民事案件提供经济上的支持。法律服务公司通过地方知识产权法律援助机构向当事人提供知识产权法律援助,提供的服务是完全免费的。法律服务公司的全部经费均源于国会拨款。韩国法律援助公司主管包括知识产权援助在内的各类法律援助业务。韩国设立法律援助资金,资金来源为:政府出资,政府以外人士捐助的现金或其他资产,贷款,基金运作所得的收入,公司从法律援助服务工作中所得的收入。韩国计划在2015年前获得10件以上核心专利技术,成为全球第五大知识产权强国。为实现这一目标,韩国政府通过简化专利审查手续、组织政府专家团体帮助企业确定研发方向、为中小企业提供专利保护法律援助、评价专利技术等手段为企业提供知识产权援助,并且每年投入逾10亿美元。① 江苏是全国较早开展知识产权维权援助工作的地区,由于目前我国知识产权行政执法机构不统一,行政执法部门权力分散,部门之间沟通协调程序比较复杂,知识产权维权援助工作的开展已呈现出制度上的障碍,由国家知识产权局主导的中国(江苏)知识产权维权援助中心是江苏知识产权维权援助工作的主要模式,江苏应建立以中国(江苏)知识产权维权援助中心为主导,协调其他知识产权主管部门,联合科研院所、企事业单位等力量共建的知识产权维权援助模式,完善举报、投诉和维权援助工作体系,设立企业海外知识产权维权援助专项资金,用于企业海外知识产权相关的信息咨询、法律咨询等服务,帮助企业防范和应对海外知识产权风险。

(五)强化知识产权专业人才培养

未来世界的竞争,主要是知识产权的竞争;未来世界的知识产权竞争,主要在于知识产权人才的竞争。2008年出台的《国家知识产权战略纲要》已经将"加强知识产权人才队伍建设"作为七大战略措施之一,强调"建设若干国家知识产权人才培养基地"。2013年江苏知识产权强省战略成效显著,但江苏知识产权专业人才缺乏,高端知识产权人才供给与社会需求之间的矛盾也更加凸显。江苏拥有知识产权工程师1万人,从事研发人员52.22万人,企业知

---

① 参见《关于印发张勤副局长在全国知识产权维权援助工作座谈会上的讲话的通知(国知发管字〔2008〕175号)》。

识产权工程师占企业研发人员比例仅为1.9%；科学家和工程师占科技活动人员的比例为59.8%，低于全国平均水平4个百分点以上。① 江苏省与韩国面积、人口接近，江苏每万人拥有专利7.8件，韩国是98件；江苏的专利管理人员是1.2万人，韩国是60万人。也就是说，韩国的专利数量是江苏的十多倍，而专利管理人员是江苏的50倍。此外，具有合理的专业背景和较高的理论研究能力的知识产权专家学者，具有丰富实践经验的知识产权法官、执法人员和管理人员，以及懂外语、懂管理、懂科技、懂法律的知识产权服务人才，在江苏均非常稀缺。② 因此，知识产权人才的缺乏，已成为制约江苏知识产权强省战略进一步深入实施的瓶颈，江苏应积极与省内外高校合作，在博士、硕士、本科、高职四个层面和在学教育与继续教育两个方面，多层次、多元化培养社会需要的知识产权专业人才；应当针对江苏知识产权保护的形势、特点，注重应用人才、经营管理人才、复合型人才的培养，鼓励有条件的教学和研究机构积极申报设立知识产权培训基地，开展特色化知识产权专业人才培养；在知识产权人才培养机制上走多元化模式，如高校内培养理论和学术的知识产权专家模式，企业实践中培养的专家模式，政策专家模式，境外培养模式等；加强知识产权人才培养配套政策体系建设；结合江苏本省发展的需要，积极开展知识产权课题研究，加大知识产权人才的实践培养力度，逐步形成支撑江苏知识产权强省建设的服务和人才体系。

（六）注重知识产权文化意识培育

世界知识产权组织（WIPO）认为，建立充满活力的知识产权文化是各国的共同需要，它可以让所有的利益相关者在一个相互联系的战略整体中发挥各自作用，并使知识产权成为促进经济、社会和文化发展的有力手段。知识产权文化，是指在知识产权文化领域中人们的观念模式与行为模式，既包括人们的意识因素，又含有人们的行为因素。知识产权文化要素，可归纳为知识产权认知、知识产权价值的认同、知识产权评价和行为模式。知识产权文化本质是一

---

① 参见温泉《务实培养知识产权人才》，《瞭望》2014年第17期。
② 参见江苏省知识产权局《深入实施知识产权强省战略调研报告》（2013年10月）。

种"法律文化""权利文化",奉行权利本位并借此建立利益激励机制。它的核心内容是"崇尚创新、尊重知识、诚信守法"。① 由于我国现行知识产权制度是移植而来,缺乏知识产权法律文化的土壤,导致社会公众对知识产权的性质、保护知识产权的意义等问题认知程度较低,因而形成我国知识产权立法水平高、守法程度低、执法困难的现状,江苏要实现知识产权强省目标,就必须注重知识产权文化的培育,当前各地"运动式执法""活动式宣传"是我国知识产权文化建设的主要手段,江苏也不例外,然而要将知识产权法律文化观念根植在人们的信念、情感、习惯之中,光靠上述手段是远远不够的,需要与中国的传统文化融合,需要与学校的教育相结合。美国在知识产权教育方面堪称范例,美国的幼儿园和小学的科学教育兴起于20世纪60年代末,成熟于20世纪70年代末到80年代。1995年美国颁布了它历史上第一部国家科学教育标准。美国从幼儿园开始就融入知识产权教育,这一点是非常值得我们借鉴的。江苏应在中小学教育中将知识产权的内容融入其中,普及知识产权教育;此外,需要将法制宣传、道德教化、知识教育、能力培养等方面结合起来,使知识产权文化建设与社会整体文明素质的提高协调发展,营造知识产权文化氛围;对严重侵犯知识产权的行为要给予严厉的惩处,从而保障知识产权权利人的合法权益,净化市场环境,为江苏知识产权文化意识的培养营造良好的社会环境。

---

① 参见陈志兴《培育知识产权文化》,中国发明网,http://www.cainet.org.cn/InformationShow.asp? NewsID = 6307。

B.10
2013年江苏司法鉴定的法治化研究报告[*]

潘溪 赵杰[**]

摘 要: 2013年,江苏省司法鉴定机构数量和案件数量有了较大幅度增加,司法鉴定出庭数量有所增多。全省三类司法鉴定机构质量控制体系运行机制健全,多家鉴定机构取得资质认定证书,参加司法鉴定能力验证情况良好,鉴定质量得到保障和提升。2013年,司法鉴定协会工作逐步规范,司法鉴定地方立法工作取得了实质性进展。今后,江苏司法鉴定将在改善司法鉴定执业环境、加强机构规范化建设、发挥协会职能作用等方面进一步规划发展。

关键词: 司法鉴定 鉴定质量 鉴定机构 鉴定协会

一 江苏司法鉴定现状

1. 鉴定机构和案件情况

截至2013年底,江苏省共核准登记鉴定机构129家,比2012年度增加了6家鉴定机构,执业鉴定人1296人,比2012年度增加38.6%,基本满足了诉讼和社会需求。全省2013年共出具司法鉴定意见书98920件,同比增长8%,位居全国前列,其中包括法医临床类65455件,占总数的66%,法医毒物类

---

[*] 本文为作者主持的江苏省教育厅高校哲学社会科学研究项目"司法鉴定的法治化发展研究"(项目批准号为:2012SJB820012)的阶段性成果。文中部分数据材料源于江苏省司法行政网。
[**] 潘溪,南京师范大学司法鉴定中心讲师;赵杰,南京师范大学法学院教授。

（酒精检验）15248件，占总数的15%，法医精神病类4439件，占总数的4%，法医毒物类6351件，占总数的6.4%，文书类2301件，占总数的2.3%，痕迹类1933件，占总数的1.9%，法医病理类880件，占总数的0.8%。江苏省司法鉴定现状主要有以下特点。

一是鉴定业务量增长迅速，采信率维持在高位。鉴定质量始终保持优良，据初步统计，全年鉴定结论采信率在95%以上。2013年委托鉴定数量超过1万件的有苏州、南京、盐城、南通、无锡5个市，收费1.6亿元，同比增长7.5%。

二是司法机关委托仍占多数，同时，自主委托鉴定数量有所增加。公检法部门委托70787件，占71%。

三是司法鉴定出庭数量增多。2013年江苏省司法鉴定人出庭250人次，同比增长64%。

2. 继续教育与培训情况

江苏省开展鉴定人素质业务培训、全国法医类司法鉴定人业务培训基地的专业培训，文件检验培训和文件检验小班化培训等多种继续教育模式。开启35岁以下鉴定人、鉴定助理小班化培训模式，上半年、下半年各举办一期文书鉴定技术培训；组织《人体损伤程度鉴定标准》司法鉴定人培训班；法医临床鉴定业务岗前转岗培训（含基本素质培训）；2013年7月举办2013年度第一期法医临床进修班和基本素质培训；2013年8月23~24日组织法医毒物学（酒精检验）培训班；2013年8月根据省厅司法鉴定高级人才培训五年规划的要求，在江苏省法医类司法鉴定人培训基地（苏州大学）举办为期2天的法医病理骨干培训及技术演示。

2013年7月，南京医科大学（江苏省法医类司法鉴定人培训基地）举办了全省2013年度第一期法医临床进修班和基本素质培训。8月，南京东南司法鉴定中心举办了一期全省法医毒物鉴定（酒精检验）培训。12月，南京医科大学司法鉴定所和南京脑科医院司法鉴定所还分别举办了全省第一期人体损伤程度鉴定标准培训和全省法医精神病司法鉴定人继续教育培训，进一步提高了机构组织培训活动的能力，提升了授课施教人员业务水平和南京市相关专业鉴定人队伍的整体素质。10月，协会选派了赵杰会长、汤建平秘书长、张鹏所长在金陵图书馆报告厅为200多名律师分别做了"关于司法鉴定若干问题漫谈"、"法医类司法鉴定概述"和"男性性功能司法鉴定业务综述"3场司法鉴定业务知识专题讲座,获得了听课律师的好评。为进一步提高全市司法鉴定行业新闻宣传及信息工作水平,更有效地宣传司法鉴定职能,展示工作成就,提高社会影响力,6月,举办了一期司法鉴定人员新闻及信息工作培训班,全市16家鉴定机构32人参加了培训。

为更好地把握新修订的《刑事诉讼法》《民事诉讼法》中对司法鉴定人出庭提出的新要求,规范鉴定人出庭质证工作,在市局的统一协调安排下,针对不同的案件类型,江苏省分期分批先后组织52名鉴定人参加法院庭审,以旁听的形式进行培训,提高了司法鉴定人出庭质证能力。4月19日,江苏省组织4家建筑类司法鉴定人赴镇江市京口区人民法院,旁听南京市科永和工程建设质量检测鉴定中心有限公司司法鉴定所承办的一户房屋漏水司法鉴定案件,该所两名司法鉴定人按法院要求出庭质证,南京市建筑类司法鉴定人旁听了质证全过程,之后进行了座谈研讨。5月14日,江苏省组织法医临床司法鉴定人到南京医科大学司法鉴定所参加海南省海口市美兰区法院视频作证,南京医科大学司法鉴定所两名司法鉴定人通过视频系统实时回答原被告及法官提出的相关司法鉴定问题质询,鉴定人视频质证结束后,组织了各机构旁听鉴定人开展了讨论交流,南京医科大学司法鉴定所王建文教授就如何做好鉴定人出庭质证工作,做了专题辅导讲座。6月19日,江苏省又组织法医临床司法鉴定人到鼓楼法院旁听一起交通事故伤害案件的庭审。

3. 认证认可与能力验证工作

江苏省被司法部、国家认监委确定为司法鉴定机构认证认可工作六个试点省份之一。几年来,全省上下认真落实、扎实推进司法鉴定认证认可试点工作,取得了显著成效并涌现出一大批先进典型,全省三类司法鉴定机构全部建立质量控制体系并已运行,9家鉴定机构取得国家级资质认定证书,54家鉴定机构取得省级资质认定证书,鉴定质量得到保障,公信力得到提升,江苏做法获得司法部、国家认监委的肯定并在全国推广。

认证认可工作对司法鉴定机构提出了较高的要求,各机构负责人和主要业务科室通过沟通分析,希望通过提高实验室的质量管理水平,减少可能出现的质量风险,严格持久地按照这些要求去做,实验室的检验/校准质量就得到了保证，从而达到提高实验室社会信任度的目的。明确任命岗位人员，各岗位依据职责分工分别完成体系运行的相关文件和表格。实验室根据质量方针、目标对质量体系的现状进行综合性评价，提出管理、人员、设备、技术、业务等方面的改进措施。各机构克服困难认真开展鉴定机构认证认可工作，积极开展标准化建设，不断总结经验，围绕质量目标，通过进一步完善和推进实验室认可和资质认定工作，使用专门编写的准则和程序来确定技术能力，从而保证提供的检测、校准或测量数据和结论意见是正确、可靠的。

能力验证活动是对认可机构的强制性要求，是国际通行的检验报告/鉴定结论有效性的评价手段。全省81家司法鉴定机构参加了223项/次验证，其中通过项目为28项/次，满意项目为183项/次，满意率为82%，机构报名率、通过率、满意率均处于全国领先水平。江苏省首次组织了全省法医精神病类司法鉴定机构能力验证现场封闭测评。

二 司法鉴定服务情况

1. 鉴定服务质量得到提高

省内各鉴定机构在内容上求深化，在方式上求创新，在质量上求突破，以"促进发展、服务发展"为己任，采取各种方式进行广泛深入的动员，提高认识，加强工作主动性。南京红十字血液中心司法鉴定所围绕加强自查自纠、加强合同受理评审环节的监督、加强满意度调查、加强保密意识、加强司法援助工作、加强信息报送工作"六个强化"，注重与具体工作相结合；江苏科永和工程建设质量检测鉴定中心有限公司司法鉴定所加强了对窗口接待人员工作程序和流程的专门培训；江苏省人民医院司法鉴定所召开全体员工大会进行动员，并向各区县法院发放满意度调查表，全部得到回馈，满意度调查为100%满意。南京安厦房屋安全司法鉴定所组织司法鉴定人进行司法鉴定人职业道德的专项学习活动，并在健全和严格执行规章制度上下功夫。南京金陵中西医结合医院司法鉴定所为受伤民工讨要"性福权"的案例被《金陵晚报》以《丈夫上班受伤致性功能障碍，妻子能够讨要"性福权"吗？》为题进行了报道。南京师范大学司法鉴定所接到某法院委托的对打印字迹是否同时形成、印章真实性及印章形成时间的鉴定任务后,先后用拉曼光谱仪进行了数十次实验比对,对印章上一处疑似墨迹,通过文检仪、高倍显微镜反复检验和比对,又要求委托方补充了该印章近十年的样本,对印章近十年变化规律进行分析,最终才出具鉴定意见,充分体现了该机构严谨细致的工作作风。

2. 活动中汇集的典型案例

江苏科永和工程建设质量检测鉴定中心有限公司司法鉴定所派专人进入社区工地现场,对工程常用的挤塑聚苯板、模塑聚苯板等保温材料的性能辨别进行现场技术指导,并走进社区新建居民小区举办了一次住房建设质量及鉴定须知的专题法律宣传活动。

南京金陵中西医结合医院司法鉴定所在下关区鑫桥市场广场开展了"送法解民疑,普法进社区"活动,进行男性"性福"维权和专项宣传。

江苏省人民医院司法鉴定所利用双休日时间安排鉴定人上门服务,为江宁、象房村两名被鉴定人进行体检;为解决外地务工人员回乡办理户口、孩子上学办理户口、残疾人办理户口等问题,与派出所做好联系交接,集中时间集中办理,集中力量一次性完成了派出所委托的亲子鉴定工作。

南京东南司法鉴定中心多次赴常州、溧阳、金坛、盱眙等地开展"集中鉴定服务",共受理当地人民法院委托的各类法医临床案件数百起,免收出诊费,减轻了当事人负担,尤其给行动不便甚至瘫痪在床的当事人提供了方便,为当事人节约了一定的诉讼成本。

南京医科大学司法鉴定所为我国台湾地区国际油轮火灾事故中江苏籍船员残骸认定提供了亲子鉴定服务,为外国核物理专家宾馆猝死提供了法医病理鉴定意见。

3. 司法鉴定相关成果

省司法厅发文表彰了全省司法鉴定认证认可试点工作先进集体和先进个人。有16个司法鉴定机构被授予"全省司法鉴定认证认可试点工作先进集体"称号,39名同志被授予"全省司法鉴定认证认可试点工作先进个人"称号,2个单位被授予"全省司法鉴定认证认可组织工作先进集体"称号,14名同志被授予"全省司法鉴定认证认可组织工作先进个人"称号。

积极参加各类研讨交流。2013年5月23~24日,江苏省有关司法鉴定专家参加了司法部在上海组织召开的"2013司法鉴定理论与实践研讨会",东南、金陵等地司法鉴定机构选送的14篇司法鉴定学术论文被大会收入会刊,南京师范大学司法鉴定中心主任赵杰在"司法鉴定制度与管理暨中国司法鉴定高峰论坛"分会场做了题为《专门知识的人出庭质证制度的构建》的主题发言。9月12~15日,3家机构参加了由司法部司法鉴定科学技术研究所全国司法鉴定人继续教育基地与《中国司法鉴定》编辑部、《法医学杂志》编辑部在贵州省贵阳市联合举办的"医疗损害司法鉴定培训暨研讨会",进行了论文交流和案例研讨等。

此外,江苏省司法厅还组织了司法鉴定机构参加全省"第二届优秀司法鉴定文书"评选工作。南京师范大学司法鉴定中心主任赵杰教授受邀参加司法鉴定高级工程师评审工作。司法行政系统组建了司法行政业务培训师资库。

三 司法鉴定管理现状

1. 组织司法鉴定执业情况检查

2013年,根据省厅关于开展"司法鉴定质量巩固年活动"的要求以及近两年鉴定案件投诉情况,为规范江苏省司法鉴定机构规范化建设,保障鉴定质量,江苏省司法厅组织了对法医临床、文书鉴定业务类规范执业情况的专项检查。检查内容包括以下几个方面。(1)司法鉴定机构和司法鉴定人遵守司法鉴定执业规范的情况。主要检查《司法鉴定程序通则》执行情况:接受委托及协议书是否规范;实时记录是否规范;鉴定文书是否规范;是否存在超范围执业的情况;案卷材料是否齐全、规范等。(2)司法鉴定机构和司法鉴定人遵守职业道德和执业纪律的情况,特别是司法鉴定机构处理投诉工作的情况。(3)司法鉴定机构规范化建设情况。重点是检查司法鉴定机构管理制度建设情况;质量控制体系建设情况;司法鉴定人参加教育培训的情况等。(4)执行业务收费标准情况。2013年,江苏省司法厅联合审判机关组织开展了全省法医临床、文书鉴定专项业务检查,实地查看司法鉴定机构25家,共抽查卷宗530份。根据江苏省司法厅《关于全省司法鉴定联合调研检查有关问题的通报》的相关精神，结合江苏省高级人民法院、江苏省司法厅《关于开展对〈江苏省高级人民法院、江苏省司法厅关于规范司法鉴定工作若干事项的通知〉落实情况进行专项调研和检查的通知》的相关要求，对检查中发现的问题进行了认真总结，制定了切实可行的整改方案。检查过程和总结会议、总结材料中，提出了鉴定机构鉴定业务活动中存在的问题，涉及鉴定环节流程不完整，部分鉴定材料缺少复核签发过程记录，鉴定超期、收费标准不明确等方面。

在审查中发现鉴定机构由于确定疑难案件的审批流程不完善，缺乏负责人内部审批文书表格，造成案件期限不明确和由此引发诉讼的问题。机构积极着手寻求妥善地解决以上事项的方案及具体措施，制定规范化文件，完成好规范整改工作。在原有鉴定制度管理工作的基础上，进一步完善了档案管理工作的各项规章。按照规定，在市司法局的具体指导下，结合鉴定机构实际情况，建立健全了档案管理制度，即档案保管制度、各种文件材料归档制度、档案查阅利用制度、档案鉴定销毁制度、档案资料保密制度、档案工作人员守则。为加强管理，确保档案的安全完整，鉴定机构建立了严格的档案管理制度，对档案管理小组定期检查活动中发现的问题立即整改。

2. 组织司法鉴定执业调研

为更好地贯彻落实全国人大常委会《关于司法鉴定管理问题的决定》（以下简称《决定》），规范司法鉴定活动及审判机关委托鉴定工作，江苏省司法厅与江苏省高级人民法院联合下发《关于规范司法鉴定工作若干事项的通知》，从规范使用《国家司法鉴定人和司法鉴定机构名册》，严格执行鉴定机构和鉴定人的回避制度，引导和规范当事人的举证鉴定行为，统一人体伤残等级鉴定的适用标准和刑事责任能力的表述方式，规范委托、收费和鉴定人出庭作证工作，合力规范司法鉴定工作六个方面对司法鉴定工作做出明确规定。明确全省各级司法行政部门与各级法院就司法鉴定工作建立联席会议制度，定期互通信息。

各级法院因诉讼需要委托司法鉴定时，应规范使用《国家司法鉴定人和司法鉴定机构名册》，本着节约诉讼成本、缩短诉讼时间、方便当事人的原则，在司法行政部门编制和公告的名册中进行选择。针对规范使用《国家司法鉴定人和司法鉴定机构名册》，执行《司法鉴定程序通则》，引导和规范当事人的举证鉴定行为，统一人体伤残等级鉴定的适用标准和刑事责任能力的表述方式，规范委托、收费和鉴定人出庭作证工作，合力规范司法鉴定工作等情况，江苏省司法厅组织了多次调研。

3. 规范司法鉴定收费

江苏省物价局2004年9月20日开始执行《江苏省面向社会服务的司法鉴定收费试行标准》。2007年江苏省司法厅联合省物价局发文《关于规范我省司法鉴定收费管理的通知》，明确鉴定机构收费项目标准。司法鉴定收费属于服务性收费，遵循公开、公正、公平竞争，诚实信用，自愿有偿的原则，任何单位和个人不得指定服务、强行收费，遇有复杂、疑难、特殊技术问题的鉴定事项，经双方协商，可在原鉴定收费最高标准上上浮20%~30%。司法鉴定机构在其核定的业务范围鉴定，如确需咨询有关专家意见的，经委托人同意，专家劳务费按照《江苏省司法鉴定机构收费项目标准》有关规定计算收取。司法鉴定收费及代委托方支付的各种费用由司法鉴定机构统一收取，司法鉴定人不得私自向委托方收取任何费用。符合法律援助条件的委托人申请司法鉴定的，司法鉴定机构可予以减免收费。

4. 处理鉴定投诉

正确处理投诉、打造平安鉴定环境，是保障司法鉴定工作平稳发展的重要因素。为此主要采取以下措施：一是努力打造平安鉴定环境、业务拓展环境、外部监管环境和行业自律环境，主动作为，为司法鉴定行业科学发展创造良好的内外部环境；二是积极探索改革投诉处理机制，成立投诉问题合议庭，有效解决各类复杂棘手投诉案件；三是尽快建立专家咨询委员会，充分发挥第三方组织的缓冲、调节功能，同时，聘请司法鉴定行业行风监督员，及时发现和纠正各种不良倾向和问题。

司法部司法鉴定管理局局长霍宪丹一行就司法鉴定投诉处理工作来江苏省调研。调研围绕投诉处理的工作机制，如何区分和处理司法鉴定投诉案件与涉及司法鉴定问题的信访案件，以及司法鉴定机构能否撤销鉴定结论等问题展开。南京、无锡、扬州、淮安等市局管理干部以及部分司法鉴定人代表参加了座谈。霍宪丹局长对江苏多年来重视处理投诉工作，鉴定秩序保持平稳表示肯定。

地方司法行政机关提出"千方百计减少司法鉴定案件投诉"。一是严格控制多头鉴定、重复鉴定现象。在省厅信息管理系统未建立起来的情况下，各机构要严把初审关，发现疑点不能轻易放过，要切实弄清情况，及时与兄弟机构取得联系，互通情况，协商解决争议分歧，必要时可申请启动专家咨询机制。二是抓紧出台有关文件规范。如"三期"评定标准、复制件文书司法鉴定的管理规定等尽快汇编成册，确保鉴定行为在统一的标准下规范有序进行。三是司法鉴定专家参与司法行政机关投诉处理工作。在司法鉴定投诉处理过程中原有的"接待约谈机制"、"案件处理机制"、"专家咨询机制"和"案件公布机制"4项机制的基础上，引入"合议机制"，即相关协会接受行政机关委托，配合行政机关妥善处理专业技术性强、社会影响面大等类司法鉴定投诉问题，旨在提高投诉处理的科学严谨性和合理合法性。四是建立投诉案件内部通报制度。对通报的典型投诉案件，组织相关机构负责人和鉴定人进行研讨，举一反三，积极吸取经验教训。

四　司法鉴定行业协会工作

1. 省级司法鉴定协会筹备工作

江苏省司法鉴定协会正在筹建中，即将成立。有关组织和人员根据全国人大常委会《关于司法鉴定管理问题的决定》和国务院《社会团体登记管理条例》，起草了《江苏省司法鉴定协会章程（草案）》，该协会是由江苏省行政辖区内的国家司法鉴定人和从事司法鉴定管理、教育、研究工作的人员自愿组成的全省性、非营利性、专业性的社会团体组织。拟定协会的宗旨是：团结和带领全体会员，以党的先进理论为指导，贯彻执行党的基本路线、方针、政策，遵守宪法、法律、法规和规章，遵守社会公德，大力推进司法体制改革，围绕建立有中国特色的统一司法鉴定管理体制的基本目标，推动江苏省司法鉴定事业持续、稳定、健康发展，健全和完善符合科学发展观、体现司法鉴定自身发展规律的管理体制和管理制度；遵守宪法、法律、法规和规章，遵守社会公德，遵守司法鉴定业务规范、职业道德和执业纪律；依法维护行业利益和司法鉴定人的合法权益；反映会员诉求，为会员的执业提供服务；制定行业行规开展自律管理，教育、监督会员，规范会员执业行为，提高会员的执业能力，提升司法鉴定公信力，促进司法鉴定事业科学发展。目前，各市选举推荐江苏省司法鉴定协会会长、副会长和理事人选的工作已经展开。

2. 市级司法鉴定协会工作

目前，江苏省内南京市和南通市司法鉴定协会已经成立。以南京市司法鉴定协会2013年工作为例，南京市面向社会的鉴定机构有了较快的发展，机构布局趋于合理，鉴定门类比较齐全，已涵括了法医类、物证类、声像资料类等的三大类司法鉴定业务。

根据形势的发展变化和工作需要，2013年7月，南京市司法鉴定协会理事会研究通过了物证专业委员会调整重组方案，新成立了法医物证、文痕和理化测试3个专业委员会。尤其是文痕专业委员会广泛吸纳了省公安厅物证鉴定中心、省检察院物证鉴定中心、市公安局物证鉴定中心、市检察院技术处、江苏警官学院公安科技系、南京森林警察学院刑事科学技术系、江苏省交通科学研究院等本系统外的业内专家，进一步扩大了协会的知名度和影响力，并为今后解决疑难复杂鉴定问题做了充分的人才准备，保证了鉴定工作的客观公正性。2013年6月7日，南京市司法鉴定协会专门邀请市中院司鉴处，玄武、栖霞、江宁法院等有关人员参加"司法鉴定工作座谈会"。会议以"着力解决问题，切实加强监管"为主题，基层法院的同志畅所欲言，实事求是地反映了当前司法实践中遇到的各类司法鉴定具体问题，提出了改进工作的良好建议。市中院司鉴处的同志针对鉴定机构如何加强与法院交流沟通、如何增强自我保护意识也提出了具体建议。10月11日，南京市司法鉴定协会与法官协会召开工作座谈会，就司法鉴定工作的相关问题进行了深入沟通交流。座谈会上，法官协会从法院审判机关的角度，对司法鉴定案件的委托、法庭审判中对鉴定结论的运用以及对司法鉴定意见结论的语言表述等问题，提出了很好的意见和建议。司法鉴定协会就司法鉴定案件的受理、实施以及鉴定人出庭质证费用收取、席位设置、电脑设备等问题，商请法官协会进行研究并协调解决，会后形成了《南京市法官协会与南京市司法鉴定协会关于建立良性互动机制的意见》。此外，南京市司法鉴定协会还加强与市律师协会、省保险行业协会、市注册会计师协会的沟通联系，为司法鉴定行业发展创造良好的环境。

协会在为会员提供服务，维护会员合法权益，加强行业自律管理，规范司法鉴定市场，保障行业公平竞争，开展学术交流活动和技术咨询服务，组织学术研讨会，论证疑难、复杂案件，开展司法鉴定人继续教育培训，加强司法鉴定机构和鉴定人执业道德建设等方面开展工作。

五 司法鉴定立法现状与相关规范

1. 地方司法鉴定立法

为了加强对全省司法鉴定机构、司法鉴定人的管理，规范司法鉴定活动，保障当事人的合法权益，促进司法公正与效率，根据全国人民代表大会常务委员会《关于司法鉴定管理问题的决定》和有关法律、法规，结合江苏省实际，2012年江苏省司法厅拟制了《江苏省司法鉴定管理条例（草案）》，该草案现处于征求意见和专家评议阶段，很快将进入立法程序。南京等部分市司法机关积极配合省厅做好《江苏省司法鉴定管理条例（草案）》的调研和文本起草工作，主动邀请省人大来开展调研，适时召开专家研讨和论证会，为地方立法做好基础工作。

2013年1月1日起施行的修改后《刑事诉讼法》对司法鉴定活动做出了新规定，同时也对做好司法鉴定工作提出了新要求。为切实落实修改后的《刑事诉讼法》，进一步深化司法鉴定体制改革，规范司法鉴定执业活动，加强监督管理，江苏省司法厅组织了对《司法鉴定人出庭作证办法》（征求意见稿）的相关问题提出修改意见和建议。

2. 鉴定管理规范

为加强司法鉴定业务档案的科学化和规范化管理，按照国家档案管理工作的有关要求，结合江苏省实际，省司法厅和省档案局联合制定了《江苏省司法鉴定档案管理办法》，对规范江苏省司法鉴定档案管理工作，统一司法鉴定文书档案格式，促进鉴定质量和提高鉴定标准化水平，起到了积极作用。江苏省司法厅草拟了《江苏省司法鉴定人助理制度暂行规定》（征求意见稿），组织鉴定机构在认真论证的基础上提出施行司法鉴定人助理制度的可行性分析及修改意见。江苏省司法厅转发了《司法部关于印发〈司法鉴定机构仪器设备基本配置标准（暂行）〉的通知》《司法鉴定收费管理办法》等部门规章。为进一步加强司法鉴定档案的科学化、规范化管理，江苏省司法厅计划制定《司法鉴定档案案卷构成的一般要求》等规范性文件。

部分地方立法进行了有益的尝试，印发了《南京市司法鉴定人诚信档案管理实施办法（试行）》《开展司法鉴定援助工作的意见》《司法鉴定机构规范化达标率（试行）》《司法鉴定采信率数据指标考核表》等地方性法规和政策文件。南京市司法鉴定协会秘书处拟制了《南京市司法鉴定协会关于重新鉴定案件执业指南》、《南京市司法鉴定协会会长会议议事规则》、《南京市司法鉴定协会纪律维权工作委员会工作规则》、《南京市司法鉴定协会秘书处工作规则》、《南京市司法鉴定协会理事会工作规则》和《南京市司法鉴定专业委员会工作规则》等文件。

3. 技术规范

按照司法部司法鉴定管理局《关于组织申报2013年度司法鉴定技术规范研制项目的通知》的规定，为进一步推进司法鉴定标准化工作，完善司法鉴定行业技术规范，江苏省具备司法鉴定技术规范研制能力和基础的鉴定机构积极参与司法鉴定技术规范研制项目的申报工作。

南京脑科医院司法鉴定所接受司法部委托，研制起草《精神疾病因果关系评定规范》和《精神疾病民事行为能力评定规范》，在该所负责人韩臣柏主任的带领下，全所人员迎难而上，集体攻关，认真查阅大量国内外相关问题资料，广泛征求全国司法精神病鉴定学组成员、专家意见，组织省内11家法医精神病司法鉴定机构进行111例测评、试用，在江、浙两省34家鉴定机构进行现场测评，并提交第十二届全国司法精神病学学术会议充分讨论修订，获全国司法精神病学学组成员及专家肯定，将成为我国精神病司法鉴定工作的技术规范。江苏理化测试中心司法鉴定所积极申报司法鉴定技术规范项目，拟制的《生物检材中有机磷、拟除虫菊酯类杀虫剂的测定气相色谱－质谱联用法》已作为单独申报项目报送司法部，南京市科永和工程建设质量检测鉴定中心有限公司司法鉴定所参加了省建设厅《中小学校舍抗震鉴定与加固技术规程》（DGJ32/TJ155－2013）的标准制定工作。

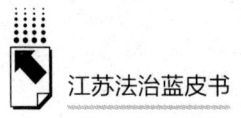

六 司法鉴定发展规划与措施

1. 改善司法鉴定执业环境

重点是要做好改善司法鉴定机构与机构之间、与当事人之间、与社会之间环境的工作。2013年6月,江苏省司法厅由厅党委书记、厅长柳玉祥亲自带队,开展了以"坚持以人民满意为标准努力打造服务型司法行政机关"为主题的调研,出台了《建立全省司法行政工作群众满意度评价机制实施方案》。评价范围主要包括法制宣传、律师、公证、人民调解、帮教安置、基层法律服务、司法考试、司法鉴定、社区矫正、法律援助、监狱、劳教(戒毒)等直接服务群众的业务工作及业务主管部门的服务管理工作,评价方式主要包括即时评价、事后评价、专题调查等。方案要求各机构要以此为抓手,认真开展自查自纠,把促进优质服务和解决群众关注的热点、难点问题作为自查自纠的重点,找准行风建设上存在的主要问题,认真制定整改措施,切实加以解决。在各机构自查自纠的基础上,开展一次司法鉴定规范执业大检查活动,主要内容有以下几点。一看。看鉴定机构公示内容是否齐全,环境是否整洁,办公秩序是否良好,是否有司法鉴定行业标识。二问。问鉴定机构人员相关法规条例是否清楚,基本知识掌握是否熟练。三查。查相关制度是否完善,落实是否严格,并随机抽查案卷档案。四见面。检查后及时与机构负责人见面,反馈检查情况,提出整改意见。

2. 加强机构规范化建设

进一步强化质量管理体系建设,重视鉴定机构认证认可后的巩固提高,督促鉴定机构不松懈、不停步、坚决不走回头路,指导鉴定机构严格遵循质量管理体系,做好持续改进工作,提升司法鉴定服务水平,提高鉴定机构信誉,增强社会公信力。要将认证认可工作和规范化建设紧密结合起来,力争在较短时间内培育和建成一批具有示范性的、旗舰式的、在全国有影响力的品牌司法鉴定机构。要继续认真组织好鉴定机构能力验证活动,确保应参加鉴定机构报名率100%。要引导鉴定机构注重利用能力验证结果,做好后续分析和持续改进工作。

加强业务培训和理论研究。大力开展并切实加强司法鉴定队伍的继续教育和岗位业务培训工作。重点抓好与司法鉴定有关的新法规、新办法及新理论、新知识、新技术、新方法的教育培训工作，力争使司法鉴定人的业务素质和职业道德素质不断提高。积极开展司法鉴定技术研讨和理论研究，组织并参加司法部"2014司法鉴定理论与实践研讨会"。借鉴物证"小班化"培训的经验，分层次组织开展基本素质和岗前技能培训，不断完善司法鉴定人助理管理制度。

B.11
2013年江苏法院环境保护案件分析报告

陈 迎*

摘 要:

2013年江苏环境案件受理审理情况表明,各级法院在环境案件审理过程中,强化了刑事惩戒力度,更加注重对环境权利的依法保护,开始关注环境的修复。但当前的环境司法也存在着案件数量相对较少、对环境犯罪社会危害程度认识不够、对环境保护行政机关法律监督相对缺失等突出问题。建议从加大对环境刑事犯罪的惩戒力度、确立判决优先的司法政策、注重生态环境的有效恢复、强化行政审判的法律监督功能等几个方面全面强化环境司法保护。

关键词:

环境 司法保护 报告

江苏的人口密度全国最大,人均环境容量全国最小,单位国土面积工业负荷全国最高。西方发达国家一百多年分阶段发生的环境问题,在江苏三十多年的发展中集中体现和爆发。目前,江苏正处于典型的工业转型时期,随着工业化、城镇化的加速推进,资源环境的约束更加明显。这一时期也是环境矛盾的"尖锐期"、环境风险的"活跃期"和群众环境意识的"升级期"。本文在对江苏法院2013年所审结的所有一审环境案件的裁判文书进行系统分析的基础上,客观评价江苏法院2013年环境司法保护状况,具体分析当前生态环境司法保护中存在的问题,并对进一步强化生态环境保护提出一些具体的建议。

---

* 陈迎,江苏省高级人民法院法官。

一 环境司法保护的时代背景

江苏基本处于工业化后期,2013年,经济总量达到5.9万亿元人民币,人均GDP超过1万美元。目前,正在努力推进产业转型升级,力图向后工业化时期迈进。在持续三十多年经济高速发展的同时,资源消耗过载和环境污染等问题比较突出,环境保护形势较为严峻。江苏的环境司法保护具有鲜明的时代特征。

(一)社会各界对环境司法保护尤为关注

近年来,江苏各地主要通过加大投资拉动经济发展。第一、第三产业对经济增长的贡献率较低。第二产业贡献率超过50%。江苏的产业结构中,高污染、高能耗行业占有较大比重。这种经济发展方式和产业结构决定了经济迅速发展的同时,环境呈持续恶化态势。环境问题呈现压缩性、复合型、结构性特点,部分生态敏感地区和重要生态功能区遭到破坏,重金属、持久性有机物和土壤污染等环境问题集中显现。社会各界对环境保护类案件的审理执行尤为关注。这表明,在环境安全面临严峻挑战的形势下,司法保护的社会需求十分强烈。

(二)环境保护法律制度尚不健全

行政执法手段单一、权限狭窄,行政执法效果不理想。环保机关的执法权限相对较小。行政执法效果差,不仅加大了环境司法保护的压力,同时也间接地影响到司法保护的效果。刑事惩戒力度明显不足,对破坏环境资源保护的犯罪行为量刑偏轻,打击力度不够。2013年6月8日,《最高人民法院最高人民检察院关于办理环境污染刑事案件适用法律若干问题的解释》颁布实施,对"严重污染环境""重大损失""严重后果"等较为抽象的规定进行了具体化,对从重、从宽的情节予以明确,对特殊情况下如何定罪、如何计算损失做出具体规定。这一司法解释的出台,有助于增强环境刑事司法保护的力度。环境权利救济"无法可依"的现象依然突出。环境案件告状难、胜诉难依然是个不争的事实。

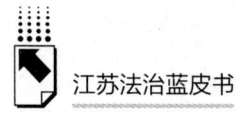

（三）环境司法的公信力明显偏低

2012年，江苏各级环境保护机关接待的环境污染信访数超过4万件。同年，江苏法院共受理环境民事案件47件，环境行政案件50件。通过司法渠道寻求救济的数量是试图通过信访寻求救济的数量的1/400。案件总量偏少，与资源环境保护面临的紧迫形势不相适应。这从一个侧面反映环境司法保护的公信力不高。

二　2013年环境案件受理审理情况

据江苏法院司法统计口径，2013年，江苏法院共受理一审环境案件85件，审结64件。[①]

（一）环境刑事案件

1. 案件构成

2013年，江苏法院共审结与环境保护有关的一审刑事案件17件，同比增加11件，增加幅度为54.55%。[②] 审结的环境案件包括污染环境犯罪7件，环境监管人员受贿罪5件，危险物品肇事罪2件，盗窃危险物质罪2件，投放危险物质罪1件。涉及单位1个、自然人33人。

2. 裁判情况

污染环境犯罪7件。被告人共涉及单位1个、自然人21人。判处3年以上（不包括3年）有期徒刑4人；判处3年以下（包括3年）有期徒刑13人；判处拘役4人。缓刑10人，缓刑比例达47.62%。所有被告人均被判处了罚金，其中单位犯罪被判罚金人民币500万元，个人被判罚金总计人民币177.5万元。

[①] 司法统计报表中所显示的数据不够准确。报表显示2013年审结一审环境案件78件，其中环境刑事案件7件，民事案件47件，行政案件24件。经核实，2013年江苏法院实际审结一审环境案件仅64件，其中一审刑事案件17件，高于统计报表数量10件；一审环境民事案件34件，低于报表数14件；一审环境行政案件13件，低于报表数11件。

[②] 2012年，江苏法院审结与环境有关的刑事案件11件，其中环境污染罪1件，环境监管失职罪1件，投放危险物质罪9件。

环境监管人员受贿罪5件。被告人5人。被判处10年以上有期徒刑1人，5年以上有期徒刑3人，免处1人。5名被告人均被判处没收个人财产，金额合计人民币83.2万元。

危险物品肇事罪2件，涉及4人。其中判处3年以上有期徒刑1人，3年及以下有期徒刑3人，缓刑3人；并处罚金1人，罚金人民币4万元。

投放危险物质罪1件，涉及1人。判处有期徒刑9年。

盗窃危险物质罪2件，涉及2人。均判处3年及以上有期徒刑。

（二）环境民事案件

1. 案件构成

2013年，江苏法院共审结一审环境民事案件34件，同比减少13件，下降幅度为27.66%。涉及空气污染、水污染、土壤污染、噪声污染、气味污染、放射线污染所引发的侵权纠纷。

2. 审理情况

其中判决7件，占结案总数的20.59%。判决责令被告停止侵害、赔偿原告损失等原告胜诉案件6件；判决驳回原告诉讼请求的原告败诉案件1件。6件原告胜诉案件中，5件判决被告赔偿环境侵权所造成的损失，赔偿总额为71万元。撤诉14件，占结案总数的41.18%。调解结案11件，占结案总数的32.35%。驳回起诉2件，占结案总数的5.88%。

（三）环境行政案件

1. 案件构成

2013年，江苏法院共审结一审环境行政案件13件，同比减少了42件，下降幅度为76.36%。其中，环境行政处罚案件7件，环境政府信息公开案件2件，环境行政许可案件2件，环境行政不作为案件1件，环境行政奖励案件1件。

2. 审理情况

判决驳回诉讼请求案件6件，占结案总数的46.15%。判决确认违法或责令履行法定职责案件2件，被告败诉率为15.38%。裁定准予撤诉案件4件

(其中3件系行政处罚案件，1件系政府信息公开案件)，撤诉率为30.76%。另有1件判决驳回起诉。

三 环境司法保护成效

2013年，江苏法院环境司法保护的意识有所增强，表现在部分环境案件的审理体现了较高的专业化水准和较好的司法保护效果。

（一）环境刑事案件

1. 注重追究被告人环境修复责任

案例一、徐州新沂市法院审结的徐某等人污染环境案。

简要案情：被告人徐某伙同被告人程某某等人，多次将某化工有限公司具有强腐蚀性的化工污水倾倒于新沂市新店镇马庄村三墩庄南沂河、骆马湖北岸等处，造成环境严重污染、公私财产遭受重大损失。经新沂市价格认证中心价格鉴证，造成公私财产损失价值为人民币4309316元。

裁判情况：在某化工有限公司主动赔偿300万元的情况下，法院分别判处几名被告2年至3年6个月的有期徒刑，分别并处1万元至2万元的罚金。同时判令3名被告向新沂市环保局支付环境治理费用130万元。

简要评析：对所造成的生态环境进行修复是《环境保护法》所规定的污染者的法定义务。对环境污染犯罪，不仅要通过定罪量刑追究污染者的刑事责任，同时要通过追索环境治理费用让污染者承担起环境修复责任。本案在对犯罪分子判处有期徒刑并处罚金，对犯罪行为进行惩戒的同时，注重追索环境治理费用，较好地体现了环境案件恢复性司法的要求。

2. 明显加大了刑事惩戒力度

案例二、南京六合区法院审结的某化工有限公司以及徐某某等人污染环境案。

简要案情：被告南京某化工有限公司以人民币500元/吨这一明显过低的报价，将本应经有资质单位进行专业处理的超标污水共计1600余吨交由不具备污水处理资质的被告人徐某某等人处理。徐某某等人进行了违法处置、排放。

裁判情况：法院对违法单位判处罚金 500 万元，对所有的自然人被告判处 2 年 6 个月至 5 年的有期徒刑。

简要评析：本案一改以往仅仅关注对造成污染的自然人的惩戒，忽视对污染企业刑事问责的做法，对污染企业处以了 500 万元罚金。这有助于从源头上减少污染行为的发生。此外，本案强化了环境刑事司法保护力度，对所有的被告均依法判处实刑，无一缓刑。该判决明显不同于以往环境刑事案件不痛不痒的判决。通过依法严厉惩处环境刑事犯罪，有效遏制环境犯罪、预防环境污染。

3. 较为注重对环境监管人员职务犯罪的问责

案例三、南通市及其辖区法院审结的胡某某等人环境监管人员受贿案。

简要案情：胡某某等 5 名被告人分别任南通市环保局副局长、处长、环境监测中心站站长，崇川区环保局副局长，如东县环保局科长。因收受他人贿赂，分别在履行环评预审、同时验收、危险废物经营许可、环境设备验收、在建项目环境影响评估、建设项目竣工环保验收、环境影响咨询、环境控制监管、污染整治、违规处置危险废物的查处等职责过程中为他人谋取不当利益，分别收受他人从 3.2 万元到 89 万元不等的贿赂。

审理情况：法院经审理，判处 10 年以上有期徒刑 1 人，5 年以上有期徒刑 3 人，免处 1 人。判决追缴了全部犯罪所得，并分别没收了 3.2 万～30 万元的个人财产。

简要评析：环境行政执法是环境法律保护的第一道防线。环境执法人员以权谋私、放弃监管，是环境违法犯罪行为猖獗的一个重要原因。在审理环境刑事案件过程中，充分认识环境监管人员职务犯罪对强化环境法律保护所造成的危害，加大打击力度，有助于把权力关进制度的笼子里。本案强化了对以放弃履行环境监管职责来谋取非法利益职务犯罪的惩戒。5 名被告中有 3 人已经退休或退居二线，但不管是不是在职（陆某等人在案发时已经退休），不管犯罪行为持续时间有多长（5 件职务犯罪案件，最短的时间跨度为 6 年，最长的犯罪时间跨度长达 11 年）都依法进行惩处。通过严厉打击环境监管职务犯罪，督促环境行政执法人员依法履行职责。

（二）环境民事案件

1. 更强调污染者对治理环境的责任

案例四、江阴市法院审结的江阴市环保局诉刁某某等被告水污染责任纠纷案。

简要案情：刁某某以远低于工业废液正常处理价格的报价将煤焦油分离废液交由王某某等人处理。王某某等人趁无人之际将该公司的 30.24 吨煤焦油分离废液倾倒入江阴市冯泾河北支浜内，致使冯泾河北支浜及相连的冯泾河河水大面积被污染。江阴市环保局为防止污染扩大、消除污染，对该污染事件进行相应处置，处置费用共计人民币 589940 元。

审理情况：法院判决王某某等人共同承担涉案水污染事故造成的损失 589940 元。刁某某等被告对上述款项负连带赔偿责任。

简要评析：《环境保护法》第 41 条第 1 款规定："造成环境污染危害的，有责任排除危害，并对直接受到损害的单位或者个人赔偿损失。"但长期以来，环保部门忽视向污染企业追索环境治理费用。由公共财政承担治理污染的费用，一方面将治理污染的责任变相转嫁给公众，另一方面也大大降低了环境污染者的违法犯罪成本。本案判决由污染者承担环境治理的费用，既是环境法律责任的落实，也有助于从经济上防止企业污染环境。

2. 专业化审判水平有所提高

案例五、原吴江市人民法院审结的朱某等人诉苏州某置业有限公司噪声污染纠纷案。

简要案情：苏州某置业有限公司作为房地产开发企业将水泵房规划安装在原告住宅卧室下层，水泵开启时排放的噪声超过国家规定的环境噪声排放标准，干扰了原告的正常生活、休息，构成噪声污染侵权。

审理情况：法院判决责令被告采取有效的隔声降噪措施，使原告住宅内的水泵噪声达到国家规定的环境噪声排放标准。被告赔偿原告精神损害抚慰金人民币 5 万元。

简要评析：法院在审理过程中指定专业检测机构对水泵运行产生的噪声进行检测，并对照国家标准做出构成噪声污染侵权的认定。该案对环境污染事实的认定体现了较高的专业性水准。此外,该案判决被告赔偿精神损失,也是一个亮点。在以往的审判中,法院往往关注环境污染对受害者造成的有形伤害,忽视精神损失。本案考虑到污染行为对受害者生产生活造成严重的困扰,判决被告赔偿原告的精神损失,强化了对公众环境权利的保护。

3. 环境案件举证责任分配原则得到落实

案例六、镇江市丹徒区人民法院审结的潘某某诉镇江市丹徒区白蚁防治所环境污染损害赔偿纠纷案。

简要案情:从被告对紧邻鱼塘的居民房屋进行白蚁灭治的次日开始,原告承包的5亩鱼塘陆续出现死鱼现象。镇江市丹徒区农业委员会、镇江市丹徒区渔政监督管理站出具《关于对上党镇上会村西新自然村胜利大塘鱼死亡的情况调查》,认为灭杀白蚁等所用药物对鱼类以及水生生物有很强的毒性;鱼塘内鱼死亡的原因与鱼病及缺氧没有明显的因果关系;鱼死亡的直接经济损失为16550元。

审理情况:法院认定被告的污染行为导致原告鱼塘的鱼死亡,判决被告赔偿原告经济损失16550元。

简要评析:《侵权责任法》第66条规定:"因污染环境发生纠纷,污染者应当就法律规定的不承担责任或者减轻责任的情形及其行为与损害之间不存在因果关系承担举证责任。"但许多法官依然执着于传统民事案件一般举证责任分配原则,要求原告证明环境污染侵权行为和损害之间的因果关系。本案在查明被告的行为有可能造成损害之后,在被告未能举证证明环境污染侵权行为和损害之间不存在因果关系时,严格依照《侵权责任法》的规定,认定被告对鱼塘所养殖鱼的死亡承担赔偿责任。对举证责任的分配合法合理,较好地保障了当事人的合法权益。

(三)环境行政案件

1. 积极督促环保机关履行政府信息公开职责

案例七、南京市中级人民法院审结的范某诉环保行政机关政府信息公开案。

简要案情:2013年,范某申请环保行政机关公开就某地创建国家生态市

（县、区）向国家环境保护部提交的技术评估或考核验收的申请及相关附件等政府信息。环保行政机关向原告公开了其向环保部提交的申请，但未公开相关附件。范某不服，向法院提起行政诉讼。

审理情况：南京市中级法院以环保行政机关未全面公开政府信息为由，判决责令其限期公开申请的附件。

简要评析：公众参与是环境保护的动力源泉之一。公开相关环境政府信息是公众参与环境保护的基础条件之一。法院审理政府信息案件，坚持对被诉行政行为的合法性进行审查，积极支持公众依法准确、完整、及时、便捷地获取政府信息，有助于保护公众参与环境保护的热情，支持公众依法维护环境权益。南京中院做出判决后，环保行政机关依照《政府信息公开条例》的规定，将相关环境政府信息予以了公开。

2. 坚持合法性审查原则

案例八、靖江市人民法院审结的某化工有限公司清算组诉靖江市环境保护局环境行政许可案。

简要案情：某化工有限公司清算组向靖江市环境保护局请求发放排污许可证。靖江市环境保护局做出了不予受理的书面复函。该化工有限公司清算组不服，提起行政诉讼。

审理情况：法院经审查，判决确认被告不履行法定职责违法。

简要评析：许可法定是行政许可的一项基本原则。环保机关在环境行政许可过程中，必须严格依照法律规定，对申请人的申请是否符合许可条件进行审查。既不能降低许可门槛，也不能任意提高门槛。本案被告未依照法律规定对原告的申请进行审查即做出不予受理决定，违反了许可法定的原则。法院确认该行为违法，有助于环保机关强化依法行政意识。

3. 注重支持和监督并重

案例九、南通市中级人民法院审结的某原料厂诉通州区环境保护局环境行政处罚案

简要案情：某原料厂枣红色基GBC项目生产多年，但配套的水污染防治设施一直未通过验收，违反了《水污染防治法》第17条的规定。通州区环保局依据《水污染防治法》第71条的规定，对该原料厂做出立即停止枣红色基

GBC项目生产,直至配套的水污染防治设施验收合格;并罚款人民币75000元整的行政处罚。该厂不服,向法院提起行政诉讼。

审理情况:法院经审查认为被诉行政行为合法、合理。判决驳回诉讼请求。

简要评析:对污染企业的行政处罚,首先要停止其对环境的进一步危害。本案被告通州区环保局对污染企业做出停止生产直至污染防治设备验收合格的行政处罚很好地体现了这一精神。对于合法、合理的环境行政执法行为,法院就应当通过依法判决,支持环保机关依法履行环境保护法定职责。本案在支持环保部门依法履行职责的同时,也指出了环保部门对污染企业长期存在的污染行为未及时进行处理,存在监管不力的问题,较好地体现了监督与支持并重的司法审查原则。

(四)环境非诉行政执行

通过依法受理审查和执行环境非诉行政执行案件,切实保障环境行政执法措施落实到位。

案例十、南京市中级人民法院审执的江苏省环境保护厅申请对盐城市城东污水处理厂环境保护行政处罚决定予以强制执行案。

简要案情:2009年9月,盐城市城东污水处理厂三期工程投入使用。但该工程在投入运营前未经环保部门竣工验收,违反了《水污染防治法》的规定。2012年12月5日,省环境保护厅经巡查发现后,对盐城市城东污水处理厂做出了罚款25万元、责令停止使用并限期改正的行政处罚。收到行政处罚决定后,盐城市城东污水处理厂向国家环境保护部申请复议。2013年4月27日,国家环境保护部做出复议决定,维持了江苏省环境保护厅做出的行政处罚决定。7月17日,省环境保护厅向城东污水处理厂进行了催告,然而该厂并未主动履行。随后,环保厅向南京市中级人民法院申请了强制执行。

审理情况:法院经审查认为,污水处理厂在明知该项目未经环保竣工验收的情况下,仍进行运行,违反了相关法律规定,省环境保护厅对其处罚并无不当。裁定对省环境保护厅的申请准予执行。

简要评析:在依法审查的基础上对环保机关申请执行的行政处罚予以执

行，能够保障环境行政执法落到实处。江苏每年有6000余件环境行政处罚。环保机关加大环境执法力度，对环境违法行为依法予以惩戒；人民法院积极支持环保机关依法履行职责，有助于发挥生态环境法律保护的整体合力，提升环境法律保护的水平。

四　环境司法保护存在的不足

虽然江苏法院开展环境案件专业化审判已经有一段时间，省法院也通过各种方式要求提升环境案件司法保护水平，但从案件的裁判情况看，除少量案件外，大部分环境案件司法保护效果都不够理想。

（一）环境刑事案件

严厉打击与环境有关的犯罪行为是强化环境司法保护的杀手锏。但从环境刑事案件的审理和裁判情况看，效果不够理想。主要体现在以下几个方面。

1. 对环境犯罪社会危害性的认识不够全面

在环境刑事案件的裁判中，对犯罪行为社会危害性的认定不够全面。突出地表现在将目光局限在经济损失上，忽视生态环境所遭受的损害。以污染环境犯罪为例，审结的7件污染环境犯罪案件，5件进行了环境应急处置，所耗费的费用均超过百万元，总额超过1000万元。遭受损害的环境要恢复到原来的状态还需要资金的持续投入。其余的两件案件，一件排放超标污水1600余吨；一件外排的废水中含有苯、总铬等有毒物质。需要耗费如此高昂的费用进行处理，可以想象生态环境所遭受的破坏有多么严重。但在这些案件的裁判中，很少涉及生态环境究竟遭受了怎么样的损害。以环境污染犯罪为例，往往局限于公私财产的直接损失和环境治理应急处置费用，对环境恢复所需要的费用以及生态环境功能丧失所造成的危害认识相对不足。对环境职务犯罪案件，没有考虑到放弃监管职责后环境保护所面临的危机和生态环境恶化的程度。

2. 量刑大多偏轻

以污染环境犯罪为例，缓刑比例达47.62%。例如，陶某某等人污染环境犯罪案，被告人共计排放生产性污水850余吨，造成薛埠河水体发黑发臭，严重污染环境。为治理河道污染共计花费人民币97.8万元。但4名犯罪嫌疑人最高才判处拘役6个月，且均判处缓刑。张某环境污染犯罪案，被告人在没有处理资质的情况下将800余吨废酸运走处理，仅其中的16吨废酸对土壤所造成的损失就高达人民币257万元，但仅判有期徒刑4年、罚金人民币100万元。

3. 向污染企业刑事问责较少

一审审结的刑事案件中，被告人是自然人的有33人，是企事业单位的仅一家。作为环境污染主体的企事业单位被追究刑事责任的极少。以污染环境罪为例，7件污染环境犯罪中，4件系污水排放污染环境犯罪，2件系倾倒污染性废液污染环境犯罪，1件系倾倒固体废物污染环境犯罪。生产企业有义务对废水、废液和固体废物进行无害化处理。但却在明知道承接业务的单位或个人没有相应的处理资质或处理能力的情况下，以远低于正常水平的价格，将废水、废液或固体废物交由这些单位或个人处理，具有违法或犯罪的故意，涉嫌构成共同犯罪。但仅一件案件对单位处以500万元的罚金，其余均未追究企业的刑事责任。

（二）环境民事案件

除个别案件外，大部分环境民事案件的司法保护效果也不够理想。

1. 撤诉率、调解率过高

2013年审结的一审环境民事案件中，撤诉案件14件，调解结案11件，两者相加占结案总数的73.53%。这些撤诉或调解结案的案件，除5件系噪声污染纠纷案件，与生态环境保护联系相对不够紧密外，其余20件案件所涉及的是水污染、大气污染和土壤污染。如果原告所诉称的污染存在，它所损害的就不仅是原告的利益，还破坏了整个生态环境。这些案件都或多或少带有公益性质。但调撤的案件无法对环境修复问题做出回应，高达73.53%的调解撤诉率，严重影响了生态环境司法保护的效果。

2. 对环境恢复关注程度不够

法院在审理案件的过程中，更多地关注个案纠纷的解决，相对忽视生态环境的保护。这不仅体现在调撤案件中，在判决案件中也同样有所体现。例如，张某等人诉某服饰有限公司水污染纠纷案件，法院认定侵权行为存在，并已经判决被告支付水塘清淤费用。但清淤费用支付给原告之后，这笔钱很难保证能实际用作清淤费用。如果能将该笔费用提存，待清淤结束后原告再向法院申领这笔费用更为妥当。环境刑事案件同样存在这类问题，7件污染环境犯罪案件和1件危险物品肇事犯罪案件都对环境造成了损害，但对环境恢复问题做出回应的仅1件。

（三）环境行政案件

环境行政案件的审理未能充分体现法律监督功能，对环境修复的关注程度也不够。

1. 环境行政处罚案件协调撤诉率过高

审结的7件环境行政处罚案件，3件经法院协调后原告撤诉，撤诉率达43%。这些撤诉案件既没有对被诉行政行为的合法性进行评判，又没有对协调方案的合法性、合理性进行审查，甚至从准予撤诉裁定中无从得知具体行政行为的内容。不排除有些机关以不执行行政处罚为条件换取原告撤诉。法院不仅没有对环境保护机关依法履职情况进行有效监督，甚至有可能导致环保机关放弃监管职责。

2. 对环境行政执法的法律监督不到位

从案件审理的情况看，环境行政执法缺位比较严重。例如，污染企业未按照《大气污染防治法》的要求在2007年底前停止使用高污染燃料，环保机关在时隔5年之后的2012年底才对其做出行政处罚，出现化工企业配套的水污染防治设施未通过验收却能生产多年的现象。环保机关对一些环境污染现象一罚了之，没有考虑到对环境污染的有效治理。法院在审理这些案件的过程中，除个别案件外，大多对环保机关履职不到位也未予置评。

3. 环境行政处罚案件审理忽视对环境的修复

环境行政处罚较为关注对污染企业的惩戒，相对忽视对遭受损害的生态环境的修复。行政处罚甚至没有对排污单位对环境造成的污染进行认定。不能排除这些企业的违法行为有构成刑事犯罪的可能。例如，某电动工具有限公司诉某市环境保护局环境行政处罚案。某市环保局对原告进行现场环境监察时发现，该公司的废气吸收净化装置电机已坏，废气吸收净化装置处于停运状态，滴漆车间废气处于直排状态。处理结果是罚款人民币4.5万元。罚款之后，企业只要不停产，还会继续污染环境。仅仅靠罚款，不从源头上解决废气处理问题，仍然实现不了环境保护的目标。

五 强化环境司法保护的若干建议

针对所暴露出来的问题，应当从以下几方面强化生态环境司法保护。

（一）加大对环境刑事犯罪的惩戒力度

刑事审判强调宽严相济，但环境立法对环境犯罪行为的惩戒相对较轻，在这种情况下再强调宽严相济将严重削弱环境刑事审判的威慑力。在环境污染事件频发，生态环境日益恶化的情况下，必须强化环境刑事审判的打击力度，突出惩戒功能。一是要以是否足以遏制生态环境犯罪作为在法定幅度内量刑的主要考量因素，适度重判，从严从重。二是要把刑事惩戒落到实处，慎用缓刑，杜绝隔靴搔痒。三是要强化对环境污染犯罪的经济制裁，不仅要追究个人的刑事责任，更要注重追究污染企业的刑事责任，充分适用罚金刑，让严重危害环境者得不偿失，从经济上遏制企事业单位污染环境的冲动。

（二）确立判决优先的司法政策

环境案件不仅关系到当事人合法权利的保障，同时还涉及环境公共利益的维护。环境案件的审理，要注重维护环境公共利益。一是要适度限制调解和撤诉。调解仅仅是对原告权利的救济，无法兼顾生态环境的修复。因此，环境民事案件应当采用判决优先的司法政策，慎重调解。不仅要限制调解，同时要限制撤诉。对那些污染行为证据确凿的，也不能放任原告撤诉。

（三）注重生态环境的有效修复

环境案件的审理应当特别关注生态环境的修复。环境污染纠纷民事案件的审理，不仅要关注受害人的权利救济，同时要让侵权者负责对遭受损害的生态环境进行修复。环境行政案件的审理，不仅要关注被诉行政行为的合法性、合理性，同时要关注行政机关是否依法充分履行了环境保护职能。对恢复性救济不到位的行政处罚（如只责令污染企业停止生产等，未要求污染企业对遭受危害的环境进行治理），要依法予以变更或撤销。在环境刑事案件、环境行政案件审理过程中发现遭受污染的环境未得以及时治理的，要督促环保机关依照《行政强制法》的规定，以代履行的方式及时对遭受污染的生态环境进行修复。

（四）充分发挥行政审判的法律监督功能

法院在审理环境行政案件过程中，要坚持对被诉行政行为的合法性、合理性进行全面审查，督促环保机关依法全面履行环境监管法律职责。对明显畸轻的行政处罚，要依法做出变更判决，或撤销行政行为并责令重新做出行政决定。对明显不合法的行政许可，要依法予以撤销。涉及生态环境保护的环境行政案件原则上应当禁止协调。不能允许以环保机关放弃监管职责为代价换取原告撤诉。行政执法是环境法律保护的第一道防线。法院应当通过行政审判，支持和监督环境保护行政机关依法履行环境保护职责。不能为了个案的解决，放任环保机关做无原则的让步。

（五）充分发挥环境法律保护联动机制的积极作用

在民事案件审理的过程中，对那些明显违法的环境污染行为，应当以适当的方式将案件信息通报环保机关或公安机关。让污染企业不仅承担民事责任，同时还要承担相应的行政责任，甚至刑事责任。使得环境法律责任体系都能充分发挥作用。法院在审理环境行政案件过程中，发现环保行政机关执法存在缺位现象的（例如，环保机关没有要求污染者排除环境污染危害），应当通过联动机制或司法建议，及时提示环保行政机关依法履行职责；环保机关治理遭受污染环境的代履行费用未向污染者追索的，应当建议其及时追索；发现行政处罚未查明行为危害后果的，应当提示环保机关查明事实，并根据其社会危害性，恰当地做出处罚；发现污染企事业单位或个人涉嫌犯罪的，或者环保执法人员涉嫌渎职犯罪的，应当向环保机关、公安机关或检察机关发送司法建议，建议立案查处。

B.12
2013年江苏商标法治发展状况

江苏省工商行政管理局商标处*

摘　要： 2013年，江苏省工商系统会同商标战略实施工作相关部门，紧紧围绕服务经济转型升级和经济发展方式转变，进一步深化改革，创新工作，以全面提升企业、产业和区域品牌竞争力为主线，以完善企业自保、行政保护与司法保护"三位一体"的商标保护体系为重点，以"护航品牌"专项活动为载体，坚持量质并举，坚持发展与保护并重，坚持行政指导与企业能动有效互动，全面强化商标权保护，江苏省商标法治建设取得了显著成效。认真总结近年来江苏商标法治的建设成果，研究当前商标保护中存在的问题和挑战，对进一步提升江苏商标保护水平、推动商标战略深入实施具有重要意义。

关键词： 江苏商标　保护　实践　建议

引　言

保护是知识产权实现创新发展的根本动力。作为知识产权体系中覆盖面最广、影响力最大、作用力最持久的知识产权，商标权的保护是一个国家或地区实现创新发展的核心要素和关键环节。江苏是东部沿海地区经济较为发达的省份之一，外向型经济的特点和经济发展转型升级的内在需要使得江苏既成为全国深入实施商标战略的先行者，也成为经济较为发达地区商标保护的生力军。

---

* 执笔人：徐光新，江苏省工商行政管理局商标处综合科科长。

江苏法治蓝皮书

近年来，江苏省工商局会同商标战略实施工作相关部门，围绕商标保护放心省建设，以构建完善自我保护、行政保护和司法保护"三位一体"的保护体系为重点，采取了一系列扎实有效的举措，在实践中走出了一条具有江苏特色的商标战略实施之路，商标法治建设取得了突出成果。2011年，江苏省工商局获世界知识产权组织和国家工商总局联合颁发的中国商标保护金奖，是我国唯一获此殊荣的省工商局。本文拟就近年来江苏省商标法治的建设实践做一考察和思考。

一 近年来江苏省商标保护工作成效

近年来，江苏省始终以打造东部沿海地区商标保护首善之区为目标，坚持发展指导与执法保护并重，结合经济社会发展的实际，依托江苏发展规划和地区特色产业发展，大力普及商标知识，弘扬商标文化，培育自主品牌，注重通过商标战略的深入实施不断优化商标保护的外部环境；通过强化品牌培育和行政指导着力防范商标侵权，推动自主品牌发展；通过强化商标保护长效机制建设，从根本上杜绝商标违法行为，消除商标侵权行为发生的土壤，营造公平竞争的市场秩序和法治环境，商标保护取得了显著成效。

（一）商标保护理念牢固树立

商标是区别商品或服务来源的识别性标志，随着经济国际化的深入，世界贸易的对象已不仅仅局限于商品和技术，商标作为一种重要的知识产权，贸易商标已经是在"二战"以后尤其是当今知识经济时代中一种重要的竞争模式，商标在经济竞争中也扮演了更为重要的角色。有别于计划经济时代商品的附属物，在当今时代，商标已经成为影响商品交换价值大小和价值实现的"主宰"。这种变化使商标的功能由最初的识别功能逐步发展成为识别标志、表彰宣传、品质保证、信誉载体和价值载体的功能，并由这五项基本功能延伸出生产要素、竞争工具和资源配置功能。商标功能的演变，使高知名度、高美誉度的商标成为企业间、区域间、国家间谋求市场有利地位的重要竞争手段。自主知名品牌的多寡不仅成为企业能否占领国内外市场制高点的重要武器，更是成为国家和区域开展综合竞争的重要工具。近年来，美、欧等发达国家为了使自己的知名品牌转化为竞争优势,始终竭力追求商标权的高水平保护,将品牌优势转化为市场优势,使商标知识产权成为国际竞争的"软实力"。2009年,江苏省工商局及时建议省委省政府大力实施以商标保护为核心内容的商标战略,将商标战略实施与创新型经济发展和经济发展方式转变有机融合、统筹部署。省政府于2010年9月召开了全省深入实施商标战略工作会议,出台了《关于深入实施商标战略的意见》,成立了由分管省长任组长、30个部门负责人为成员的江苏省商标战略实施工作领导小组;全省先后有13个省辖市和104个县(市、区)制定了商标战略实施意见;① 省有关部门也在资金融通、科技研发、质量管理、对外贸易等方面对商标战略实施给予支持,形成了省、市、县三级联动实施商标战略的工作格局。2012年,省委将自主品牌企业(受到驰名商标和江苏省著名商标保护的企业)增加值占GDP比重指标纳入"两个率先"指标体系,将商标战略实施成果作为考量"两个率先"进程的重要因素,进一步凸显了商标战略理念。

(二)商标保护机制不断完善

1. 建立行政机关与企业联动保护机制

全省各级工商机关建立企业打假联络员制度和"零距离""直通车"打假维权服务机制,在重点企业中确立专职打假联络员,及时沟通信息,从根本上提升商标保护实效。同时,为提升企业商标保护意识和能力,建立"品牌管理师"培训制度,加强对企业负责人和商标管理人员的专业培训,自2010年以来共开展30余期培训,培养企业商标专业人才3600余名。

2. 完善执法协作机制

一方面,工商机关加强与海关、知识产权、质监等部门的商标保护协作,及时沟通信息,通报案件线索,完善商标执法协作制度。自2010年打击商标侵权假冒工作开展以来,全省各地工商机关与有关部门共召开商标保护座谈会、研讨会达202次,开展联合执法376次。另一方面,着力强化区域商标保护协作。充分运用"华东六省一市""长三角""淮海经济协作区""十五副

---

① 本报告中的数据来自江苏省工商行政管理局、江苏省商标战略实施工作领导小组办公室发布的2010年度、2011年度、2012年度和2013年度《江苏省商标发展与保护状况》,以及国家工商行政管理总局商标局、商标评审委员会发布的2013年度《中国商标战略年度发展报告》。

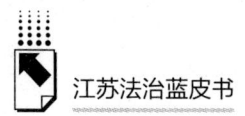

省级城市"四大商标监管协作网络,在商标侵权案件高发地区组织开展商标保护行动,仅2012年度江苏省各级工商机关就镇江香醋、射阳大米、盱眙龙虾、红豆等商标,协调外省市工商部门查处商标侵权案件353件。近年来,江苏省工商局与江西省工商局多次协调,联手开展了专项执法行动,端掉两个"镇江香醋"制假售假窝点;在保护"太格及图"的商标专用权过程中,因案件同时涉及上海、浙江、广东等地工商、海关多个部门,经过多次协调相关地区和部门,妥善解决了"太格及图"商标纠纷。

3. 建立完善商标行政执法与司法保护衔接机制

一方面,工商机关建立与公安机关的司法衔接机制,对现场查获、行为人可能逃匿或销毁证据的,公安机关提前介入;对工商机关的移送案件,公安机关及时审查;对不构成刑事犯罪属于工商行政管辖的案件,公安机关及时移交工商机关处理。在近年来开展的打击侵权假冒工作中,江苏省各级工商机关每年移送司法机关案件100余件。另一方面,工商机关建立与法院系统的重大疑难案件会商制度,2009年、2012年,江苏省工商局与省法院两次联合召开了商标案件研讨会,就复杂疑难商标典型案例开展深入讨论,进一步统一商标侵权认定标准和保护尺度,提高商标执法效率,形成执法合力。

4. 完善商标保护国际交流合作机制

2012年,江苏省政府建立了与世界知识产权组织的商标国际注册与保护的交流合作机制,签署了合作会谈纪要,江苏省工商局与世界知识产权组织先后在苏州、南京、常州、无锡等地联合举办了"有效利用马德里商标国际注册体系巡回研讨会",全省共有800多名出口企业和商标代理组织负责人参加了培训。江苏省工商局先后与美国全国商会共同举办了"中美(江苏)第二届知识产权论坛";多次召开"江苏外商投资企业商标保护座谈会"和"德资企业商标知识产权保护宣介会";积极配合国家工商总局成功打赢了"镇江香醋"韩国保卫战,该案成为我国通过国际合作机制成功解决商标纠纷的典型案例。

(三)商标保护效能显著提升

1. 以注册推动保护,有力夯实了商标权利基础

商标注册是商标保护的前提,也是商标保护最有效的手段。通过商标注册获得商标专用权,充分发挥商标权可以续展无限延期的优势,使创新成果依法得到更加持久的保护。近年来,江苏省工商机关以"商标战略进基层进企业"专项活动为抓手,大力推行"四书两帐两卡"商标行政指导制度,不断提升企业申请注册商标、培育自主品牌的能力,江苏省商标国际国内申请量连续多年实现较快增长。2013年,江苏省国内商标申请量达11万余件(见图1),累计通过马德里体系国际注册商标量突破1400件(见图2),为企业有效参与市场竞争奠定了坚实的商标权利基础。

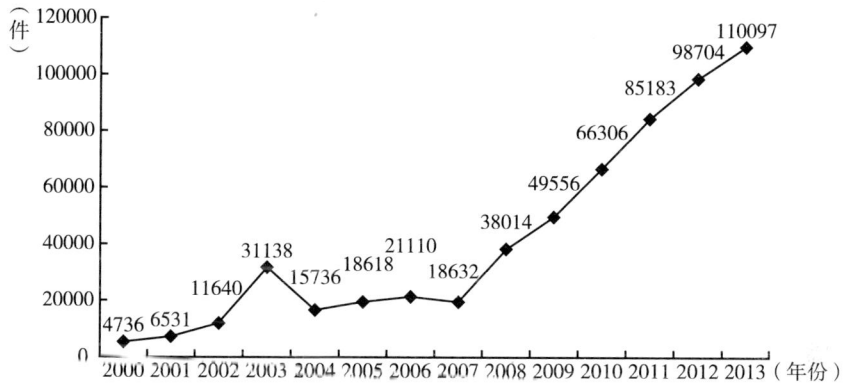

图1　2000年以来全省商标申请情况曲线图

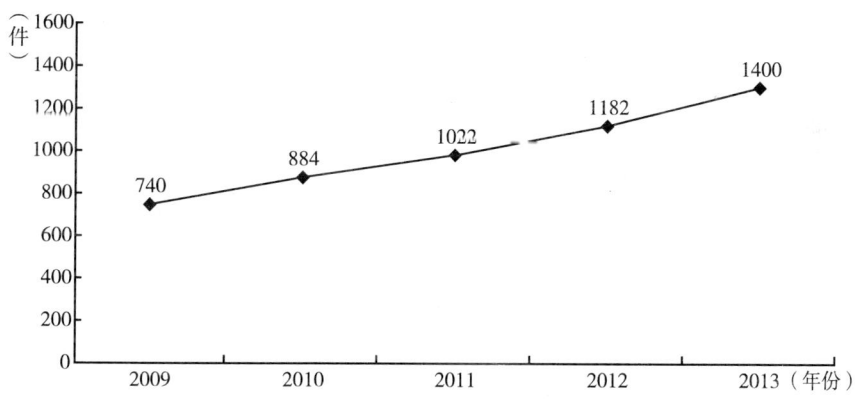

图2　2009年以来全省马德里商标国际注册曲线图

2. 以运用完善保护，拓展商标功能

商标运用是商标保护的关键，作为标志类知识产权，商标可以有效凝聚企业的创新成果并承载商业信誉，通过商标的有效运用可以更好提升商标知名度和美誉度，可以依法得到驰名商标、省著名商标认定制度的保护，实现对商标权的高水平保护。2013年，全省共有"红豆""梦兰""徐工"等507件商标被国家工商总局认定为驰名商标（见图3），3451件商标被江苏省工商局认定为江苏省著名商标（见图4）。同时，商标的价值提升还可以进一步拓展功能，为企业提供了新的融资途径。近年来，江苏省工商局会同中国人民银行南京分行大力开展商标质押贷款工作，全省已有123户企业办理了商标质押贷款，

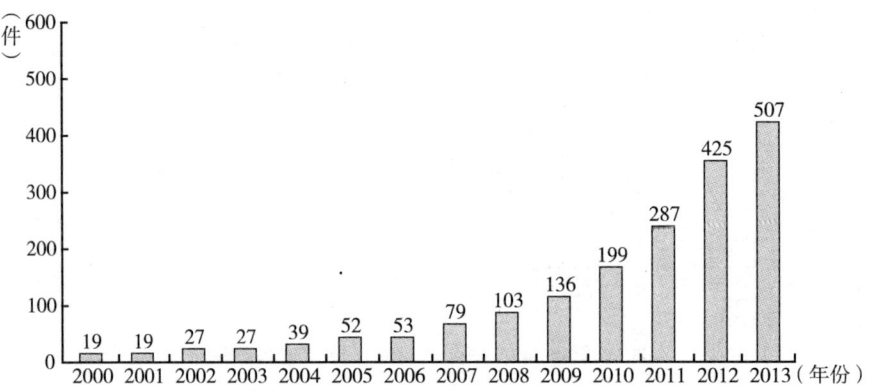

图3　2000年以来全省驰名商标数量柱状图

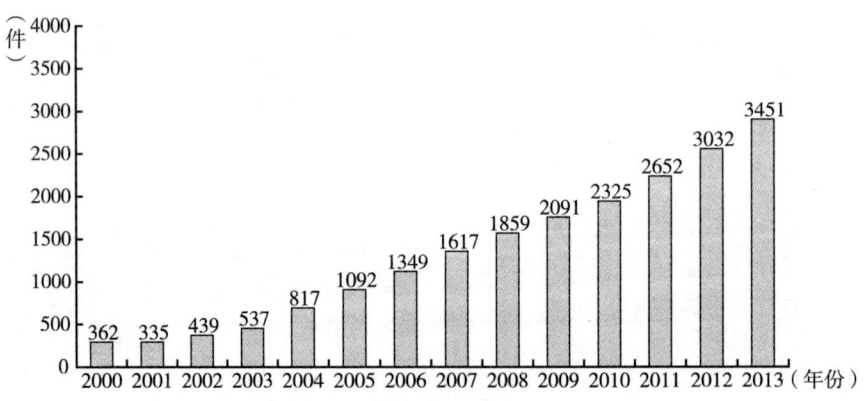

图4　2000年以来全省著名商标数量柱状图

融资近55亿元。此外，江苏省工商机关自2009年开始，大力加强产业集群品牌培育基地建设，通过指导基地行业协会申请注册集体商标，强化集体商标的运用和保护，集中打造地方特色产业的公共品牌。全省28个省产业集群品牌培育基地企业年度总产值由认定前的3880亿元增加到认定后的5159亿元，年度总利润由399.8亿元增加到521.4亿元，增幅达30%以上，品牌培育基地企业综合竞争力显著提升，推动了产业经济和区域经济的健康发展。

3. 以执法强化保护，切实保障权益

商标执法是商标保护的手段，也是维护商标权利的根本保障。近年来，江苏省工商局一方面通过集中辅导、专家授课、网络教学、专题讲座、组织竞赛等方式，对基层商标监管人员进行系统培训，共开展系统培训500余次，培训商标行政执法人员10000余人（次），培养了一支业务精干的商标行政执法队伍；另一方面，始终保持对商标侵权行为的高压态势，加大商标专用权保护力度。全省商标申投诉处理率达到100%，商标案件当年处理率达到95%以上。江苏省工商系统查处的商标违法案件逐年上升，如图5所示，已由2010年的1922件上升到2013年的2852件。在2011年打击侵犯知识产权和制售假冒伪劣商品专项行动期间，江苏省工商系统立案查处的各类违法案件占全省行政案件总数的近1/2，位居全省行政执法机关之首，移送司法机关案件107件，占全国工商系统移送总数的1/7，有两起大案入选全国工商系统十大典型案例。

图5　2009年以来全省商标违法案件曲线图

4. 商标保护氛围更加浓厚

江苏省工商部门充分利用报纸、电视、广播、微信、微博等方式，强化商标知识的宣传普及，先后开通（设）了江苏商标网、江苏商标战略微博、红盾江苏在线微信、新华日报专版等，自2008年开始连续7年发布《江苏省商标发展报告》，以纪念"4·26世界知识产权日"宣传咨询活动、商标战略宣传环省行、商标战略万里行等活动为载体，深入企业、社区和公共场所，提高全社会商标意识。在近年来开展的"品牌照耀江苏""我最喜爱的江苏商标"评选推荐系列宣传活动中，社会各界通过短信、网络投票等方式表达对江苏商标保护事业的关注。江苏省法院系统连续向社会发布江苏法院知识产权司法保护蓝皮书，向社会公布全法院知识产权十大民事典型案例和十大刑事、行政案例，召开"4·26世界知识产权日"新闻发布会，强化商标知识产权宣传力度，营造良好的商标保护氛围。

二　2013年度商标保护状况

2013年，江苏省工商机关以"护航品牌"专项活动为载体，着力围绕商标创造、运用、保护和管理，加快商标法治建设，取得重要进展。

（一）年度商标申请与注册

2013年，全省共申请商标注册110097件，同比增长12%；获得商标注册60069件。截至2013年底，全省共有国内有效注册商标45.91万件。全省新增马德里商标国际注册238件，有效注册总数达1420件。

1. 类别和行业分布

全年申请、注册量最多的类别是第25类，申请9922件，注册5571件（见表1），该类别的商品主要是服装、鞋帽，是江苏省传统优势产业。第35类（广告、推销等）增长较快，申请量由2012年的5240件增长到7258件，增幅近39%，数据显示全省现代服务业品牌建设需求正不断加大。

从产业分布看，全省市场主体共拥有农林牧渔业商标39393件，占10.21%；制造业商标268847件，占69.67%；服务业商标77659件，占20.12%。

表1 2013年全省商标申请量、注册量排名前10位类别表

单位：件，%

	尼斯分类	25 服装、鞋帽	35 广告推销	9 仪器、计算机	7 机械、机器	31 谷物、水果	30 米、面粉	43 餐饮住宿	29 肉鱼等食品	24 布料	11 照明等装置
申请量	数量	9922	7258	6312	5394	4831	4780	4019	3988	3828	3609
	百分比	9.02	6.60	5.74	4.90	4.39	4.35	3.65	3.63	3.48	3.28
注册量	尼斯分类	25 服装、鞋帽	9 仪器、计算机	7 机械、机器	35 广告推销	31 谷物、水果	24 布料	30 米、面粉	29 肉鱼等食品	6 金属、金属材料	11 照明等装置
	数量	5571	3836	3633	3540	2933	2615	2400	2237	1681	1129
	百分比	9.29	6.39	6.06	5.90	4.89	4.36	4.00	3.73	2.80	1.88

其中，制造业中第25类、第7类、第9类、第30类数量最多（见图6），体现了全省传统产业发展的优势；服务业中第37类、第43类、第42类、第41类以广告业、餐饮业、建筑业、文化体育和娱乐业等为代表的服务业数量占20%以上，契合全省服务业快速发展的良好态势。

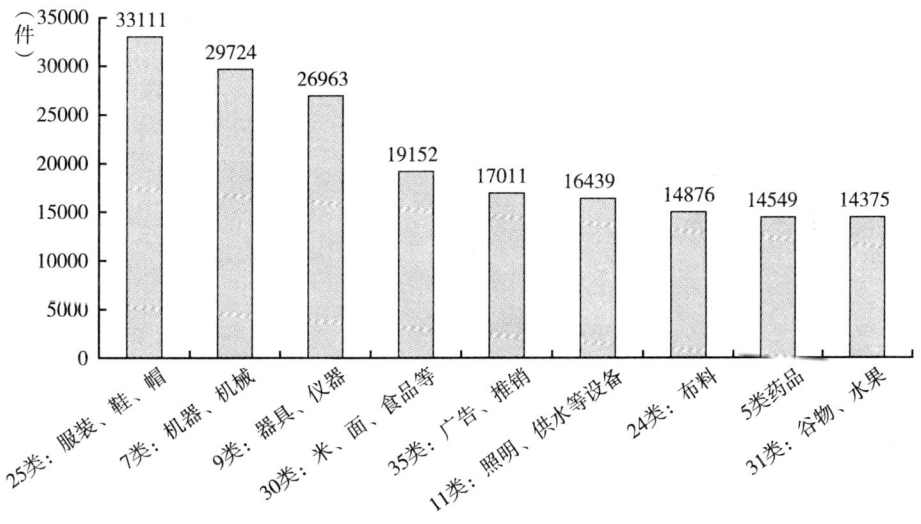

图6 全省市场主体注册商标排名前十位类别图

2. 区域分布

2013年，商标申请数排名前三位的省辖市依次是：苏州市27627件、南京市18547件、无锡市12407件；商标注册数排名前三位的省辖市依次是：苏州市13758件、南京市10503件、无锡市7795件（见表2），苏南地区在商标申请与注册方面保持了绝对优势。

表2 2013年全省商标申请、注册区域分布表

单位：件

市别	国内商标新申请数	国内商标新注册数	有效国内注册商标总数	有效马德里国际注册商标总数
全省	110097	60069	459132	1420
南京	18547	10503	69306	235
无锡	12407	7795	71228	239
徐州	4255	2418	16992	18
常州	7786	4733	39874	139
苏州	27627	13758	109512	348
南通	8835	5760	39327	154
连云港	2640	1248	10575	11
淮安	4456	1579	10529	20
盐城	4923	2518	18194	47
扬州	6932	4742	31976	65
镇江	4270	2021	16736	54
泰州	3964	1921	17470	66
宿迁	2868	1266	7895	24

3. 市场主体分布

2013年，全省新申请注册商标的市场主体有33404户，其中：私营企业27232户，占81.52%，共申请67250件；个体工商户1635户，占4.89%，共申请2353件；内资企业1388户，占4.16%，共申请8761件；外资企业1288户，占3.86%，共申请6309件；农民专业合作社1861户，占5.57%，共申请2593件（见图7）。

截至2013年年底，全省各类市场主体拥有有效注册商标38.58万件，其中私营企业拥有26.05万件，占67.53%；个体工商户拥有4.59万件，

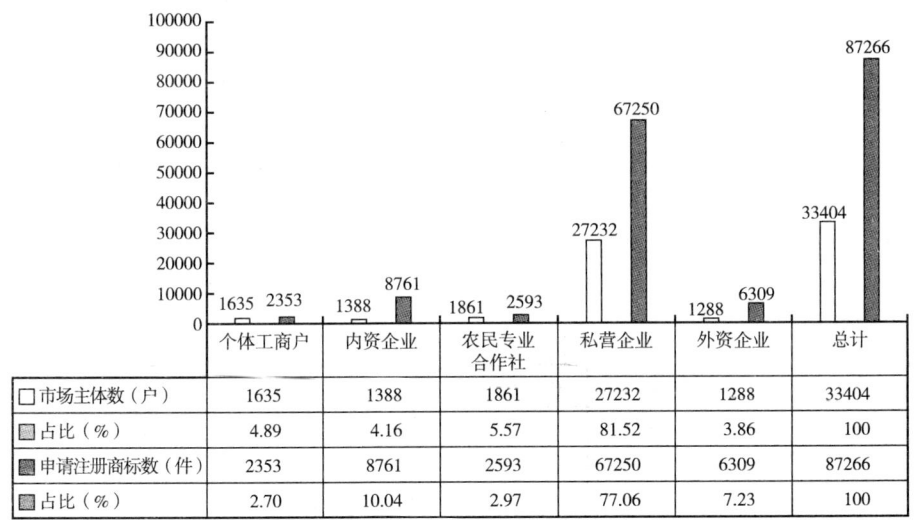

图 7　2013 年全省各类市场主体申请注册商标情况

占 11.89%；内资企业拥有 3.93 万件，占 10.18%；外资企业拥有 3.51 万件，占 9.11%；农民专业合作社拥有 0.50 万件，占 1.29%。从企业类型看，外资企业拥有注册商标的户数为 7076 户，占外资企业总数的 14.01%，比重最高，其中拥有 45 件以上注册商标的户数为 121 户，外资企业共拥有注册商标 3.51 万件，户均拥有 4.96 件。私营企业拥有注册商标的户数为 100403 户，占私营企业总数的 6.92%，其中拥有 45 件以上注册商标的户数为 494 户；私营企业共拥有注册商标 26.05 万件，户均拥有 2.6 件。内资企业拥有注册商标的户数为 7187 户，占内资企业总数的 4.97%，其中拥有 45 件以上注册商标的户数为 178 户；内资企业共拥有注册商标 3.93 万件，户均拥有 5.5 件。农民专业合作社拥有注册商标的户数为 3796 户，占总数的 5.34%，农业专业合作社共拥有注册商标 0.5 万件，户均拥有 1.3 件。个体工商户拥有注册商标的户数为 29503 户，占个体工商户总数的 0.78%，个体工商户共拥有注册商标 4.58 万件，户均拥有 1.6 件（见图 8）。

（二）地理标志商标注册保护情况

2013 年，全省新增地理标志商标 51 件，其中：无锡 1 件，徐州 2 件，常

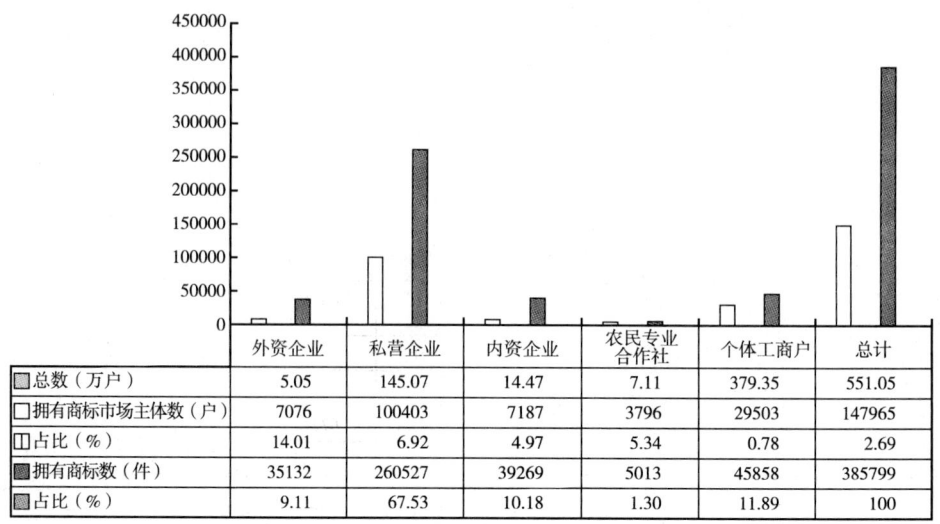

图8 全省市场主体拥有注册商标分布图

州1件,南通4件,连云港5件,淮安33件,盐城3件,泰州1件,宿迁1件。截至2013年底,全省13个省辖市均拥有地理标志商标,全省已注册地理标志商标总量达116件(见图9),其中:苏南地区27件,苏中地区18件,苏北地区71件(见表3)。

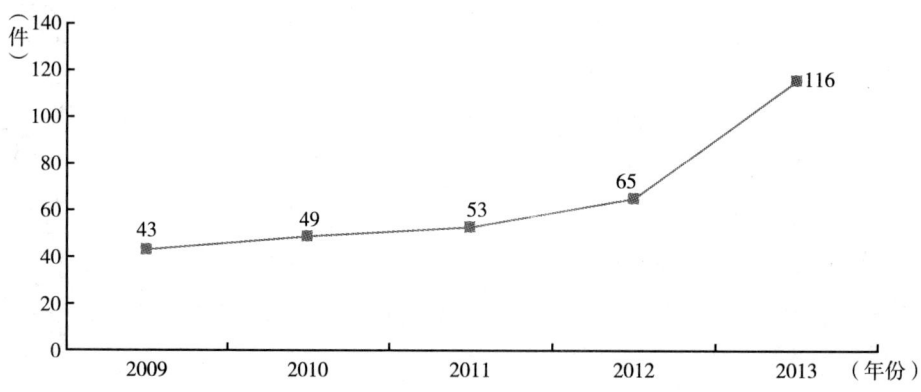

图9 2009年以来全省地理标志商标注册曲线图

表3　江苏省已注册地理标志商标名录（截至2013年12月31日）

所属地	商标名称	注册人	注册号	核定商品
南京 （4件）	南京雨花茶	南京茶叶行业协会	10956961	茶
	南京云锦	南京市云锦研究所	3327697	织物；装饰织品
	南京云锦	南京市云锦研究所	5324522	床单；枕套等
	南京云锦	南京市云锦研究所	5324523	服装；帽；鞋等
无锡 （7件）	阳山	无锡市惠山区阳山水蜜桃桃农协会	2016462	桃子
	甘露	无锡市锡山区鹅湖水产协会	3821788	青鱼（活）
	宜兴百合	宜兴市百合协会	4512393	新鲜百合
	宜兴紫砂	宜兴市陶瓷行业协会	3790774	陶器；日用陶器等
	江阴河豚	江阴市农林协会	6551592	河豚
	斗山太湖翠竹	无锡市锡山区锡北镇茶业协会	5558672	茶叶
	宜兴大闸蟹	宜兴市水产协会	11111700	蟹（活的）
徐州 （3件）	邳州大蒜	邳州市大蒜协会	3586359	新鲜蒜
	丰县牛蒡	丰县范楼镇农村经济管理服务中心	12461793	牛蒡（新鲜蔬菜）
	沛县大米	沛县稻米协会	10903661	大米
常州 （7件）	溧阳白芹	溧阳市绿色食品办公室	3736142	白芹
	金坛雀舌	金坛市茶叶协会	5508967	茶叶
	焦溪舜山二花脸母猪	常州市焦溪二花脸母猪合作社	4855036	母猪
	焦溪舜溪猪肉	常州市焦溪二花脸母猪合作社	5698120	猪肉
	阳湖水蜜桃	常州市武进区果品协会	5922155	水蜜桃
	建昌红香芋	金坛市建昌红香芋协会	7697210	新鲜芋头
	金坛九节水芹	金坛市水芹协会	7917402	水芹（新鲜蔬菜）
苏州 （6件）	常阴沙大米	张家港市常阴沙大米产业协会	10643390	米
	镇湖苏绣	苏州高新区镇湖刺绣协会	7920722	手绣、机绣图画；丝织美术品；刺绣工艺品
	洞庭山碧螺春	苏州市吴中区洞庭（山）碧螺春茶业协会	1163958	茶叶
	巴城阳澄湖	昆山市巴城镇阳澄蟹业协会	5067165	蟹（活）
	镇湖苏绣	苏州高新区镇湖刺绣协会	7147057	绣花饰品等
	凤凰水蜜桃	张家港市凤凰镇农技推广服务中心	7653981	桃

续表

所属地	商标名称	注册人	注册号	核定商品
南通 (7件)	如皋盆景	如皋市花木盆景协会	8156659	花木盆景
	如东狼山鸡	如东县狼山鸡协会	9327078	活鸡
	如东狼山鸡	如东县狼山鸡协会	9327079	白条鸡
	如皋黑塌菜	如皋市种植业协会	10302575	黑塌菜
	如皋白萝卜	如皋市种植业协会	11929621	萝卜
	如皋白萝卜	如皋市种植业协会	11929622	五香萝卜;萝卜干
	海门山羊	海门市山羊产业协会	11395530	山羊
连云港 (8件)	连云港云雾茶	连云港市新浦区茶叶产业协会	7830980	茶
	连云港紫菜	连云港紫金海藻产业研究发展中心	7774962	烤紫菜;紫菜
	灌云大豆	灌云县大豆协会	8665449	豆(未加工的)
	赣榆梭子蟹	赣榆县海头镇浅海水域养殖协会	11612634	梭子蟹
	赣榆白虾	赣榆县海头镇浅海水域养殖协会	11680918	虾(活的)
	赣榆大黄鱼	赣榆县海头镇浅海水域养殖协会	11681140	大黄鱼
	赣榆对虾	赣榆县海头镇浅海水域养殖协会	11681141	对虾
	赣榆鲳鱼	赣榆县海头镇浅海水域养殖协会	11681154	鲳鱼
淮安 (46件)	淮阴黑猪	淮安市淮阴区畜禽产业协会	11332459	活猪
	金湖芡实	金湖县农副产品营销协会	10154869	加工过的干芡实
	金湖荷藕	金湖县农副产品营销协会	10154868	鲜藕
	金湖螃蟹	金湖县农副产品营销协会	10154872	螃蟹(活的)
	金湖白鹅	金湖县农副产品营销协会	10154867	白鹅(活的)
	金湖泥鳅	金湖县农副产品营销协会	10154870	泥鳅(活的)
	金湖甲鱼	金湖县农副产品营销协会	10154871	甲鱼(活的)
	盱眙龙虾	江苏省盱眙龙虾协会	3739968	龙虾(活)
	淮安大米	淮安市优质稻米开发协会	4970201	未加工的稻
	淮安大米	淮安市优质稻米开发协会	4970200	米
	洪泽湖螃蟹	洪泽县洪泽湖大闸蟹协会	7026934	螃蟹(活的)
	金湖大米	金湖县米业协会	6748052	米
	淮安红椒	淮安市蔬菜流通协会	7267333	辣椒(新鲜蔬菜)
	金湖甲鱼	金湖县农副产品营销协会	12414733	甲鱼(非活)
	金湖螃蟹	金湖县农副产品营销协会	12414734	螃蟹(非活)
	金湖泥鳅	金湖县农副产品营销协会	12414735	泥鳅(非活)
	金湖白鹅	金湖县农副产品营销协会	12414736	白鹅(非活)
	金湖芡实	金湖县农副产品营销协会	12414737	芡实(新鲜芡实)
	金湖荷藕	金湖县农副产品营销协会	12414738	荷藕(加工过的荷藕)
	淮阴黑猪	淮安市淮阴区畜禽产业协会	11332460	猪肉(加工过的)

2013年江苏商标法治发展状况

续表

所属地	商标名称	注册人	注册号	核定商品
淮安 (46件)	洪泽大米	洪泽县洪泽湖农产品协会	11186027	大米
	洪泽河蚬	洪泽县洪泽湖农产品协会	11186034	河蚬(活的)
	洪泽河蚬	洪泽县洪泽湖农产品协会	11186035	河蚬(非活)
	洪泽银鱼	洪泽县洪泽湖农产品协会	11186036	银鱼(活的)
	洪泽白鹅	洪泽县洪泽湖农产品协会	11186037	鹅(活)
	洪泽芡实	洪泽县洪泽湖农产品协会	11186031	干芡实
	洪泽芡实	洪泽县洪泽湖农产品协会	11186030	新鲜芡实
	西顺河红衣小花生	洪泽县洪泽湖农产品协会	11186032	新鲜花生
	淮安蒲菜	淮安市淮安区农副产品协会	11953707	蒲菜(加工过的熟蔬菜)
	淮安蒲菜	淮安市淮安区农副产品协会	11953708	新鲜蒲菜
	淮安蒲菜	淮安市淮安区农副产品协会	11953709	蒲菜(加工过的熟蔬菜)
	淮安蒲菜	淮安市淮安区农副产品协会	11953710	新鲜蒲菜
	淮安茶馓	淮安市淮安区茶馓行业协会	12461037	茶馓(糕点)
	淮安茶馓	淮安市淮安区茶馓行业协会	12461038	茶馓(糕点)
	淮安茶馓	淮安市淮安区茶馓行业协会	12461039	茶馓(糕点)
	淮安茶馓	淮安市淮安区茶馓行业协会	12461040	茶馓(糕点)
	涟水鸡糕	涟水县农副产品营销协会	12414723	肉糜(鸡肉制品)
	涟水鸡糕	涟水县农副产品营销协会	12414724	肉糜(鸡肉制品)
	涟水捆蹄	涟水县农副产品营销协会	12414725	捆蹄(猪肉食品)
	涟水捆蹄	涟水县农副产品营销协会	12414726	捆蹄(猪肉食品)
	涟水荷藕	涟水县农副产品营销协会	12414727	加工过的荷藕
	涟水荷藕	涟水县农副产品营销协会	12414728	新鲜荷藕
	涟水千张	涟水县农副产品营销协会	12414729	千张(豆腐制品)
	涟水萝卜干	涟水县农副产品营销协会	12414730	萝卜干
	涟水萝卜干	涟水县农副产品营销协会	12414731	萝卜干
	涟水千张	涟水县农副产品营销协会	12414732	千张(豆腐制品)
盐城 (12件)	建湖大米	建湖县粮食行业协会	11530536	米
	射阳大米	射阳县大米协会	3265993	米
	东台西瓜	东台市西瓜产销协会	3729507	西瓜
	滨海白首乌	江苏省白首乌产业协会	6162877	白首乌片(中药材)等
	阜宁大米	阜宁县粮食行业协会	4734429	米
	建湖大米	建湖县粮食行业协会	6151600	米
	建湖烟花	建湖县花炮商会	4500324	焰火;烟花;爆竹等
	东台蚕茧	东台市蚕业协会	7710654	蚕茧
	阜宁大糕	阜宁县粮食行业协会	8117749	大糕(米糕)
	东台发绣	东台市发绣协会	10557908	绣花饰品
	灌河四鳃鲈鱼	响水县特色农产品种养技术协会	11221852	鱼(非活)
	裕华大蒜	大丰市裕华镇人蒜协会	11307765	大蒜

201

续表

所属地	商标名称	注册人	注册号	核定商品
扬州（2件）	高邮鸭蛋	高邮鸭蛋行业协会	3721793	鸭蛋
	宝应荷藕	宝应县荷藕行业协会	7462073	藕（新鲜的）
镇江（3件）	镇江香醋	镇江市醋业协会	4488806	醋
	镇江陈醋	镇江市醋业协会	4488787	醋
	镇江陈醋	镇江市醋业协会	6771159	醋
泰州（9件）	黄桥烧饼	泰兴市黄桥烧饼协会	11656372	烧饼
	泰兴白果	泰兴市银杏协会	2016468	白果
	兴化大米	兴化市大米行业协会	6020916	米
	兴化大青虾	兴化市大青虾行业协会	6020920	虾（活）
	兴化大闸蟹	兴化市大闸蟹行业协会	6020921	大闸蟹（活）
	兴化面粉	兴化市面粉行业协会	6020917	食用面粉
	兴化香葱	兴化市香葱协会	6020918	脱水葱
	姜堰大米	姜堰市大米协会	6190214	米
	靖江香沙芋	靖江市农业科学技术推广中心	11944057	芋头
宿迁（2件）	泗洪大枣	江苏省泗洪大枣协会	7261907	鲜枣
	泗阳杨树	泗阳县木业商会	12379665	树木等

（三）驰名商标、江苏省著名商标保护情况

1. 行政认定驰名商标（以下简称驰名商标）

2013年，全省共有82件商标被国家工商总局认定为驰名商标，其中通过异议认定3件，争议认定28件，案件管理认定51件。从地区分布看，全省13个省辖市均有商标新获认定，其中，苏南地区46件，苏中地区22件，苏北地区14件。截至2013年底，全省受驰名商标保护的商标总数已达507件，具体区域分布情况见图10所示。

2. 省著名商标

2013年，全省新认定省著名商标595件，再认定省著名商标843件。截至2013年底，全省著名商标总数为3451件，比2012年增长419件。具体区域分布情况见图11所示。

2013年江苏商标法治发展状况

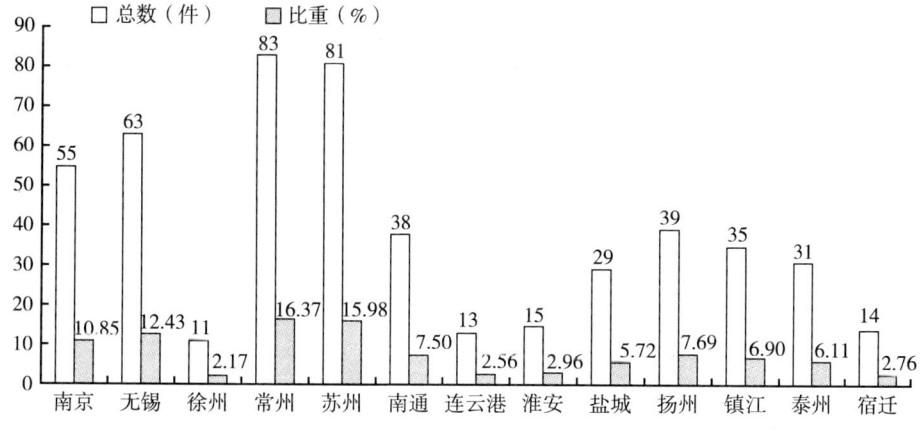

图10 全省驰名商标区域分布图

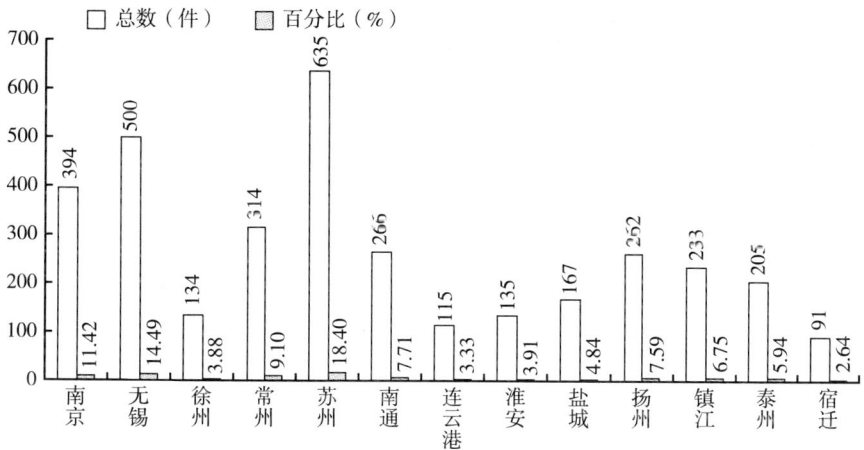

图11 全省著名商标区域分布图

（四）商标执法保护

1. 工商行政管理机关商标案件查办情况

2013年，全省工商行政管理系统查处商标违法案件数较上年增幅明显，案件结构、案件类型和案件区域分布情况与上年整体相似。

一是从案件总量看，2013年全省共查处各类商标违法案件2852件，比上年同期增长20.8%；案值9982万元，比上年同期减少13.1%；罚没金额4595

万元，比上年同期增长129.4%。没收、销毁侵权商标标识44.95万件，没收、销毁专门用于制造侵权商品和伪造注册商标标识的工具195件，分别比上年同期增长94.9%、140.7%。

二是从案件结构看，主要以商标侵权假冒案件为主，共2725件，一般违法案件127件，分别占案件总数的95.5%和4.5%，侵权假冒案件比上年同期增长24%，一般违法案件比上年同期减少22.1%。在商标侵权假冒案件中，商标侵权案件要远远大于商标假冒案件，分别为2711件和14件，分别占商标侵权假冒案件数的99.5%和0.5%。

三是从案件类型看，商标侵权案件以销售侵犯注册商标专用权商品案件为主，近年来有逐年增长的趋势，2013年共2046件，占各类商标案件总数的71.7%，同比增长了21.1%。商标一般违法案件中以冒充注册商标和违反《商标印制管理办法》的案件为主，分别为48件和60件，占一般违法案件总数的37.8%和47.2%。

四是从案件来源看，商标违法案件以执法部门主动查处为主，共1870件，投诉案件982件，分别占案件总数的65.6%和34.4%，体现了工商行政管理执法监管力度明显加大。

五是从案件区域分布看，如图12所示，苏州、无锡、南通查处案件数分列全省前三位，分别为539、383、287件。

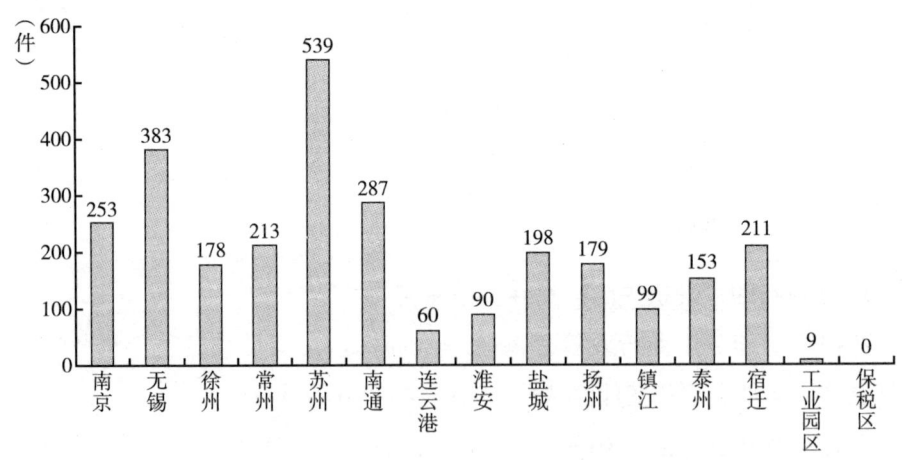

图12　2013年江苏省各省辖市商标违法案件统计图

2. 全省司法机关商标案件办理情况

2013年,全省各级公安机关共破获涉假犯罪案件2421起,抓获犯罪嫌疑人3608名,捣毁制假窝点1075个,缴获假冒伪劣商品1023万件,提请发起全国"集群战役"391起,参与外省发起的"集群战役"1832起,破获公安部督办案件60起,抓获行动前网上在逃人员48名,整体战绩位居全国前列。

2013年,全省检察机关侦监部门共受理假冒注册商标罪案件47件68人,批准逮捕37件53人;受理销售假冒注册商标的商品罪案件92件136人,批准逮捕41件55人;非法制造、销售非法制造的注册商标标识罪案件9件11人,批准逮捕6件7人,该三类案件受理数共148件215人,占侵犯知识产权罪案件受理数(件)的90.24%。全省检察机关公诉部门共受理假冒注册商标罪案件212件420人,销售假冒注册商标的商品罪案件196件400人,非法制造、销售非法制造的注册商标标识罪案件38件93人,该三类案件受理数共446件913人,占侵犯知识产权罪案件受理数(件)的79.5%,共提起公诉257件477人,有力保护了企业商标权益,维护了市场经济秩序。2013年,全省法院共新收一审商标权民事案件3486件,同比增长10%,共审结3264件;新收二审商标权民事案件115件,审结103件;共受理涉商标权刑事犯罪一审案件229件,审结223件。典型案例有:南京国资绿地金融中心有限公司诉江苏紫峰绿洲酒店管理有限公司侵害著作权、商标权、不正当竞争纠纷案;蒋玉友诉南京夫子庙饮食有限公司、南京清真奇芳阁餐饮有限公司等侵害注册商标专用权纠纷案;南京九蜂堂蜂产品有限公司诉南京老山营养保健品有限公司侵害商标权纠纷案。

三 2013年江苏商标案件特点及态势分析

(一)商标异议、争议等确权案件维持高位

2013年,国家工商总局商标局共受理商标异议申请34667件,裁定商标异议申请43526件,出现了小幅下降,主要原因是恢复施行说理式裁定方式,加大了异议裁定的审查难度,但异议复审案件大幅增长,2013年国家工商总

局商标评审委员会受理的异议复审案件2.73万件,较上年增长79%。

2013年,商标评审委员会共审结商标评审案件14.4万件,同比增长174.61%,商标异议、争议案件处于高位。2013年,江苏省涌现了很多通过商标异议、异议复审和商标争议成功进行维权的案例,比较典型的有:江苏双沟酒业股份有限公司通过商标异议成功阻止"全德珍宝坊"注册;江苏虎豹集团有限公司通过商标异议复审阻止"虎豹骑士HUBAOQISHI"注册;江苏洋河酒厂股份有限公司通过商标异议复审阻止"梦之男"商标注册;江苏三笑集团有限公司通过商标异议复审阻止"睡安香"商标注册;熊猫电子集团有限公司通过商标异议复审阻止"熊猫立勇"商标注册;南京中科集团股份有限公司通过商标争议成功撤销"中科金龙"商标注册;艾欧史密斯(中国)热水器有限公司以"A. O. SMITH"商标争议成功撤销"VOSMISI"商标注册。

(二)恶意商标侵权现象仍然多发

从工商机关查处的商标侵权假冒案件看,2013年江苏省工商机关共查处2725件,比上年同期增长24%;其中,销售商商标侵权案件共2046件,占75.1%,销售假冒侵权高知名度商标的白酒、日化、箱包等案件居多。

从检察机关受理的商标侵权案件看,2013年江苏省检察机关侦监部门共受理假冒注册商标罪、销售假冒注册商标的商品罪、非法制造、销售非法制造的注册商标标识罪案件共148件215人,占侵犯知识产权罪案件受理数的90.24%;公诉部门共受理此三类案件446件913人,占侵犯知识产权罪案件受理数(件)的79.5%,商标侵权刑事案件占据了知识产权刑事案件较高的比重。

从法院系统审理的商标侵权案件看,2013年,全省法院共新收一审商标权民事案件3486件,同比增长10%;同一权利人起诉数个被告的商标权纠纷关联案件较多,仅2012年就达222起2745件,这些案件被告多为城郊结合部或者乡镇较小规模的销售商,契合了工商机关查处的销售商商标侵权案件较多的特点。

(三)新型商标侵权纠纷日益增多

1. 字号与商标权冲突

一些企业利用企业字号登记和商标注册制度的差异,故意将与他人注册商标相同或近似的文字注册为企业的字号，经营相同的商品或服务，窃取他人商誉、搭便车，从而引发纠纷，此类纠纷日益呈多发态势。例如，苏果有限公司拥有"苏果"商标，2009年在上海被他人注册"上海苏果超市有限公司"，后通过诉讼成功进行商标维权；位于江苏扬中市的中电电气集团有限公司，拥有"中电"商标，而个人股东同为江苏扬中市人的中电变压器股份有限公司，将"中电"注册为字号，与前者生产相同产品，构成不正当竞争，前者通过诉讼进行维权。

2. 利用互联网进行商标侵权

主要是通过域名、搜索引擎进行商标侵权。如上海梅思泰克生态科技有限公司诉无锡安固斯建筑科技有限公司侵犯商标权纠纷，被告以原告商标"梅思泰克"作为关键词，向"谷歌"购买竞价排名服务，相关公众在"谷歌"搜索栏中输入"梅思泰克"后，网页置顶链接为被告网站。此外，利用网络店铺等实施商标侵权行为的案件日益增多，有些网络店铺既销售正品，也销售假冒商品，侵权行为比较隐蔽。无锡市江阴工商局曾经查处的一起假冒爱马仕、巴宝莉、普拉达、BOSS等78个世界知名商标的服装、鞋子、眼镜等物品2万余件、案值5000万元以上的大案，就是一起典型利用互联网实施商标侵权行为的案例。

3. 涉及立体商标的侵权纠纷

随着立体商标注册数量的逐渐增多，商标侵权纠纷也相应增多。如南京九蜂堂蜂产品有限公司诉南京老山营养保健品有限公司侵害商标权纠纷案，被告使用的包装与涉案立体商标相比，整体形状构成近似，极易使消费者产生混淆、误认，侵犯了原告依法享有的注册商标专用权，最终法院判决被告停止侵权、赔偿原告6万元。

4. 商标权与外观设计等其他知识产权的冲突

部分企业故意将他人在先注册商标申请为外观设计或进行著作权登记，如扬州工商局广陵分局查处的陆迪生产销售"欢订"卫生纸、"清风"日用制品案，行政相对人企图以"欢订"卫生纸、"清风"日用制品均被授予外观设计专利为由对抗查处，向法院提起诉讼，法院未予支持。

四 江苏商标保护中存在的问题和挑战

总体而言,近年来,江苏省商标保护工作取得了长足进展,商标保护制度不断完善,商标保护效能不断提升,但商标保护中仍存在一些不容忽视的问题和挑战。

(一)部分市场主体商标保护意识不强

一些市场主体不重视商标的注册和保护,导致长期使用的标识或企业名称被他人抢注,不仅提高了维权成本,也影响了企业长远发展。如无锡某企业长期使用的经典广告语没有及时注册商标,后被福建一企业抢注,在维权无果后以高价买回,付出了巨大的代价。有些企业商标维权不够坚决,在外省发现商标侵权线索,担心维权投入过大,放弃维权。企业固然有举证难、成本大等困难,而且由于法定赔偿限额太低,甚至会出现"赢了官司赔了钱"的尴尬局面,但企业商标保护意识不够强的确是不争的事实。从商标注册总量看,江苏与广东、浙江市场主体数相差无几,但商标注册总量与广东、浙江相比有较大差距,江苏市场主体商标注册意识仍需提高。

(二)商标代理水平仍有待提升

长期以来,由于商标代理行业队伍的不断扩大和商标代理从业人员成分的多样化,造成了商标代理专业水平参差不齐,商标代理行业整体发展水平难以适应当前商标战略实施的形势需要。从全国商标注册数据看,2013年,商标局驳回商标注册申请262185件,比上年增长14.63%,部分驳回225744件,比上年增长25.07%,说明商标注册申请质量出现下滑。从江苏省近年来商标注册数据看,2011年,江苏省共申请商标注册85183件,2012年核准注册商标62328件;2012年共申请商标注册98704件,2013年共核准注册商标60069件。若以申请商标核准注册周期为一年来计算,2011年度江苏申请商标注册成功率为73.17%,2012年度江苏申请商标注册成功率则为60.86%,下降了12.31个百分点。虽然随着全国注册商标总量的不断增加,商标被驳回、异议的概率增大，但作为专业的服务机构，商标代理组织在设计、代理商标申请时，理应做到合理避让在先权利，提高商标注册成功率，江苏商标注册成功率的下滑一定程度上说明了商标代理水平仍需提高。

（三）新型商标侵权行为的不断出现给商标保护带来诸多挑战

前已述及，除了传统的商标侵权案件外，侵犯企业商标权的行为手段不断翻新，侵权领域不断扩大，为有效保护商标权带来诸多挑战。从法律制度看，虽然新修改的《商标法》进一步规制了企业字号与商标冲突的行为，但将其纳入不正当竞争行为中，处理时将适用《反不正当竞争法》，两者法律责任、处罚幅度存在显著差异，前者对商标侵权可处违法经营额 5 倍以下罚款、相关数据难以确定情况下判决 300 万元以下赔偿，而后者只是处以 20 万元以下罚款，两者悬殊较大，在后者尚未进行修改的情况下，明显不利于打击利用企业字号搭商标便车的不法行为。从保护机制看，鉴于新型商标案件通常属于复杂疑难案件，行政执法机关与司法机关难免会有法律认知差异，导致在一些案件的侵权定性上存在分歧，对是否构成侵权、是否符合追诉标准等问题往往难以统一，对行政执法机关而言，囿于职能限制，取证较难，行政执法证据尤其是行政相对人主观心理状态等证据的搜集比较困难，难以达到司法机关要求的标准，所以在行政诉讼中较为被动，其受错案追究、渎职等因素影响，执法风险高，不利于对商标权的有效保护。

五 进一步加强商标保护的建议

加强商标保护，企业主体意识是前提，有效的工作机制和公平的竞争环境是关键，能力建设是保障，建议在构建自我保护、行政保护和司法保护"三位一体"的保护体系和工作机制上求深化，谋发展。

（一）要着力提升企业商标保护意识

商标权是私权，企业是商标权主体，理应发挥好商标权保护主体作用。要加大新《商标法》的宣传力度，深入开展行政指导，全方位提升企业商标保

护意识。将贯彻落实新《商标法》与商标行政指导有机结合，引导企业充分运用一标多类、电子申请、审查意见沟通、9个月审查期限、异议驳回商标即获确权等方便商标申请人的各项制度，强化商标注册，将长期使用的商业标识、广告语和其他创新成果及时注册为商标；引导企业将字号与商标统一，推进商标字号一体化工程，避免商标与字号冲突，为长远发展提供保证。指导企业及时使用注册商标，避免出现因长期不使用导致注册商标被撤销的情形。新《商标法》明显加大了对商标的保护力度，不仅减轻了商标权利人的举证责任，还提高了赔偿额度，引导企业积极勇敢地拿起法律武器，严厉打击商标侵权行为，更加有效地维护自身的合法商标权益。

（二）要进一步完善商标保护工作机制

1. 要着力厘清商标知识产权刑事、行政保护理念

建立长期稳定的公、检、法沟通协调的刑事保护机制与司法、行政有效衔接的行政保护机制，在建立和完善商标知识产权执法协作调度机制、侵权判定咨询机制和纠纷快速调解机制上下功夫，切实加强工商、海关、公安、法院等部门间的定期沟通和重大案件会商通报，加强对新型复杂疑难商标案件的研究，在侵权认定标准等重大问题上达成共识，形成商标保护合力。

2. 要建立健全商标知识产权维权援助机制

设立维权基金，鼓励、帮助市场主体依法应对商标侵权纠纷，尤其是要鼓励支持企业开展商标省外、境外维权，切实保护好商标权益。

3. 要完善社会参与机制

通过加大社会宣传力度，提高全社会商标保护意识，弘扬以尊重和保护商标专用权为荣的道德风尚，营造保护商标的良好社会氛围。通过建立举报人奖励制度、保护举报人权益等制度，提升社会公众参与商标保护的积极性。

（三）要进一步加快商标专业人才队伍建设

1. 扎实推进学历学位教育

将商标知识产权纳入高校本科和硕士研究生教育课程体系，鼓励和支持有条件的高校建设省级、国家级商标知识产权精品课程，鼓励采用合作办学、定向培养、继续教育等多种形式，创新人才培养模式。

2. 加强人才培养载体建设

将商标知识产权高层次人才纳入江苏省"双创计划"及各地人才引进计划，大力吸引海内外高端人才、拔尖人才、紧缺人才和专业团队落户江苏。深化企业"品牌管理师"培训工作，不断优化课程设置和师资力量，努力培养一批企业商标保护专业人才，着力将江苏建成商标知识产权人才密集区、优势区。

3. 着力提升商标代理从业人员专业素质

大力开展商标代理人员培训，加强商标代理行业规范化建设，建立健全商标代理组织信用评价和失信惩戒等诚信管理制度，切实提升商标代理水平。

B.13
江苏律师业发展状况*

许建彤　张瑞祥**

摘　要： 本文介绍了改革开放以来，江苏律师业的发展历程以及所取得的成就，从理论和实证的角度分析了律师业在职业定位、产业规模、竞争能力、执业保障等方面面临的发展瓶颈，并有针对性地提出了促进律师业长远发展的对策建议。

关键词： 律师　发展　研究

律师业人才密集、知识密集、专业性强、影响面广，向社会提供的是高附加值、高层次、知识型服务，是现代服务业的重要组成部分和新的增长点。律师业发展状况是法治进步的重要标志，在促进经济社会发展、维护公平正义、推进国家治理体系和治理能力现代化进程中具有越来越重要的作用。

一　改革开放35年来江苏律师业发展历程和成就

新中国律师制度经历了曲折的发展历程，由新中国成立初期开始酝酿到1955年初步建立，再到1959年被撤销，人民律师制度被迫中断20余年，直到改革开放后恢复重建，才慢慢走上快速发展的健康轨道。江苏律师业的发展轨迹同共和国律师业的发展历程紧密相连。

从1979年律师制度恢复重建至今，江苏律师业发展历程可以概括为以下四个阶段。

---

* 本文数据没有在引注中标明出处的，均来自江苏省司法厅统计资料。
** 许建彤，江苏省司法厅法制宣传处副处长；张瑞祥，江苏省司法厅研究室主任科员。

恢复起步阶段（1979~1985年）。1980年8月26日，五届全国人大常委会通过《中华人民共和国律师暂行条例》，全国律师制度恢复重建，江苏省设立事业单位性质的法律顾问处。沿袭前制，法律顾问处受司法行政部门组织领导和业务监督，律师为事业编制，享受政法干警的级别和待遇。1981年，江苏省律师协会成立，江苏律师有了自己的组织，律师管理也开始由司法行政机关单一管理向行政机关和行业协会结合管理过渡。律师工作开始走上正轨，执业机构如雨后春笋般产生，队伍也日益壮大。

稳步改革阶段（1986~1995年）。恢复重建后，律师制度改革继续推进。1986年实行律师资格考试制度，由司法行政部门考核或推举获得行业准入资格的时代结束。1987年全省法律顾问处统一改名为律师事务所。1994年，江苏省律师执业机构形式引入合伙制，允许律师不受国家编制限制、不依赖国家财力，实行自愿组合、自负盈亏、自我约束、自我发展的机制，律师服务开始市场化、商品化。日益活跃的江苏律师开始为社会所熟悉和尊崇，律师队伍继续发展壮大。1995年，江苏全省已有律师3269人，其中专职律师1351人。

规范发展阶段（1996~2001年）。1996年5月，新中国第一部律师法典——《律师法》诞生，对律师的性质、执业条件、执业机构形式、律师权利义务、律师业务、法律援助、律师协会、律师法律责任等内容做了系统规定，很多地方弥补了《律师暂行条例》的不足。律师性质定位更为清晰，执业准入更加规范，执业机构形式更为多样，律师行业司法行政部门和律师协会结合管理体制不断健全，律师制度得到了很大完善。2001年，江苏省律师事务所脱钩改制工作完成，律师由国家机关工作人员全部走向市场，成为自收自支、自负盈亏的市场经济主体，江苏律师业发展进入新阶段。

蓬勃壮大阶段（2002年至今）。2003年江苏开展公职律师和公司律师试点，允许政府和公司内部有专门从事法律事务的律师存在，律师队伍结构日益丰富。2007年修订完善《律师法》，① 明确个人律师所的机构形式，同时，江

---

① 2007年《律师法》明确的律师执业机构组织形式为三种：合伙所、个人所、国资所，合伙分为普通合伙与特殊合伙。合伙制律师事务所合伙人对外承担无限连带责任，国资所出资人以该律师事务所的全部资产对其债务承担责任，即为有限责任。江苏省目前只有合伙所与个人所两种执业机构形式。

苏省合作所全部改制成为合伙所或者个人所，律师事务组织形式更加规范、律师行业发展更具活力。2010年中央办公厅和江苏省委办公厅、省政府办公厅相继印发了加强和改进律师工作的意见，明确了律师执业权利保障措施和扶持政策。这一阶段，江苏律师业在服务领域、结构、布局、能力、总量等方面有了大幅改善和提高，行业对外开放度空前提高，律师参政议政渠道逐步拓宽，广大律师活跃在服务经济社会发展的最前沿，江苏律师业呈现蓬勃发展态势。

经过35年的改革创新，江苏律师业从无到有、从小到大、从弱到强逐步发展壮大，成为极具活力的朝阳产业之一。主要表现在以下几个方面。

管理体制不断完善。党和政府将律师业发展列入社会改革的重大议事日程，依法有序推进律师管理体制和工作机制改革。江苏各级司法行政机关和律师协会准确把握现代服务业的发展规律，认真履行法律赋予的各项管理职责，不断完善管理体制、管理手段和管理方式，推进司法行政机关宏观管理下的律师行业管理体制制度化、长效化。一方面，按照《律师法》以及相关法律法规，明确司法行政机关行使宏观监督和指导、律师执业资格审查、律师惩戒权等行政管理职权。另一方面，对律师的继续教育、实习、惩戒、维权、业务指导、年度考核等职能全部由行业协会组织实施。同时，建立了司法行政机关与律师协会信息通报、工作会商与协作等制度，完善了教育培训、制度建设、监督查处有机结合的队伍建设制度体系，行政监管和行业自律水平显著提高。

机构队伍不断壮大。1980年，江苏只有法律顾问处10家，事业编制律师180人。截至2013年底，江苏各类律师执业机构发展到1288家（其中合伙制律师事务所1138家，占比为88.4%，个人所150家），数量是1980年的128.8倍；律师15475人（其中专职律师14637人，兼职律师582名，法律援助律师100名），是1980年的86倍。2002年以来，江苏开展了"两公"律师试点工作，截至2013年年底共有公司律师50人，公职律师582人。从图1可看出，1980年以来，江苏律师数量除在2001年和2007年重大改革年有所波动以外，其余年份均是逐年稳步增长，律师执业机构35年来呈逐年稳步增长态势。

业务领域不断拓展。江苏律师业紧跟经济社会发展步伐，业务领域不断拓

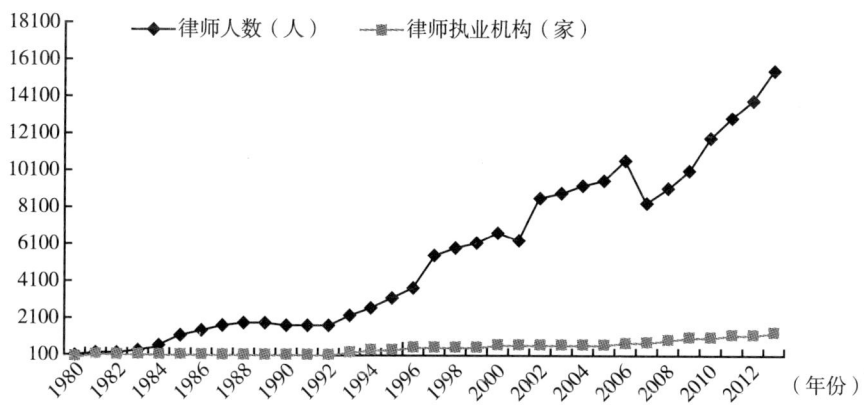

图1 1980年以来，江苏律师和律师执业机构数量

展、业务结构趋于均衡。律师业务从最初主要的刑事辩护业务，逐步发展到包括刑事辩护及代理、民商事案件代理、行政诉讼代理等传统业务和担任各种法律顾问，再延伸到企业并购、境外投资、金融证券、知识产权等非诉讼业务领域，律师介入社会生活的广度与深度日益加大。近年来，公司治理、知识产权、金融证券等非诉讼业务逐渐增长（见图2）。在多年的专业化、品牌化、国际化战略步伐中，形成了从事金融证券、房产建筑、知识产权等服务领域的专业律师事务所。2013年，江苏全省律师代理诉讼311802件，业务收费近39.6亿元，同时，为80298家政府、企业事业单位、社会团体以及公民个人担任法律顾问，江苏已成为律师大省。

职能作用不断强化。长期以来，江苏广大律师不仅努力为经济社会发展提供有偿法律服务，还积极参政议政、依法化解社会矛盾、开展法制宣传，为困难群众提供法律援助、开展多元化公益服务，以丰富的形式和内容回报社会，为法治国家建设贡献法律智慧，树立了行业公信力。截至2013年底，江苏县级政府全部建立了由律师组成的法律顾问团，行政村法律顾问配备工作正在逐步推进，有376名律师担任各级人大代表和政协委员。从2011年到2013年，律师办理法律援助案件13.2万件，成功化解矛盾纠纷98333件，参与接待信访2.8万余次，律师在江苏改革发展大潮中的生机与活力备受瞩目，服务成效受到各级党委政府的充分肯定和社会各界的广泛赞誉。

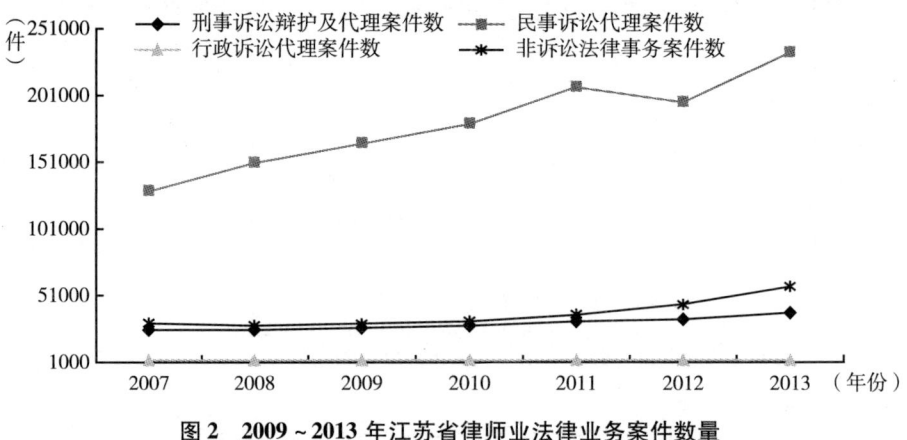

图 2 2009～2013 年江苏省律师业法律业务案件数量

二 当前江苏律师业发展瓶颈

随着依法治国的深入推进和社会治理能力、治理体系现代化要求的不断提高，法律服务市场国际化程度的进一步深化，律师业发展面临着巨大机遇与挑战，如何在更高平台发展壮大，江苏律师还有一些制约瓶颈亟须突破。

（一）律师定位有待廓清

脱钩改制十多年来，国家和社会对律师行业的职业定性依然模糊。《律师法》第2条规定，律师是指依法取得律师执业证书，接受委托或者指定，为当事人提供法律服务的执业人员。律师应当维护当事人合法权益，维护法律正确实施，维护社会公平和正义。① 2010 年中办、国办 30 号文件将律师定义为"中国特色社会主义法律工作者"。"执业人员"强调其市场性，更多放在私法领域来调整和理解，接受委托、提供服务就是市场经济主体的典型特征；"法

---

① 法律法规对律师职业属性的定位总是带有时代的烙印。1980 年《律师暂行条例》将律师定义为"国家法律工作者"；1996 年《律师法》将律师定义为"依法取得律师执业证书，为社会提供法律服务的执业人员"；2001 年修订的《律师法》对此定义予以保留。

律工作者"是对包括法官、检察官、法学家等在内的法律职业共同体而言的,这个群体必须讲政治、坚持党的领导、服务大局,承担着促进民主法治建设、维护司法和社会公正、参与社会治理的重任。而实践中对"执业人员"和"法律工作者"进行了割裂理解。在权利和保障方面,往往更强调其市场性的一面,限制其诸多应该享有的扶持政策、保障措施;在义务与责任面前,往往更多强调其政治性,规定其责任和义务。比如将律师界定为经济类或者鉴定类中介机构,税目设置等同于个体工商户,经济上又区别于具有法人资格的税务师、会计师等中介机构;管理上同一般工商企业一样纳税、年检,却不要求其进行工商登记,既然不进行工商登记,其商业性就无从谈起;政治上被排除在体制之外,即使才华出众、能力非凡,也难以实现体制内外的双向流动。同时,现行《律师法》第14条确立了律师事务所的设立条件,但是没有对其属性进行明确,导致律师执业机构自身管理的许多问题被行业高速发展的成就所掩盖,过分强调事务所合伙人之间的"人合性",忽略"资合性",这恰是制约律师事务所规模化发展的最大瓶颈。①

(二)产业规模有待扩大

一方面业务结构不尽合理。律师整体业务层次不高。从图3可看出,江苏律师业务主要集中在传统的三大法律诉讼领域,在企业重组、对外贸易等高端领域涉足较少,非诉业务收费也只占到15%。江苏作为经济总量位居全国第二的经济大省,律师非诉业务占比与江苏经济发展总体水平对律师发展的规律性要求不符。另一方面业务产值相对不高。虽然近年来江苏律师业务收入和纳税贡献率有所上升,但律师业务产值占全省服务业增加值比重偏低,以2012年为例,全省律师业务收费34.6亿元,仅占到GDP总量的0.147%。

---

① 考察当今世界市场主体的组织形式可发现,从合伙商号、有限责任公司、无限责任公司到上市公司,其规模、产值、贡献、力量等方面是依次递增的,同时,其人合性是依次递减、资合性是依次递增的。律师执业机构与公司等市场组织不同,必须强调其人合性,但绝不能忽视资合性。

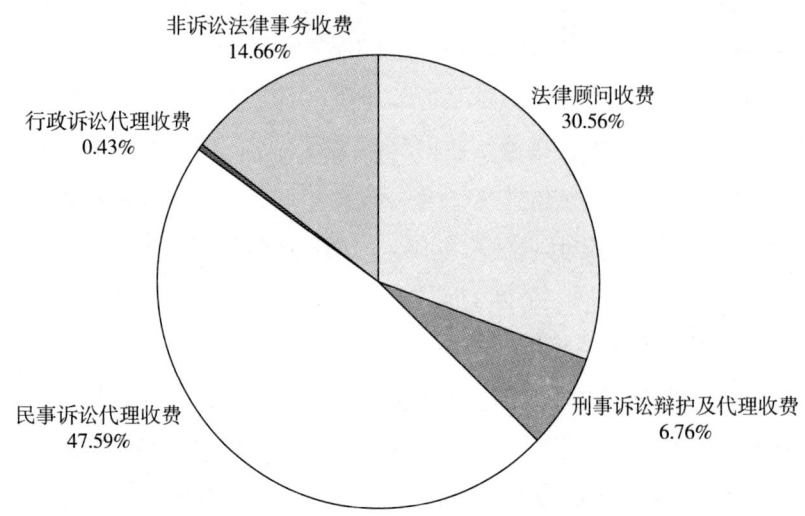

图 3 2013 年江苏律师业务类别收费结构

（三）竞争能力有待加强

当前，律师业的竞争发展主要在规模化①、专业化（团队化）、品牌化以及律师事务所的高端化、国际化等方面。江苏律师业的现实情况有以下几点。一是规模化程度不够。2009 年以来，江苏新增律师执业机构数量迅速增长，但规模所数量却徘徊不前，中小所也很少有发展成规模所的（见图

---

① 律师业发展规模化是近年来理论界和实务界经常论及的一个词语，被定位为现代律师业发展方向之一。但对规模化的概念、具体衡量标准目前没有统一的规定或论述，比如规模大小是按照业务收入还是律师人数。考察西方发达国家规模化律师事务所的情况和我国北京、上海等地规模所的发展状况可知，它们虽各有千秋，但普遍具有以下特点：成立时间早，其中不乏具有百年历史的律师事务所；管理规范，指导思想统一、发展战略明确，具有统一的制度和文化；律师人数较多，业务相对集中在金融证券、房地产、投资融资、知识产权、反倾销反垄断等非诉业务、涉外业务方面；一般拥有高端业务和较为稳定的大客户，采用企业法律顾问的形式输送法律服务；分支机构多，西方发达国家大型律师事务所分支机构遍布全球各地，形同跨国公司，北京大成律师事务所、北京盈科律师事务所等拥有多个国内分所甚至国外分所，分支机构基本覆盖大城市和经济发达地区；普遍运用公司化管理模式，由于规模所律师众多，成立合伙人会议作为最高权力机构，并从高级合伙人中选举管理机构，执行合伙人会议的决议，这一组织形式类似公司里的股东会、董事会。本文为了研究方便，以执业律师机构人数（含分支机构）维度来规定规模化。

4)。此外,外省(区、市)在江苏设立分所67个,江苏省律师事务所外地分所54个,这也从一个侧面说明了江苏律师业区域竞争力不强。二是专业化、品牌化发展慢。虽然诸如知识产权等领域的专业律师事务所或者律师执业机构内部有了一定的专业分工,但大多数事务所管理粗放,由律师个人自寻业务、各自为战,难以形成专业团队和品牌业务,更不要说机构、区域之间协作服务。这与高度商业化和精密度分工的市场特性不相适应。三是队伍素质整体不高。从学历上看,江苏全省律师绝大多数为本科学历,硕士学历(含双学士)的人占11.8%,博士学历的人仅有161人(见图5)。低学历的律师从业后很少接受更高学历的教育和深造;从专业上看,基本上从业之前都是法律专业的学生,既懂法律又懂经济、金融、外语①的跨学科、跨领域的复合型人才缺乏。这导致了绝大部分律师只能办理传统诉讼业务,只有少数律师才涉足高端法律服务的能力和素质,在公司上市、知识产权、对外贸易等领域的领军人物更是凤毛麟角。

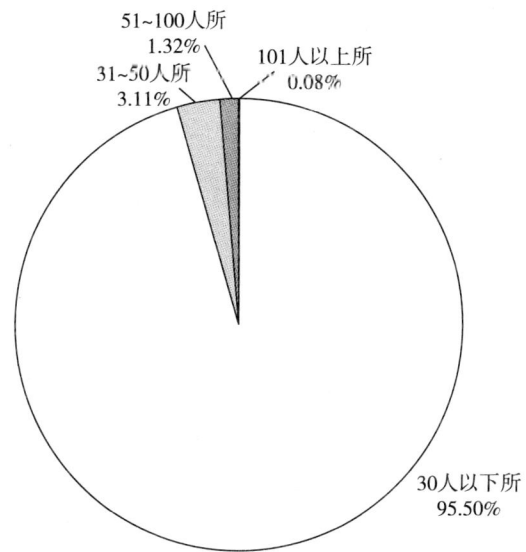

图4　2013年江苏律师事务所规模结构

---

① 江苏省具有相当外语水平的律师有4088人,占江苏律师总数的26.42%。

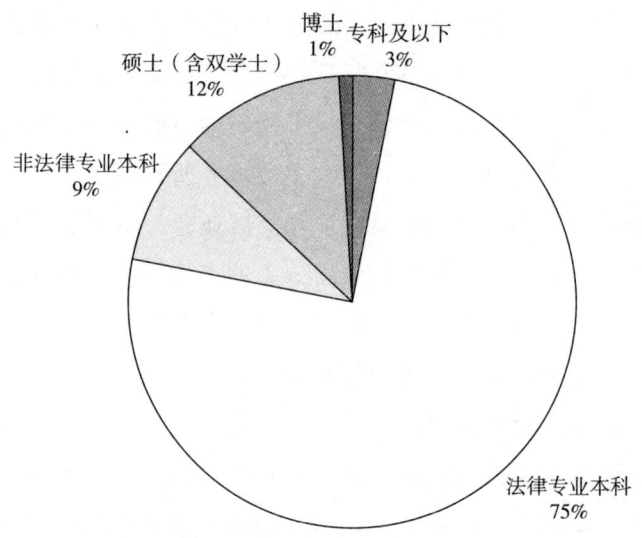

图 5　江苏律师文化程度结构

（四）执业环境有待优化

从行业发展长远角度看，以下问题不容忽视。一是税负过重。由于对律师性质、行业特点认识不足、定位不准，国家把律师定位为高收入行业，采取特殊征税措施，①对律师事务所和合伙人实行双重征税，对聘用律师按照月收入计征个人所得税，所以大部分律师在经济方面不堪重负，尤其是一些从业资历浅、交际能力低的律师和律师事务所。这些做法背离了律师行业发展的

---

① 国家税务总局《关于律师事务所从业人员取得收入征收个人所得税有关业务问题的通知》（国税发〔2000〕149号）规定了对律师事务所征税的两种方式：查账征收或核定征收。核定征收税率高于其他行业。2010年，国家税务总局下发文件，规定税务师、会计师、律师、资产评估和房地产估价等鉴证类中介机构不得实行核定征收个人所得税，并要求从2011年1月1日起改变已实施多年的核定应税所得率征收方式，实行查账征收的征管方式。但是律师提供的服务是一项智力活动，其成本无法直接体现为税前列支的可计成本。因此，查账征收可能表现出利润的"虚高"，不利于行业发展，危及行业生存。另外，由于目前律师事务所主要是合伙制律师事务所，至今律师行业没有一个统一的财务、会计准则，没有统一的分成收入比例，如果按照分成收入确定，将会导致律师行业出现大量的"一人一本账"、"全所律师成合伙人或归收入到合伙人名下"和"分光、吃光"的现象，这不利于律师业规模化发展。自2012年10月1日起，江苏实施交通运输业和包括律师在内的部分现代服务业营业税改征增值税试点，税务机关将加快推进对律师事务所合伙人查账征收的个人所得税制度。

规律，阻碍了律师业健康持续发展。二是重视不够。律师不仅在落实依法治国基本方略、维护社会公平正义、促进社会和谐稳定、服务经济社会发展方面发挥职能，而且其本身就是现代服务业的重要组成部分，对促进经济转型升级、优化产业结构具有重要意义，是第三产业发展的新引擎。但由于缺乏对现代服务业中律师业发展的扶持意识，律师业在产业政策、行业规划、发展引导方面难以获得党委政府对于像信息、物流、金融行业同等的扶持待遇，在一定程度上影响了律师业的发展。三是外部服务市场混乱。法律服务主体必须是具备法定资格并经相关部门批准执业的人员，但实践中一些部门批准的中介机构和民间团体、有关部门的内设机构、部分政法部门离退休人员，常常以公民代理等形式从事有偿法律服务，扰乱了法律服务市场的正常秩序，降低了律师的社会公信力。

总的来看，江苏律师业的发展与江苏在全国区域经济社会发展中的地位不符合，这既有长期以来制约律师业发展的老问题，又有经济社会发展对律师业提出的新要求，既有全国律师行业的普遍性特征，也有江苏自身的个性问题，需要政府、社会、律师自身共同加以解决、改进和提高。

三 建立与经济社会发展水平相适应的江苏律师业

（一）准确定位律师性质

律师职业属性是律师制度的基石。从律师的产生、功能和作用等角度考察，律师应该具备以下几种性质。一是政治性。"任何的社会需要、法律等都应该从政治性上来考察，即从整个国家的观点、从该问题的社会意义来考察。"[①] 根据这一论述，作为上层建筑的律师制度都必须是政治在法律领域的体现。中国特色社会主义市场经济基础决定了我国律师的政治性质，即中国特色社会主义法律工作者，这是律师性质的题中应有之义。二是法治性。"律师

---

① 参见《美国律师协会职业行为规则（2004）》，王进喜译，中国人民大学出版社，2005，第3页。

因国家和社会追求法治而产生、存在和发展。律师保护好了每一个当事人的合法权益,也就意味着有效保证了整个社会法律的正确实施,促进了这个社会的法治建设。"① 法治的核心是限制公权力以保障私权利。律师通过个案维护当事人合法权益,一方面保护了私权利,另一方面对抗和规范了公权力,是推进法治的表现。三是服务性。律师工作具有天然的服务性。律师作为熟悉法律的专门人才,接受委托或指定,通过法律咨询、案件代理、决策评估等活动为当事人解决法律问题,以满足他们的需求,这就是服务。四是市场性。这是律师的本质属性。律师的所有工作和服务离不开市场,律师将凝结着自己智力成果的法律服务产品在市场中出售给委托人而自己获得报酬,这实际上就是契约关系,具有鲜明的市场性、竞争性,律师只有时刻加强对法律服务需求的研究,不断创新和丰富法律服务产品,满足广大群众日益增长的服务需求,才能生存并使律师队伍日益发展壮大。《律师法》将律师定位为:"接受委托或者指定,为当事人提供法律服务的执业人员。应当维护当事人合法权益,维护法律正确实施,维护社会公平和正义。"适应我国转型期经济社会发展现实需要,体现和反映了对律师性质的深层次把握。这个定义表明,律师是自食其力的市场经济主体,同时律师又不是普通的市场职业。社会对律师拥有太多的法治期盼和社会期待,律师与税务师、会计师、资产评估师和房地产估价等中介机构在政治属性上、法律责任上、社会责任上有着本质区别,法律和政策应该给予律师与其知识密集、高智力输出、高社会责任相适应的执业保障和政治待遇,充分发挥律师在法治建设和市场经济建设中的职能作用。

(二)培育和发展新的律师业务增长点

律师的执业生命就是为当事人提供服务,因此,紧跟市场需求、拓展服务领域,是提升发展质量和结构的重要途径。在服务内容上,必须尽快发展知识产权保护、公司治理及上市、股权转让等新兴非诉法律服务;在服务触角上,

---

① 参见〔美〕约翰·梅西·赞恩《法律简史》,孙运申译,中国友谊出版公司,2005,第100页。

要将服务延伸至发展战略制订、盈利模式设计、投资融资安排、市场风险防控等事前法律策划和事中风险控制等层面，不断提高服务层次和业务量，提升法律服务业增加值比重；在服务载体上，要以党的十八届三中全会有关"普遍建立法律顾问制度"改革为契机，更大力度加强政府、企业、社会法律顾问制度建设，努力使律师法律服务伴随政府决策前中后全过程，嵌入企业成长、经营管理、市场交易、权利救济各环节，努力实现法律服务全覆盖。当前，各级党委政府要注重发挥律师在依法行政工作中的重要作用，大力推进政府购买法律服务工作，将律师担任法律顾问、参与政府接访、开展公益服务、提供法律援助以及普法宣传等费用全部纳入政府财政，为律师参与社会公益事业提供保障。

同时，我们应当看到，改革开放和市场经济发展的实践屡次证明，律师是一个深得改革红利的群体，向高端产业拓展、培育和发展新的律师业务增长点，是发展壮大江苏律师业的战略路径。发展混合所有制经济涉及国有资本、集体资本和非公有资本之间的交叉改制，可以预见，今后不同所有制公司之间的并购、控股、参股将更加频繁；农村土地流转制度改革意味着将有大量农村经营性建设用地陆续入市，开发、租赁、转让、抵押等诸多环节会产生大量的法律服务需求；金融市场改革离不开法律的规制和保障，公司治理制度完善、小额贷款公司改制、金融产品创新、知识产权质押等都需要高层次律师介入。机遇前所未有，处于东部沿海发达省份的江苏律师业，要密切关注各项改革事项释放出的法律服务需求，努力加强与投资、税务、管理、金融、信息等领域的沟通合作，努力为拓展服务领域搭建平台。

（三）强化律师执业保障机制建设

良好的外部环境和保障机制是律师行业发展的前提条件。要认真贯彻落实中央和江苏省委政府加强和改进律师工作的意见，从完善制度、规范机制、优化措施等方面优化服务环境、加强执业保障、强化行业扶持力度。一是税收优惠保障。应充分考虑律师执业高成本、高风险的特点，将律师行业从鉴证类中介机构中剥离出来，建立专门的税赋制度体系，对律师实行单一征税，并据实扣除发生成本；在当前实施查账征收和营改增试点并行的情况下,尽快制定律师事务所会计核算准则,为查账征收提供依据。二是政治地位保障。司法行政部门和行业协会应充分发挥作用,引导优秀律师尤其是党员律师参选党代会代表、人大代表和政协委员,选拔更多业务精通、政治成熟的律师进入各级政府法律顾问团,为律师参政议政搭建平台。尽快建立法律职业转换机制,通过考核选拔,使那些法律功底扎实、办案经验丰富、职业操守良好的优秀律师进入法官、检察官队伍,进一步提高律师政治归属感。三是市场秩序保障。借助于深化改革的良好机遇,健全完善法律服务市场管理的法律法规,构建科学有效、规范有序的市场监管体系,明确法律服务主体资格、服务范围,统一监管主体和执法机构。四是青年律师发展保障。青年律师是律师业发展的希望和未来,需要格外关注和扶持。从源头入手,将律师发展列入各级政府现代服务业发展总体规划,从会费缴纳、税收、社保、业务培训等方面给予相应的政策倾斜,为青年律师成长铺平道路。引导青年律师确定自己的专业化方向,法律援助、政府购买的公益法律服务更多向青年律师开放,以解决他们案源少、收入低等问题,并为长远发展奠定实践和业务基础。

(四)适度的规模化扩张

规模化律师业的优势主要是:核心业务突出,有自己的优势品牌;规模化到一定程度必然凸显专业化,依靠品牌和专业优势稳定收益,后续发展有保障;律师团队合作紧密,业务分工精细,整体发展后劲大。江苏律师业规模化发展应遵循以下路径。一是探索通过强强联合、组建集团、成立联盟等方式,加快规模化、品牌化、国际化建设步伐,打造一批能够开展金融证券、国际投资、国际贸易等高精尖业务的复合型律师团队,打造一批股权改制、产权保护、公司治理方面的专业化律师事务所,努力提升江苏律师区域核心竞争力,打破北京、上海律师地域垄断。二是有选择地设立分支机构。鼓励具有一定规模基础的律师所,到经济发达地区设立分所或者代表处,即使没有业务,也可起到窗口作用,为机遇来临开展业务打基础。江苏律师业尤其要抓住上海自由贸易试验区成立的契机,尽快在上海设立分支机构,积极参与利率市场化、金融租赁、离岸贸易、离岸金融等高精尖业务,为江苏更加开放的市场服务储备人才、积累经验。① 三是试点公司化管理模式。规模所要求的律师业务领域和执业律师人数都是人合性组织所不能胜任的，其瞬息万变的服务市场也充满了风险和机遇，当前律师所资本运行和管理模式难以适应规模化扩张的需要，因此在内部管理上应该借鉴公司化管理模式，突出资合性：在资本制度上实行机构财产独立和出资人有限责任，② 在内部运行上建立如同公司"三会"③ 的不同职能的机构，形成"议、行、监"的公司化管理机制。

---

① 党的十八届三中全会用独立的一段文字描述自贸区的意义和前景："建立中国上海自由贸易试验区是党中央在新形势下推进改革开放的重大举措，要切实建设好、管理好，为全面深化改革和扩大开放探索新途径、积累新经验。在推进现有试点基础上，选择若干具备条件地方发展自由贸易园（港）区。"自贸区的终极目标是全面对内、对外开放。江苏是紧邻上海的东部沿海发达省份，将面临全面开放的现实机遇和压力，关心、关注上海自贸区建设对中国法律服务业特别是江苏法律服务业的影响，是司法行政机关、法律服务行业当前最急迫的任务。江苏律师应密切关注：放开涉及的法律服务业，对中国律师来说是高、精、尖或是从未遇见到的，如利率市场化、金融租赁、离岸贸易、离岸金融等业务，TPP规则等国际贸易规则对大部分律师也是陌生的；江苏律师要积极介入自贸区商事仲裁业务中，为日后抓住机遇奠定知识基础。自贸区的运行将对律师业务结构带来革命性变化，非诉讼业务将急速上升，诉讼业务将保持平稳发展，要教育引导广大律师树立团队意识，创新律师事务所管理模式，当前要更多向美国等发达国家律师事务所学习发展和管理的先进经验。
② 在律师执业机构资本制度上，我国《律师法》实际上有了突破，有限责任制被引入了律师业领域。新修改的《律师法》第15条第2款规定，合伙律师事务所可以采取普通合伙或者特殊合伙的形式设立。合伙律师事务所的合伙人按照合伙形式对该律师事务所的债务依法承担责任。特殊的普通合伙仅适用于以专门知识和技能（如法律知识与技能、医学和医疗知识与技能、会计知识与技能等）为客户提供有偿服务的机构。在特殊的普通合伙企业的合伙人中，一个合伙人或者数个合伙人在执业活动中因故意或者重大过失造成合伙企业债务的，应当承担无限责任或者无限连带责任，而其他合伙人以其在合伙企业中的财产份额为限承担责任。合伙人在执业活动中非因故意或者重大过失造成的合伙企业债务以及合伙企业的其他债务，由全体合伙人承担无限连带责任。第20条规定："国家出资设立的律师事务所，依法自主开展律师业务，以该律师事务所的全部资产对其债务承担责任。"也就是说，国资所投资人国家在律师事务所债务中承担有限责任。
③ 股东（大）会、董事会、监事会。

B.14 江苏省婚姻家庭司法保护状况[*]

夏正芳 陈爱武 张 娅[**]

摘 要: 婚姻是情感的纽带,家庭是社会的细胞。婚姻家庭关系与人民群众休戚相关,为社会所普遍关注。经济发展、社会变革、婚姻法及其司法解释的实施,潜移默化地影响着人们的价值观、婚恋观,婚姻家庭案件也随之呈现新的态势和特点,对婚姻家庭案件司法审判带来直接的影响。近年来,江苏省各级法院高度重视婚姻家庭司法保护工作,在裁判理念、专业化审判、弱势群体保护、反家暴、诉调对接、审判职能延伸、分析研判、法制宣传等方面进行了创新探索,取得了丰硕成果。但在当前婚姻家庭司法保护中,当事人在诉讼能力、审判专业化水平、案件裁判、反家暴等方面仍存在诸多问题,需要有针对性地加以完善。

关键词: 江苏省 婚姻家庭 司法保护

婚姻家庭关系与人民群众休戚相关,为社会所普遍关注,审理好婚姻家庭案件是人民法院保障和改善民生,维护社会和谐稳定的重要内容。近年来,江苏全省法院始终将保障和改善民生作为婚姻家庭案件审判工作的根本出发点和

---

[*] 本文为"江苏省教育厅校外研究基地'司法现代化研究中心'项目"的研究成果。本文所有涉及江苏省婚姻家庭案件的数据,未加特别说明的,均来源于江苏省高级人民法院民一庭对全省各地法院相关数据的汇总统计。

[**] 夏正芳,江苏省高级人民法院民一庭庭长;陈爱武,南京师范大学法学院教授、博士生导师;张娅,江苏省高级人民法院民一庭法官,南京大学法学院博士研究生。

落脚点,创新工作思路,改进工作方法,为构建和谐稳定的婚姻家庭关系,推进民生幸福工程建设提供了坚强有力的司法服务和保障。

一 江苏省婚姻家庭案件的基本态势与特点

(一)案件数量高位运行,稳中有升

近年来,江苏民事案件数量保持"稳中有升"的态势,婚姻家庭案件数量也呈现同样的规律。比较一下2010~2013年全省法院婚姻家庭案件的受理情况,可以发现婚姻家庭案件每年均在10万件以上,在传统民事案件中仅次于民间借贷案件,位列第二,在同期民事案件总量中始终保持1/6左右的较高比例。同时,案件数量较为平稳,2012年比2011年的收案数量略有下降,2013年收案数量虽同比上升了14.81%,但在同期民事案件总量中的占比与2012年基本持平,约为15.35%(见图1)。值得一提的是,2011年8月13日《最高人民法院关于适用〈中华人民共和国婚姻法〉若干问题的解释(三)》(以下简称《婚姻法解释三》)施行后,案件数量变化并不十分明显和异常,说明《婚姻法解释三》的出台虽然非议颇多,但并未对江苏省婚姻家庭的稳定带来不利影响。

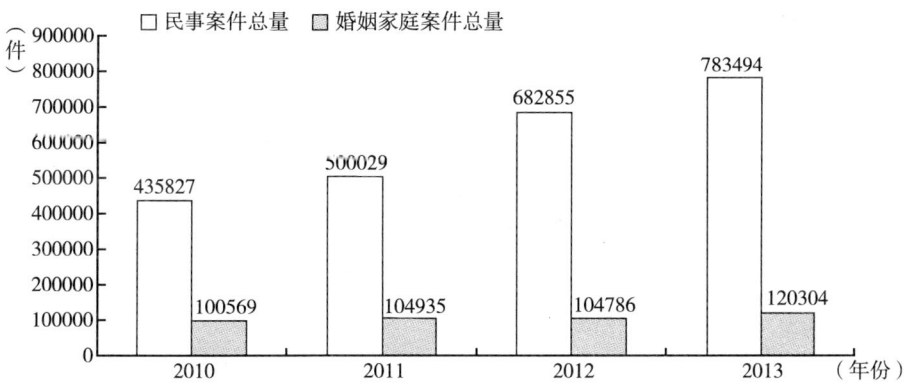

图1 2010~2013年全省法院民事案件总量与婚姻家庭案件总量比较

面对婚姻家庭案件数量高位运行带来的压力和挑战,全省法院牢固树立执法办案第一要务的理念,加大案件审判力度,不断提高案件审判质量与效率,

婚姻家庭案件结收案比始终保持较高比例，2010~2013年的婚姻家庭案件平均结收案比高达95.40%（见图2）。

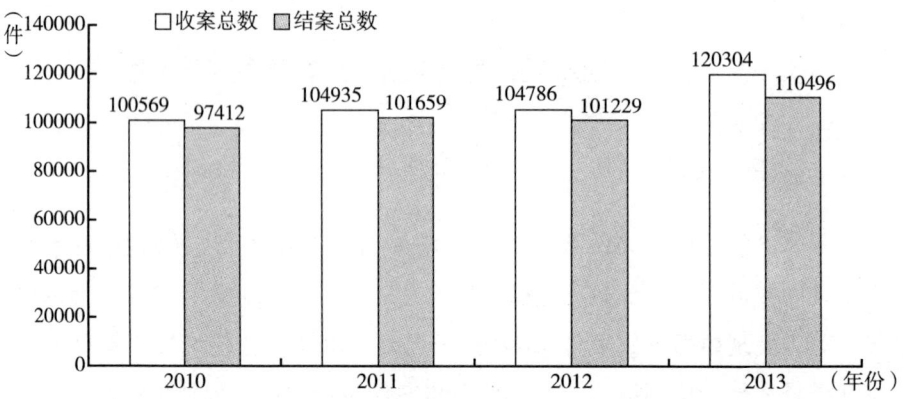

图2　2010~2013年全省法院婚姻家庭案件收案总数与结案总数比较

（二）调解仍是解决婚姻家庭纠纷的有效方式

婚姻家庭案件是涉及身份关系的诉讼，具有鲜明的道德性和伦理性，很难用权威性的裁判来分清是非，因此，调解成为审理婚姻家庭案件的首选方法。近年来，全省法院在婚姻家庭案件审判工作中始终坚持"调解优先、调判结合"的理念，大力强化诉讼调解，在全省法院形成"横向到边、纵向到底、上下齐心、内外结合"的调解工作新格局，以和谐司法方式化解了大量家庭矛盾纠纷。统计数字反映，2010~2013年全省法院民事案件调撤率平均在67.80%，而婚姻家庭案件则达到72.23%（见图3）。在民事侵权、民间借贷、劳动争议、房地产纠纷等占比较大的民事案件中，婚姻家庭案件的调解率位列第一。

（三）涉案财产标的增大，类型多元，财产性质的认定与分割是争议焦点

数据显示，2010年全省婚姻家庭案件中涉案财产标的金额为202193.72万元，而到2013年，涉案财产标的金额增加到281078.10万元（见图4）。且

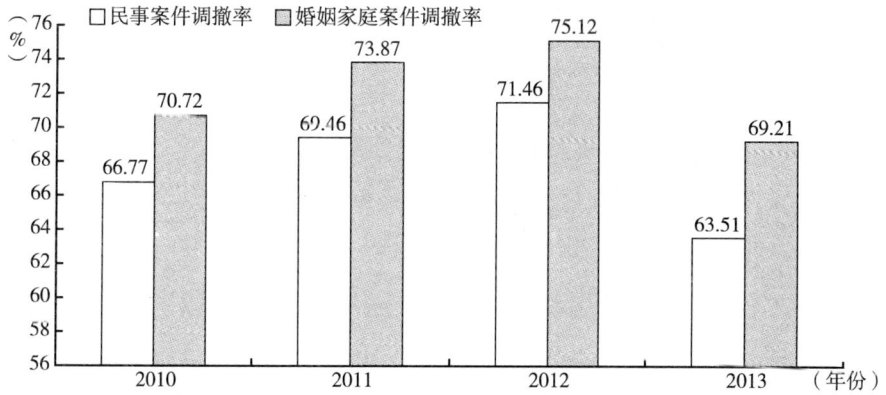

图3　2010～2013年全省法院民事案件调撤率与婚姻家庭案件调撤率比较

随着经济社会的发展，人们拥有的财产类型已经发生了根本性的变化，除了传统的存款、房产、汽车、家电等有形财产之外，知识产权、股权、债券、保险、"出嫁女、入赘男"的承包经营权甚至网络权益等都成为引发争议的财产。现行法律尚无法适应这种变化，缺少规制，给法院处理案件带来难度。与此同时，无论是在城镇还是在农村，人们的经济地位相对越来越独立，人身依附性明显减小，离婚与否已不再是困扰当事人或法院的难题，双方争议焦点集中在财产如何认定和分割、债务如何承担上。尤其是房屋权属的认定与分割是其中最易引发争议的问题，成为法院裁判中较为棘手的难题。

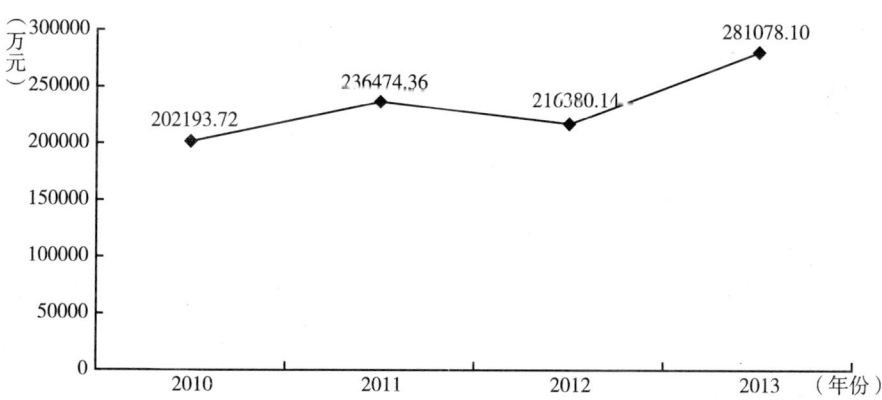

图4　2010～2013年全省法院婚姻家庭案件诉讼标的总金额比较图示

（四）新类型案件增多，矛盾纠纷呈多元化

近年来，出现的新类型案件主要有以下几种。(1) 离婚后财产纠纷诉求新、标的大。特别是对房屋拆迁后的利益分配、企业产权、股权、经营权、土地承包权等财产的分割成为离婚案件的焦点和难点。如根据扬州市中级人民法院提供的数据，该市2011年新类型财产分割案件达100件，与2007年相比增长了2.27倍，其中一件离婚案件财产标的金额达6000多万元。(2) 要求确认或否认亲子关系的纠纷增多。在婚姻家庭案件中，常有当事人提起亲子鉴定请求，要求确认与孩子是否存在亲子关系，或是在离婚案件中，一方以孩子不是自己亲生子女为由，要求离婚或重新分割财产。南京和苏州地区法院都受理过经鉴定孩子为非亲生子女，而在离婚诉讼中要求配偶返还子女抚养费和赔偿精神损害抚慰金的案件。(3) 子女姓名纠纷争议大。主要是离婚后直接抚养子女一方要求子女改姓遭到对方拒绝而引发诉讼，或是离婚后直接抚养子女一方再婚，要求子女随继父姓而引发诉讼。(4) 出现老人精神赡养纠纷。江苏在2009年已经步入老龄化社会，随着流动人口增加、外出打工群体日益庞大及家庭结构趋于核心化、小型化，老人精神情感需求不能满足的情况较为严重。如扬州中院曾经统计，近5年来，全市法院审理的赡养案件仅110件，且有下降趋势，但其中老人提出精神赡养诉求不断上升，达20余件次。2013年7月1日，无锡北塘区人民法院对一起老年人赡养案件开庭审理。法官当庭判决被告马某（原告女儿）除了支付原告储某（被告母亲）一定的经济补偿外，还要在判决生效之日起，每2个月至少前往原告居住处看望问候一次。① (5) "婚外恋"引发情债纠纷。随着人们物质生活水平的提高，一些人"饱暖思淫欲"，受不良思潮和观念的影响和冲击，导致实践中"婚外恋"的比例呈上升趋势，随之引发大量情债纠纷。此类纠纷多以借条、"青春损失费"、"分手协议"的形式出现。这类案件，既有合法配偶主张另一方配偶将财产赠与"小三"的行为无效的诉求，也有

---

① 参见《江苏无锡判决全国首例精神赡养案》，http://news.china.com.cn/live/2013-07/02/content_20876029.htm，最后访问日期：2014年3月20日。

赠与方要求返还赠与财产的纠纷,还有"小三"要求继续履行赠与承诺的案例。此类纠纷既涉及对夫妻财产权的保护,又涉及对"出轨者"的归责,而婚外恋这种关系本身即违反了公共秩序和善良风俗,增加了处理此类纠纷的难度。

(五)离婚原因呈现多样化,家庭暴力占一定比例

从近年来受理的离婚案件来看,导致夫妻离婚的原因多种多样,既包含双方因文化背景、家庭环境、脾气性格等诸方面引发的不和谐,也有因生理缺陷、经济纠纷乃至赌博、吸毒等因素导致的家庭矛盾。呈现以下新的特点。(1)"闪婚闪离"占有相当的比例。"闪婚族"因婚前缺乏了解,草率结婚,感情基础薄弱,因此,一旦出现问题,不是寻求妥善解决之策,而是直接选择"闪婚闪离",对婚姻家庭带来动荡和伤害。在我们的抽样调查中,"闪婚闪离"的离婚案件约占全部离婚案件总数的14%。(2)因"婚外恋"导致夫妻离婚的比例越来越高。盐城亭湖法院曾经统计,2008~2010年该区受理离婚案件897件,因第三者插足引起的有278件,占31%。(3)农村外出打工群体的离婚率上升。随着市场化、工业化、城镇化进程的不断加快,农村开始了一场生产方式、思维方式、价值取向、生活习惯和社会身份的深刻变革,外出务工人员因接触到城市的一些新事物和新理念,思想发生改变,外加夫妻长期分居生活,缺乏沟通与交流,感情越来越疏离,成为离婚的重要群体。(4)"80后"离婚较多,纠纷复杂。"80后"多为我国施行计划生育政策后出生的独生子女,他们的成长倾注了父母过多的关心,即使结婚后仍是父母的宝贝,一旦离婚,双方父母介入过多,因此"80后"的离婚往往涉及的是两个家庭(族)的利益,使得案件处理难度加大。(5)假结婚、假离婚产生的纠纷也日渐突出。在农村,随着城镇化建设等占地拆迁项目的实施,因土地补偿款问题引发农村离婚率呈现上升趋势。有的当事人为了增加土地补偿款而仓促结婚,有的甚至假结婚、假离婚。在城市,为了拆迁补偿或者为了享受购买二套、三套房的目的,假离婚现象也时有发生,一些地方的婚姻登记部门甚至出现离婚登记的业务量在特定时期急剧上升的现象,登记部门不得不打出"楼市有风险 离婚需谨慎"的警示标语,并对离婚人数较多的情形启用离婚"限号"

措施。① 假离婚,尽管是假的,但毕竟经过政府相关部门登记,具有法律效力,所以,实践中因假离婚而弄假成真的实例并不鲜见,由此引发纠纷。

(6)家庭暴力成为离婚的重要杀手。随着社会竞争越来越激烈,人们面临工作与生活多重压力,家庭暴力呈多发态势,日渐成为破坏家庭和睦的杀手,成为离婚的重要因素,而其中以妇女、儿童为主要受害群体。2011年在江苏省妇联接访的妇女投诉中,家庭暴力约占19%。扬州中院曾做过统计,当事人在离婚案件中主张存在家庭暴力的约占离婚案件总数的30%左右,其中90%以上的受害人是女性。南京市中级人民法院上报的调研数据也显示,2013年,在南京市中级人民法院和11家县区基层法院审理的离婚案件中,一方当事人自述存在家庭暴力的案件占31%,家庭暴力成为夫妻离婚的重要原因。其中,女性当事人认为自己受到家庭暴力的情况占九成以上。

二 江苏省婚姻家庭司法保护存在的难点和问题

(一)当事人法律意识普遍薄弱,诉讼能力较低

婚姻家庭纠纷发生于普通百姓之间,他们的法律意识普遍比较薄弱,诉讼能力低,收集和保存证据的能力和意识更低,所以婚姻家庭纠纷一旦进入法院,当事人习惯性地依赖法官去查明案情、分清是非,给案件审判带来诸多困难,这在江苏广大农村地区表现尤为明显。

1. 举证能力差

婚姻家庭案件中的当事人举证能力普遍不强,尤其是生活在农村的女性当事人。在江苏农村,重男轻女现象较为普遍,男女不平等在家庭中仍较为明显,男方在家庭中往往占据主导地位,如家庭经济收入、经济往来大多由男方掌控,女方主要在家中从事家务或者农业劳动。女方对夫妻共同财产的状况难以准确把握,如果男方在离婚前恶意转移财产或虚构债务,女方由于平时并不

---

① 参见《南京实施离婚"限号":楼市有风险 离婚需谨慎》,http://www.s1979.com/news/society/201307/0893867108.shtml,最后访问日期:2014年3月10日。

掌管财产或并不参与经营而无法举证。同时受到"家丑不外扬"思想的束缚及对男方经济上的依赖，当夫妻之间发生吵闹、矛盾时，女方一般不会有意识地去收集证据，寻求法律帮助，而是由男方家族长辈或村、组干部进行调解。如果调解不成到法院诉讼离婚，女方则往往难以举证，即使举证，除了自己的陈述外，也多是亲戚朋友的证言，证明力不高，很难实现其诉讼目的。

2. 诉讼能力差

很多婚姻家庭案件的当事人经济状况较差，没有能力聘请律师，在法庭上无法准确表达诉求和进行有针对性的抗辩，通常是自说自话，偏离焦点，过分纠缠细枝末节，表达不清。同时，他们往往不会、不懂如何提交证据，更无法分辨哪些是关键性证据。对于此类纠纷的处理，法官普遍感觉是充当了双方当事人的律师，好像是自己在跟自己打官司，十分痛苦。

3. 送达难

在离婚诉讼中，法律文书无法送达被告是困扰法院的一个经常性问题，在农村表现得尤为突出，这其中既有社会人口流动致原告无法提供被告准确地址的客观原因，也有当事人法律意识淡薄故意"玩失踪"，拒收法律文书的情形。一些被告当事人错误地认为，只要人不出庭，法院就不能判离婚。法院在无可奈何之下只能采取公告送达，导致法律文书生效后被告声称"被离婚"，屡次找法院交涉，要求法院收回判决，严重损害司法权威。送达难是目前困扰法院的现实难题，据镇江京口区人民法院统计，缺席判决离婚的案件占2010年以来该区受理离婚案件总数的18%。

（二）家庭案件的专业化审判水平有待进一步提高

婚姻家庭案件有其独立的特点，兼具人身性、伦理性及财产性，不仅需要有与之相称的诉讼程序，还需要有相配套的专门机构和专业人员，只有这样，才能适应此类案件的审判需要，更好地实现保护婚姻家庭的司法宗旨。同时，建立符合家事审判特点的专业化审判模式，有利于优化审判资源配置，提升婚姻家庭案件的审理水平与质量，也是审判专业化、法官职业化司法改革的发展方向和必然要求。

近年来，江苏法院在探索婚姻家庭专业化审判方面进行了大胆尝试，取得

了一定的成果,但同时也应看到,目前江苏婚姻家庭专业化审判工作尚处于起步阶段,无论在机构设置、人员配备、审判机制等方面都存在需继续改进的地方。(1)在机构设置方面,受到审判物质资源、人力资源、编制的限制,全省尚有多家法院没有成立家事审判庭,仅南京的区县法院中就有3家(溧水县人民法院、建业区人民法院、栖霞区人民法院)因编制等原因没能成立,即使是设立了专门家事审判合议庭的,由于法院案多人少矛盾突出,这些合议庭多兼顾处理其他类型的案件,很少只从事婚姻家庭案件审理的。据我们调查,目前全省婚姻家庭案件分散在基层法庭、家事审判庭、民一庭、少年庭处理,处于"多头分管"和"分散审判"的状态,很难保证执法尺度的统一。(2)在人员配备方面,家事案件涉及社会学、伦理学、民风民俗等综合知识,这就要求从事家事案件审判的法官,必须要有丰富的理论知识和生活阅历,还要具有较强的沟通协调能力。而就目前而言,多数法院并未配备专职从事婚姻家庭案件审判的人员,审判人员在知识层次、年龄结构、性别组成上有较大的随意性,距离专业化审判的要求还有一定的距离。(3)在审判机制方面,目前对于如何构筑适合家事审判的审判机制,包括裁判理念、职责范围、审理流程、举证规则、调解模式等尚处于探索阶段,在案件审理上仍多沿用传统民事案件审判模式,无法适应专业化审判的需要。

(三)婚姻家庭案件审判疑难问题突出

1. 婚姻法与民法相关法的适用冲突

婚姻家庭案件审理涉及国家对特殊群体利益保护的政策,同时,婚姻家庭案件属于复合之诉,不仅涉及人身,还涉及财产等权益,而婚姻法是处理身份关系的特别法,在婚姻家庭案件审理中如何处理好婚姻法与民法相关法的关系,在审判实践中存在困惑。

婚姻家庭案件中所涉及的财产关系,往往涉及两层法律关系,一是夫妻内部的财产关系,二是夫妻与外部法律主体之间的财产关系。这两个不同属性的财产关系,究竟用同一理念和原则处理还是应当有别?比如《中华人民共和国婚姻法》(以下简称《婚姻法》)第19条第1款规定:"夫妻可以约定婚姻关系存续期间所得的财产以及婚前财产归各自所有、共同所有或部分各自所有、部分共同所有。"而《婚姻法解释三》第6条则明确规定:"婚前或者婚姻关系存续期间,当事人约定将一方所有的房产赠与另一方,赠与方在赠与房产变更登记之前撤销赠与,另一方请求判令继续履行的,人民法院可以按照合同法第一百八十六条的规定处理。"对于夫妻约定财产制中是否引入合同法赠与的制度,学者有不同的见解,如果把赠与制度适用于夫妻之间,则夫妻财产约定制的效力将大打折扣。再比如对夫妻忠诚协议的约定,如果用合同法意思自治来规制,则无疑夫妻感情可以商品化处理,事实上造成有钱人可以用金钱购买到对家庭应尽的责任和义务,这不符合社会主义的婚恋观和家庭观。

随着《婚姻法解释三》的出台,《物权法》《合同法》中意思自治、平等自愿等理念被越来越多地引入婚姻家庭领域,但由于男女经济地位尚未实现完全的平等,因此在某些情况下的意思自治将导致对弱势群体保护不力,从而引发社会问题。主流观点认为,婚姻主体内部的财产关系与外部的财产关系虽属财产关系范畴,但二者仍存在着性质不同、主体不同、产生根据不同、意思自治程度不同等区别。因此,在夫妻关系内部,应更多地体现《婚姻法》的立法精神,从社会性别视角出发,真正保护处于弱势地位的妇女、儿童、老人的合法权益。而在夫妻关系外部,应更多从民法理念出发,保护动态的交易安全。比如关于夫妻财产赠与问题,夫妻内部的财产约定符合《婚姻法》的规定,只要没有欺诈与胁迫情形,约定当为有效,能够继续履行的应当继续履行。但在夫妻外部,如果未办理过户手续,登记人进行处分的,应当优先保护债权人利益。

对于婚姻法与民法相关法的适用冲突问题,审判实践中的通常做法是如果运用某个条款的处理将导致双方利益失衡,则用《婚姻法》的相关条款予以救济。如何协调好婚姻法与民法相关法的关系成为亟待明确的问题。

2. 夫妻共同财产认定难

对于哪些财产属于夫妻共同财产,《婚姻法》的规定很原则,不可能涵盖当前及今后出现或可能出现的新情况、新问题。虽然最高人民法院先后出台的三个"婚姻法司法解释"明确了实践中一些具体财产权属的性质与分割,但仍有许多问题尚存在争议,导致夫妻共同财产难以认定的原因是多种多样的。

(1)财产类型复杂。当前夫妻共同财产已从以往单纯的金钱和实物发展到票据、股权、商业实体、保险收益、承包(租赁)经营权、知识产权、智力投资等权利。一些有使用价值的实物也由于其自身的特性，不易或不可分割。南京地区的基层法院就曾受理过要求将淘宝网金币作为夫妻共同财产分割的案件。我国法律由于尚无网络权益分配的规定，导致司法实践中无法可依。

（2）财产来源复杂。婚姻关系存续期间形成的财产，虽然在时间上是在婚后，却未必都是夫妻共同财产。如婚前个人存款的利息、婚前房产的自然增值收益等均不属于夫妻共同财产，出售婚前房产所得收益也仅能认定为婚前财产的形态转化，不能当然转化为夫妻共同财产，但类似的出租婚前房产所得租金，则通常被认定为投资行为，因凝结了配偶潜在的劳动投入，而被认定为夫妻共同财产。实践中，对于哪些属于婚前财产的孳息或自然增值，哪些属于婚前财产的婚后投资收益，在判断上比较复杂。尤其涉及父母出资赠与财产的问题，基于父母子女间的密切的人身关系和中国特有的传统家庭文化的影响，父母出资时，一般不会明确或不愿明确出资的性质——究竟是赠与还是借贷，是赠与自己子女的还是赠与夫妻双方的。一旦子女离婚，夫妻间经常就房屋是否属于夫妻共同财产或者就出资的归属发生争议，此已成为人民法院处理离婚案件财产分割时的难题。

（3）财产构成复杂。不少当事人在进行投资或购买房产时，有的记名，有的则隐名（如一些公职人员投资），除了夫妻共同投入外，还会出现财产与第三人共有的情况，甚至将财产完全登记在第三人名下，形式上根本无法与夫妻共同财产联系起来。此种情形在规避国家限购政策的房产交易领域尤为常见，一旦产生纠纷，连能否将其认定为夫妻共同财产都是值得商榷的。近年来，随着城镇化建设、新农村建设等占地拆迁项目的实施，大批的城市老旧房屋和农村宅基地房屋被拆迁，由于历史遗留问题、产权观念薄弱等原因，家庭成员往往对房屋及土地权益约定不明，更难以区分哪些属于夫妻共同财产，导致家庭成员围绕拆迁巨额利益进行激烈争夺。

3. 夫妻共同债务认定难

近年来，由于受社会上诚信缺失和利益驱动等多种因素影响，离婚案件中债务的认定和处理一直是困扰审判实践的难点和热点问题，处理不当，极易导致矛盾激化和涉法上访。同时，法官在处理类似问题时，普遍感到离婚案件中虚假债务现象较为普遍，因此，如何有效防止离婚时的虚假债务，是每个审理离婚案件的法官最感棘手的问题。一些当事人离婚时，财产或债权并不多，但债务远远超过财产，法官无论是认定这些债务，还是否定这些债务都觉得心里没底，因为很多债务都是亲戚朋友之间打的白条。之所以出现这一现象，与现行法律规定有关联。《最高人民法院关于适用〈中华人民共和国婚姻法〉若干问题的解释（二）》（以下简称《婚姻法解释二》）第24条规定："债权人就婚姻关系存续期间夫妻一方以个人名义所负债务主张权利的，应当按夫妻共同债务处理。但夫妻一方能够证明债权人与债务人明确约定为个人债务，或者能够证明属于婚姻法第十九条第三款规定情形的除外。"该条确立了夫妻债务外部法律关系中应以债务形成时间为共同债务的判断依据。即债权人只要证明该债务形成于夫妻关系存续期间，夫妻双方就应当共同对外承担偿还责任。夫妻一方否定责任承担的，需从两个方面进行抗辩：债权人与债务人明确约定为个人债务；债权人知道夫妻为约定财产制情形。由此可见，《司法解释二》将债务性质的证明责任归由夫妻一方承担。该解释更多是从维护交易秩序安全的角度所做的利益衡量，夫妻债务的认定标准简便易操作。但实务中该条为一些不诚信的人所利用，夫妻一方与债权人串通损害另一方配偶利益的情形时有发生。配偶一方非举债关系当事者，欲证明债权人与债务人是否明确约定为个人债务几乎不可能，而且我国夫妻约定财产制缺乏公示制度，第三人知道夫妻进行了共同财产的约定或配偶一方证明第三人知道其夫妻为约定财产制根本无从着手，无从考证。因此，《婚姻法解释二》对债权人利益保护较为有利，但对非举债的夫妻一方的利益保护不利。由于目前就夫妻债务问题，立法尚不完善，价值取向摇摆不定，在债权人与债务人夫妻之间、借债一方与配偶之间的举证责任如何分配、举证是否到位的判断上标准不一，一定程度上导致同案不同判。

（四）反家暴工作力度有待进一步加强

家庭暴力是一个全球性的社会问题，我国也不例外。延伸到司法实践中，涉家暴案件的审理难度很大。主要原因有以下几点。

（1）立法不完善。①缺乏防治家庭暴力的全国性专门立法，已有的相关规定散见于不同的法律法规之中，相互之间缺乏衔接，体例不够系统、规范，内容不够周延、完整,如对家庭暴力的概念内涵、具体内容、构成要件、种类范围等内容缺乏明确界定;②现行法律法规的规定过于抽象笼统,存在立法空白,缺乏可操作性,难以在审判实践中被切实遵从,司法实践中普遍存在取证难、认定难、救助难、追究法律责任更难的窘境;③部门规章和地方性法规法律位阶较低,对于法律程序、举证责任、救助措施等基本法层面的现有规定难以有实质性的突破;④现有规范侧重于事后惩治,对正在实施的家庭暴力和持续发生的暴力行为欠缺及时有效的事先干预和防范机制。

(2) 受害人证据意识缺乏。①举证难。家庭暴力由于发生在家庭成员之间,具有相当的隐蔽性特点,一般难为家庭成员以外的人知悉,加之受害人多缺乏自我保护意识,疏于求医、求助及保留证据,致使证据毁损、遗失,以至于案件诉至法院时,因时过境迁而无法拿出有效的证据。②作证难。家庭暴力作为一种行为,最有力的直接证据是对行为过程直接目睹的证人证言,但因家庭暴力发生在家庭等私人领域,很难有直接的目击证人。有的即使有目击证人,通常也是与当事人有特定关系的人,如亲戚、邻居或朋友,由于顾及情面或者受到加害人的威胁、恐吓,这些人多不愿或不敢出庭作证,因此涉家暴案件比一般案件的证人出庭率低很多。而且,即使是证人证言,能够直接目击的毕竟是少数,更多的可能是在门外、隔墙听到,或听到受害人哭诉而已,一旦加害人否认,法院依然无法进行认定。③认证难。在涉家暴案件中,由于缺少证明家庭暴力的直接、充足的证据,增加了法院认证上的困难。审判实务表明,虽然有近30%的案件当事人主张存在家庭暴力,但近年来,全省各级法院对家庭暴力的认定率平均不到10%,有些地区存在零认定率。特别是涉及对精神暴力的认定,如冷落、疏远、不予理睬等家庭冷暴力,当事人更难举证。因此,审判实务中很少有对精神暴力予以认定的案例。

(3) 人身安全保护裁定适用仍不广泛。江苏省虽然在人身安全保护裁定方面取得了一些成绩,但在实践中仍存在一些问题,如当事人对人身安全保护裁定了解不多,因此少有申请;法院对人身安全保护裁定的适用不够重视,最终做出保护裁定的案件少之又少;人身安全保护裁定还存在执行难的问题;等等。

(4) 社会职能部门执法不力。受到"清官难断家务事""宁拆一座庙,不毁一桩婚"等传统观念的影响,许多部门认为家庭暴力是私人领域的行为,不愿过多地介入和干预。公安机关、居（村）委会等职能部门对于家庭暴力的干预也重视不够，接到报警或求救后，仅作为家务纠纷对待，劝说几句或者简单登记一下，几乎不做进一步调查，也不会委托相关机构进行损伤鉴定，更少有采取强制措施防止暴力行为再次发生的，致使受害人无法得到及时的救助。

三 江苏省婚姻家庭司法保护的探索和创新

（一）树立正确裁判理念，最大限度保护弱势群体利益

我国新《民事诉讼法》未对婚姻家庭案件的审理做出特别的程序性规定，而学界和实务界的有识之士早就呼吁对家事案件建立特别的诉讼程序，这一程序因有别于普通民事诉讼的裁判理念，而有利于妥当解决婚姻家庭纠纷，实现《婚姻法》保护妇女、儿童、老人合法权益的基本原则。

尽管《民事诉讼法》未做特别规定，但《婚姻法》及其《司法解释》对家事案件的审理规定了一些特殊规则和程序，据此，江苏省高级法院在全省民事案件审判庭人员的业务培训及具体案件指导中，要求法官在处理婚姻家庭案件过程中，不机械套用民事诉讼"谁主张谁举证"的诉讼原则，而应充分发挥法官在案件审理中的积极作用，强化职权调查和职权探知，加大法官收集证据和查证的力度，从利益平衡和案结事了的裁判结果出发，不唯效率更重效果，不唯法律兼顾善良风俗，使裁判结果更能充分体现保护弱者的立法目的。

（二）推行专业化审判，创新审判工作机制

除了更新理念之外，江苏全省法院还在审判实践中积极探索符合婚姻家庭案件特点的审判工作机制，为婚姻家庭案件中弱势群体保护提供制度支持。

（1）建立专门的审判机构和专业审判队伍。2011年以来，为了解决家事审判中的诸多问题，更好地保护妇女、老人、儿童等家庭弱势群体的利益，全省各地法院积极探索家事审判专门化的改革。目前全省各基层法院很多都设有专门审理婚姻家庭案件的合议庭，并配备有一定生活阅历和审判经验的法官审

理婚姻家庭案件。如南京下关法院成立了以先进人物黄辛果名字命名的"辛果婚姻家庭合议庭",专职审理婚姻家庭案件。徐州贾汪区法院更是在2012年率先成立了独立的家事审判庭,在家事审判庭的人员配备上既考虑性别构成又考虑资历、经验,从运作效果来看,得到业内人士和当事人及社会的高度肯定。南京中院也于2013年7月成立了少年家事审判庭,专职从事婚姻家庭案件的审判工作,为在中级法院层面上推行婚姻家庭案件专业化审判迈出了第一步。目前,全省除了南京市中级人民法院、徐州贾汪区法院成立了独立家事审判庭之外,南京市辖的8个县区基层法院,盐城大丰市、射阳市、滨海县基层法院,扬州高邮市、仪征市基层法院,南通启东市人民法院等多家法院都成立了独立的家事审判庭或者少年与家事审判庭。

(2)建立亲和的审判形式。基于家事审判所具有的修复性特点,南京市中级人民法院借鉴涉少刑事审判相关做法,在家事案件的审判方式上,建立圆桌审判制度。即对于身份关系的案件,尽量在圆桌法庭审理,运用圆桌法庭对等、和谐的审判模式修复当事人之间关系,减少当事人之间的对抗性,化解矛盾,力求达到情感上的融合和家庭关系上的修复。徐州贾汪区法院在家事法庭的设置上,改变了常见的法官在上,当事人相互对立的法台设置现状,而是把家事案件的调解和审判室布置成家庭客厅的式样,当事人称谓也由原告、被告改成"丈夫"与"妻子",同时摆放温情席卡,有效淡化彼此的敌对情绪,为案件处理营造良好的氛围。

(3)总结提炼工作模式。徐州贾汪区法院在审判实践中总结提炼出"感情预修复、情绪先疏导、视频再教育、甜蜜勾回忆、亲情齐规劝、社会同介入、秘密重保护、案后必回访"的"亲情弥合八步法",形成"播放短片—吃团圆饭—用方便车—社会介入—心理咨询"的独特工作模式,为婚姻家庭案件当事人尤其是家庭弱势群体提供贴心的司法服务。

(三)开辟"绿色通道",突出对弱势群体的特殊保护

多年来,全省法院不断建立健全婚姻家庭案件的"绿色通道",保护家庭弱势群体的利益。具体举措涉及各个方面。

(1)对于涉及追索扶养费、抚养费、赡养费、抚恤金的妇女、儿童、老

年人的维权案件，实行优先立案、优先审理、快审快结、优先执行。

（2）对于经济上确有困难的当事人实现诉讼费用的缓、减、免，使他们"没钱打得起官司""有理打得赢官司"。几年来，徐州市、区两级法院对符合救助条件的1120名妇女当事人依法缓减免诉讼费58.69万元。

（3）特别注重保护老年人权益。如无锡北塘法院为了方便老年人诉讼，专门成立了"老年人权益保护服务站"和"关爱空巢老人青年法官志愿服务队"，开通"老年人维权服务热线"，实现老年人司法保护与司法救助之间的有效衔接。该院还针对老年人行动不便的状况，特别成立了"老年人权益保护巡回法庭"，指定联络员定期与社区、养老机构沟通，遇有涉及老年人的家事纠纷，及时到当地开展矛盾纠纷化解工作。无锡南长法院1994年成立全国首家"保护残疾人合法权益合议庭"，2011年，该院将集立案、审判、执行、诉讼服务为一体的助残工作站延伸到街道社区，针对残疾人群体特殊的生理、心理需求，构筑涉残审判"三个五"工作体系，即法官办案"五上门"、案件审理"五做法"、工伤维权"五措施"，及时有效地保护残疾人的合法权益。

（4）强化对未成年人的保护力度。如苏州吴中区法院在审理涉及未成年人案件时率先引入"社会关护机制"，聘请三名具有心理咨询师资格的"爱心妈妈"担任社会观护员，对未成年人生理特点、心理特点、成长环境、生活习惯开展走访调查，客观科学地形成未成年人抚养问题的书面评估报告，既能促使当事人理性回归到未成年人利益保护的本体上，又能协助法院对未成年人抚养、监护做出妥当裁决，保障未成年人的最佳利益。

（四）创新工作方法，不断加大反家暴工作力度

近年来，家庭暴力呈现严重化和普遍化的趋势，成为破坏家庭和谐和社会稳定的重要因素。全省法院从服务法治江苏、平安江苏建设，促进社会和谐稳定的高度出发，积极探索反家暴工作方法，取得显著成效。

早在2002年，省高级法院就与省委政法委、省公安厅、省妇联等单位共同制定了《关于预防和制止家庭暴力的意见》，明确了人民法院在预防和制止家庭暴力中的职责、任务。2010年，省高级法院根据全省婚姻家庭案件审判

的新情况、新特点、新要求,将涉家暴案件的审判,特别是对人身安全保护裁定工作的推进,作为人民法院化解矛盾纠纷,推进社会管理创新的重要抓手。2010年6月5日,省高级法院、省公安厅、省妇联联合制定下发了《关于依法处理涉及家庭暴力婚姻家庭案件若干问题的指导意见(试行)》,全面探索人身安全保护裁定工作,在全国产生了广泛影响。南京、苏州、连云港等地法院也与相关部门制定出台了预防和制止家庭暴力的规范性文件,为全省法院涉家暴案件审判的顺利开展奠定了坚实的基础。

从具体实践来看,无锡崇安区法院作为最高人民法院反家暴审判工作试点法院之一,于2008年8月6日做出我国第一份反家暴领域人身安全保护裁定,将事后惩罚施暴者转变为事前保护受害人,开辟了国家公权力介入家庭暴力防治的新途径。目前江苏省已有扬州高邮市人民法院、南通经济技术开发区人民法院等多家法院陆续进行了签发人身安全保护裁定的实践,截至2013年底,全省已累计签发人身安全保护裁定42份,给予家暴受害人以全方位的保护,取得了良好的社会效果。扬州高邮法院还对一例违反人身安全保护裁定的当事人果断采取了拘留措施,此为江苏省首例(全国第二例)因违反人身保护裁定被拘留案。

在总结人身安全保护裁定工作成功经验的基础上,为进一步推进反家暴工作力度,2013年7月,省高级法院联合省检察院、省公安厅、省妇联共同制定了《江苏省家庭暴力告诫制度实施办法(试行)》(以下简称《办法》)。《办法》明确了对违反法律、法规的轻微家庭暴力行为,公安机关可以以告诫书方式督促加害人改正,告诫书可以作为人民法院认定家庭暴力的重要证据。《办法》同时对告诫的原则、情形、程序、公检法机关和妇联组织的职责等做出明确规定。家庭暴力告诫制度变事后惩治为事前预防,在预防和制止家庭暴力方面发挥重要作用,并且为将来可能发生的行政处罚和刑、民案件审理起到固定证据、保全证据的作用,是预防和防治家庭暴力的又一个机制创新,也为全国首创。

针对家庭暴力认定难的问题,无锡崇安法院从2010年下半年起着手成立由法学、社会学、心理学、司法精神病学、法医学等领域的专家学者组成的"反家暴专家委员会",探索尝试专家辅助人制度,对家暴案件当事人进行心理疏导，专家辅助人的专家证词也成为认定家庭暴力的重要依据。扬州、盐城等地法院与基层派出所、社区警务室建立定期沟通制度，充分发挥妇女庇护中心的作用，形成反家暴维权网络，通过分工、协作，形成合力，切实有效地预防与解决家庭暴力问题。

（五）确立家事案件多元化调解原则

调解是化解婚姻家庭纠纷的一种最佳的处理方式，因为调解不仅能减少当事人的心理对抗，而且能有效地保护当事人隐私，灵活、妥当地解决家庭纠纷。为了能最大限度地发挥调解在家庭案件审判中的效用，江苏省各级法院各显神通，在加大调解力度、创新调解模式等方面进行了积极的探索和实践。

（1）发挥人民调解工作室的作用。自2008年起，全省各级法院就与各地社会矛盾纠纷调处中心、司法行政部门密切配合，由社会矛盾纠纷调处中心在人民法院诉讼服务中心设立人民调解工作室，并派驻人民调解员，专职负责诉前调解工作，将婚姻家庭案件全部纳入诉前调解范围，使得大量婚姻家庭纠纷在立案之前就得到妥善化解。

（2）创设特邀调解员制度。在妇联、民政、村（居）委会、司法所等组织机构选聘具有丰富调解经验的特邀调解员广泛参与婚姻家庭案件的调解工作，充分发挥这些组织人员熟悉涉及妇女人身、财产、子女抚养、婚姻家庭等方面维权工作的优势，进一步提高案件调解的成功率和裁判的认同度，取得良好社会效果。徐州法院系统选聘了172名妇联干部担任法院特邀调解员，自2010年以来，通过特邀调解员调解和陪审的案件达到6210件，调解结案4968件。

（3）创新诉调对接工作模式。各地法院积极争取党委、政府支持，先后与妇联、民政、人民调解委员会等组织机构联合制定诉调对接工作文件，将婚姻家庭纠纷纳入诉调对接工作机制，建立多部门广泛参与、协同化解的立体保护网络。省高级法院与省农委等部门联合出台了《关于加强农村土地承包纠纷调处工作的意见》，为农村土地权益案件搭建了联合化解平台。常州天宁区法院与区综治办、区妇联联合制定了《关于建立婚姻家庭矛盾纠纷诉调对接机制的工作意见》，指导全区的婚姻家庭纠纷诉调对接工作。南通海安市人民法院和当地民政部门联合设立"民政法院对接工作室"。南通通州区人民法院与民政局联合建立"三个中心",实施"三项机制"。"三个中心"即民政法院婚姻信息对接中心、婚姻纠纷调解中心、司法确认中心,"三项机制"即婚姻信息互通机制、矛盾联调机制、司法确认机制。苏州地区各级法院大力开展和谐共建活动,与街道、社区、村(居)委会、司法所、妇联等组织机构签订和谐共建协议,共建单位可在诉讼前和诉讼中互相派员参与婚姻家庭纠纷的调处,充分利用共建机制化解矛盾纠纷。徐州地区法院鼓励引导有调解特长与热情的群众参与创建婚姻家庭纠纷调解工作室,如该市丰县的"夕阳红工作室"、贾汪区的"红石榴志愿者服务队",充分发挥群众志愿者的优势,大力推动婚姻家庭纠纷调解工作的社会化发展。

(4)探索合并调解。南京市、区两级法院自2013年7月以来积极探索和实践"家事案件的合并调解"机制,即对于相互牵连的数起家事案件,法院可依申请或依职权合并调解。同时,若其他民事案件与家事案件具有牵连关系,当事人也可申请将该案件与家事案件共同交由法院进行合并调解。在合并调解的基础上对家事案件探索指定管辖机制,对于同一当事人的相关家事案件原则上由一家法院负责到底、一家法庭负责到底甚至一人负责到底,避免出现相互推诿的情况,保证家事案件的案结事了。

(六)延伸审判职能,推进社会管理创新

(1)常年指派审判经验丰富的审判人员到妇联组织值班,认真运用专业法律知识,充分履行法制宣传、法律咨询等职责,帮助妇女树立法律意识,自觉遵纪守法,提高运用法律武器维护自身合法权益的能力,让更多妇女零距离感受到司法的公正与法律的正义。

(2)落实巡回审判,充分发挥巡回审判方便当事人诉讼和利于法制宣传的优势,通过带案下访、就地立案、就地调解、就地开庭、就地宣判和就地执行,为婚姻家庭案件当事人提供快捷、亲民和全方位的司法服务,实现"审理一案,教育一片"的社会效果。

(3)积极开展"法官进社区"活动,与妇联及民调组织建立婚姻家庭纠纷联合排查与预警机制,加强对婚姻家庭纠纷的排查梳理,及时发现可能影响

婚姻家庭和谐的苗头性、倾向性问题，借助各方力量，将矛盾纠纷化解在萌芽状态。无锡南长区法院创设"驻点法官"工作制度，南通市中院设立"片区法官""村居法官"，定期与驻点街道、社区、乡村联络，采取经常性排查与集中性排查相结合的方式，加强对当地婚姻家庭纠纷情况的排查梳理，对排查出的矛盾纠纷隐患，做到"早预防、早发现、早化解"。

（七）加强分析研判，不断强化审判业务指导

省高级法院高度重视婚姻家庭审判中的业务指导工作，通过召开条线会议、业务研讨会等方式及时发现、收集当前婚姻家庭案件审判工作中出现的新情况、新问题，不断加大分析研判力度，强化对下业务指导。

面对《婚姻法解释三》实施后社会各界各种不同的认识与质疑，省高级法院在充分调查研究的基础上，下发关于贯彻执行《婚姻法解释三》的通知，明确要求全省各级人民法院要正确理解《婚姻法解释三》的条文内涵，在案件审判中充分考虑公序良俗和社情民意，加强对弱势群体和无过错方的保护，避免对《婚姻法解释三》条文的机械适用，及时统一了全省法院审理婚姻家庭案件的执法理念和思想认识。

为及时总结审判经验，省高级法院还通过编写《审判资讯》《婚姻家庭案件审理指南》《涉家庭暴力婚姻家庭案件审理指南》等业务指导文件，有效统一了全省法院审理婚姻家庭案件的执法尺度，保证了裁判结果的一致性，维护了立法与司法的权威。

（八）加大法制宣传，弘扬婚姻家庭道德风尚

近年来，全省法院不断加大法制宣传力度，提高人民群众守法观念，弘扬良好的婚姻家庭道德风尚，营造安定的社会环境。2011年，省法院在"三八"妇女节期间向社会发布了《江苏法院2010—2011年度婚姻家庭十大典型案例》。2011~2013年，省法院联合社区维权工作站的工作人员开展"庭站对接，联动维权"活动，连续三年走进社区为社区群众宣讲婚姻家庭典型案例。南通启东法院自1994年开始连续20年在社区开设"幸福家庭讲习班"，集法律讲座、义务咨询、图片展示、庭审观摩、媒体报道于一体，成效显著，国

家、省级媒体多次对讲习班的成功经验进行介绍推广。苏州平江法院在社区开设"父母婚姻课堂",采取发放普法资料、观看视频资料、开展法制讲座、提供法律咨询等多种方式开展法制宣传。

结　语

婚姻家庭涉及千家万户,家事无小事,实践中,婚姻家庭案件具有多发性、复杂性以及矛盾冲突激烈性等特点,面对这一情形,江苏各级人民法院不是消极应付,而是迎难而上,积极应对,充分发挥主观能动性,既注重按照婚姻家庭案件审判的特殊要求去进行妥当化解,又特别注重对妇女、老人、儿童、家庭的司法保护,出台许多新的工作方法和司法机制,努力实现婚姻家庭案件审判法律效果和社会效果的双赢。

区域报告

Regional Reports

B.15

2013年常州市检察机关民生检察的制度实践

朱秋卫 张加林 姜涛*

摘 要: 民生问题不仅是经济问题,也是社会问题,更是政治问题、法律问题。民生问题解决的好坏,直接关系到人心向背,关系到社会的稳定和国家的长治久安。检察机关作为国家的法律监督机关,是人民利益的代表者、维护者和实践者,民生问题与检察工作息息相关。常州市检察机关紧紧围绕执法为民总目标,深刻领会民生检察独特内涵,深化完善便民途径和方法,拓宽服务民生工作领域,深入开展"民生检察推进年"和"民生检察深化年"活动,从而开辟了民生检察的地方制度实践。

---

* 朱秋卫,常州市人民检察院法律政策研究室主任;张加林,常州市人民检察院副检察长;姜涛,南京师范大学法学院教授。

关键词：

民本理念　民生检察　联动执法　观护矫正　检调对接

检察机关是国家的法律监督机关，其虽然不能直接解决群众的生产生活问题，但其本质和核心为充分运用法律手段调整、规范人们在生产生活中结成的各种社会关系，维护良好的社会秩序，保护人民群众的合法权益，也就是实现广义的民生，维护公民的人权、自由、尊严和社会的公平、正义。"检察机关要强化法律监督，维护公平正义，促进社会和谐，并注重关注、保障和改善民生，这既是检察机关对人民群众的庄严承诺，也是今后一个时期检察工作的应然要求。"[①] 2013年，常州市检察机关按照最高人民检察院和江苏省人民检察院的决策部署，从践行检察机关人民性和执法为民理念的高度，围绕"民生检察"工作主题，找准服务民生与检察工作的结合点，深入开展"民生检察推进年"和"民生检察深化年"活动，在转观念、建机制、强能力、创特色上下功夫，较好地发挥了检察机关在服务民生、保障民生、促进民生方面的职能，有给予制度推广必要。

一　夯实民生检察根基

作为一种检察工作范式，"民生检察"是多种独特内涵有机结合而形成的检察工作模式。从内容上看，民生检察主要是通过履行检察职能，运用法律手段来调整、规范人们在生产生活中形成的各种社会关系，维护良好的社会秩序，保护人民群众的合法权益。从执行方式上来看，民生检察要求检察机关从职权主义的思维与行为方式转变到尊重公民权利上来。[②] 从宗旨和终极目标上来看，民生检察强调检察工作要关注民生建设，检察机关要通过强化法律监督，维护国家法律的统一正确实施，营造诚信有序的市场环境、和谐稳定的社

---

① 李乐平：《民生检察的应然要求和实然之路》，《人民检察》2008年第16期。
② 参见刘金林《提高法律监督能力　更好地保障改善民生——第六届检察长论坛·慈溪会议综述》，《人民检察》2008年第12期。

会环境、清正廉洁的政务环境、公平正义的法治环境。① 为此，常州市检察机关紧紧围绕"为谁掌权、为谁执法、为谁服务"的命题，深入持久地开展人民性再教育，引导干警牢固树立服务民生意识，坚持执法为民理念，将服务和保障民生的要求落实到检察工作的各个环节。

一是开展专题研讨，切实关注民生。2013年7月，常州市人民检察院联合长三角地区五家检察院召开"民生检察的理念与实践"专题研讨会，针对民生检察的内涵与外延、民生检察的运行机制与规律、民生检察与检察工作的创新创优发展、民生检察的系统实践四个专题进行论文研讨及工作交流，并邀请南京师范大学、常州工学院等高校教授点评，深入开展"民生检察"工作大研讨，实事求是地认识和评估民生检察工作现状，找准新形势下开展"民生检察"工作的内在要求。通过进机关、进企业、进学校、进社区、进农村等"五进"活动，加强对人民群众新要求新期待的思考和把握。定期组织对群众投诉、群众上访案件的集中评审，不定期组织基层走访以及社情民意调研，及时掌握群众的现实需求，切实把检察工作植根于人民群众的期盼和要求中。

二是明确职责要求，切实服务民生。围绕民生检察的工作主题，常州市人民检察院先后出台《进一步加强和改进检察机关群众工作的意见》《关于加强新形势下群众工作的意见》等文件，每年向社会公开承诺十项为民举措，不断提高服务民生民利的能力和水平。市院党组在分析研究人民群众新需求、新期盼的基础上，再度向社会公开承诺建造"检察为民中心"、成立党代表韩筱筠工作室等2013年度要办好的十件实事。将十项举措实行项目化责任分解，分阶段推进，主动接受外部监督，定期征求社会各界的意见建议（见表1）。

三是突出能力建设，切实保障民生。为实现这一目标，常州市人民检察院出台了《关于对青年干警培养实行"检察教官"和"检察职业导师"制度的暂行规定》，加大对青年干警的培养力度，促进检察队伍梯队化，推动检察工作可持续发展。以建设"学习型、专家型、实干型、廉洁型、民生型"领导班子为目标，连续三年组织两级院领导班子成员开展素能培训。开展青年干警

---

① 参见游巴春《关于提高新时期下检察能力建设的几点思考》，《检察官论坛》2013年第1期。

表 1　常州市人民检察院 2013 年十项为民措施责任分解

序号	项目名称	工作范畴	工作进度	责任领导	责任部门	配合部门
1	建造"检察为民中心"	全力打造集"案件管理、行贿档案查询、检察文化宣传、12309 民生热线、申诉、举报、律师接待、视频接待、公开听证、特困刑事被害人援救、检调对接"于一体的统一对外服务窗口	①3 月前，完成确定"统一名称、统一标志、统一模式"的设计。②做好职能设置的各项准备工作。	黄秋雄丁正红	控申处宣传处	各基层市院各部门
			4 月动工，年内完工	蒋忠孝	行装处		各基层市院各部门
2	加强和改进民事行政检察工作	①加大办案力度，突出抓好抗诉和检察建议工作的质量。②拓展监督范围，突出抓好违法行为的监督，特别是要开展执行监督的专项活动。③抓实监督思路，突出抓好虚假诉讼及类案的监督。④延伸工作触角，突出做好督促依法履行职责，支持起诉的探索工作。⑤全面做好和解息诉工作，守好当事人依法维权的最后一道屏障。积极引导当事人和解，对于做出不提请抗诉、不抗诉、不提出检察建议，终止审查等决定的案件，加强释法说理，认真开展服判息诉工作。⑥抓好民诉法宣传调研，开展专题研讨会，协助制作电视专题片等节目，邀请市人大、市政协协办专题调研	①3 月前，部署开展执行监督专项活动；开展民诉法研讨会。②上半年，构建立体化工作格局，即检察监督与法院内部纠错，规范两级院的管辖分工；形成民行与监督之间的四个衔接机制。③组织全市民行一线到苏州大学法学院进行培训；组织参加高检院执行监督方面的专题培训。④举行优秀法律文书和经典案例的评选。⑤下半年，邀请市人大、市政协协办专题调研民行工作	张加林	民行处	各基层市院各部门

续表

序号	项目名称	工作举措	工作进度	责任领导	责任部门	配合部门
3	成立"党代表韩筱筠工作室"	以"知党情,听民意,促和谐"为主题,每周对外开放一次,党代表亲自接访,不定期开展走访调研,配备负责工作室日常工作的联络员;开通网络党代表工作室和电话专线;明确工作室制度,印发《常州检察机关党代表工作手册》,并给予场地和经费保障	①3月前,完成策划、定址、制度文化设计和装修建设,完成组织机构设置,明确工作人员职责,通过媒体、网络对外公开推出。 ②4月,组织开展一次走访调研群众工作活动,组织开展走进基层联系基层活动,组织开展一系列学习贯彻十八大精神宣讲活动。 ③上半年,组织开展一系列代表宣传报道活动。 ④下半年,提炼经验,总结材料	计英	组织人事处	各基层院市院各部门
4	拓展"纪萍工作室"法治文化宣传平台	保持《常州日报》《江苏法制报》专栏,继续在四家网站(正义网、中国精英网、常州中吴网)开设"纪萍工作室"博客,以案释法,以案论德,推出更多的作品,拓展工作内容、成果,以案参与人员,与妇联组织、市法制宣讲团、社区文明城市、配合建文明城市、社区大学等配合开设青少年成长及女性权益保护等法制讲座	①1月开始,在《民主与法制》杂志、《法制与生活》杂志、中国网江苏频道开设"女检察官手记"专栏。 ②配合央视《社会与法》频道审核播出栏目《纪萍检察官手记》;与该频道商榷将纪萍工作室作为央视普法栏目创作基地(挂牌)长期合作。 ③联系社会公益组织,开展有创新特色的失足青少年帮教及违法犯罪人员子女助学等活动。 ④年前,完成《女检察官手记三》初稿。 ⑤筹划"纪萍检察官手记"系列作品十年创作研讨活动	丁正红	宣传处	各基层院市院各部门

续表

序号	项目名称	工作范畴	工作进度	责任领导	责任部门	配合部门
5	开展"检察五进"活动	积极开展检察"进机关、进企业、进学校、进社区、进农村"活动,延伸法律监督触角,促进检力下沉,畅通群众诉求渠道,加强法制宣传教育,参与社会管理创新,服务人民群众	5月,结合举报宣传周活动,开展一次集中送法活动	黄秋雄	控申处	各基层院市院各部门
			①3月前,出台开展"检察五进"活动实施意见,建立相应的长效机制。②深入开展帮扶对象走访慰问活动,帮助困难群众解决实际困难。③及时总结"检察五进"活动经验,适时在全市推广	计英	政治部	各基层院各部门
6	建立推动三大联动执法机制	①完善环境公益联动保护机制,加强环境违法监督的力度,加大支持环境公益诉讼的广度,加强督促依法履行职责的深度,办理一批有质量有效果有影响的公益保护案件,真正发挥环境、资源一体化保护的效能。②建立消费者权益联动保护机制,选择1~2个基层院为试点,探索建立以检察院为主导,工商行政执法部门、食品药品监管部门、质量技术监督部门、消费者协会等共同参与的消费者权益保护新模式。③积极尝试构建知识产权联动保护机制,与市法院、海关、药监局等单位出台专门的知识产权联动保护机制,联合出台专门的实施意见;在武进、新北、溧阳等地实现重点突破,深入指导知识产权公益保护工作	①3月前,到现场考察,积极研究谋划,加强与相关部门、相关单位协调沟通。②上半年,出台实施意见,相关工作机构、深入三个基层院指导联执法相关工作权保护工作。③8月前,两大新设联执法中心成立,加强宣传推广和经验总结;编写典型案例	张加林	民行处	各基层院市院各部门

2013年常州市检察机关民生检察的制度实践

续表

序号	项目名称	工作范畴	工作进度	责任领导	责任部门	配合部门
7	切实保护和善待举报人,做到"一个确保,三个100%"	通过建立健全工作制度,出台切实有效工作举措,确保举报人安全,对实名举报做到100%受理,100%调查,100%答复	①4月前,召开相关内设部门联席会议,根据举报线索受理、查处、答复等相关规定,明确工作要求,达成共识。②5月前,建立举报人保护制度,维护举报人合法权益。③5月前,建立举报线索跟踪督办制度,确保举报线索案件件有回复	黄秋雄	控申处	各基层院市院各部门
			对举报线索办理情况定期开展检务督查,并予以通报	待定	监察处	各基层院市院各部门
8	深化未成年人检察和检调对接工作	①加强未成年人教育挽救和维权工作。建立法律志愿者参与机制,心理学专业介入未成年人刑事司法机制,涉案未成年人就学就业保障机制,深化助、教、矫正工作,开展青少年法律道德文化观护教育宣传活动。②完善检调对接工作机制,坚持"调解优先、服务民生"的工作理念,以执法办案为中心,以规范化建设为抓手,进一步强化法律监督、强化自身监督,不断提升化解矛盾和参与社会管理创新的能力	①4月前,进一步明确未检职能,制定未检工作考评标准,推动1~2家有条件的基层院成立独立的未检部门,研究制订未检队伍专业化培训计划。建立全市合适成年人名册年,全面推进司法配套一体化未检办案机制建设。②适步探索推进未检专业化办案和维权工作各专项机制建设	丁正红	未检处	各基层院市院各部门
			上半年,在充分调研的基础上起草检察环节当事人和解的操作细则,在全市统一适用。开展培训、精品案件评选、优秀调解协议书评比等活动。强化品牌意识,体现检察机关在"多元化大调解机制"中的重要作用	黄秋雄	检调办	各基层院市院各部门

253

续表

序号	项目名称	工作范畴	工作进度	责任领导	责任部门	配合部门
9	建立群众有序参与监督检察工作机制	进一步深化检务公开，畅通群众参与渠道，构建群众参与的长效机制；畅通群众监督渠道，建立健全人民监督检察工作的机制；逐步拓展人民监督员监督范围，认真落实人民监督员制度，逐步拓展人民监督员参与执法检查、检务督察等工作机制的沟通；加强与新闻媒体的沟通，认真接受新闻媒体的舆论监督	①4月前，建立关于进一步深化检务公开的制度。②4月前，建立完善与人民群众沟通交流、重大决策部署征求群众意见、民意转化为民意评判检察工作等工作机制。③上半年，开展一次集中走访活动，广泛征求群众意见。④7月前，组织开展四级院"龙城网友进检察"活动。⑤逐步拓展人民监督员监督范围，邀请人民监督员参与执法检查、检务督察等活动，进一步完善督察办检查、监督备案等工作机制。⑥扩大手机报发送范围，丰富手机报内容，实现代表委员联络经常化、制度化	张加林	人监办	各基层院市院各部门
			完善新闻发言人制度，年内召开1~2次新闻发布会	丁正红	宣传处	各基层院市院各部门
10	全面加强新时期群众工作能力建设	深入开展群众路线教育实践活动，引导干警强化宗旨意识，践行执法为民理念，使干警掌握群众工作本领；建立完善群众工作考核制度，提升干警做群众工作积极性；注重实践锻炼，在实践中提升做群众工作能力水平	①部署开展以"为民、务实、清廉"为主要内容的群众路线教育实践活动。②4月前，制订青年干警，新提拔人员到控申接待窗口，基层组织锻炼计划。③4月前，制订群众工作教育培训计划，邀请善于做群众工作的专家集中授课。④建立群众工作考核制度，制定应意见及责任分解，出台相应的奖惩措施	计英	政治部	各基层院市院各部门

社会实践岗位锻炼活动,组织市院机关35岁以下中层干部和30岁以下青年干警到辖区街道(镇)社区(村)等基层组织进行岗位锻炼,引导干警增进对群众的感情,学会换位思考,掌握群众易于接受的工作方式、语言风格,提升做好群众工作的综合能力。建立履新首年控申锻炼机制,即新任中层副职第一年必须到控申部门进行为期两个月的岗位锻炼,负责控告、申诉案件的受理、接待和矛盾化解工作,增强面对各种复杂情况、处理各类突出矛盾的能力。

二 落实民生检察要求

服务、保障民生就是要坚持正确的指导思想,把为人民谋利益当作最高的价值追求;及时听民声、识民情、解民忧,克服"门难进、脸难看、事难办"的衙门作风,反对对人民群众"冷、硬、横、推"的现象及损害人民群众权益的行为;发挥法律监督职能,惩恶扬善,为人民安居乐业创造和谐稳定的社会环境。为此,常州市检察机关牢牢把握人民群众对检察工作的新期待新要求,坚持将强化法律监督职能作为服务人民群众最基本、最直接的途径,把民生优先贯穿于执法办案始终。

一是坚持检察"安民",促进和谐稳定。坚持从影响社会和谐稳定、人民群众反映强烈的难点、热点、焦点问题入手,严厉打击群众反映强烈的黑恶势力犯罪、严重暴力犯罪、毒品犯罪、多发性侵财犯罪,以及坑害群众利益的经济犯罪,加大办案力度,坚持快捕快诉,保障人民群众生命财产安全。加强对社会焦点问题、网络舆情热点等潜在风险的研判和掌控,打好预警处置提前量。实行对社会稳定形势定期研判、带有倾向性的典型类案综合研判、重大突发性事件随时研判制度,有针对性地提出消除风险隐患、强化社会管理的对策建议,将矛盾隐患化解在萌芽状态。2013年,常州市检察机关向地方党委政府报送加强矿山监管领域整治、规范小额贷款公司管理、健全生猪定点屠宰检疫管理等专题报告9份,向发案单位及其主管部门提出检察建议11件,推动相关部门开展专项整治活动17次。其中,武进区院针对连续发生两起无证人员利用水路偷排化工废物的事件及时提出四条治理对策被高检院以及中办转载。

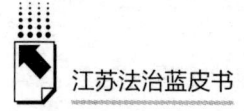

二是坚持检察"惠民",净化发展环境。在涉农惠民、环境污染、破坏矿产资源等危害民生民利领域开展专项打击行动,突出查办发生在群众身边、严重侵害群众切身利益的职务犯罪案件。率先在金坛和溧阳两地统一开展查办和预防矿产资源监管领域职务犯罪"小专项"行动,成功查办受贿案件8件8人、贪污案件2件2人、行贿案件3件3人、渎职案件4件4人,共计17件17人,其中正处级1人、副处级1人、科级6人,累计挽回经济损失2100余万元。另外,在老小区改造工程领域查办案件7件7人,在征地拆迁领域查办案件21件26人,在医疗卫生领域查办案件9件10人。结合办案,对福利企业管理、新农村合作医疗、生猪检验检疫等涉及民生的领域开展专项职务犯罪预防。

三是坚持检察"护民",维护公平正义。坚持把人民群众的关注点作为法律监督工作的着力点,围绕群众反映强烈问题开展专项行动,加大打击涉及民生问题的各类犯罪的力度,促进民生问题的解决。推动开展"地沟油""瘦肉精"、滥用食品添加剂、没有生产许可证的各类食品小作坊等排查整治,坚决惩处监管部门失职渎职行为,促进相关部门加大市场监管力度。开展打击"地沟油"背后渎职犯罪专项行动,立案查处食品安全监管领域渎职犯罪5件15人。以修改后民诉法实施为契机,在全省率先出台《行政执法检察监督工作暂行规定》,建立两级行政检察与行政执法监督相衔接的工作机制,共发出督促行政机关履行职责检察建议153件,同比增长282.5%。与市中级法院召开联席会议,对联合防范虚假民事诉讼行为、开展公益诉讼等达成一致意见,办理了一批标的额巨大的虚假诉讼案件。2013年,全市共办理虚假诉讼案件71件,公安机关立案侦查9人,办理支持环境公益诉讼案件7件。

四是坚持检察"利民",服务社会发展。常州市人民检察院制定了《关于充分发挥检察职能 依法保障和促进常州"十二五"时期经济社会发展的实施意见》《关于充分发挥检察职能服务保障"现代化建设推进年"活动的意见》等规范性文件,组织召开全市范围内"问需于企、服务发展"座谈会,建立以《关于服务企业创新转型发展的指导意见》为统领的制度体系,依法妥善办理涉企案件。与市纪委等相关部门联合,针对政府重大工程建设项目,部署和推进全市"廉洁示范工程"创建活动,命名全市首批13个廉洁示范工程,规范和完善政府投资工程建设管理,着力构建预防和治理重大工程建设领域突出问题工作长效机制。通过找准新形势下检察工作服务大局的切入点和着力点,进一步加大检察机关对经济发展方式转变、农村发展改革、生态文明建设的保护力度。出台《办理涉企案件指导意见》《服务中小微企业发展的意见》,明确"依法审慎、服务发展"的办案原则,在办案中启动入罪必要性、羁押必要性专项审查,对涉及企业负责人、生产骨干、技术人员的案件,特别是一些涉及民生产业、能够带动就业、属于自主创业的中小企业轻微犯罪案件,坚持在法律框架内慎重稳妥处理。在涉及重大民生工程中,推进工程项目化管理和预防职务犯罪项目化管理,派人驻点开展"廉政教育、廉政责任、廉政承诺、廉政防控、廉政巡查、廉政评价"六个环节风险防控活动。

三　提升民生检察水平

全市检察机关积极发挥创新创优的引领作用,拓展工作思路,完善民生案件办理工作机制,增强检察工作保障和改善民生的实效。

一是稳步推进"三大"中心建设。其一,推进常州市"环境公益保护联动执法中心"的实战化运行,常州市人民检察院与法院、公安、环保等单位联合会签《关于办理环境民事公益诉讼案件的规定(试行)》,共同出台《常州市环境保护执法联动响应程序》和《常州市环境保护执法联动响应等级》,针对环境污染侵害公益的具体行为构建三级响应机制。2013年4月,省政府在常州召开环境执法联动工作推进会,在全省推广常州模式。其二,牵头成立"消费者权益保护执法联动中心",督促支持相关部门履行职责,维护消费者权益,联合公安、法院、相关行政执法部门打击制假售假、非法行医等违法犯罪,惩治和预防侵害消费者权益背后的职务犯罪,有效促进社会诚信体系建设。其三,打造"知识产权保护检察工作中心"。集知识产权执法联动工作机制联络纽带、执法办案平台、宣传教育警示基地三大功能于一体,结合常州市企业发展需求,建立了执法联动工作机制、案件专人专业办理机制、专家咨询机制等一系列制度,一体化打造全市检察立体维权体系,合力推动知识产权保护向纵深发展。

二是深化特殊人群权益保护机制。出台《关于进一步强化未成年人检察工作的指导意见》，构建符合未检工作特点和要求，侦监、公诉、刑罚执行监督、民事行政检察及犯罪预防等"五位一体"的未成年检察工作新模式。与市公益助学联合会联合启动"常检新航"项目，实现未成年人刑事司法专业化和维权社会化的有机结合。统一全市观护矫正工作站名称、标识，完善硬件设施，并通过与附条件不起诉制度、轻案快速办理程序、青少年维权、量刑建议和社区矫正等工作机制对接，确保实现特殊人群犯罪人员的司法平等保护和有效监管。此外，全市目前共设立天宁"新希望"、武进"金球驿站"等22个观护矫正工作站，累计接纳符合条件的涉罪外来人员734人。此外，与司法部门合作对社区矫正人员进行监督管理帮教，实行外来涉罪人员管护与社区矫正无缝对接、优势互补，在全省率先建立了"社区矫正检察监督信息平台"，实现信息数据录入便利化和工作检查动态化。比如，经检察院建议，对一名见义勇为的社区矫正人员，在全省率先开展了减刑公开审理试点。

三是建立完善网上服务平台体系。围绕服务保障民生检察工作的要求，对硬件建设、网络带宽等不断进行完善优化，努力建成一个资源充裕、技术先进、安全牢靠、具有可扩展性的检察综合信息网络，为民生检察工作深入开展提供技术支持。开展数字化视讯综合应用平台建设，实现全市各类视频资源的集中管理、视频应用的集中调度、视频内容的集中显示和视频数据的集中存储，进一步畅通信访受理渠道，搭建快速高效便捷的受理信访和服务群众平台，了解人民群众对检察工作的新期待、新要求，及时妥善地解决、处理事关人民群众切身利益的民生问题。开发规范应用、综合应用、专业应用模块，实现与公安、法院信息网络的互动互联；与多数行政执法机关建立行政执法与刑事司法相衔接平台。同时，在正义网、新浪网、腾讯网开设检察官方微博15个，鼓励青年干警开通检察官个人实名微博，开设检察门户网站、检察手机报、检察微博，增强信息发布、在线交流、咨询问答、回应舆情等功能，将"检务"延伸至"服务"，建立与人民群众广泛交流的"绿色通道"，拓宽群众了解检察工作的渠道，把自觉接受监督的理念落实到执法办案全过程。

四 强化民生检察公信力

检察公信力与民生检察相伴,关系检察工作全局,是社会公众对检察机关行使检察权的整体评价。检察公信力建设是将民生检察理念具体表征化的动态过程,为实现这一目标,常州市检察机关以基层建设为载体,积极延伸检察服务职能,使之成为服务基层群众的窗口、化解社会矛盾的平台、为民排忧解难的帮手。

一是进一步延伸检察服务触角。通过基层检察室工作平台,广泛开展检察长、检察干警下基层活动,与基层群众面对面交流,及时了解基层农村社会治安状况,掌握社情民意,倾听群众呼声,有针对性地收集、研判当前基层建设中存在的主要矛盾以及群众对相关法律的需求,及时提出对策和建议。溧阳市院将民声诉求接待窗口延伸到最基层,充分发挥天目湖检察室、南渡检察室群众服务前沿阵地作用,实行刑事犯罪、民行申诉、控申接待等"一站式"案件受理模式,集中开展控申接待、矛盾化解、法律咨询等工作,及时了解民情民意,最大限度地把群众反映的问题解决在首次办理环节。

二是进一步完善基层矛盾化解机制。加强涉检信访稳控机制建设,健全下访巡访、无障碍接访等工作机制,畅通信访渠道,深化文明接待。积极开展矛盾防控,加强涉检信访风险评估和重大案件社会效果调查,及时化解信访隐患。健全矛盾纠纷调处机制,落实首办责任制、领导包案制等工作制度,依法综合运用教育疏导、司法救助等多种手段,促进实现案结事了、息诉罢访。溧阳市院实行双向承诺制度,变传统单纯受理行为为"契约服务"行为。探索建立"农村信访接引"机制,聘请信访接引员,及时发现和消除隐藏在基层的不稳定因素,实现"信访预报零时差、就地接访零距离、引导协调零死角"。新北区院通过建立信访预报、就地接访、引访为调等三大机制,实现基层接引网络、内部协作网络和外部协作网络等三大网络信访接引立体覆盖。

三是进一步完善基层平台建设。出台《关于进一步加强乡镇检察室建设的意见》和《派驻乡镇检察室试点工作示范项目实施方案》等文件。目前，全市共设立乡镇检察室8个，发挥乡镇检察室深入农村、深入乡镇、深入群众的独特优势，促进农村社会和谐稳定，推进基层法治建设。从"摸索进乡村"到"结对进乡村"，建立一批检务接待室、服务站、工作站等临时派出机构，力求民生检察工作有深度、有实效。目前，已设立派出检察接待室12个，检察工作站32个、联系点181个。在人口密度较大、外来人口较多、经济较为发达的乡镇社区聘任了近百名检务联络员，定期反映涉检事项，反映社情民意，认真受理群众的诉求，主动与相关部门沟通协调，帮助解决群众的合理诉求。

五 注重民生检察实效

常州市检察机关积极顺应人民群众的新期待新要求，主动接受外界监督，确保民生检察的工作成果真正惠及广大人民群众，切实提高人民群众对检察工作的满意率和认可度。

一是拓宽平台知民情。全面推进阳光检务，实现案件管理工作信息化和现代化，建立一厅式服务和柜组式作业模式，坚持每月与公安、法院等司法机关核对一些敏感数据。建立集"12309检察民生服务热线"、接受控告举报申诉、律师接待阅卷、视频接访、公开听证、特困刑事被害人援助、检调对接、案件管理、行贿档案查询、检察文化宣传等多功能于一体的"检察为民服务中心"。同时，依托党代表工作室，组织开展"心连心"活动，到基层群众工作中开展大调研，整合纪萍工作室、预防部门、女检协等力量建立常检法制宣讲团，开展法律服务等系列活动。强化基层检察室维权功能，全面建立基层群众联络员制度，让老百姓有诉求时能想得到、找得到、进得来。

二是深入基层暖民心。组织市院机关领导干部和各部门主要负责人赴基层"三解三促"：解民情、解难题、解矛盾和促干群融洽、促基层稳定、促作风转变。组织市院各党支部和全体党员干警，在推进"百千万"工程、支持溧阳王渚村发展的同时，与基层社区、乡村和相对贫困群众"结亲"帮扶。积极坚持女检协"每月一关爱"系列活动，定期为需要帮助的群众送去温暖。

三是创新管理便民行。充分运用信息化手段,拓宽检务公开新渠道,通过在检务公开大厅设置信息咨询台、电子显示大屏幕、自动触摸屏等,方便群众查询。推行网上公开、网上查询,开设检察门户网站、检察手机报、检察微博,增强信息发布、在线交流、咨询问答、回应舆情等功能,建立与人民群众广泛交流的"绿色通道",拓宽群众了解检察工作的渠道。对市内困难家庭进行走访慰问,送去关怀,传递希望;坚持开展贫困助学活动,资助辖区贫困学生,帮助他们顺利完成学业;组织女干警定期前往常州市儿童福利院、常州市聋哑学校等看望孤残儿童,主动承担社会职责,积极投身社会公益事业。

四是接受监督重民意。结合检察进机关、进企业、进学校、进社区、进农村等"五进"活动,与人民群众近距离接触,真心了解社情民意,真诚倾听群众呼声,真实反映群众愿望,真情关心群众疾苦。通过走访调研、个别座谈、调查问卷等形式,对检察机关服务社会的情况进行回访,征求案件当事人及社区、村委对检察干警执法规范化、廉洁自律等方面的意见和建议,增强检察工作透明度。出台《关于面向基层群众组织开展检务开放活动的方案》,召开座谈会通报检察工作情况,通过组织群众走进检察机关、观摩工作场所等形式让人民群众了解检察工作、贴近检察机关。金坛市院制定了《关于试行检察工作征询机制的实施方案》,积极拓宽与市人大代表、政协委员和人民群众的联络渠道,采取班子成员分组走访、个别走访、赠阅报刊、通报信息以及邀请代表来院视察等方式,增进代表对检察工作的理解和支持。

民生为先,是执法为民的本质要求,是一切检察工作的根本出发点和落脚点。2013年,常州市检察机关按照高检院和省院的决策部署,从践行检察机关人民性和执法为民理念的高度,围绕"民生检察"工作主题,以增强执法公信力和亲和力为核心,以提高群众满意度为标准,找准服务民生与检察工作的结合点,深入开展"民生检察推进年"和"民生检察深化年"活动,在转观念、建机制、强能力、创特色上下功夫,全方位、多层次、专门化构建"民生检察工程",充分发挥检察机关在服务民生、保障民生、促进民生方面的职能作用,为促进民生改善,推动地方经济发展发挥了积极作用。也因此,

2013年3月29日,最高人民检察院曹建明检察长在江苏常州考察调研时特别指出:"常州检察机关民生检察推进年抓得非常好,定位非常准,多形式、多载体的服务平台走在了全国检察机关的前列,通过民生检察推进检察业务工作、加强自身建设成效明显。"①

---

① 参见曹建明检察长在常州检察机关调研时的讲话,常州市人民检察院网,http://www.changzhou.jcy.gov.cn/?read-7230.html。

B.16 南京市浦口区涉农职务犯罪防治调查报告

翟建明　徐义刚　湛军*

摘　要： 随着我国农村经济建设的大力发展，城镇化进程加快，国家一系列支农惠农政策出台，大量支农惠农资金投入，涉农领域的职务犯罪有愈演愈烈的趋势。本文选择南京市浦口区作为样本，对该区涉农职务犯罪的现实情况进行实证考察，从近五年的涉农职务犯罪案件数据分析入手，挖掘犯罪成因，总结和反思浦口区人民检察防治做法，并在此基础上提出针对性的对策建议。

关键词： 涉农职务犯罪　犯罪成因　浦口样本　对策建议

南京市浦口区地处长江北岸，2002年5月，南京市调整江北地区行政区划，江浦县、浦口区合并，正式成立新的浦口区，总面积913.75平方公里。区划调整后，浦口区辖3个街道、8个镇，社区88个，村委会105个（其中村居合署20个）。后经多次调整，截止到2013年4月，浦口区下辖9个街道办事处，两个场（汤泉农场、老山林场），3个省级开发区。伴随着浦口区工业化和城市化的迅速发展，农民在总人口中的比重虽已明显下降，但城乡二元结构的特点还很明显，截止到2012年年底，浦口区城镇人口51.37万，乡村人口8.12万。工业化和城市化极大地提升了乡村土地、山林和矿产等资源的

---

* 翟建明，南京市浦口区人民检察院检察长；徐义刚，南京市浦口区人民检察院检察长助理，南京师范大学区域法治发展协同创新中心研究人员；湛军，南京市浦口区人民检察院预防科科长。

价值，也因此增加了农村基层组织的管理权力。随着惠民支农政策的落实，大量资金通过项目等形式流向农村，也进一步扩大了农村基层组织执行政策的权限，以2010年为例，各级财政投入浦口区农业部门强农惠农资金总计1.5015亿元，其中，中央投入1113万元，占7.41%；省级投入6131万元，占40.83%；市、区两级投入7771万元，占51.75%。相关的监督制约机制还不完善，以致涉农职务犯罪案件近年来屡有发生，其不仅严重损害了农民群众的切身利益，而且已成为影响农村基层社会稳定的重要因素。为此，浦口区人民检察院就近五年来的涉农职务犯罪[①]案件做了专题研究，通过对涉农职务犯罪的特点、原因进行深入调研分析，查找解决对策，以期对涉农职务犯罪防治有所裨益。

一 浦口区2009年以来涉农职务犯罪的基本情况

据统计，2009~2013年浦口区人民检察院共办理职务犯罪案件44件81人，其中涉农职务犯罪案件20件46人，占总人数的56.79%。

（一）涉案人数呈逐年上升趋势

以浦口区人民检察院2009~2013年查处的涉农职务犯罪数据来看，2009年为2件2人，2010年为5件6人，2011年为4件10人，2012年为5件11人，2013年为4件17人。从涉案人数来看，2010年较2009年上升200%，2011年较2010年上升67%，2012年较2011年上升10%，2013年较2012年上升54.5%，总体趋势逐年上升（见图1）。由此可见，涉农职务犯罪形势不容乐观，严厉打击涉农职务犯罪，保障农村经济发展已迫在眉睫。

（二）涉案罪名以贪污、贿赂、滥用职权为主

从所查办的涉农职务犯罪案件来看，涉案罪名相对单一，主要为贪污、受

[①] 涉农职务犯罪不是一个法律概念，而是对与"三农"问题相关的职务犯罪的统称，具体而言是指国家工作人员（或依法受托处理公共事务）利用其职务之便或者职务所形成的便利条件，进行非法活动或者对工作严重不负责任，不履行或者不正确履行职责，破坏国家对职务的管理职能，损害了农民、农村的利益，依照刑法应当受到处罚的行为的总称。

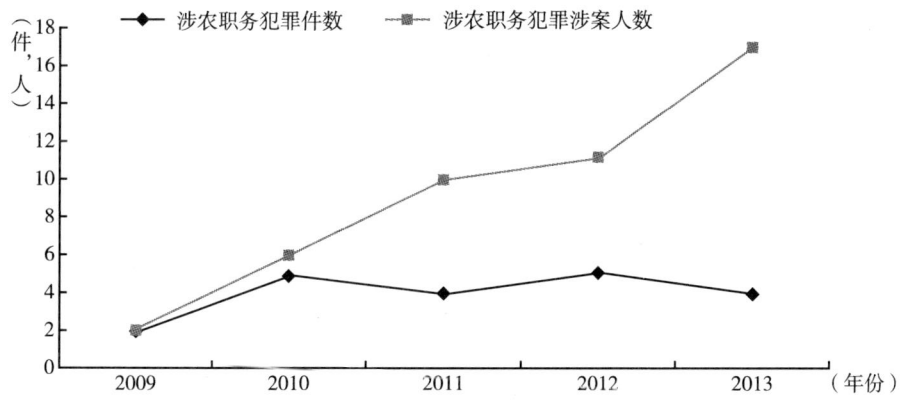

图 1　浦口区人民检察院 2009~2013 年涉农职务犯罪数据

贿、滥用职权等五个罪名。在查处的 46 人当中，有 26 人犯贪污罪或受贿罪，约占全部人数的 56.5%，这反映了涉农财务管理存在严重的问题；有 15 人犯滥用职权罪，在所有涉案罪名中人数最多，这也从侧面反映了涉农领域的公务人员规范意识更弱，更容易在人情、利益面前超出职责范围滥用权力（见图 2）①。

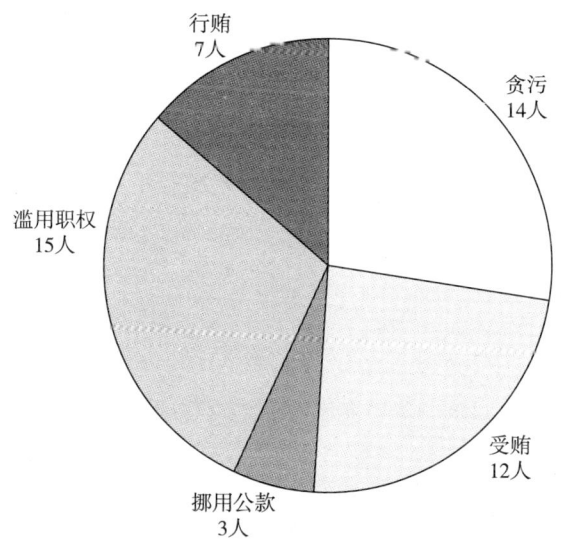

图 2　2009~2013 年浦口区涉农职务犯罪涉案罪名数据

---

① 在查处的 46 人当中，有 3 人存在数罪并罚的情况。

（三）涉案领域相对集中

从查处的涉农职务犯罪案件来看，涉及农村土地征用、流转、经营和矿产资源开发、转让方面的职务犯罪共34人，涉及农田水利工程、公路建设、新农村建设等农村基础设施建设方面共7人，涉及支农惠农资金管理环节的职务犯罪案件共3人，其他涉农职务犯罪共2人（见图3）。从数据可以看出，涉农职务犯罪类型以农村土地征用开发、农村基础建设方面为主，这在某种程度上与近年来浦口区加强基础建设，强化城市管理，改善农村环境，加快城镇化建设的步伐密切相关。各种涉农资金的涌入，使基层干部经手巨额的土地征用补偿费用，农村基层组织权力不断扩大，腐败风险因而也越来越高。

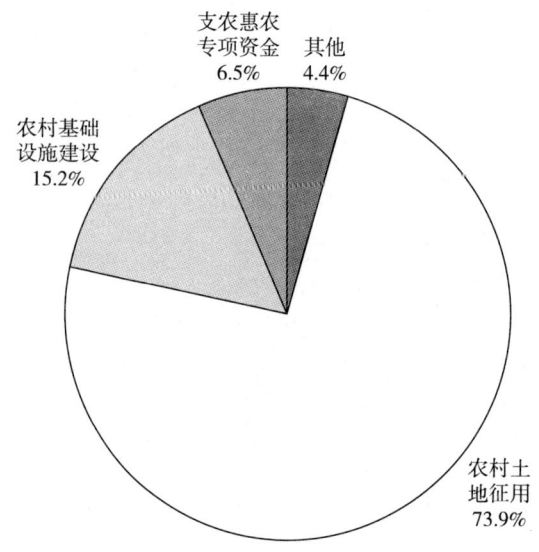

图3 2009~2013年浦口区涉农职务犯罪涉案领域

（四）涉农职务犯罪大案率较高，要案率较低①

从近五年浦口区人民检察院查处的涉农职务犯罪来看，涉案金额较大，大

---

① 大案是指在职务犯罪案件中涉案金额在5万元以上的自侦案件；要案是指涉案人员为县处级以上行政级别的案件。

案率为100%（见表1）。与城镇相比，农村的资金积累有限，涉农职务犯罪不仅直接侵害了广大农民群众的切身利益，严重影响和制约农村经济的发展，更是给社会稳定造成重大影响。近年来，征地拆迁领域的信访量大幅上升就是明显的例证。与涉案金额相比，涉案主体的行政级别普遍较低，涉及部门广泛，其中副处级以上仅4人，科级14人，其余为掌握涉农资金的管理和支配权力的农村基层组织工作人员等。

表1 南京市浦口区2009～2013年涉农职务犯罪案件涉案数额比较

单位：%

性质＼数额	10万元以下	10万～50万元	50万～100万元	100万～500万元	500万元以上
贪污贿赂类	9.7	42	32.2	16.1	0
渎职侵权类	0	13.3	40	40	6.7

（五）窝案串案明显增多

从数据上看，浦口区涉农职务犯罪案件中，窝案串案较为突出，很多案件的查处都是"拔出萝卜带出泥"。究其原因，窝案串案多发与当前农村工作的特殊性密切相关，伴随着拆迁征地的增多，以及惠农支农、新农村建设政策力度加大，农村基层组织工作人员从事登记、统计等基础性工作越来越多，这些工作虽然与补偿、补贴款物直接相关，但单靠个人难以套取，如拆迁补偿规定有调查摸底、评估登记、拆迁动员、资料核对、签约补偿、补偿款发放、过渡安置等若干环节，牵涉众多单位和人员，起到相互制衡、层层监管的作用①。在此情况下，要想从中捞取好处，串通作案更容易达到目的，如汤泉瓦殿村总支书记朱某，利用其负责全村工作、配合汤泉街道拆迁办完成征地拆迁任务的职务便利，采取伪造拆迁资料、虚增拆迁名目、虚构集体资金用途等手段，与韩某共谋，贪污拆迁补偿款29.8万元；与汪某、韩某共谋，贪污江星桥线道路拓宽项目拆迁补偿款11.5万元。

---

① 何义全、周光富：《涉农职务犯罪的走势特点及防范对策》，《湖北函授大学学报》2011年第10期。

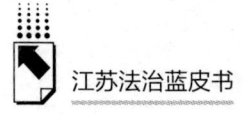

（六）犯罪手段更加多样，隐蔽性更强

根据对近五年来查办的涉农职务犯罪分析来看，作案手段多样，主要表现在：在农村土地征用、房屋拆迁案件中，采用虚扩土地面积、虚增拆迁名目、串通抢建厂房、冒充被拆迁房屋、编造虚假拆迁补偿资料等手段，骗取国家征地补偿款；在农村基础建设案件中，采取虚增工程量、虚报工程项目、为他人介绍工程项目等方式，套取国家项目资金或收受他人贿赂；利用负责保管单位空白现金支票、财务专用章、单位领导印鉴的职务便利，挪用公款炒股；利用职务便利，以检查验收工程打点为由，向他人索要财物等。凡此种种，都有多名成员集体参与，他们有共同的利益，社会关系上又往往盘根错节，极易订立攻守同盟，因此，这类案件隐蔽性更强，导致查处打击的难度增大。

二 涉农职务犯罪的成因分析

古语云："舟必漏而后入水，土必湿而后生苔。"通过对以上涉农职务犯罪案件的分析，不难发现导致涉农职务犯罪的原因是多方面的，既有主观方面的原因，也有客观方面的因素，既存在机制建立和执行方面的不足，又有监督和管理方面的缺失。

（一）文化素质不高，价值观扭曲是犯罪形成的主观原因

农村基层组织人员文化程度普遍偏低，自身的素质不高和价值观扭曲是导致其犯罪的主观原因。人的价值观能够影响和决定人的行为。自改革开放以来，党和国家的工作重点转移到经济建设上来，在学习和引进一些先进技术、先进观念的同时，一些不健康的个人主义、拜金主义和享乐主义等思潮不断侵入个别农村基层组织人员的头脑，使其人生观、价值观发生改变，抗腐防变的能力减弱，廉洁意识和为人民服务的宗旨意识淡化，攀比心理、失衡心理扭曲了灵魂。这些国家工作人员和村干部受到不良社会风气的影响，开始脱离群众，贪图个人享乐，把享受奢靡的生活作为追求目标，放松对自己的要求，放

松对世界观、人生观、价值观的改造。从表面上看，他们是出了贪污、受贿的经济问题，从根源上看，实际上是他们的理想信念出了问题。在此情况下，一些意志薄弱的人耐不住清贫，经不起金钱、物质利益的诱惑，利用职权谋取不正当利益的犯罪动机也就随之产生，把所占职位当成是自己发财、捞取个人好处的机会，不惜铤而走险，在利益的诱惑之下，大肆以权谋私。造成这种现象的原因，一方面是农村基层组织人员的文化程度普遍不高，自身的素质和法制观念不强导致的；另一方面是农村工作的特殊性导致的，农村的学习制度、工作制度相对松散，农村的法制教育、思想教育形式化，没有入脑入心，加上镇街、村确实日常事务繁多，村、站、所干部们穷于应付，没有时间学习，从而导致很多农村基层组织工作人员缺乏基本的法律知识，分不清合法、违法和犯罪，有的人甚至在收受贿赂时认为为人办事收点好处是理所应当的，两相情愿，人之常情，等到被追究刑事责任的时候才恍然大悟，后悔莫及。从浦口区人民检察院查处的涉农职务犯罪案件来看，绝大多数犯罪嫌疑人都是由于世界观、人生观、价值观，尤其是利益观和权力观出现了问题，由于不能正确对待和使用手中的权力，最终走上腐败的道路。

（二）基层干部权力增大，权力失控是引发犯罪的客观原因

随着浦口区工业化、城市化进程的加快，各级财政支农惠农力度的加大，使农村基层干部的权力资源爆发性增长。具体表现在：一是协助性权力多，主要是协助政府部门在农村落实政策或某些行政管理而开展的工作，而且这种协助性权力涉及面越来越广，从征地、拆迁补偿到道路修建、兴修水利，从医疗、养老、低保补贴到种子、化肥等补贴等，而且涉及金额大。二是自治性权力大。随着经济的发展，农村的土地资源及附着物的价值越来越高，农村基层组织所管理的资源、资产和资金的规模也越来越大。而农村的内部环境相对封闭，村支部书记和村委会主任等"一把手"对村里的大小事情都有决定权，既是具体经济活动的实际运作者，又是集体资金的管理者，是国家下拨资金的代管者，集权钱于一身，而村会计、出纳等农村财务人员的聘任权也掌握在村委会手里，最终造成村财务这一监督环节形同虚设，导致权力的过分集中，为滋生犯罪提供了巨大的空间。"这种非对称性可以使权力在资源的提取和分配

上掌握绝对主动权而造成对公民权利的侵夺。"① 如浦口区江浦街道新合村党支部书记李某,利用其从事新合村地块征地拆迁调查登记及支付补偿款的职务便利,假借父母名义,采取欺骗的方式,以其他房屋的产权资料冒充被拆迁房屋,非法占有国家征地拆迁补偿款109.6万元。

(三) 财务管理混乱,村务不公开是诱发犯罪的主要原因

近年来,中央和地方各级政府出台的政策措施很多,投入的建设资金和支农惠农资金数额巨大,但相应的财务正规化管理却未能及时跟上,某些地区有了较完善的财务制度,但执行不力。当前,浦口区镇街均设立了统一的财务核算中心,基层职能部门和各村(居)财务由街道财政所实行了统一管理,即"村账镇管"。这种做法虽然对遏制和减少农村干部的职务犯罪起到了很大的作用,但有的镇街只是对政府拨款进行统管,执行落实方面还存在很多问题,具体表现在:一是收入不入账,甚至进行暗箱操作做假账;二是白条、虚假票据较多,票据上虽记有经手人、审批人,但许多票据真假难辨;三是财务开支随意性大,很多开支都以加班费、招待费的名义报销,缺乏严格监管;四是部门私设账外资金情况仍然存在,导致贪污腐败犯罪。诱发涉农职务犯罪的一个重要原因,就是村务不公开,权力运行缺乏有效的监督。有些村的村务公开流于形式,只在村民组长、党员大会上简要公布财务收支情况、主要建设项目运作情况等,对具体收支明细没有公开,也没有张榜公布,导致村务工作透明度不高、民主性不强,尤其是对农村专项资金的使用发放、土地使用管理、城乡建设工程招投标等,没有真正落实公开和透明,从而诱发职务犯罪的发生。

(四) 组织建设薄弱,上级监管缺失是滋生犯罪的重要原因

当前社会体制结构调整、新旧体制并存,县级以上的体制、机制已经不断规范、健全,但在镇街、村(社区)就不那么健全。对于镇街站所来讲,其是县区政府职能部门的派出机构,在领导体制上受到双重领导,业务工作由上

---

① 征汉年、章群:《限制与平衡:法社会学视野下的权利与权力的对话》,《新疆大学学报》(哲学人文社会科学版)2007年第5期。

级业务部门主管，工资待遇、思想教育由镇街负责。这样，业务部门主抓业务的量化情况，镇街政府部门则认为这些站所已由上级业务部门管理，而放松教育管理，结果是领导职责不到位，形成管理"空当"。对于农村来讲，有的行政村机构人员不齐，有的甚至有一人兼数职的情况。根据现行村民委员会组织法，"村委会"是"自我管理、自我监督"的自治组织，没有明确来自外部尤其是乡镇组织的管理监督权，乡镇难以在行政村集体资产处置、财务管理等方面进行具体监督。另外，镇街、村（社区）七站八所的领导干部，长年工作在基层，生活在基层，相对于他们的上级部门来讲长年高度流动分散，易于由于缺乏自律而自由散漫，上级部门对他们的教育、管理、检查、监督等鞭长莫及，难以到位。

（五）民主监督乏力，村民自治落实困难是导致犯罪的根本原因

从理论上讲，村民委员会作为村民自我管理、自我教育、自我服务的基层群众性自治组织，实行民主选举、民主决策、民主管理、民主监督，村干部的权力源自村民，并受村民的监督。但从实际看，村民自治制度难以真正落实到位，主要原因在于以下两个方面。一方面，村民的自治意识不强。村集体的资金、资产和资源管理以及其他村务，虽然与村民利益密切相关，但一些村民对村务管理及对村官监督缺乏热情。村民会议和村民代表大会是村民民主选举、决策、管理和监督的主要形式，然而，在客观上，有的地方外出打工的村民多，重要事项由村民会议决定的制度安排难以实施；在主观上，不少村民参与意识不强，即使是依法必须召开的两会也常面临参与率不高的困境，更不用说由村民主动提议召开两会了。两会不能正常召开并发挥作用，村民自治也就难以真正落实到位。另一方面，村干部的自治能力不足。村民自治的好坏，不仅取决于村民的自治意识强弱，还取决于村两委，特别是村主任和村支书的领导和组织村民自治的能力。而有的村干部不仅带领村民创业致富的能力欠缺，而且还有主动脱离群众监督的倾向，具体表现在该公开的不公开，该交由村民会议讨论的不讨论，大小事情村主任或村支书一人说了算。这样一来，村民对村干部不敢监督、不会监督、无法监督，从而导致个别干部肆无忌惮，走上违法犯罪道路。

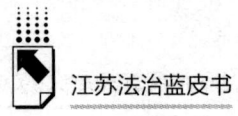

三 检察机关涉农职务犯罪防治的探索与实践

2012年2月22日,最高人民检察院召开全国检察机关查办和预防涉农惠民领域贪污贿赂等职务犯罪专项工作电视电话会议,决定开始进行为期两年的查办和预防涉农惠民职务犯罪专项工作。按照部署,各级检察机关要紧紧围绕农村经济社会发展的中心任务和主要矛盾,把资金投入规模大、政策缺乏透明度、容易出问题的领域、项目和环节作为办案和预防工作的重点,有的放矢地开展专项工作。浦口区人民检察院针对本区经济、社会发展较快,涉农职务犯罪增长较快的趋势,在加大查处力度的同时,注重从源头上探索村官职务犯罪的预防措施,形成了一些值得关注的经验。

(一)浦口区人民检察院查办涉农职务犯罪的做法

拓宽案源渠道,做好涉农职务犯罪的线索摸排工作。当前,涉农职务犯罪的形式和手段呈现多样化的趋势,加上农村基层组织成员相互之间利益相关,极易订立攻守同盟,而利益被侵害对象有的是不清楚犯罪情况,有的是怕打击报复,有的是碍于情面,从而很少主动举报和揭发。为适应深入查办涉农职务犯罪的需要,浦口区人民检察院变被动等线索为主动找线索,通过加强对涉农区域的举报宣传,接待群众来信来访等工作发现苗头性、倾向性的问题。建立"社区检察官"工作机制,深入农村、走进群众,明察暗访,加强信息情报收集和摸底排查,了解掌握涉农职务犯罪的案件线索。同时立足本地区发展情况,进一步完善与纪委、公安等部门信息沟通、线索移送、情况通报、联席会议等机制,主动与审计、安监等区行政执法部门加强了联系,建立了针对国家重点工程建设、征地拆迁补偿、建筑工程验收、各种专项资金和补偿款物拨付等多项问题的线索发现和移送机制,并通过机制运转在以上领域立案4件11人。通过加强调查研究,多渠道、多途径摸清本地区涉农资金的主要投入领域和新农村建设的重点部位,了解掌握当前工作重点,积极主动地收集有关信息情报,有针对性地开展线索的摸底排查工作。

突出查办重点,找准涉农职务犯罪的多发易发部位进行查处。最高检部署的查办和预防涉农惠民职务犯罪专项工作中,列举了八个方面的重点,涉及农田水利工程、农村土地流转、粮农补贴、农机补贴、农村养老保险、农村低保等。浦口区人民检察院按照最高检关于专项活动的部署,结合本区实情,把查办群众反映强烈、影响社会稳定、发生在群众身边、直接侵害农民利益的职务犯罪案件作为查处涉农职务犯罪的重点,着力查处农村土地征用、农村基础设施建设、支农惠农专项资金等领域的职务犯罪,切实维护广大人民群众的根本利益。2009年以来,查办了上述领域的职务犯罪19件,占立案查处总数的95.8%。

强化内部协作,打造查办涉农职务犯罪一盘棋的良好格局。针对涉农职务犯罪贪贿、渎职犯罪往往伴生咬合的规律,为避免资源重复消耗和案件信息隔离,浦口区人民检察院统一整合了自侦部门,反贪、反渎协同作战,并视案件情况及时调整侦查方向和突破重点,最大限度保证了线索挖掘深度和案件信息利用率。办案期间,大胆打破科室编配,结合案件需要和干警能力特点,灵活编组作业集团,分别负责案件突审、证据收集、跟踪定位、抓捕传讯、材料准备、技术支持、后勤服务以及安全保障等,从而大大增强了办案的团结协作力。

注重深挖窝案串案,扩大办案规模。当前涉农职务犯罪一个重要特点就是窝案串案多,案中有案的情况普遍。对此,浦口区人民检察院通过加强基础信息情报的收集、分析和利用,了解有关行业内部工作机制和权力运行方式,找出犯罪易发多发的主要环节,深入查办行业系统窝案串案,提升办案效率,扩大办案的规模效应。如在查办某村书记朱某贪污案件时,侦查人员在分析犯罪嫌疑人朱某伪造拆迁资料、骗取拆迁补偿款的行为时,认为这些犯罪行为可能会有其他人员配合,特别是街道征地拆迁办的人员。顺着这一思路,该院决定一方面由反贪牵头加大对朱某的审讯力度,政策攻心,迫使其交待其他人员的犯罪行为,另一方面由反渎牵头,到相关部门调取征地拆迁档案,从中查找线索,很快侦查人员就获得街道征地拆迁办公室主任张某、副主任韩某某、工作人员李某涉嫌渎职以及该村村民汪某某与朱某共同贪污的相关证据。在审讯犯罪嫌疑人张某、韩某某、李某的同时,侦查人员对近年来该征地拆迁办公室负责的多起征地拆迁项目进行普查,从中又发现某投资公司监理张某某、宫某某涉嫌贪污的犯罪事实。通过系列组合侦查，浦口区院用一条涉嫌贪污犯罪线索，成功查办了1件3人渎职犯罪和2件4人贪污受贿犯罪案件，极大地扩大了战果。

（二）浦口区人民检察院预防涉农职务犯罪的做法

预防教育基地化，形成风清气正的工作氛围。过去的职务犯罪预防教育的形式大多是参观监狱、上法制课等，往往针对性不强，受众较少，不能入心入脑。为了将廉洁意识植入人心，形成良好的廉政氛围，浦口区人民检察院围绕提高涉农官员预防职务犯罪的意识和能力，结合涉农工作环境和文化特点，在相关部门和单位的支持下，先后在南京艺莲苑花卉有限公司和桥林街道双垅社区建立了预防职务犯罪警示教育和预防村官职务犯罪教育示范两个基地，依托两个基地，开展了大量的预防教育宣传活动，取得了一定的成效。从全国有影响的精品案例和本院查办案例中，精选了24件涉农职务犯罪案件，制成案例展板，形成了图文并茂、独具一格的警示教育长廊。与预防职务犯罪指导委员会、预防职务犯罪协会成员单位互动，开展预防教育心得体会征文、预防职务犯罪法律知识竞赛、廉政教育动漫短片评比等系列活动，丰富预防教育形式，提高预防教育效果。组织了"七加三"特色教育活动，即"上一堂法制课、开一次预防座谈会、做一次预防心理辅导、建一套预防培训台账、组织一次预防知识竞赛、开展一次预防征文比赛、推荐一本廉政学习书籍"，并组织"廉洁自律宣誓、预防廉政墙签名、题写预防留言簿"三项活动。组织全区所有涉农单位、人员到基地开展轮训，提升工作人员自身素质、拒腐防变能力。还利用王荷波纪念馆、老山国家森林公园"清风林"廉政文化教育基地、珍珠泉悬鱼茶社等现有廉政文化教育资源，开辟了集革命传统、文化熏陶、典型示范、廉政警示于一体的新型乡村预防宣教专线，以特色基地式的教育方式，在潜移默化中改变受教人员的思想认识，将廉政意识植入人心。

预防监督常规化，督促涉农部门认真履职。涉农的单位、部门、环节点多面广，几乎涉及各行各业，而有些涉农职能单位、部门对涉农职务犯罪预防工作的重要性和紧迫性认识不够，对开展涉农职务犯罪预防工作不够主动、不够深入、不够全面，特别是在浦口区紧抓跨江发展机遇，加快城镇化建设步伐的新形势下，如何加强涉农职能部门的重点环节、重点人员的预防职务犯罪工作，想的办法不多，难以形成预防的整体合力。为此，浦口区人民检察院积极邀请区国土、建设、水利、农业等9个部门，共同研究探索了涉农重点工作监督制约机制，并会签了《关于在惩治和预防涉农单位工作人员职务犯罪工作中加强协作配合的实施意见》，不仅加强了预防对策调查研究、日常宣传和警示教育、内部监督制度建设等方面的合作，而且确立了联席会议、综合信息通报、线索移送、工作协助等多项制度。在与相关单位携手介入征地拆迁、土地开发、水利建设等多项涉农重点工作的职务犯罪预防的同时，还与区纪委、行政执法部门共同对村级重大事务决策、村民宅基地审批、各种款项发放、农村集体土地资源流转、征地拆迁、村集体重大财务收支等17项村务工作流程进行了具体规范，形成了依法开展各项工作的流程示意图，目前正以桥林双垅社区为试点探索试运行。

工作方式特色化，开展结对共建活动。大学生村官为农村基层组织输入了新鲜血液，虽然他们大多不掌握实际权力，尚无实施以权谋私职务犯罪的条件，但免不了受到目前农村一些不良风气的影响，因此，从一开始就筑牢廉政的思想防线，也是从源头上预防村官职务犯罪的治本之策。针对近年来地区大学生村官增多，且刚接触农村工作，依法行政能力还须持续提升的实际需要，浦口区人民检察院与区纪委、区组织部门、相关街道携手，组织了以推进大学生村官依法行政、助推大学生村官健康成长为主题的"1+1+1"结对共建预防活动。即由1名检察干警、1名优秀基层干部和多名大学生村官组成1个共建小组，通过结对共建，一方面提高基层干部法制意识，增强学法、守法、用法观念；另一方面由优秀基层干部发挥传、帮、带作用，推动大学生村官加速成长；同时检察干警也能从中进一步感受基层、了解基层，全面提高检察机关服务基层、服务群众的能力水平。目前，浦口区人民检察院以盘城、桥林街道为试点，已组成共建小组10个，覆盖大学生村官40名，试点单位的结对共建工作已初步呈现出制度化、规范化、常态化发展趋势。

预防组织网络化，构建预防涉农职务犯罪人民防线。通过多种渠道共同推进涉农预防工作，目前浦口区人民检察院已经初步建立了以预防村官职务犯罪为重点、全方位辐射涉农领域的预防工作人民防线。包括：专门开设了外网网站,专栏宣传介绍预防村官职务犯罪工作;依托4个派驻检察室,与各社区、民监会等基层自治组织建立联系,在镇街聘请108名预防工作联络员,并利用镇街和社区政务平台,建立覆盖全区的预防涉农职务犯罪工作网;收集了全区村居的基本情况以及现任村官个人信息,建立了预防工作信息数据库,开展村官岗位风险源点预防调查;依托两个基地,完善了村官定期轮训教育制度;利用王荷波纪念馆等现有廉政文化教育资源,开辟了集革命传统、文化熏陶、典型示范、廉政警示于一体的新型乡村预防宣教专线;组织了预防村官职务犯罪专题论文征集活动,在正义网、大学生村官报等媒体向全国发出约稿邀请,并向知名单位、个人直接联系约稿,共同学习交流预防村官职务犯罪工作经验,进一步打牢品牌创建的理论支撑。2013年7月25日,由检察日报社与南京市检察院联合主办、浦口区人民检察院承办的"构建预防职务犯罪人民防线·预防涉农职务犯罪探索与实践研讨会"在浦口召开,该院涉农职务犯罪防治的相关做法被称为"浦口样本",得到与会代表的一致肯定。

(三)对当前涉农职务犯罪防治的反思

涉农职务犯罪的刑事控制整体偏弱。近年来,检察机关查办涉农职务犯罪的力度不断加大,查办腐败案件数量不断增加,但这与涉农领域职务犯罪的现状以及人民群众的期待还有很大差距,如2009~2013年浦口区人民检察院共收到群众信访举报433件,其中涉农职务犯罪线索155件,但最终立案查处的仅有20件46人。究其原因,一是立法上存在缺漏,对农村基层组织工作人员在主体上能否适用很多职务犯罪罪名存在争议,导致司法实践中,对这类案件的"查与不查""由谁来查"存在问题。二是涉农职务犯罪发现难,取证难,群众举报线索反映的问题多是现象上的问题,难以触及犯罪的核心问题,导致一些线索难以查处。三是基层检察院自侦部门人手不足的问题突出。通常查处一件职务犯罪案件需要多人协作配合,调查取证需要耗费大量时间,而很多基层检察院由于人力的限制,会有一些线索被积压下来,导致查处不及时。如浦口区人民检察院自侦部门共有11名干警,2013年在大部分干警加班200多天的情况下,共办理反贪案件12件21人,反渎案件5件7人,已达到办案数的极限。

涉农职务犯罪的预防专业化程度不高。从涉农职务犯罪发生的规律和表现形式看，既有行业特点，也有岗位特点，既有普遍规律，也有特殊规律。因此，涉农职务犯罪预防工作必须顺应普遍规律和特殊规律的要求，重点研究特殊规律，针对行业和岗位特点开展有针对性的预防。同时，要通过预防工作的专业化，促进侦查工作的专业化，实现两者的良性互动。但在很多基层检察院的实践中，对涉农职务犯罪的框架没有预估，对个案分析、类案研究还不够深入，现有的预防往往是对浅表性问题出台对策，缺少对社会学、管理学等的综合把握①。另外，由于基层检察院预防部门的人力配置不足，专业化建设欠缺，导致预防工作存在方法过于简单，工作内容表层化，活动载体形式化、舞台化等问题，从而影响预防工作的实际效果。

涉农职务犯罪防治尚未形成工作合力。涉农的单位、部门、环节点多面广，涉农职务犯罪的原因又是多方面的，因此，涉农职务犯罪的防治应当是一项系统工程，不是哪一家单位或部门能够包揽解决的。从现状来看，检察机关作为惩治和预防涉农职务犯罪的重要主体，在惩治方面加大了打击力度，在预防方面牵头涉农部门联合开展形式多样的职务犯罪预防活动，但由于一些涉农主管职能部门预防职务犯罪的主体意识欠缺，对职务犯罪防治工作的紧迫性和重要性认识不够，对开展自身拒腐防变工作不够主动、不够深入，对其他职能部门开展的涉农职务犯罪防治工作存在参与度不高、做表面文章、配合意识欠缺等问题，导致整体预防合力难成，涉农案件多发。

四 惩治与预防涉农职务犯罪的对策建议

涉农职务犯罪是发生在群众身边的腐败，不仅直接损害了农民的利益，而且还影响到农村经济的发展和社会的稳定，因此，惩治和预防涉农职务犯罪，对我国农村的发展具有十分重大的现实意义。从原因上来看，涉农职务犯罪高发，是我国城镇化进程加快，农村变迁加剧，政府管理跟不上，惩防体系未建

---

① 张伯晋：《提升专业化水平　找准问题合力击破》，《检察日报》2013年8月1日，第3版。

立的一种反映。要系统建立涉农职务犯罪的防治体系，不是一蹴而就的事，应当分步骤、分阶段，坚持标本兼治，既要对当前来势汹汹的腐败问题加大惩防力度，保障农村经济社会平稳发展，又要加强政府治理，防患于未然，从根本上防止涉农领域职务犯罪的发生。从近期看，要加大惩防力度，有效遏制涉农职务犯罪，为农村经济社会发展保驾护航，同时为根治涉农职务犯罪创造条件；从中期看，要强化政府的规范管理，从制度上防止腐败的发生；从长期看，要大力推进民主自治，在提高农民自治意识的同时，以民主与法治有效防范权力的膨胀和腐败的发生。

（一）通过加大惩防力度，营造"违法必究"防治效果

加大办案力度，严惩涉农职务犯罪。打击是最好的预防，依法打击和惩处是预防涉农职务犯罪的特殊手段，在整体防治过程中起着重要作用。一是严密刑事法网，避免立法上的疏漏导致有罪不究的问题。与其他职务犯罪相比，多数职务犯罪案件的犯罪嫌疑人是国家基层工作人员或农村基层组织工作人员，其中村党支部书记、村委会主任等占有一定比例，而对于两者是否属于国家机关工作人员，是否构成职务犯罪的主体，目前立法上的解释存在一定的不确定性。对此，一方面，可以通过立法确认村党支部书记、村委会主任等农村基层组织工作人员在协助政府从事行政管理等公务行为时，构成职务犯罪的主体；另一方面，在立法未完善的情况下，加强部门合作，形成打击的合力。建立公安机关、检察机关、纪检监察部门等共同组成的联席制度，通过定期联席会议，交流案件情况，拓宽线索来源，构建完整的法律威慑防线。二是针对农村发展状况、涉农领域发案特点，加大对重点领域涉农职务犯罪的查处力度，重点打击农村土地征地补偿、农村基础设施建设、支农惠农专项资金等领域的职务犯罪。三是要发挥派驻检察室深入基层的作用，围绕区情、村情找案源，对上述重点领域，开展线索排查；组织干警深入重点镇村，围绕重点扶持项目、围绕扶持资金使用、围绕群众反映的热点问题，集中查办窝案、串案、大案。

加强涉农职务犯罪预防专业化建设，增强预防工作实效。在加大办案力度，严惩涉农职务犯罪的同时，检察机关应把预防职务犯罪作为治本工程来

抓,坚持以打促防,打防结合,才能最终形成对涉农领域刑事控制的威慑力量。一是侦防结合开展个案预防。通过查办案件,发现发案单位管理上和制度上的漏洞,在案件侦查终结后,及时启动个案预防,做到案发在哪里,预防工作就做到哪里,办理一案,警示教育一片。同时,及时总结案件发生的原因及发案单位的管理方面的漏洞,进行总结分析,一方面对今后查办类似案件积累宝贵的经验,另一方面向那些尚未发案的同类单位进行通报,以达到超前预防的效果。二是围绕重点领域进行系统预防。涉农职务犯罪涉及很多行业,发案单位毕竟是少数,并且分散,仅有个案预防不足以形成整体预防效果,因此针对发案单位存在的问题,由个案预防延伸到整个行业系统围绕重点领域进行系统预防。通过调查研究,找出易发职务犯罪案件的部门和岗位,分析发案特点和作案手段,找出管理的漏洞,向主管部门提出改进的建议和预防职务犯罪的对策,推动相关单位和部门完善权力运行的监督制约机制。三是围绕重点民生工程进行专项预防。从工程招投标环节开始介入,全面参与工程的招标、投标、评标等环节,通过对招投标、发包环节的监督,确保工程在流程上的公开、公正、公平。积极推动工程建设单位内部监督制度的完善,通过建立一套监督管理方面的规章制度,如重大事项报告、工程资金审批等多项制度,规范管理行为,避免职务犯罪的发生。另外,通过经常性的法制宣传,在工程建设单位设立群众意见箱,公布举报电话等形式,建立内部监督网络,及时发现问题。四是根据涉农领域职务犯罪特点,按照专业化要求,强化类案分析、预防对策研究,对典型案件、倾向性问题进行动态跟踪调查研究,及时发现犯罪苗头和倾向性问题,采取相应措施预防职务犯罪的发生。

(二)通过强化政府的规范治理,建立"不能腐"防范机制

加强政府主导,形成多部门一体化工作格局。通过分析涉农职务犯罪案件,可以看出,凡是发生职务犯罪的环节,都是监督的盲区或薄弱环节。因此,建立和完善党委领导下、政府主导下的管理体系,促使当前乡镇七站八所多头管理模式向一元化管理模式转变,强化上级直接的监督管理,强化程序监督,是治理涉农领域职务犯罪的有效路径。同时,加强基层群众自治组织、乡镇政府与土地、民政、建设、财政、农林、发改委、审计、纪检监察等有关职

能部门的密切配合,在土地征地补偿、扶贫救济、农资综合补贴、道路建设、水利建设等项目和工程中建立党委领导、政府主导、部门实施、乡镇监管、村队配合的一体化工作机制,防止工作脱节、监管缺失等现象发生,最大限度地充分发挥各职能部门的优势,加强协调配合,建立健全优势互补的工作协作机制,从制度上形成互相监督、互相制约的一体化工作格局,从根本上预防涉农领域腐败问题的发生。

完善账务管理,把涉农惠民资金纳入监管体系。法治就是规则之治,对来源分散且拨付透明度不高的涉农惠民资金,应当在全面规范和加强财务管理力度的基础上,加强资金使用过程中的监管。一是建立专门账户管理涉农资金。按照公共财政支出改革的要求,明确财政管理各项涉农惠民资金的主体地位,整合各个归口涉农资金的管理权限,凡是省、市、区(县)投入资金,全部存入专项账户,由财政部门统一管理。二是加强涉农惠民资金的全程管理。财政部门和资金使用部门要把涉农惠民资金的监管链条从资金预算、使用和管理延伸到资金的运营上,加强对资金运转全过程的监管。通过建立健全涉农资金监管体系,理顺各种涉农资金管理体制,加强对涉农资金的监管,确保涉农专项资金及时拨付,按规定使用和发放,有效防止中间环节截留、贪污、挪用等违法行为的发生。三是建立涉农专项资金管理的监督机制,加强对涉农资金的有效监管。财政、国土、农林、水利、建设等部门要在各自职责范围内做好对涉农资金使用的监督和检查。审计、纪检监察等部门要依法加强对涉农专项资金的审计、监察力度,要事前审计和事后审计相结合,对重大项目要全程跟踪审计。四是完善村账乡管工作。认真开展村级财务清理工作,对集体资产进行全面整理和评估,确保账目清晰。明确村级财务中心与其他部门之间的分工合作关系,明确村级财务中心的工作范围,保证财务人员的稳定性和专职性,保持财务中心的独立性。同时,在财务公开的基础上,建立村级财务内部监督机制,每月收支情况要在村务公开栏中公布,接受群众监督,使村账乡管制度真正发挥应有的作用。

加强监督管理,保障基层权力规范运用。一是强化内部分工制约,让权力接受上级监督、同级制衡的内部监督。由于涉农职务犯罪多半是农村基层组织人员在协助上级部门履行或者是受上级部门委托履行相关职能时发生的,如征地拆迁本是上级政府部门工作,但由于面广量大、工作难度大,从测量房屋、土地面积,到商谈补偿数额等,虽在程序上经相关部门认可,但对于协助人员提供的信息基本上都是形式审查,极少复核,由此导致一些职务犯罪案件的发生。因此,职能部门首先要分清协助与委托的关系,不能将自身职能违法委托给农村基层组织工作人员,同时对请其协助的相关事项,也应当强化对其的指导与监督。另外,应当加强涉农部门和农村基层组织的内部分工制衡,尤其是要加强农村基层组织两委的分工制衡和两委内部各委员之间的分工制约,防止"一把手"权力过于集中,防止"一言堂"现象的发生。二是深化政务公开,让权力接受群众民主的外部监督。知情权是民主的前提,也是预防腐败的必要因素。完善政务公开,有利于保障农民的知情权及监督权。深化政务公开,要明确公开内容,包括政策公开、项目公开和账目公开。涉农政策原本是公开的,但由于受到文化和条件的限制,农民一般不能直接接触到政策规定,这就给违法犯罪制造了空间和条件。为此,涉农政策公开要创新宣传、告知等方式,改变单一转达方式,采取网络、短信、广播等方式,让农民及时准确掌握相关政策规定。而对农村修桥铺路等惠民项目,在申报后批准前,可由立项审批部门予以公示,防止相关人员利用项目实施贪腐活动。另外,深化政务公开还要完善政务公开的形式和程序,要根据实际情况,坚持效用原则,采取多种形式扩大公开面;对于关系农民切身利益的事项,要在决策之前,以村民会议的形式进行公开。

(三)通过大力推进民主自治,从根本上预防职务犯罪的发生

提升农民素质,为村民民主自治提供土壤。一是要提升农民的政治素质,在广大农民群众中培养以自由、平等、民主等思想为价值取向的现代政治文化,建立积极的政治参与模式,培养多元、独立的政治意识和政治人格,是推进我国农村民主自治的必要条件。可以利用广播、电视、报刊、网络等不同形式,在农村开展政治文化的普及工作,培育农民的科学理念、民主思想、自由意识等先进的政治文化,提升农民的民主政治意识,引导农民积极参加农村民主选举、决策、管理和监督等。二是提升农民的法律素质。涉农职务犯罪频发的重要原因之一即是农民缺乏维权意识,法律意识淡薄。因此,要立足于农村实际情况,兼顾农民生产生活习惯,有组织有计划地普及法律知识,开展普法

教育，提升农民的法律素质。通过提升农民的法律意识，使农民知法懂法，能够利用法律维护自身合法权益，从而为涉农职务犯罪防治奠定良好的群众基础。

提升村官素质，为农村民主自治选好"带头人"。村官不是"官"，但其在涉农领域的地位非常重要，他们不仅是联系政府与村民的桥梁，是落实"三农"政策的中坚力量，而且是我国农村推进民主自治的带头力量。因此，选好用好村官，大力提升村官素质，不仅可以有效遏制涉农领域职务犯罪多发的现状，而且可以有效推进我国农村民主自治进程。一是加强教育培训工作。通过对初任村官进行岗前培训、廉政教育培训、专题法律知识培训等，加强思想政治教育，增强法制观念，提高遵纪守法观念和自我约束能力。定期对村官进行党的宗旨意识教育，使其牢固树立正确世界观、人生观、价值观，自觉抵制社会不良风气，自觉提升公仆意识、服务意识。定期开展廉政教育，切实增强村官依法、规范管理的意识和能力，使之成为新农村建设的合格的管理者、领导者，使之成为我国农村民主自治的推动者。二是选好村官。要贯彻民主、公开、公平的选举原则，全面落实选举制度，严厉打击贿选等侵犯村民民主权利的行为，最大限度尊重群众的意愿，选举那些德才兼备的人作为群众的带头人，使其代表群众的利益，向群众负责。另外，要加大大学生村官的选聘力度，向广大农村输送高素质人才。大学生作为综合型、知识型人才，具有知识丰富、思想活跃、眼界开阔、敢于冒险、积极进取等特点，对于完善农村基层组织形式，最终实现构建社会主义新农村目标具有重要的意义。

完善村民民主自治制度，深化乡镇体制改革。村民民主自治是基层民主建设的一部分，是村民实现民主选举、民主决策、民主管理、民主监督的一种方式，是实现农村民主建设的有效方式。全面落实村民建立在利益关心基础上的民主自治，是防治涉农职务犯罪的根本途径。具体来说，就是通过民主选举，让村民选出自己信任的人作为村干部，通过民主决策程序来决定村内重大事项，通过村民代表会议和村务监督委员会的民主管理，通过村务公开等民主监督手段，最终把村务活动放到阳光下，用制度防止腐败的发生。要完善村民民主自治制度，一是要完善农村的选举制度。目前我国农村选举制度的规定简略，操作性不强，建议修订村委会组织法等相关法律，从候选人条件、参选人权利义务、选举罢免程序、选举监督程序等方面进行细化完善。二是要落实农村选举制度。在提升群众认识的基础上,加大对村民民主自治制度的宣传,让群众真正意识到选举与他们的利益休戚相关,从而珍惜自己的权利,认真行使自己的选举权和监督权。与此同时,要严厉打击破坏选举的行为,加大打击贿选力度,确保选举能真实体现群众的真实意愿。三是要明确乡镇政府的改革方向。我国农村基层组织是村民自治组织,与乡镇人民政府之间不是隶属关系,而是指导、支持和帮助关系。村民自治原则要求村民自己管理、自己做主,在选举工作方面,乡镇政府不应干预候选人提名等实质内容,但应对选举程序、选举保障等方面进行指导和监督。同时,在农村村民民主自治制度逐渐成熟的情况下,我国的乡镇体制改革应当朝着转变职能、精简机构、扩大基层民主的方向改革。乡镇政府不需要设置与县级政府相对接的对口机构,因而可以有效地精简机构、裁汰冗员,这样既可以减轻农民负担,也可以减少涉农领域支农惠民资金经历的环节;而在乡镇政府转变职能的基础上,真正做到简政放权,必将进一步刺激农村民主自治制度的发展,使更多的基层经济社会发展事务由农村基层组织自己做主、自己管理,而这也将大大挤压权力寻租的空间,根除腐败行为的发生。

B.17 江宁区人民检察院派驻检察室建设状况

刘芝强 何了希*

摘 要：

南京江宁区人民检察院把设立派驻街道检察室作为检力下沉、延伸法律监督触角工作的重要平台，派驻检察室坚持以办案为主导，加强基层执法司法活动监督。派驻检察室的设立为检察机关服务基层、服务群众、参与社会管理创新搭建了新的平台。

关键词：

派驻检察室　法律监督　社会管理创新

自2011年以来，为促进检力下沉，江宁区人民检察院（以下简称"我院"）把设立派驻街道检察室作为延伸法律监督触角工作的重要平台，结合江宁区委"分片统筹发展"的战略构想，按照与区人民法院派出法庭基本相对应的原则，有计划、分步骤地在汤山、江宁、禄口、湖熟四个街道设立了派驻检察室并投入工作。三年来，我院立足派驻检察室的七项职能和所辖地区的实际情况，不断细化和实化检察室的各项职能，积极探索建立符合江宁实际需要的崭新工作模式，逐步建立了通过办理刑事案件来监督基层执法司法活动的检察室工作模式。围绕这一工作模式，发展了包括基层执法司法同步监督机制、刑事案件协调办理机制、矛盾纠纷联动排查与化解机制等在内的一系列工作制度，把服务基层发展、服务民生建设、服务农村稳定作为检察室工作的重要内容。并由检察室牵头开展了各项普法宣传等活动，综合运用办案、宣传、预防等多种手段，协助化解社会矛盾，得到了当地党委、政府和群众的肯定与好

---

* 刘芝强，南京市江宁区人民检察院办公室副主任；何子希，南京师范大学法学院研究生。

评。当然，在取得成就的同时，更应该总结经验，发现不足，以求在实践中完善检察室的各项制度，发挥更大效用。

一 人民检察院派驻检察室的重要意义与背景

（一）建设派驻检察室的重要意义

"强化法律监督，维护公平正义"是检察工作的永恒主题。我国宪法赋予检察机关的职能客观上要求其把法律监督职能辐射到行政权存在的每个角落，即一方面要加强对人民法庭等基层政法机关的法律监督，另一方面要加大法制宣传力度，化解社会矛盾，参与社会治安综合治理和平安创建，逐步形成一种机构合理、配置科学、程序严密、制约有效的权力运行机制。检察院派驻检察室的设立顺应了检察机关宪政职能的内在要求，使得检察院监督权的行使得以真正深入基层，发挥效用。同时，随着我国社会的深刻变迁以及经济的迅猛发展，人们的政治、经济、文化需求不断增长，在资源、利益、价值观等方面的差异越来越鲜明，紧张关系越来越明显，并随时有激化的可能，这使得社会矛盾呈现出多发、复杂的局面。而社会矛盾的多发与激化加重了中国社会、经济发展的总体代价和成本，直接影响着人们的幸福安康、社会的和谐稳定。所以，能不能用高超的社会管理来化解社会矛盾、减少其对经济社会发展的冲击，就成了党和国家的中心任务之一。在这种背景下，"加强和创新社会管理"问题应运而生，其自提出以来，就备受瞩目，可以说是我国当前和今后一段时间科学发展的战略抉择。社会管理创新是政法机关当前必须着力抓好的三项重点工作之一，这同样也是检察机关的重要使命。

检察机关是宪法确认的国家法律监督机关，是行使法律监督权的唯一主体，其既是社会稳定的保障力量，也是社会稳定的建设力量。检察部门在履行法律监督职权的过程中必须为党和国家和谐稳定的大局服务，积极参与到化解社会矛盾、创新社会管理之中，为经济又好又快发展保驾护航。按照高检院关于派驻检察室职能的基本要求，延伸法律监督触角、促进检力下沉，各地基层检察院纷纷加强了派驻检察室的建设，在化解社会矛盾、参与社会治安综合治理和平安创建中不断探索,并发挥了重要作用。在辖区内通过行使检察权,对争议事实加以判断,对法律规范加以适用,从而化解矛盾纠纷,回应社会诉求,解决社会纠纷,维护社会公正,实现对社会秩序的有力调控,修复被破坏的社会关系,以求通过新型的管理模式达到将社会管理与法治化建设相结合的目的。

(二)派驻检察室的发展历程

1. 建设检察机关派驻检察室的历史沿革

早于1988年,江苏省常州市武进区率先设立检察室,开展试点工作,当时的名称是乡镇检察室,随后高检院出台了《人民检察院乡(镇)检察室工作条例》以规范检察室的工作职能,其中区别于现今社区检察室的一个主要职能就是经检察长批准,对发生在本辖区内、属于检察机关直接受理的刑事案件进行立案前的调查、立案后的侦查。由于1996年刑诉法的修改涉及检察职权范围的变动,以及一些乡镇检察室存在职权行使极不规范的现象,到1998年全国检察系统教育整顿时期,明确规定不再新设立乡镇检察室。2002年中央发布《地方各级检察院机构改革意见》后,很多乡镇检察室都被裁撤。2010年10月,高检院下发了《关于进一步加强和规范检察机关延伸法律监督触角促进检力下沉工作的指导意见》,由此检察室又一次作为检察机关深入基层一线的触角,慢慢发展起来。如今,为适应刑事诉讼法2012年的修改,新型社区检察室为履行新的监督职能而成为关注焦点。可以说无论是原有的乡镇检察室还是新兴的社区检察室,都是为了适应社会需要,适应检察职权的变化而演进和发展的。

2. 目前我国派驻检察室的主要类型

我国派驻检察室自20世纪80年代建立至今大概有以下几种类型。

一是职能型检察室。职能型检察室设立于20世纪80年代,它的出现符合当时经济发展态势。这种模式存在的前提是有"案"可办,其初衷是便于迅速打击乡镇的贪污贿赂等经济犯罪案件。然而由于我国刑法、刑事诉讼法的修改,乡镇企业的转制和乡镇权力的规范运行,这种单一的模式就面临着"无案可办、无所事事"的局面。在结构设置上,该检察室受派出院的直接领导并对其负责,其地位与院内设业务部门并列,职能的针对性决定了检察室在对贪污贿赂案件受理、立案、侦查的同时,又要接受院反贪局的业务指导、赃款赃物收缴等统一管理,这种犯罪侦查一体化的体制不利于乡镇检察室本身优势的发挥,存在职能片面的劣势。

二是服务型检察室。服务型检察室是近年来各地设立检察室的一种主要模式。该种模式的职能定位是接待当事人的申诉、进行法律宣传、开展专项预防、息诉等,同时将阳光检务工作纳入检察室工作范围,以听取民生、民声、民诉。实践中,检察室挂靠在街道乡镇等一级政府,需要地方党委政府的支持,通过每月的座谈走访了解群众诉求、解决民生问题,这种"有案办案、无案服务"的模式很大程度上使检察室处于空置的状态。

三是综合型检察室。综合型检察室的一个重要特征是双重领导,检察室一方面接受派出检察院的领导,另一方面要接受当地辖区党委的领导。这种模式优势明显,容易得到当地党委政府的支持,有利于各项检察工作的开展,而且职能比较齐全,更容易融入基层,贴近群众,服务群众。但这一模式与我国现行宪法规定的权力架构是相违背的,检察机关接受乡镇党委的领导并不符合宪法所设立的权力层级划分规定,而乡镇检察室在双重领导体制下,则很容易被异化为当地乡镇政府的一个职能部门,法律监督的职能则会削弱。

二 派驻检察室职能作用发挥之实证——以派驻汤山街道检察室开展化解社会矛盾工作为例

(一)派驻汤山街道检察室服务片区内社会矛盾的基本现状

位于南京东部经济发展轴线之上的汤山街道和麒麟街道是汤山检察室的主要服务片区,面积230余平方公里,约11万户籍人口。由于近年来地区开发步伐持续推进,城市化进程不断加快,在迎来"战略机遇期"的同时,也进入了"矛盾凸显期"。总体而言,本片区最突出的基本矛盾有以下几个方面。

第一,因征地补偿和拆迁安置引发的矛盾。近年来,随着社会主义新农村建设的大步向前,城乡一体化建设迅猛发展,片区内的拆迁规模越来越大,引发的问题和矛盾也越来越突出。这里的纠纷或争议主要来自两个方面：（1）就拆迁一方而言，征地补偿与拆迁安置制度设计科学性、合理性缺乏，征收拆迁程序公开性、透明性缺失。导致群众对土地征收方案存在质疑，由此引发的违法问题与矛盾纠纷比比皆是。（2）就被拆迁一方而言，很多群众对拆迁人员的工作不信任，对补偿安置不满意、心理不平衡，不断提高对补偿数额的要求，导致拆迁方无法合理合法进行拆迁。

第二，劳资矛盾，即雇工与雇主因种种劳动利益冲突所产生的争议、纠纷。其类型主要涉及拖欠克扣工资、欠缴社会保险费、解除合同补偿金的支付、工伤事故赔偿、企业改制或股权变动引发的纠纷等。随着汤山、麒麟两街道"旅游度假区""科技创新园"建设需求的不断增加，片区内从事建设工作的人员大量流入，相应的劳资纠纷问题也更突出。我们从基层法庭了解到，这一矛盾引发的诉讼已经成为近年来民事审判、调解工作的热点、难点，虽然劳动争议的标的数额不大，但矛盾尖锐。

第三，债务纠纷，尤其是民间借贷纠纷。近年来由于中小企业融资存在困难，银行贷款不便，为了解决生意上的困难，中小企业主多倾向于选择民间借贷。其中涉嫌高利贷的情形激剧增多，在与汤山法庭庭长的座谈中，我们了解到，南京全市法院受理的此类案件每年均在5000件以上，民间借贷大都涉"高利贷"行为。高利贷严重干扰金融秩序，阻碍民营经济的发展，给人民的生命财产带来巨大损失，容易引发群体性事件，或者恶性追债案件，屡屡成为引发社会治安问题和刑事案件的病灶，严重影响社会稳定。

第四，街道社区职务犯罪引发的社会矛盾。街道社区职务犯罪，尤其是涉农领域职务犯罪主要集中在拆迁补偿安置、社区基础设施建设、农村合作医疗、农业政策性保险、最低生活保障申领、村务财务管理、无息贷款、租房补贴、计划生育等易发环节。这些领域的贪污贿赂犯罪涉案人员多，犯罪主体多为村支书、村委主任、村会计、普通工作人员，以及企事业单位、基层执法单位的派驻人员等，而且直接涉及支惠农资金、土地征用开发资金、救灾救济金，以及上级拨付的交通建设项目资金等。

第五，农村社会治安安全隐患，尤其是人身伤害、经济财产纠纷引起的矛盾。据麒麟派出所民警介绍，这些矛盾主要涉及土地纠纷、相邻权纠纷、家庭纠纷、交通事故、医患纠纷；农村刑事、治安案件；道路交通安全事故；等等。解决不好这些矛盾，整个社会的和谐就难以保证。

第六，群众合理诉求得不到解决引发的纠纷。如果群众合理诉求得不到疏解、满足，便会引发诸多恶性事件，值得注意的是，上述土地拆迁、民间纠纷、职务犯罪等问题都涉及群众合理诉求，如果上述突出问题得不到妥善处理就等于群众的合理诉求没有得到有效的回应，也就加剧了基层群众对公权力机关、对公职人员的不满。

通过以上调查与分析，可以进一步归纳出这些社会矛盾的主要特点：（1）矛盾纠纷的参与主体多元，涉及领域广泛。（2）社会矛盾纠纷的表达方式趋于极端化、暴力化，容易引发群体性事件。（3）社会矛盾往往通过新兴媒体表达，尤其是网络论坛、微博等，形成无形抗争，传播范围更广、速度更快、影响更大。

（二）派驻汤山街道检察室开展化解社会矛盾工作的基本情况

汤山检察室自成立以来，按照最高检和省市检察院关于派驻检察室工作职能的要求，深入基层，积极化解矛盾，为建设和谐基层关系做出了积极贡献。

第一，主动介入、协助化解因拆迁引发的矛盾。2011年以来，汤山检察室积极服务南京麒麟科技创新园拆迁工作，针对汤山、麒麟街道拆迁任务重、社会矛盾大的情况，成功解决了"善伟实业公司"1.7万平方米厂房的拆迁难题，并为麒麟街道节省拆迁经费数百万元。

2011年5月初，检察室得知麒麟街道在微生态科技园建设的拆迁过程中，因"善伟实业公司"不配合而一时受阻，严重影响了建设进度，在院领导的指导下，检察室主动与街道分管拆迁工作的副书记取得联系，在掌握了相关情况后，检察室决定对相关人员逐个谈话进行开导梳理工作，并发挥检察室的监督职能，经过多方面的共同努力，最终矛盾双方很快签订了拆迁协议。至此，派驻检察室通过司法力量圆满解决了悬而未决的矛盾。卓有成效的工作，赢得了麒麟街道党工委及主要领导的高度赞扬。

第二，积极化解劳资纠纷，维护劳动者合法权益，最大限度减少不和谐因素。自2011年以来，多起劳资纠纷事件在检察室的参与下得到了妥善的处理。

虽然该类纠纷目前并不属于检察室的职能范围，但检察人员没有因此而简单推诿了事，而是积极帮助前来寻求帮助的当事人，发挥检察室的工作优势，帮助当事人通过合法合理的手段维护自身的利益。在这一过程中，检察室的介入不仅有效督促了公安机关对于案件的调查程序，更使得劳资矛盾双方解决矛盾的过程更加透明合理合法。如2012年5月工人张某与施工方讨要医疗费的纠纷，就在向检察室寻求帮助的过程中得以解决，甚至排除了当事人诉讼的成本。在这样的案例中，显现了基层派驻检察室的工作特点和优势，我们完全可以发掘出这些有利的优点，创新工作模式，完善基层监督权行使的方式方法。

第三，从源头上预防、查处职务犯罪，缓解干群紧张关系。随着全国拆迁工作的进行，在此过程中的职务犯罪问题也引起了相关国家机关的重视。在江宁区拆迁工作中，江宁检察院围绕拆迁领域影响重点工程建设的职务犯罪行为，主动出击，周密部署，汤山检察室及时提供案件线索，成功协助反贪部门立案查办了多起基层干部职务犯罪案件。

此外，汤山检察室在预防职务犯罪的工作中也积极作为，多次对基层干部进行法制宣传、预防职务犯罪的警示教育。在江宁检察院开展的预防职务犯罪的集中警示教育活动中，汤山检察室积极参与，汤山检察室携手院预防科和街道纪工委，精心组织了由街道领导、中层干部、社区"两委"等共一百余人参加的一场预防职务犯罪警示教育活动；汤山检察室还组织街道16个社区"村官"走进检察室，开展了一次"面对面、零距离"的警示教育活动，在工作人员的引导下，村官们看展板，听讲解，谈观感，起到了良好的警示教育效果。

第四，畅通矛盾发现渠道，开展法制宣传教育。汤山检察室依托"延伸检察工作触角六进六服务"活动，主动进机关、进社区、进学校、进企业、进工地、进家庭开展法制宣传，深入基层开展社会矛盾风险研判，第一时间发现苗头，第一时间掌握情况，第一时间化解纠纷。

汤山检察室以社区组织为架构，在汤山（16个）、麒麟（8个）先后建立了24个社区"检务室"，制作了门牌，并将印有工作职能和联系方式的展板张贴上墙，聘请了24个社区的民调主任为检察室的检务联络员。依托村务信息公开栏，建立了社区检务宣传橱窗，自制了48块宣传展板放置其中，向社区干部和群众宣传检察室职能,满足基层组织的涉法需求,满足百姓群众的司法诉求,及时开展有针对性的法制宣传教育。

三 检察室化解社会矛盾的经验总结与工作建议

化解社会矛盾是一项长期的、综合的、系统的工程,检察室在其中所担当的角色越来越受到群众的肯定与欢迎,赢得了人们的信任,为维护街道、社区的和谐稳定发挥了重要作用。根据中央、高检院、省院有关精神,结合汤山检察室深入参与化解社会矛盾、创新社会管理的工作做法与实践经验,我们认为,建立健全检察室化解社会矛盾机制应包括以下内容。

(一)建立社会矛盾发现机制,及时全面掌控各种矛盾

发现矛盾是化解矛盾的前提条件,检察室要充分有效地发挥其化解社会矛盾职能有赖于积极主动地深入基层、深入群众,通过了解情况、排查矛盾,及时发现矛盾,限制矛盾的蔓延与升级,力求将矛盾化解在萌芽状态。

第一,做好检察室职能宣传工作,让基层群众能够在遇到矛盾时"想得到"检察室。在实际走访与问卷调查中,大多数群众对派驻检察室的职能并不了解,他们在遇到矛盾纠纷时首先想到的是社区居委会、街道办、派出所、法庭等机构,对检察室能够为他们做什么十分陌生。因而必须加强职能宣传,畅通民意表达渠道,如利用好"12309"、建立网络数字化举报平台、设立社区检务橱窗、印制《检务宣传册》、印制《工作月报》等,让群众能够及时到检察室反应矛盾纠纷,让收集矛盾信息的渠道更宽畅。

第二,加强社情民意主动走访、调查工作。检察室不单纯是检察业务工作延伸的平台,更是检察机关了解社情民意的一扇窗口,检察室工作人员,不但要身在基层,更要心在基层,心系群众。要把坐等信访变为主动"下访",走到田间地头,走进农家院落,把矛盾真正化解在社区,消除在片区。如建立来访人员回访制度,完善定期走访、下访和巡回制度,积极开展"进机关、进社区、进学校、进企业、进工地、进家庭"活动,及时掌握基层矛盾。

第三,构建矛盾排查预警机制、维稳形势研判机制。汤山检察室自开展工

作之初，就主动上门与街道的庭、所、办（法庭、派出所、司法所、综治办、信访办）进行沟通，了解基层的矛盾现状，加强工作的协调联络。在此基础上，通过聘请片区内 24 个社区的民调主任为检察室的检务联络员、定期参加片区内的矛盾纠纷排查会、不定期召开当地政法部门联席会等方式，交流工作，互通信息，及时发现、准确把握可能影响社会稳定的苗头性、倾向性、潜在性、群体性、普遍性问题。

第四，完善涉检舆情监控机制。正确看待信息时代各种社会媒体的作用，科学利用社会媒体信息量大、影响面广、传播速度快等优势，跟踪社会热点，及时掌握舆情，正确引导舆情。建立涉检舆情实时监控机制，实时了解各类媒体特别是网络等新兴媒体的关注点、舆论的兴奋点，及时掌握涉检舆情动态，努力做到对突发事件在第一时间掌握真实情况。

（二）健全社会矛盾化解机制，着力讲求化解矛盾的实际成效

切实解决好人民群众最关心的利益问题是化解社会矛盾工作的核心，前面所有的"发现机制"都是为"解决机制"服务的，为此，派驻检察室应当遵循社会矛盾化解规律，讲究工作原则和方法，既要解决眼前问题，又要积极探索解决类似矛盾的长效机制。

第一，立足法律监督职能，在查处职务犯罪中强化矛盾的源头预防和解决。一是要加强法制宣传教育，充分发挥检察人员的法律专业优势，对基层一线执法人员和群众开展多种形式的法制宣传教育活动。二是要加大执法监督力度，充分发挥检务工作的监督优势，加强对基层所、庭、站、队等部门执法办案的监督，加大职务犯罪查处力度。三是要处理好监督与配合的关系，充分发挥派驻检察室在基层维护公平正义的要求，在积极配合基层党委政府开展工作、为推进地区发展服务的同时，要严守法定职责，做到不越权、不越位，防止职责泛化、虚化、异化。

第二，健全轻微刑事、民事申诉案件和解机制。检察室作为检察机关的"前哨"，肩负着打造"群众家门口检察院"的重任。尤其是在刑事司法活动中，检察室不仅处于法律监督者的地位，而且起着承前启后的衔接功能，社会矛盾在检察环节最主要、最集中、最突出表现为各种案件。因此，化解社会矛

盾的主要渠道，是通过办案来实现的。当前案件中的矛盾都表现为人民内部矛盾，没有根本利益的冲突，双方存在着巨大的可以调解、和解的空间，检察室应以办理片区内的刑事案件为契机，按照"法律许可，当事人双方有调解意愿，有利于修复社会关系"的原则，积极探索轻微刑事案件、民事案件和解工作，加强与派出所、法庭、司法所等执法部门的工作对接，切实确保刑事和解工作依法规范开展。

第三，完善部门联动机制。社会矛盾化解工作涉及社会方方面面，需要相关职能部门共同努力，就派驻检察室而言，要积极创新发展模式，必须紧紧围绕辖区党委的中心工作，主动融入辖区工作的大格局当中，完善与基层相关职能部门相互配合的工作协调机制，积极参与对重点地区的综合治理，配合加强对特殊人群的帮教管理，主动做好预防未成年人犯罪工作，推动建立人民调解、行政调解、司法调解三位一体的大调解工作体系，用心、细心、耐心、齐心化解社会矛盾纠纷，与辖区各部门各司其职，相互支持，形成服务辖区党委中心大局的工作合力。

第四，妥善应对涉农信访、涉检信访案件。基层检察室应及时与本院职能部门沟通联系，充分发挥职能部门的专业特长，共同做好案件答疑、释法说理及当事人的思想疏导工作，缓解职能部门力量有限的不足，提高办理涉农信访的质量和效率。面对疑难复杂信访，应在积极做好解释与引导基础上，提请检察长参与案情研究，制定工作计划，出面协调解决，为重大、疑难信访的彻底息诉提供重要保证。

（三）建立矛盾化解督查、奖惩和回访、反馈机制，保证、巩固矛盾化解的成果

在矛盾化解过程中要切实为双方当事人考虑，要解决得彻底，不留隐患，而保证这一工作成效的途径主要是通过督查、奖惩机制督促检察人员切实履行好职责；通过回访、反馈督促检察人员切实跟进所办案件，真正息诉息访、案结事了。

第一，强化督查机制。通过汇报讲评会等形式对社会矛盾化解工作进行定期督查，由检察室向院领导、党委领导汇报社会矛盾化解情况，院领导定期带

队深入派驻检察室进行专项督查，对措施不力、效果不明显的要进行督促整改，促进工作责任落到实处，工作措施取得实效。

第二，强化奖惩机制。将社会矛盾化解工作纳入检察机关科学发展考核体系，并将其作为考核的重要内容。实际工作中实行"包案到人""包事到人"，要求实现案结事了，息诉息访。对在实际工作中化解矛盾不力的，对办案不当引发矛盾产生不良影响的，严格按照有关规定进行通报处理。对工作出色、成效突出的，及时予以表扬与奖励，积极推广工作经验，建立工作长效化机制。

第三，主动回访纠纷当事人。化解社会矛盾不能停留在解决问题的表面，还应在问题解决之后主动上门回访，了解矛盾解决的善后情况，尤其是对那些贫困家庭成员、老年人、未成年人、刑事被害人、残疾人等，要关爱他们的生活，切实做到恢复性司法，人文司法。对虽已和解，但双方尚未履行义务的，要继续跟进，把矛盾解决彻底，不能积压、拖延，在社会矛盾化解上不留死角，不流于形式，以防引发更深层次的矛盾。

（四）加大人力、物力、财力投入，构建社会矛盾化解的保障机制

社会矛盾化解是一项复杂的任务，需要耗费大量的人力、物力、财力等司法成本，因而必须要夯实矛盾化解的资源基础，提高检察干警素质及物质保障。

第一，强化人才培养机制。充分利用基层检察室贴近基层、贴近群众的特点和优势，努力将基层检察室打造成提升检察干警综合素质，特别是新形势下提升群众工作能力的重要基地和平台。必须切实加强检察队伍建设，要求干警深入学习职务犯罪预防、处理涉检信访等检察业务知识和技能，着力提高适用法律政策、释法说理、突发事件处理、舆情应对的能力，力争以最佳方式处理矛盾纠纷，实现社会的和谐稳定、长治久安。

第二，加强矛盾纠纷化解工作的保障工作。根据待遇与责任、风险相适应原则，在政策允许和条件成熟的时机和范围内，给基层检察室干警适当补贴，并在晋职晋级、评先评优、学习考察等方面予以优先考虑，配备必要的交通工具、案卷传输、远程询问等设备，以提高检察室工作的效能。

（五）加强制度建设，为检察室化解社会矛盾工作提供法律支撑

派驻检察室在化解社会矛盾工作中取得的良好社会效果证明，这是一项适应形势发展、符合基层需求、具有强大生命力的创新举措，非常值得固化和推广。但是，检察室化解社会矛盾的大部分工作的开展仍属于基层检察院内部的工作探索和创新，目前还没有上升到制度的层面，哪些事情该做、哪些事情不该做，没有明确的权力划分。检察室机构的合法性、服务的常态化以及职能的固定化等问题还没有从制度上得到系统解决，各项工作的推行也主要是靠检察院的自觉意识。为了确保好的做法能够深入持久地开展下去，必须加强对其经验的总结和研究，针对职能范围问题与程序合法性等问题从法律、政策层面加以支持、完善和规范，使其固化成长效机制。

四　派驻检察室工作存在的问题及建设建议

派驻检察室工作主要取得了以下几个方面成效：一是检察室的建设已经初具规模。目前我院已先后设立五个派驻检察室，各个派驻检察室均已正常开展工作。二是规范化建设有了初步成果。制订了派驻检察室的发展规划，形成了一套较为完整的工作规范，为派驻检察室的长远健康发展奠定了基础。三是初步形成了一套工作的方式和方法。围绕我们的检察职能和派驻检察室的工作特点，在开展基层法律监督和社区司法服务等方面建立起一些科学的工作机制。四是在基层法治建设中发挥了作用，开展的法律监督工作得到了地方党委、政府的认同。

虽然派驻检察室建设工作取得了一定的成绩，但从检察室发展整体情况看，还很不平衡，工作中还存在一些明显不足：一是对开展派驻检察室工作的思想认识还不统一，对开展检察室工作的重要意义的认识还不够深刻；二是履行法律监督职能的思路还有待拓宽，监督方法有待探索，监督能力有待提高；三是对派驻检察室的职能定位理解还不到位，同其他内设部门的职责分工还未厘清，工作衔接和沟通机制还不通畅；四是部分检察室距离规范性要求仍有较大差距，功能不全；五是检察室的相关工作制度、管理制度、考核制度等还有

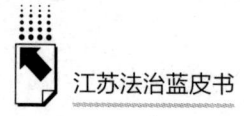

待进一步完善。

第一，不断提高对派驻检察室建设重要性的认识。"积极探索派驻街道、乡镇、社区检察机构建设"是党中央、高检院在新形势下推动司法体制、工作机制改革的重要部署；是加强基层政权建设、法治建设，促进公正廉洁执法，维护社会和谐稳定的重要工作。提高对派驻检察室建设重要性的认识，有利于加强对基层执法机构的监督，推进基层政权建设和民主法治建设，符合群众对检察工作的新期待新要求；有利于增强检察机关参与基层社会管理的力量，整合资源，推动和加强社会管理创新；是加强检察机关群众工作的有效途径，有利于密切检察机关与基层群众的联系，推动检察工作重心下移，畅通群众诉求渠道，加强法律监督，切实维护群众合法权益；是深化检察改革，完善中国特色社会主义检察制度的积极探索。

第二，进一步准确把握派驻检察室的职能定位。要实现检察室长远发展的目标，必须准确把握检察室的职能定位。派驻检察室应当是延伸检察机关法律监督的触角，而不是一个小检察院，不是一级完整的机构，而是基层检察院的派出机构，是检察职能向社区延伸的新载体。一是要严格按照法律规定，监督于法有据。二是要紧紧围绕检察职能，注重工作实效。三是要厘清同其他部门之间的关系，职责分工明确。检察室要充分发挥身在基层、与群众"零距离"的优势，在社区法律服务和地区维稳保障工作中投入一定的精力。

第三，积极探索创新派驻检察室的工作机制和工作方式。派驻检察室的工作是一项开创性的工作，需要敢于探索，勇于实践，以不断完善派驻检察室工作机制和方法，提高法律监督和做群众工作的能力和水平。检察室干警人数不多，工作要覆盖三四个街镇、五六个派出所，如何解决人员少工作量大的矛盾是我们要探索解决的重要问题。检察室工作的立意要高，要立足于监督基层刑事执法是否依法、公正、文明、规范、廉洁，以及执法中带有普遍性的问题，并致力于通过建立有效的制度机制来提高基层执法水平。要监督纠正个案，但个案监督只是手段，一类问题的监督才是目的。

第四，努力强化派驻检察室的自身建设。派驻检察室深入社区与群众，是检察机关和检察干警展示自身形象的一个十分重要的"窗口"。一要努力强化派驻检察室干警自身能力建设。坚持刻苦学习，不断充实法律专业知识，积累司法实践工作经验,努力提高运用法律政策的能力、调查研究的能力、统筹协调的能力、应对复杂疑难问题的能力和群众工作能力;要虚心向基层干部和群众学习,真正了解群众的疾苦,掌握群众的心理,学会与群众打交道、交朋友,提高做群众工作的实际本领。二要努力推进派驻检察室的规范化建设。注重工作档案、业务软件等设施的开发、利用和管理,检察室要及时、规范地记录工作日志、制作工作表单,建立大事记,工作台账、文书、资料要妥善保管、定期整理、规范归档,形成能够完整反映工作情况的档案资料;要根据派驻检察室的业务范围和工作特点,逐步开发工作软件,使社区检察工作实现信息化、规范化、高效化。三要努力加强对派驻检察室的监督机制建设。要牢固树立监督者也要接受监督的思想,妥善处理与基层各政法组织监督与配合的关系、监督与接受监督的关系。

参考文献

祝志方:《浅析基层检察院派驻乡镇检察室的健康发展》,正义网,http://www.jcrb.com/jcpd/jcll/201103/t20110322_515664.html。

调查报告

Field Research Reports

B.18
非法经营罪司法适用与理论问题研究

——以江苏法院司法判决为样本的分析

非法经营罪司法适用课题组*

一 调研背景与主要问题

(一)调研背景

我国《刑法》第225条非法经营罪一直是理论和实务界关注的焦点。从历史上说,非法经营罪的相关争议由来已久,这与此罪的"前世"——1979年《刑法》所规定的"投机倒把罪"有密切的关系。由于社会经济运行制度与实际情况的发展,"投机倒把罪"这一兜底性规定难逃其命运的终结。1997年,

---

* 本课题组调研工作由刘涛、黄何、徐璐璐、石聚航共同完成,案例的遴选工作由徐璐璐负责进行,最终的研究报告是在刘涛、黄何分别提交的部分研究内容基础上,由刘涛主笔完成。蔡道通教授对研究报告进行了补充修改并最后定稿。感谢南京市中级人民法院、淮安市中级人民法院、镇江市中级人民法院、丹阳市人民法院对本次调研工作的支持与帮助。

时任全国人大常委会副委员长王汉斌在《关于〈中华人民共和国刑法（修订草案）〉的说明》（以下简称《说明》）中就提出："制定刑法时对有些犯罪行为具体分析研究不够，规定得不够具体，不好操作，或者执行时随意性较大，如渎职罪、流氓罪、投机倒把罪三个'口袋'，规定得都比较笼统。"

尽管立法者的初衷是为了解决投机倒把罪中出现的相关适用问题，然而，非法经营罪在当下司法实践与操作中并非由于罪名的变更而一劳永逸地解决了上述困扰"投机倒把罪"适用的问题。例如，与"投机倒把罪"具有承继关系的刑法第225条非法经营罪第（四）项的兜底性规定也因为法条用语中"其他"的强大包容性、模糊性以及"违反国家规定"所具有的行政法"二次规定"性质，在司法的适用中就产生了不当扩大的趋势，引起了理论界与实务界的争议。虽然立法机关对该兜底条款做了说明，指出"这是针对现实生活中非法经营犯罪活动的复杂性和多样性所做的概括性规定，这里所说的其他非法经营行为应当具备以下条件：（1）这种行为发生在经营活动中，主要是生产、流通领域。（2）这种行为违反法律、法规的规定。（3）具有社会危害性，严重扰乱市场经济秩序"①，但这种解释仍旧没有清晰界定非法经营罪兜底条款的适用范围。对此，最高法院通过多项司法解释明确（并在一定程度上合理限缩了）此项兜底性条款的适用范围。甚至，立法机关通过修改法律的方法（如有关组织、领导传销活动罪的立法），明确表明了限定兜底性条款适用范围。有的学者就认为，针对非法经营罪之中的兜底性规定，最高立法机关的相关"决定""修正案""立法解释"和最高院司法解释都意味着非法经营罪的类型表现要接受这一罪名概念予以的"质"的统制，否则将难以面对新的"口袋罪"质疑和实质地违背罪刑法定原则的质疑。②

针对这种"立法无奈"，有的学者就认为，虽然刑法强调罪刑法定原则，反对不明确的刑法用语，但是基于我国目前还处于经济、社会快速发展期，一些刑法分则条文不得不使用"其他"作为兜底条款，以待司法实践逐步充实

---

① 全国人大法工委刑法室：《中华人民共和国刑法条文说明、立法理由及相关规定》，北京大学出版社，2009，第6页。
② 参见马荣春、罗飞《论非法经营罪的立法尴尬与解脱》，《广西社会科学》2008年第12期。

后再予以明确的立法化。① 另外，兜底条款的存在现实还可能造成司法解释代替立法的效果。②

针对上述立法沿革困境、司法适用难点与理论争议焦点，课题组选取南京市中级人民法院、淮安市中级人民法院、镇江市中级人民法院、丹阳市人民法院等作为样本，对江苏境内司法实务中有关非法经营罪的相关问题进行了实证调研。一方面，想通过调研了解江苏法院对非法经营罪的规范适用的基本情况，尤其是对规范理解的尺度与边界把握的基本情况，研究法官是如何适用非法经营罪的，以进一步丰富我们的理论研究。另一方面，以期通过调研及对案例的初步选取与规范适用的分析，对非法经营罪司法适用中面临的问题进行研讨，并争取为司法实践提供有益的理论支撑。

此次调研，主要采取案卷分析、召开座谈会、个别走访三种方式。其中，针对各地区的典型案例，课题组和裁判法官通过召开座谈会方式分析司法中的焦点问题。

（二）主要问题

经过实地走访与搜集，本次调研共收集了典型性案例15件，主要涉及的问题包括以下几个方面。

一是"国家规定"应当如何认定。我国《刑法》第96条规定："本法所称违反国家规定，是指违反全国人民代表大会及其常务委员会制定的法律和决定，国务院制定的行政法规、规定的行政措施、发布的决定和命令。"但是课题组发

---

① 参见郝方昉《刑法司法解释的类型化及其意义》，《甘肃政法学院学报》2012年第2期。
② 有的学者就认为，在我国，通过司法解释界定一种行为刑法性质的司法适用也是一种"犯罪化"。参见张明楷《司法上的犯罪化与非犯罪化》，《法学家》2008年第4期。但是，我们不能接受以"司法犯罪化"为名实行的类推。有的学者就发现了兜底性条款中的司法造法现象，以非法经营罪的兜底条款为例，因为其还需要参考其他法律中的相关规定，此类兜底性条款也是刑法理论中的空白罪状。为了明确其适用，最高法院颁布了一系列司法解释。其中之一涉及非法经营电信业务行为。2000年4月8日最高人民法院就颁布了《关于审理扰乱电信市场管理秩序案件具体应用法律若干问题的解释》，但在此时，我国还没有有关电信市场秩序管理的法律与法规，2000年9月25日国务院才颁布了《电信条例》。先于《电信条例》出台的司法解释，其内容与《电信条例》的规定存在明显的不一致。法外解释法律，形成事实上的司法造法现象。参见张建军《论空白罪状的明确性》，《法学》2012年第5期。

现这一规定并不能解决司法实务中面临的非法经营罪处罚困境,如何理解国家规定,本身就是一个现实的有争议的问题,需要进一步对其进行规范解读。

二是《刑法》第 225 条第(四)项应当如何适用及其适用规则的确定性。课题组经过调研发现,有关非法经营罪的兜底条款到底包含哪些内容,其解释主体与范围限定在实务中均存在争议。

本报告将在 15 个典型案例中筛选其中最具有研究价值的 4 个案例作为分析对象(其中,围绕"国家规定"的解释有 2 个,"兜底条款"的适用有 2 个),对上述问题进行解读,力图对司法裁判合理性程度进行评论,并提出课题组认为较为合理的解释规则与意见。

二 "国家规定"的解读

(一)具体个案的司法认定

根据《刑法》第 96 条规定,"违反国家规定"是非法经营罪成立的前提,对于"违反国家规定"以外的其他违反规章、地方性法规的行为,不得认定为构成非法经营罪。课题组经过调研发现,这一认定行为人行为是犯罪的"前提",在司法实务中并非明确无误,司法的认定也呈现出不同的认识。结合调研案例,主要存在以下争议焦点。

【案例一】于某与徐某明知没有烟草准运证的情况下,仍将从事非法经营香烟生意的刘某(另案处理,以非法经营罪论处)收购的香烟从山东承运至江苏某地。检察院认为:于某与徐某未经烟草专卖行政主管部门许可,无烟草准运证运输烟草专卖品,情节严重,其行为触犯了刑法第 225 条第 1 项规定,应当以非法经营罪追究其刑事责任。

法院判决:被告人于某与徐某未经烟草专卖行政主管部门许可,无烟草准运证而运输烟草专卖品,情节严重,其行为构成非法经营罪。

【案例二】被告人黄某为新天下劳务合作有限公司的法定代表人,该公司的经营范围是根据有对外经营签约权的公司的委托提供所需劳务。2008 年 3

月至12月，黄某在明知该公司无对外经营资质的情况下直接与韩国人韩某联系，在国内发布招工简章，并与多家公司或个人联系赴韩护工业务，招收赴韩护工人员174名，并以该公司的名义收取前期费用173.4万元，至一审判决前共计退赃78.5万元，尚余94.9万元仍没有退还。

法院依照《刑法》第225条第（四）项、第231条、第53条的规定，并同时根据《对外劳务合作经营资格管理办法》《关于输韩劳务人员的谅解备忘录》，判决被告单位犯非法经营罪，判处罚金人民币200万元；判决被告人黄某犯非法经营罪，判处有期徒刑八个月，判处罚金200万元；被告单位的犯罪所得尚余94.9万元继续追缴。

对于"国家规定"，课题组认为可以分为以下几种情形进行处理。

其一，国务院办公厅制定的文件在一定条件下属于国家规定。根据《最高人民法院关于准确理解和适用刑法中"国家规定"的有关问题的通知》（以下简称《通知》），以国务院办公厅名义制发的文件，符合以下条件的，亦应视为刑法中的"国家规定"：（1）有明确的法律依据或者同相关行政法规不相抵触；（2）经国务院常务会议讨论通过或者经国务院批准；（3）在国务院公报上公开发布。应当说该《通知》从国家规定的实质出发，有条件地认定国务院办公厅制定的文件是合理的。

其二，国务院批转有关部委规章的"通知"属于国家规定。有学者认为，从刑法条文的表述来看，与国务院有关的"国家规定"，并不局限于国务院根据宪法、法律或者全国人民代表大会及其常务委员会的授权，依照法定权限和程序，制定和颁布的有关行政管理的规范性文件，还应当包括国务院规定的行政措施，以及发布的主要行政法规和规章、采取的重大强制性措施、任免、奖惩有关人员的命令和对主要事项或重大行动做出安排的决定。"国务院通知"虽然不是行政机关的立法活动，却应是由国务院制定的（以批转的形式颁布的）、针对不特定的行政管理相对人的规范性文件，应当归入《刑法》第96条"规定的行政措施"之列，属于"国家规定"。[①] 课题组认为，从批转行为

---

① 参见龚培华《刑事案例研究与司法问题释疑》，上海交通大学出版社，2005，第275~276页。

的实质而言，部门规章被国务院批转意味着国务院的认可，可以将国务院以通知形式转发的部门规章解释为"国家规定"。

其三，法律、行政法规二次授权的部门规章和地方性法规属于国家规定。例如，《行政许可法》第 16 条规定，地方性法规可以在法律、行政法规设定的行政许可事项范围内，对实施该行政许可做出具体规定。部门规章可以在上位法设定的行政许可事项范围内，对实施该行政许可做出具体规定。被授权的地方性法规与部门规章实质是上位法的具体展开，并且具有法律、行政法规的明确性规定，从这个意义上说，可以认定被授权的部门规章和地方性法规属于国家规定。

（二）司法案例的学理评论

案例一中，司法判决认定的问题在于，是否有明确的法律法规对烟草运输进行规范？根据《烟草专卖法》第 3 条规定：国家对烟草专卖品的生产、销售、进出口依法实行专卖管理，并实行烟草专卖许可证制度。第 22 条规定：托运或者自运烟草专卖品必须持有烟草专卖行政主管部门或者烟草专卖行政主管部门授权的机构签发的准运证；无准运证的，承运人不得承运。虽然对烟草的运输也规定了准入制度，但是这里的烟草运输准入明显不适用烟草专卖品的烟草专卖许可证制度，换言之，签发烟草准运证即使是许可，也难以与烟草专卖许可相当。这样，司法裁判对国家规定的理解与解释就面临正当性的拷问。

案例二中，司法裁判援引的"国家规定"有《对外劳务合作经营资格管理办法》《关于输韩劳务人员的谅解备忘录》，前者是部门规章，后者是国际协议，并不属于法律法规。司法裁判显然扩大了国家规定的范围，导致对行为的不当认定与处罚。

三 非法经营罪兜底条款的理解

截至目前，最高人民法院为限定"其他严重扰乱市场秩序的非法经营行为"的适用范围，将非法经营出版物等九种行为予以明确规定。司法解释所规定的这些行为也涉及与其他罪名的区分，司法实务是否很好地界定了这些罪名的界限，且是否有扩大第 225 条第（四）项的适用范围之嫌，也是本课题组关注的焦点。

（一）调研案例及司法适用意见

【案例三】 董某和陈某购买电脑并聘用工作人员，先后替 1 万多名不特定人使用非法"外挂"程序进行有偿代练升级。在不到 10 个月的时间里，非法经营数额超过 130 万元（包括支付给非法外挂开发商的费用）。

法院认定，行为人"使用非法外挂软件代练"的行为属于《最高人民法院关于审理非法出版物刑事案件具体应用法律若干问题的解释》第 11 条规定的"出版非法出版物"，构成非法经营罪。

【案例四】 王某利用自己受雇于某移动公司维护后台设备的便利，偷偷拷贝该移动公司 7000 万个客户号码，整体打包卖给某广告公司老板，得款 70 万元（本案行为发生于刑法修正案（七）之前，即当时没有刑法第 253 条规定的出售、非法提供公民个人信息罪与非法获取公民个人信息罪）。

法院认定，行为人的行为属于非法经营罪中的"其他非法经营行为"，构成非法经营罪。

（二）兜底条款适用的学理研讨

1. 兜底条款的解释主体问题

在非法经营罪兜底条款的解释主体上，主要存在两种争议。一种观点认为，法官具有解释权。有学者认为："运用法官解释，发挥法官的自由裁量权，无疑是对非法经营这个口袋之口径进行限缩的有效措施。"① 另有学者进一步指出："法官们可以通过合理的运用刑法解释技术，遵循同类解释规则，将'其他严重扰乱市场秩序的非法经营行为'做严格解释，将其释义为与先

---

① 张天虹：《罪刑法定原则视野下的非法经营罪》，《政法论坛》2004 年第 3 期。

前并列事项同等性质之事务,或限定于社会危害程度与刑法第 225 条前 3 项行为相当或更重的行为。"① 另一种观点认为,兜底条款应当由最高司法机关解释。事实上,认为只需要法官熟练运用解释技术,正确适用同类解释规制,完全就可以解决兜底条款外延过大的问题,根本不需要司法解释介入的观点,根本无力解决非法经营罪扩张的趋势,甚至产生更为严重的后果。② 课题组赞成后一种观点。有学者从北大法律信息网公布的 362 个非法经营罪的案例中,发现有 276 个判决是按照《刑法》第 225 条第(四)项做出的有罪判决,占整个判决的 76%。③ 实证表明在司法实践中,依靠法官运用解释技术,限制兜底条款的滥用并不可行。法官释法存在明显的弊端。

其一,公民的行为可预测性,无法得以保障。罪刑法定原则作为我国刑法的三大基本原则之首,强调构成要件的明确性,以保障人权。有学者指出:"兜底条款侵犯人权,违背了罪刑法定原则,与市场经济的价值取向相悖。在我国全面建立市场经济体制的今天,国家刑罚权应尽量减少对经济活动的干预,抽象的非法经营罪应该取消。"④ 但是,有学者认为:"当下主张废除我国非法经营罪兜底条款并不合理,通过堵截条款的设置来保留非法经营罪这样一个'小口袋罪',符合我国社会主义市场经济发展初期的实际情况,有助于发挥刑法保障经济秩序稳定的作用,不致因规定过于具体、绝对而出现不应有的漏洞,造成被动。"⑤ 兜底条款的取消是应然选择,而后一种观点更符合我国当下社会转型的国情,但是对于兜底条款必须进行严格的解释以保护公民的行为可预测性。在解释主体的选择上,法官释法,虽然可能符合实质正义,并具有很强的灵活性,但是,这会严重侵犯公民的自由。法官释法的路径会加剧对罪刑法定原则的冲击。

其二,法官不能以自身的价值取向决定犯罪的成立与否。即使作为司法能

---

① 吴仁碧:《论非法经营罪的几个问题》,《政治与法律》2010 年第 2 期。
② 莫洪宪、罗钢:《非法经营罪司法解释再解读——以城市违法建设出售行为为例》,《中国刑事法杂志》2013 年第 11 期。
③ 李松奎:《非法经营罪"口袋化"趋势的遏制》,北大法律信息网,http://article.chinalawinfo.com/Article - Detail.asp? ArticleID = 58456。
④ 徐松林:《非法经营罪合理性质疑》,《现代法学》2003 年第 6 期。
⑤ 黄京平:《扰乱市场秩序罪》,中国人民公安大学出版社,2003,第 172~173 页。

动主义的积极倡导者与践行者，美国联邦最高法院的 Brennan 大法官在论及宪法解释时曾这样指出："当法官解释宪法的时候，他们是在为整个共同体说话，而不光是他们自己。在进行解释的时候，必须充分意识到要寻求的是——在一种非常真实的意义上——共同体的解释。"① 贝卡里亚曾指出："我们的知识和我们的观念是相互联系的，知识愈是复杂，观点的差距也愈大。每个人都有自己的观点，在不同的时间里，会从不同的角度看待事物。因而，法律的精神可能会取决于一个法官的逻辑推理是否良好，对法律的领会如何；取决于他感情的冲动；取决于被告人的软弱程度；取决于法官与被侵害者间的关系；取决于一切足以使事物的面目在人们波动的心中改变的、细微的因素。"② 法官不是机器，面对构成要件明确性高的罪名适用，如故意毁坏财物罪，同一案件尚且由于法官价值的不同导致判决不一，非法经营罪的兜底条款更是缺乏文义的限制，构成要件明确性低，法官释法必然会加剧同案不同判的结果，价值的不统一会破坏法适用的统一性。而在当下信息传播发达的社会，同案同判是公民最为朴素的法情感认同，也是罪刑法定不可突破的底线。依靠法官释法，只会雪上加霜。

其三，由于非法经营罪规制行为的"非法性"受国家政策、规划等影响大，法官释法更加容易导致入罪。追溯那段不远的历史，改革开放初期，"投机倒把罪"将大量的"合法"经营行为予以入罪，倒并不是诘难当时的司法，只是这还不能给以当下兜底条款适用启示，市场经营行为的"非法性"与国家调控、市场经济体制改革程度休戚相关，而地方法院面对这类案件往往关注更多的是地方政府的态度与民众的反应。更为糟糕的是，地方政府的干预在兜底条款的适用上往往起的是决定性作用。法律社会学已经揭示，绝对的法律形式主义是一个虚构，法律不可避免地与政治和社会相关联，不管法官愿不愿意，它都不可避免地会卷入政治。③ 与此同时，最高人民法院《印发〈关于个人违法建房出售行为如何适用法律问题的答复〉的通知》明确指出："在农村

---

① 赵晓力：《美国宪法的原旨解释》，载赵晓力编《宪法与公民》（思想与社会第四辑），上海人民出版社，2004。
② 〔意〕贝卡里亚：《论犯罪与刑罚》，黄风译，中国法制出版社，2005，第16页。
③ 陈金钊：《法律解释学》，中国人民大学出版社，2011，第234页。

宅基地、责任田上违法建房出售如何处理的问题，涉及面广，法律、政策性强。据了解，有关部门正在研究制定政策意见和处理办法，在相关文件出台前，不宜以犯罪追究有关人员的刑事责任。"这无疑表明，政策对非法经营罪兜底条款适用的影响非常之大。从这个角度而言，法官释法以解决兜底条款的外延过大并非是好的路径。

2011年《最高人民法院关于准确理解和适用刑法中"国家规定"的有关问题的通知》（以下简称《通知》）规定，各级人民法院审理非法经营犯罪案件，要依法严格把握《刑法》第225条第（四）项的适用范围。对被告人的行为是否属于《刑法》第225条第（四）项规定的"其他严重扰乱市场秩序的非法经营行为"，有关司法解释未明确规定的，应当作为法律适用问题，逐级向最高人民法院请示。据相关统计，《通知》出台后，各地法院明显减少了适用非法经营罪第（四）项的判决。这也表明了"其他严重扰乱市场秩序的非法经营行为"统一由司法解释明确规定的必要性与可行性。该路径不仅能够尽可能地维护罪刑法定，克服法官释法的恣意性，还能够为非法经营罪最终立法的变革提供导向。

2. 保护法益：特许形成的市场经营秩序

关于非法经营罪侵犯的法益，主要存在以下观点：（1）"市场管理秩序说"；① （2）"管理活动说"；（3）"市场经济秩序说"；（4）"市场秩序说"；② （5）"市场交易的正常秩序说"。③ 课题组认为上述观点均不可取。从非法经营罪的历史追溯至目前的立法分析，非法经营罪并非意图将所有扰乱市场秩序的非法经营行为纳入规制范围。我国的经济体制从新中国成立初期的计划经济转变为社会主义市场经济，即从政府主治到市场主治。随着制度的转变，国家在干预经济时必须谨慎。随着我国市场经济制度的建设与完善，对于一般的非法经营行为既有市场自身制度的规制，例如，市场自由经济与竞争要求经营更加规范，又有国家制定的法律与行政法规等加以管理。刑法作为国家干预市场经济的极端形式与最后手段必须遵循谦抑性原则。与此同时，我国刑法也将常见的严重扰乱市

---

① 周洪波、田凯主编《破坏市场管理秩序犯罪司法适用》，法律出版社，2000，第62页。
② 参见但伟《论非法经营罪》，《法商研究》1999年第2期。
③ 黄京平：《扰乱市场秩序罪》，中国人民公安大学出版社，2003，第155页。

场秩序的非法经营行为用具体的罪名加以规制。因此，忽略分析我国经济体制的变化以及市场经济的一般运行规则，戴着计划经济的"眼镜"，认为国家是调控经济秩序"万能的手"，将非法经营罪侵犯的法益认定为市场管理秩序或者市场秩序等只会是宏观的、抽象的，会把非法经营罪变成新的投机倒把罪。

确定任何一个罪名具体侵犯的法益，都必须受到罪刑规范评价的限制与指导。① 确定非法经营罪保护的法益，必须研究刑法第 225 条前 3 项规定的罪刑规范。第 1 项涉及未经许可经营法律、行政法规规定的专营、专卖物品或者其他限制买卖的物品。专营、专卖和其他限制买卖的物品是国家强行设置的资格准入经营，国家主要是出于保护公民的切身利益、身体健康，通过特许的设置保护市场经营秩序。第 2 项涉及买卖进出口许可证、进出口原产地证明以及其他法律、行政法规规定的经营许可证或者批准文件。许可证和批准文件本身就是特许经营的象征，买卖许可证和批准文件侵犯了特许形成的市场经营秩序。第 3 项涉及未经国家有关主管部门批准非法经营证券、期货、保险业务的，或者非法从事资金支付结算业务。可以明显看出，国家对证券、期货等业务实行准入制度，没有央行、证监会、银监会、保监会等部门的特许，就不能进行经营。通过对非法经营罪前 3 项规范的分析，可以归纳出，非法经营罪保护的是国家特许制度下形成的秩序。因此，课题组认为，非法经营罪侵犯的是国家通过特定许可管理形成的市场经营秩序。

3. 经营行为：存在合法市场为前提

俄罗斯学者认为，犯罪人从事的经营活动进行过注册或取得了专门许可证（执照）或者遵守了许可证颁发条件，也可以被承认是经营活动，犯罪人无视规定的程序并从而逃避现行的监督程序的，是非法经营。② 经营活动是依照法定程序对其经营资格进行注册的人实施的，旨在通过使用财产、出手商品、完成工作和提供服务而不断取得利润，并由自己承担风险的独立自主的活动。③

---

① 陈超然：《论非法经营罪的法益》，《江南大学学报》（人文社会科学版）2013 年第 1 期。
② 参见〔俄〕斯库拉托夫、列别捷夫主编《俄罗斯联邦刑法典释义》，黄道秀译，中国政法大学出版社，2000，第 460 页。
③ 参见〔俄〕斯库拉托夫、列别捷夫主编《俄罗斯联邦刑法典释义》，黄道秀译，中国政法大学出版社，2000，第 449 页。

经营活动是行为人不断实施的、具有一定统一性,并且通过按事先约定的条件有偿地满足第三人对服务、财产、商品的需求而取得利润的行为。经营活动是否存在,由法院根据有偿行为的持续时间、所得利润的数额和其他因素予以认定。偶然地,没有合同规定的,但有偿的向熟人提供的汽车修理服务,不是从事经营活动。① 内容非法的活动,如卖淫,不得进行注册,也不是经营活动。② 在汉语词典里,"经营"泛指"筹划并管理",或者"计划和组织"等,③ 但这并不适合对此处的经营行为进行界定。我国学者认为,在经济领域中的"经营",主要指市场主体以营利为目的,从事某项能够为自己带来利益的活动。④

上述定义无疑给正确理解经营行为的含义提供了很大的帮助。课题组认为定义经营必须立足非法经营罪侵犯的法益,非法经营罪侵犯的是国家通过特定许可管理形成的市场经营秩序,因此,经营行为必须是和市场紧密关联的,这里的市场指的是商品交易的场所。同时,经营行为是市场行为,是以获利为目的的行为。更为重要的是,经营行为的成立应当以已经存在合法经营的相关市场为前提。2009年中国买卖人头骨第一案引起了社会巨大的反响,更是引起学界对非法经营罪的关注。美籍华裔博士丁某以80~160元人民币的单价,先后从小商贩手中收购1300余个人类头骨,通过互联网非法向境外出售200余个,卖出价为每个150美元左右,经营数额共计1.9万余美元。2009年9月17日,这起全国首例买卖人头骨案终审落槌,北京市高级人民法院维持了以非法经营罪判处被告人丁某有期徒刑8年的一审判决。根据《尸体出入境和尸体处理的管理规定》,我国禁止任何人买卖人骨。买卖人骨的行为违反了国家规定,但问题是买卖人骨的行为是否符合非法经营罪中的经营行为存疑。人骨被禁止买卖,并不存在任何可能的合法经营的市场。这意味着人骨不能被视为商品,而经营行为是一种市场行为,以商品交易为核心。以获利为目的,买

---

① 参见〔俄〕斯库拉托夫、列别捷夫主编《俄罗斯联邦刑法典释义》,黄道秀译,中国政法大学出版社,2000,第461页。
② 参见〔俄〕斯库拉托夫、列别捷夫主编《俄罗斯联邦刑法典释义》,黄道秀译,中国政法大学出版社,2000,第460页。
③ 《现代汉语词典》,商务印书馆,1983,第599页。
④ 参见张天虹《经济犯罪新论》,法律出版社,2004,第261页。

卖人骨的行为并不符合非法经营罪中规制的经营行为,因此,以非法经营罪论处并不妥当。

4. 附属刑法:不可突破的樊篱

"其他严重扰乱市场秩序的非法经营行为"成立非法经营罪,是否必须以附属刑法为前提,即刑罚权的发动是否需要法律、行政法规等确立了刑事责任条款,学界与实务均存在争议。有观点认为:"按照刑法谦抑性的要求,非法经营罪的调控范围应有所限定,即只有在行政处罚满足不了遏制那些严重扰乱市场秩序的经营行为的需要之后,方可借助刑罚来加以规制。换言之,作为保障法的刑法,只有在穷尽其他法律制裁手段之后,方有用武之地。如果国家规定对某一类非法经营行为只规定了行政处罚措施,而没有'构成犯罪的,依法追究刑事责任'这样的规定,就不能纳入兜底条款。"① 相反观点认为:"空白罪状下,经济不法行为的刑事责任之承担,虽然以违反非刑事法律法规之规定为前提条件,但不以非刑事法律法规中存在刑事责任条款(附属刑法)为必要条件。换言之,经济犯罪的成立,虽然在构成要件的说明上必须借助非刑事法律法规之规定,但根本条件在于刑法的罪刑规范确立,而不依赖于非刑事法律法规具有'追究刑事责任'这样的规定。"②

前一种观点值得肯定。从罪刑法定明确性和刑法谦抑赋予刑法"第二法秉性"的角度,应当认为国家规定必须规定附属刑法。③ 在市场经济领域,刑法的调控应当遵循"辅助性"原则,国家只有在民事、行政手段仍然不足以有效控制时,才能采用刑事手段。应当看到,在市场经济活动中,逐利是核心价值。各种市场主体为了牟利,会出现各种不规范的经营,例如,主体不合法、经营内容不合法、方法不合法等,对于此类行为,必须以尊重行政手段为先。国家规定对非法经营行为是否值得刑法处罚做出了选择性规定,没有规定

---

① 参见王作富、刘树德《非法经营罪调控范围的再思考——以〈行政许可法〉若干条款为基准》,《中国法学》2005年第6期。
② 参见肖中华《经济犯罪的规范解释》,《法学研究》2006年第5期。
③ 马春晓:《非法经营罪的"口袋化"困境和规范解释路径——基于司法实务的分析立场》,《中国刑事法杂志》2013年第6期。

附属刑法，意味着针对某类行为行政处罚能够起到惩罚与预防的作用。倘若适用"其他严重扰乱市场秩序的非法经营行为"对某类行为进行刑罚处罚，这明显有违市场经济领域刑法的"辅助性""谦抑性"原则。因此，附属刑法"刑罚处罚后果"具有限缩空白刑法的机能，凡是非刑事法律没有将某种违法行为纳入刑法规制的范畴，就不能将其解释为按照刑法分则特定条款定罪量刑。①

5. 兜底性条款：规范的构成要件要素属性

兜底性条款的用语不仅在表面上具有"包容性""模糊性"，而且还在于其本质具有"规范的构成要件要素性质"，这一点在根本上为限制兜底性条款的适用范围提供了依据。刑法中的兜底性条款适用的是一般性的表达内容，以便涵盖较多的构成事实概念，具有高度的抽象性，因此被认为具有相当的不明确性，在适用上需要法官进行具体化。使用一般性表达的条款都属于规范的构成要件要素。②

另外，规范的构成要件要素是与记述的构成要件要素相对的概念。对规范的构成要件要素的解释，对于与构成要件要素相对应的客观事实，不仅要进行事实判断，还需要法官的评价，或者说需要法官的规范的评价活动，需要法官的补充的价值判断。③ 对于"其他严重扰乱市场秩序的非法经营行为"兜底性刑法规定，由于法官（或者甚至是一般人）在对这些与相关社会场景对应的概念进行解释时不可能不进行符合特定历史、社会背景，乃至基于特定时空下伦理观念的价值判断，所以兜底性条款的规定一般具有规范的构成要件要素性质。而正如有的学者所指出的，规范性的概念，本身就具有高度的不确定性，因此会产生制定法适用不受拘束的倾向。④ 这并不是说对含有规范性概念的刑法规定司法中"不能"做出解释，而是基于规范性概念的属性，司法人员在适用中更应当加以"合理"解释。

---

① 刘树德：《"口袋罪"的司法命运——非法经营的罪与罚》，北京大学出版社，2011，第294～295页。
② 参见张明楷《犯罪构成体系与构成要件要素》，北京大学出版社，2010，第194～195页。
③ 参见张明楷《刑法学》（第四版），法律出版社，2011，第125页。
④ 参见〔德〕卡尔·恩吉施：《法律思维导论》，郑永流译，法律出版社，2004，第134～135页。

对于刑事规范构成要件要素的地位,应当辩证地看:一方面,规范的构成要件要素日益广泛的适用,是刑法自身在面临不断变动的社会现实时被迫做出的应变之举,它们承担着构建刑法体系之开放性的任务。另一方面,当代刑法中大量存在的构成要件要素,对刑法明确性构成重大的威胁,它们分明又是使罪刑法定所建筑的堤坝在无形中弱化乃至崩溃的"蚁穴"。就此而言,实有必要对刑法中广泛运用概括性条款与规范性构成要件要素的现象提高警惕。① 在刑法多数规定在记述式的条文规定下有着明确的适用范围的情况下,处理兜底性条款中有关规范性概念应当保持一种"对等概念",运用同一刑法规定中列举式条款与兜底性条款之间的"同质性要求""比例性原则"等解释原则合理地"矫正"规范性概念的"天生缺陷",是解决兜底性条款不当扩张适用的可行办法。相应地,这也从另一角度论证了兜底性条款适用不能与一般竞合等同视之。

(三)对司法案例的基本认识

综上所述,回到案例,我们就不难得出相应的结论。

案例三中,司法裁判的依据是有问题的。非法经营游戏外挂是现代社会生活中出现新的问题。在司法实践中,也发生了很多如销售游戏的私服外挂程序的案件,因而对于外挂程序的认定以及相关行为需要准确地定性。根据非法出版物司法解释第11条规定,出版、印刷、复制、发行该解释第1条至第10条规定以外的其他严重危害社会秩序和扰乱市场秩序的非法出版物,情节严重的,依照刑法第225条第(三)项,② 以非法经营罪处罚。而新闻出版署等六部门联合下发的《关于开展对"私服"、"外挂"专项治理的通知》规定,"外挂"属于非法互联网出版物。但新闻出版署等六部门发布的文件属于部门规章,不属于"国家规定",因而依据此文件并不能判定经营游戏外挂属于非法经营。

课题组认为外挂是一种以营利为目的的破坏互联网游戏作品的技术保护措施

---

① 参见劳东燕《刑事政策与刑法解释中的价值判断——兼论解释论上的"以刑制罪"现象》,《政法论坛》2012年第4期。
② 《刑法》第225条后来进行了修正,原来的第(三)项现在变成了第(四)项。

的行为，根据《计算机信息网络国际联网安全保护管理办法》第 6 条第（三）项规定，"未经允许，对计算机信息网络中存储、处理或者传输的数据和应用程序进行删除、修改或者增加的"，是任何单位与个人不得从事的活动。因而，可依据此法规，界定经营游戏外挂属于非法经营，进而对其适用非法出版物司法解释第 11 条的规定。

对于案例四，课题组认为，司法裁判的正当性值得研究。本案中，既没有明确的"违反国家"规定的依据，也没有与非法相对应的合法的经营行为的存在，或者说，根本就没有国家特许、行政许可的公民个人信息的经营市场的存在。如前所述，非法经营罪中的经营，必须是一般意义上的市场行为，即可以在市场上存在的行为。因此，它应当以已经存在合法经营的相关市场为前提，否则，就没有非法经营可言，也不可能存在对国家行政许可或者行政特许制度的法益侵害。

四 兜底条款在想象竞合场合下的适用

通过司法调研，我们发现，兜底条款的适用，往往也会与其他条文发生想象竞合问题，这就涉及如何看待与适用非法经营罪的兜底条款问题。课题组认为，在一行为初步判断可能同时满足非法经营罪兜底条款与其他犯罪条款的场合，首先考虑适用其他犯罪条款；在一行为初步判断可能同时构成非法经营罪与以危险方法危害公共安全罪的竞合情况下，宜首先考虑适用非法经营罪条款。如前所述，由于非法经营罪兜底条款的消极作用以及对"其他严重扰乱市场秩序的非法行为"规范性构成要件要素判断的不确定性，在前一种情形中，应当始终坚持区分兜底性条款与想象竞合一般适用规则的立场，首先考虑其他犯罪条款适用的可能，而将非法经营罪的兜底性规定作为补充考虑。如此看来，有关的司法解释就可能存在加重处罚的情形。《最高人民法院、最高人民检察院关于办理非法生产、销售烟草专卖品等刑事案件具体应用法律若干问题的解释》第 5 条规定："行为人实施非法生产、销售烟草专卖品犯罪，同时构成生产、销售伪劣产品罪、侵犯知识产权犯罪、非法经营罪的，依照处罚较重的规定定罪处罚。"①根据这一解释，极有可能将轻微的无证销售烟草的行为，以非法经营罪这一重罪处理。例如，行为人生产假烟，公诉机关以假冒注册商标罪提起刑事控诉，法院根据上述司法解释的意见，以行为人的犯罪行为同时构成生产、销售伪劣产品罪，销售假冒注册商标的商品罪，非法经营罪为由，依照处罚处罚较重的非法经营罪定罪处罚。又以行为人并未真正开始销售为由，判处缓刑。②可见，"想象竞合从一重处罚"原则并非在司法实践中没有疑问。

再如，根据最高人民法院《关于审理非法出版物刑事案件具体应用法律若干问题的解释》第11条规定，出版、印刷、复制、发行该解释第1条至第10条规定以外的其他严重危害社会秩序和扰乱市场秩序的非法出版物，情节严重的，以非法经营罪认定。在上述行为可能构成侵犯知识产权情形下，直接以"严重危害社会秩序和扰乱市场秩序"以及"情节严重"为由，将其认定为具有刑法兜底性质规定的非法经营罪，不仅是一种司法上的不严谨与图省事的做法，甚至是一种司法上的"不当犯罪化"。

另外，有学者就指出，有的企业违反矿产资源法的规定，未取得采矿许可证却擅自采矿，然后将所采矿石出卖给相关企业。这种行为原本构成非法采矿罪。但是，有的司法机关却将其认定为非法经营罪。表面上的理由是，行为人未经许可非法从事矿石买卖业务；实质上是因为，对非法采矿罪只能判处罚金，而对非法经营罪不仅可以判处罚金，而且可以没收财产包括没收全部财产。③如果能在刑事司法中贯彻"最后原则"，还可以起到避免司法机关工作人员借"法律名义"违规违法罚没当事人财产的行为。④

另外我们认为，如果一行为不能满足其他犯罪，也与非法经营罪相关

---

① 此司法解释（2010年颁布）中的观点，出自2003年最高人民法院、最高人民检察院、公安部、国家烟草专卖局共同起草的《关于办理假冒伪劣烟草制品等刑事案件适用法律问题座谈会纪要》第6条"行为人的犯罪行为同时构成生产、销售伪劣产品罪、销售假冒注册商标的商品罪、非法经营罪等罪的，依照处罚较重的规定定罪处罚"的规定。
② 参见国家法官学院、中国人民大学法学院编《中国审判案例要览·2010年刑事审判案例卷》，中国人民大学出版社、人民法院出版社，2012，第197~200页。
③ 张明楷：《刑事司法改革的断片思考》，《现代法学》2014年第2期。
④ 当然，即使依照课题组所提倡的司法适用原则颁布相关的司法解释，违规违法罚没款现象也不可能在短期内杜绝。

列举条文规定的行为类型相差过大,则可能不必进行所谓的竞合考虑,而直接排除成立犯罪的可能性。初步判断是否存在兜底性条款与一般犯罪的竞合可以采用下列思维顺序:首先考虑一般刑法规定构成要件→不符合一般刑法个罪构成要件→考虑兜底性条款(限缩解释)→不符合兜底条款规定→出罪。这一司法思维也应当在其他课题组提到的具体犯罪认定中得以贯彻。

例如,有的司法实务人员在解读刑法第312条关于掩饰、隐瞒犯罪所得、犯罪所得收益罪中的"其他方法"的兜底性条款时,就认为此规定中的"其他方法",比照此罪条文前半部分列举的四种掩饰、隐瞒犯罪所得行为以及修改法律的立法目的(《刑法修正案》(六)修改之前并不存在兜底性规定),应当是积极的行为,单纯的知情不举不是该罪中的掩饰、隐瞒的行为方式。另外,"以其他方法"还须是在明知行为对象为犯罪所得或犯罪所得收益的情况下进行,对犯罪所得、犯罪所得收益不知情,即使积极实施了某种转移、隐藏行为,亦不构成该罪中的"其他方法";并且,"以其他方法"须能使得他人的犯罪所得、所得收益发生位置、形状等变化因而阻碍司法机关的查处行为;"以其他方法"须是即时转移、隐藏犯罪所得、所得收益的行为,对于不知情而客观上实施了掩饰、隐瞒他人的犯罪所得或所得收益的行为,事后知情但是并不告知司法机关或是虽经司法机关询问亦不承认的行为不构成该罪中的"其他方法"。① 这反映了兜底性条款不仅在犯罪竞合时应当"最后考虑",而且在不符合任何刑法规定的分则罪名构成要件时,在司法处理中应当持出罪的思路,进而维护罪刑在罪与非罪问题上的"均衡"。

再如,曾经有这样的案例:被告人20世纪80年代自建一栋楼房,2009年政府拆迁建设,由于建房申请表遗失,被告人伪造一份村委会"批准"的建房申请表,与拆迁建设指挥部签订拆迁安置协议书,领取补偿款,司法机关以诈骗罪对被告人立案侦查。该案中,被告人行为的最大违法性是伪造村

---

① 参见李胜恩《掩饰、隐瞒犯罪所得、所得收益罪中"其他方法"的解释路径——兼论刑法中兜底性规定的界限》,《广西政法管理干部学院学报》2012年第2期。

委会文书，但是该行为按照现有法律规定显然无法定罪。而司法机关认为可以将伪造建房申请书的行为解释为诈骗罪中"虚构事实"，从而将该行为定为诈骗罪。① 但是，这种"事实"的虚构显然与诈骗罪中以非法占有他人财物为目的实施的虚构"事实"行为在法益侵害性上有明显差异。此案中，行为人的房屋事实上属于其占有，补偿款也应当归其所有，实质上并不存在骗领本不属于本人所有的财物的故意。如果此类案件遵循课题组上文提出的"首先考虑一般刑法规定构成要件→不符合一般刑法个罪构成要件→考虑兜底性条款（限缩解释）→不符合兜底条款规定→出罪"的司法适用思维，则应当排除具有兜底性质的诈骗罪成立的可能，行为人的行为应当被认定为无罪。

一行为初步判断可能同时满足非法经营罪与以危险方法危害公共安全罪构成要件，则属于两种兜底性刑法规定的竞合问题。如前所述，课题组所持的"区分立场"的适用范围似乎仅限于兜底性条款与普通刑法规定存在想象竞合的场合，如果特定情况下案件所涉及的两种（或更多）刑法规定都具有"兜底与口袋"的性质，则似乎不该做出限制性的规定，而应当按照通说的"想象竞合从一重"进行处理。在现行的司法解释中也存在这样的解释思路。在2002年8月16日最高人民法院、最高人民检察院颁布的《关于办理非法生产、销售、使用禁止在饲料和动物饮用水中使用的药品等刑事案件具体应用法律若干问题的解释》第5条规定了实施了解释规定的非法生产、销售瘦肉精的行为，同时触犯刑法规定的两种以上犯罪的，依照处罚较重的规定追究刑事责任。有的学者就指出，这是相关司法解释对于"想象竞合犯"的法律适用做出的进一步明确的规定，即对想象竞合犯应采取"从一重罪处断"的原则。因此，在行为同时符合非法经营罪和以危险方法危害公共安全罪时，自然依照以危险方法危害公共安全罪论处。② 不过，课题组认为，对此一司法解释的认定应当将"两种以上犯罪"进行限缩理解，这里的"两种犯罪"应当指具有

---

① 参见白晓东《法条竞合"禁止向一般条款逃避"之提倡——兼与张明楷教授商榷》，《华侨大学学报》（哲学社会科学版）2012年第3期。
② 参见冀天福《研制生产销售"瘦肉精"构成以危险方法危害公共安全罪》，《人民法院报》2011年9月8日。

该司法解释涉及的非法经营罪与其他非兜底性的犯罪规定。

第一，如前所述，对以危险方法危害公共安全罪的兜底性"以其他危险方法危害公共安全"规定的合理解释是将其作为特定条款（刑法第114条与第115条）的兜底性规定，而不能将其作为刑罚分则第二章其他条款的"共享兜底"。因此，此兜底性规定更不可能也不应当作为整个刑法分则规定的兜底。"犯罪分类是建立刑法分则体系的基础，也是实现罪刑均衡的前提。"[1] 有关非法生产、销售瘦肉精的司法解释主要涉及刑法第三章有关罪名，如果说将225条第（四）项作为此类犯罪的兜底性规定还存在刑法"类罪名"[2] 下刑法相关罪名之间"类型化"的相似性等可以商讨乃至基本成立的合理依据，[3] 那么将此类行为统统与主要涉及"公共安全法益"的以危险方法危害公共安全罪兜底规定进行想象竞合，则这种适用规则一般而言缺乏合理性，也会如有的学者所指出的："势必使刑法分则规定的各种特殊犯罪类型消失，刑法的明确性原则将受到根本性削弱。"[4]

第二，两种兜底性条款进行竞合可能会不当"二次"加重处罚。兜底性条款不仅在犯罪行为的规定上具有较之一般刑法规定更强的"伸缩性"与"包容性"，此类条款在量刑幅度的设置上也享受立法上的"特殊待遇"。以此司法解释规定的行为所能涉及的相关条款刑法条文来看，兜底性条款与一般刑法规定之间，不同的兜底性条款之间都存在此种情况：刑法第141条生产假药罪与刑法第144条生产、销售有毒、有害食品罪均规定了三档不同的法定刑浮动区间，分别涉及一般的制假售假，制"毒"售"毒"，情节严重的以及情节特别

---

[1] 陈兴良：《本体刑法学》，商务印书馆，2001，第110页。
[2] 类罪名对刑法分则解释具有指导意义。因为刑法分则并不是对所规定的400余个具体犯罪杂乱无章的简单组合，而是一个脉络清晰的有机组合。究其原因，乃在于我国刑法分则以同类客体为标准，将所有的具体犯罪分类，然后按照所侵犯同类客体的严重程度，由重到轻依次排列。参见张建军《论空白罪状的明确性》，《法学》2012年第5期。
[3] 不过，这种判断也不无疑问。考察我国刑法规定，我们会发现其规定的有些犯罪（如盗窃罪与抢夺罪、故意杀人罪与过失致人死亡罪）侵犯的类客体（类法益）是相同的，行为类型却不同，在这里，仅凭借类罪名的判断是无法区分此罪与彼罪的，进而，也就无法说一概以"想象竞合从一重"论处是合理的。参见张明楷《犯罪构成体系与构成要件要素》，北京大学出版社，2010，第82页。
[4] 白晓东：《法条竞合"禁止向一般条款逃避"之提倡——兼与张明楷教授商榷》，《华侨大学学报》（哲学社会科学版）2012年第3期。

严重的生产、销售行为,而具有兜底性规定的刑法第 114、115 条以危险方法危害公共安全罪与刑法第 225 条非法经营罪则只规定了两档法定刑。① 如果说当此类生产销售行为达到"情节特别严重"的程度时,兜底性规定因为可能存在过失致人重伤、过失致人死亡、故意伤害、故意杀人等竞合,而根据课题组的"区分"解释立场不再得以适用,那么,在刑罚幅度上也与相关普通犯罪相似。但是,在没有出现"致人死亡"等特别严重情节的情况下,非法经营罪兜底性条款具有更高的法定最高刑,如果不坚持此类竞合中的区分立场,则可能在实践中出现"第一次"不当加重等可预期的刑罚。而如果将以危险方法危害公共安全罪也纳入可以同时考虑的想象竞合场合,则因为后者法定最高刑高于非法经营罪兜底规定,则存在"第二次"不当加重行为人受到的刑罚处罚的可能。

举例来说,根据 2009 年 5 月 13 日最高人民法院、最高人民检察院《关于办理生产、销售假药、劣药刑事案件具体应用法律若干问题的解释》第 3 条,生产、销售的劣药被使用后,造成轻伤以上伤害,或者轻度残疾、中度残疾,或者器官组织损伤导致一般功能障碍或者严重功能障碍,或者有其他严重危害人体健康情形的,应当认定为刑法第 142 条规定的"对人体健康造成严重危害"。刑法第 142 条此一情节对应的法定刑是三年以上十年以下有期徒刑,并处罚金。而以危险方法危害公共安全罪的兜底性规定进行处罚,在没有相关明确司法解释和理论上相应限缩适用立场原则的情况下,相同的"严重情节"则可能被判处十年以上有期徒刑、无期徒刑或者死刑。然而,低罪质行为的危害后果高于高罪质行为的危害后果本来就是司法实践中的普遍现象,② 也是刑法学理论上"犯罪类型化"所得出的必然结论。"刑法规范本来就是类型化的规范,而表达刑法规范的刑法条文所使用的概念本身就是类型化的载体或'仓库',故如果要对刑法规范的特性予以概括的话,则类型化当为其中之一。"③ 如果在此类案件中不注意区分兜底性条款的属性与一般犯罪规定的类

---

① 刑法第 114 条和第 115 条是不同的犯罪规定,这里因为其规范表述基本一致,仅存在情节严重程度的差别,所以将两者视为(拟制为)一种刑法规定中不同量刑幅度。
② 参见于志刚、李怀胜《提供有毒、有害产品原料案件的认定思路》,《法学》2012 年第 2 期。
③ 马荣春:《警醒刑法学中的过度类型化思维》,《法律科学》2012 年第 2 期。

型化意义，则其必然结果便是使那些兜底性条款变得不堪重负，刑罚的强度也随之不当提升。正如有的学者在分析司法机关在提供有毒、有害产品原料行为的定性策略时认为，从非法经营罪到以危险方法危害公共安全罪反映了司法机关从"有恶必罚"到"有恶重罚"的态度转变，对于兜底性条款的选用，从追求能够"定罪"的简单要求转向追求"重罚"的严厉制裁。用更重的以危险方法危害公共安全罪打击有毒有害原料制售问题，不仅限于相关非法经营罪中的制售"瘦肉精"行为，打击面更广。① 课题组认为，司法中的此种定性模式是由于没有处理好两种兜底性条款竞合的问题。因此，即使在两个兜底性刑法规定存在一定竞合的场合，也应当根据犯罪之间的同质性、类型化等原则对其两者做出"谁优先适用"的判断，而不能一味以想象竞合犯的一般处理规则一律"从一重"。

五 结论

结合上述调研情况简述、案例分析与规范解读，并结合相关立法规定、司法解释与理论研究观点，本课题组认为，针对非法经营罪的司法适用情况与法律解释的基本要求，下列基本认识，应当对该罪的正确理论理解与准确司法适用具有意义："国家规定"必须有附属刑法规定的依据，附属刑法应当具有限缩空白刑法的机能；应严格限制解释"法律、行政法规"，但也应承认"法律、行政法规"存在"二次授权"的情形；经济领域的经营行为"非法性"受国家政策影响大，同时为维护公民行为的可预测性、保障人权，非法经营罪兜底性条款的适用应当依照最高司法机关的司法解释；非法经营罪的保护法益应当明确，以特许形成的市场经营秩序为解释前提；经营行为的认定应以存在合法市场为前提；非法经营罪的成立应当以附属刑法的确立为不可突破的樊篱；非法经营罪的兜底性条款具有规范构成要件要素属性，因此，应当适当区分与想象竞合犯的适用规则。

---

① 参见于志刚、李怀胜《提供有毒、有害产品原料案件的认定思路》，《法学》2012年第2期。

B.19 江苏省法院人民陪审员制度运行情况的调研报告

——以落实《关于完善人民陪审员制度的决定》为视角

曹也汝 周永军*

摘 要： 人民陪审员制度是一项重要的司法民主制度，也是我国社会主义民主政治的重要内容。2005年实施的《关于完善人民陪审员制度的决定》是我国首部关于人民陪审员的专门法律，对推动我国人民陪审工作的开展具有重要意义。经过近十年的实践，人民陪审工作取得了长足发展，但也存在一些不容忽视的问题和困难。本报告以江苏法院落实《关于完善人民陪审员制度的决定》为视角，采取实证调查和理论分析相结合的方法，对近年来全省人民陪审工作情况进行认真调研，总结实践经验，剖析存在问题，并在此基础上提出进一步完善我国人民陪审员制度的改革设想和实践建议。

关键词： 人民陪审员 参审机制 改革

人民陪审员制度，是人民群众在司法领域依法参与管理国家事务的一种重

---

* 曹也汝，法学博士，江苏省高级人民法院人民陪审员办公室主任；周永军，盐城市中级人民法院研究室副主任。江苏省高级人民法院政治部杨鸣、曹璐同志为本报告的数据统计、问卷调查等做出重要贡献。本报告为江苏高校区域法治发展协同创新中心和江苏省教育厅校外研究基地司法现代化研究中心研究成果。

要的、直接的形式,是我国社会主义民主政治制度的重要内容,是社会主义司法民主的重要制度架构,也是我党的群众路线在人民司法工作中的具体体现。[①] 为准确掌握江苏省法院人民陪审工作的实际情况,省法院政治部近期通过数据统计、问卷调查、座谈研讨等方式,对人民陪审员制度运行情况进行专题调研,查找和分析实践中存在的问题及其成因,立足当前实际提出解决问题的对策和办法,以期为进一步加强和改进全省法院人民陪审工作提供智力支持和决策参考。

一 全省法院人民陪审工作的现状

自全国人大常委会《关于完善人民陪审员制度的决定》(以下简称《决定》)于2005年5月1日实施以来,全省三级法院高度重视,普遍成立人民陪审工作机构,精心组织,创新举措,积极推进,人民陪审工作取得了长足的发展。

一是人民陪审员队伍民主化程度得到提升。全省法院根据《决定》要求,结合工作实际,合理确定人民陪审员名单,积极与人大、司法行政机关协调配合,按照"品行良好、公道正派"的选任条件和公开、公正、公平的选任工作程序,着力加强人民陪审员的选任工作,人民陪审员队伍的人员规模不断增长,人员结构更趋合理。2010年,全省人民陪审员人数为3844人。2012年,结合人大换届选举,省法院与省人大常委会办公厅联合发文,组织全省法院联合地方人大选任陪审员6115人。2013年9月,根据最高人民法院人民陪审员"倍增计划"的要求,省法院与省人大常委会办公厅联合下发了《关于认真做好全省人民陪审员增补选任工作的通知》,组织开展新一轮的人民陪审员增补选任工作[②]。截止到2013年12月,全省共选任人民陪审员7729人,超过了全

---

① 引自《最高人民法院关于进一步加强和推进人民陪审工作的若干意见》。
② 2013年5月,最高人民法院在全国法院人民陪审工作电视电话会议上提出了人民陪审员"倍增计划",确立了在两年内实现全国人民陪审员数量翻一番的目标。根据这一要求,2013年9月,江苏省高级人民法院会同省人大常委会办公厅联合下发《关于认真做好全省人民陪审员增补选任工作的通知》,要求在2014年7月前,人案矛盾突出的基层人民法院(2012年收案数超过1万件或法院中央政法编制干警人数与案件比突破1∶80)人民陪审员按照不低于法院法官人数2倍,其他基层人民法院按照人民陪审员数与法官数比例不低于1.5∶1的比例增补人民陪审员。

省基层法院法官数（7347 人），较 2010 年增加了 3885 人，人数增长了一倍。从人员结构上看，人民陪审员在性别比例、学历层次、年龄构成、政治面貌、职业分布等方面趋于合理，其来源的广泛性和代表性得到了较好体现（见表1）。

表1　全省法院人民陪审员构成情况

分类结构	性别		年龄					政治面貌		
	男	女	30岁以下	31~40岁	41~50岁	51~60岁	61岁以上	党员	民主党派	群众
人数（人）	4656	3073	814	1728	2560	1859	768	5747	172	1810
比例（%）	60.25	39.75	10.53	22.36	33.12	24.05	9.93	74.36	2.22	23.42

分类结构	学历			职业						
	研究生及以上	大学、大专	高中以下	机关团体	企事业单位	专业技术人员	社区工作人员	城市普通居民	农村居民	其他
人数（人）	430	6201	1098	2849	1526	940	812	1071	284	247
比例（%）	5.56	80.23	14.21	36.86	19.74	12.16	10.51	13.86	3.67	3.19

二是人民陪审员履职常态化程度得到提升。全省法院认真落实人民陪审员的各项审判权能，为人民陪审员庭前阅卷、庭审参与、合议表决提供良好服务，保障人民陪审员对案件事实认定和法律适用独立发表意见。广大人民陪审员参审的积极性明显提高，2013 年全省人民陪审员参与审理普通程序一审案件 139663 件，占普通程序一审案件数（149426 件）的 93.47%；全省基层法院一审案件陪审率由 2010 年的 64.3% 上升至 2013 年的 97.78%；2013 年全省法院人民陪审员人均参与审理案件 22.8 件[1]，比 2005~2010 年五年间的年人均参与审理案件数高出约 13 件。各地法院积极延伸人民陪审员职能范围，不断拓展人民陪审员参审的广度和深度，组织人民陪审员参与案件审理、诉讼调解、案件执行、涉诉信访等多方面工作，充分发挥了人民陪审员在化解矛盾纠纷中的积极作用。

三是人民陪审员工作规范化程度得到提升。在人民陪审工作中，全省各级法院注重建章立制，规范人民陪审员的选任、培训、使用、考核等各项工作的管理，建立起科学规范的人民陪审工作机制。省法院制定了《关于人民陪审

---

[1] 根据 2013 年 4 月统计数据，全省人民陪审员为 6115 人，人均参审案件数依照此基数得出。

员管理办法（试行）》，南京中院、常州中院、徐州中院、扬州中院、扬中市法院等中基层法院分别制定了人民陪审工作的意见和办法，对人民陪审员的选任任职、日常管理、工作程序、职权行使、行为规范等方面做出具体规范。如徐州法院为每位人民陪审员建立了基础资料翔实的个人信息和业绩档案，实行一案一管一评制度，将人民陪审员参审次数、庭审表现、业务庭的评价、案件当事人反馈情况逐一记录，作为综合评比的依据。

四是着力打造人民陪审工作的江苏品牌。近年来，全省法院人民陪审员充分利用自身优势，积极参与人民法院的案件审理工作，为人民司法事业的发展做出了重要贡献，在经济社会发展中彰显了独特的作用，赢得了社会的广泛认同。各级法院注重加强舆论宣传，在各类媒体上大力宣传人民陪审员的典型事迹，在激发人民陪审员的职业尊荣感和工作责任感的同时，也树立了人民陪审员的品牌形象，提升了人民陪审工作的社会影响力。苏州市吴中区法院承担的我国政府与欧盟、联合国开发计划署合作开发的"公平发展 公共治理"项目司法领域子项目"人民陪审员制度研究项目"试点工作取得良好成效，其工作经验得到最高法院肯定，并被作为"吴中经验"在全国推广。南京市原下关区法院（现鼓楼法院）在全国首推"人民陪审员海选模式"，而向社会公开选任人民陪审员，引起积极的社会反响。南通市如东县法院的人民陪审员工作，曾两次被《瞭望》杂志予以专题报道。

二 当前人民陪审员制度运行中存在的主要问题

从调研情况来看，全省法院人民陪审工作虽然取得了较好的成绩，但也存在一些突出的问题和困难，它们在一定程度上影响着人民陪审员制度价值和制度目标的实现。这些问题和困难主要有以下几个方面。

1. 人民陪审制度的实践定位不清晰。"从本质上看，司法民主是陪审制度的首要价值。"① 但在实践中，不少法院对人民陪审制度的实践定位出现偏差，

---

① 李拥军：《我国人民陪审制度的现实困境与出路——基于陪审复兴背后的思考》，《法学》2012年第4期。

导致其司法民主的价值让位于纠纷解决的功能，陪审制度被视为解决案多人少矛盾的"一剂偏方"。这一问题突出表现在两个方面，一是片面追求过高的陪审率。近三年来，全省基层普通程序一审案件陪审率均在95%之上，且呈现逐年攀升之势。2013年，全省108家基层法院中，有48家基层法院的一审陪审率达100%。① 设立人民陪审制的初衷是对社会影响性较大的案件以及当事人申请的案件等特殊案件引入司法民主因素，邀请人民陪审员进行陪审，实现法意与民意的沟通和互动，而非实行普遍化的陪审制、以陪审制取代普审制。过高的陪审率不仅弱化了陪审制的民主示范效应，更有法院借助陪审员参与合议庭，以弥补法官人数不足之难言之隐。二是人民陪审员长期驻庭陪审现象屡禁不止。2013年上半年，我们对全省6115名人民陪审员2012年参审案件数进行专项调查，其中，全年参审50件以上案件的有948名，参审100件以上案件的有480名，387名人民陪审员长期驻庭，不少人民陪审员被当成法官办案的帮手，甚至成了名副其实的"陪审专业户""编外法官""法院雇工"。这显然不符合建立人民陪审员制度的初衷。

2. 人民陪审员参审职责不明确。《决定》对人民陪审员在审判中的地位和权利做了明确规范，规定了人民陪审员除不得担任审判长外，与法官有同等权利。但是，由于能力和专业素质的差异，事实上人民陪审员在审判中所发挥的作用与法官还是有差别的。根据2013年上半年我们对128名人民陪审员和154名基层法官所做的一次问卷调查，42.9%的法官反映常有陪审员不能正常参审，59.7%的法官反映人民陪审员很少提问、发表意见，或偶有提问、发表意见但未形成常态化。对于参加陪审的目的，128名人民陪审员中，选择"参与审判，发表群众代表声音"的为69人，其他人民陪审员选择了"出于爱好"或"出于了解和体验审判过程"（见图1）。有关"人民陪审员参与陪审工作的重点"的问题，有56%的人民陪审员和60%的法官选择了"诉讼调解和帮助法官做好当事人的劝导工作"。在"人民陪审员参与庭审的提问与合议庭评议情况"调查中，有40%的法官明确选择"偶尔提问或发表意见，参审侧重

---

① 为控制基层法院对过高陪审率的追求，2013年，省法院终止了2011年制定的基层陪审率和季度考核制度，并在法院对下考核中取消了对陪审率的考核。

不明确"。许多人民陪审员甚至不少法官对人民陪审员参审时该做什么、怎样发挥作用,认识还比较模糊。这也是造成人民陪审员"陪而不审"现象的主要原因之一。

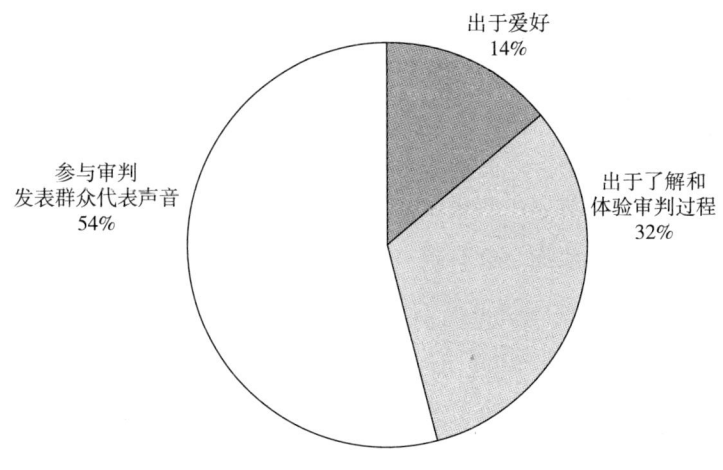

图1 人民陪审员的陪审兴趣调查结果

3. 人民陪审员文化程度要求不能体现选任的广泛性。对人民陪审员的来源以及素质,《决定》第四条设定了"一般应当具有大学专科以上文化程度"的学历条件,这显然是基于对人民陪审员参与司法的能力与素质的考量,但与我国人民陪审员制度设立的初衷不尽相符。对学历条件的限制,人为地对陪审员的选任设立等级门槛,一定程度上影响了人们对人民陪审员制度的认同。为此,在2012年全省法院人民陪审员换届选任和2013年增补选任的时候,我们适当放宽了对人民陪审员学历条件要求,在来源上强调更多地面向普通群众,希望将普通人的判断引入司法审判,但在实践中,普通群众的占比仍然不高。目前,江苏法院大学专科以上学历的人民陪审员有6631名,占总人数的85.8%,[①] 大专以下学历人员1098名,仅占14.2%;从职业分类来看,来自机关团体的占36.86%,比例远远超过其他职业群体。从实际运行情况来看,一些来自普通工作岗位、学历较低的人民陪审员参审能力,尤其是参审积极

---

① 2010年,这一比例是92.8%。

性,并不弱于来自机关高校等、学历较高的人民陪审员。

4. 人民陪审员随机抽取难以落实。参审具体案件的人民陪审员通过随机抽取方式产生,是《决定》和相关司法解释的明确要求,也是人民陪审员制度正当化的程序性保障。但在实践中由于随机抽取实施的难度较大,容易出现审陪供需不对称、工陪时间冲突、人民陪审员到区域外法庭陪审不方便等问题,需要再次进行随机抽取,影响案件审理工作的效率,不少法院不得不采取变通或规避的方式处理。实践中,多数法院采取了部分随机和部分固定相结合的办法;有的法院则对人民陪审员进行过细的分类,每类人民陪审员的人数极少,可供抽取的选择范围十分有限,致使随机抽取制度失去了应有的意义;有的法院干脆沿用过去指定陪审员的老办法,将随机抽取规定置于一边。据对154名法官和128名人民陪审员的调查,由法院指定确定人民陪审员的比例明显高于随机抽取产生人民陪审员的比例(见表2)。

表2　人民陪审员产生与参审方式调查统计

产生与参审方式		接受法院指定	长期驻庭,如同正常上班	随机抽取产生	随机抽取、法院指定并存	随机抽取、长期驻庭并存
调查对象	法官(154人) 选择人数	45	21	27	41	20
	所占比例(%)	29.2	13.6	17.5	26.6	13.0
	人民陪审员(128人) 选择人数	34	22	35	26	11
	所占比例(%)	26.6	17.2	27.3	20.3	8.6

5. 人民陪审员参审义务缺乏制度约束。依法参加审判活动既是人民陪审员的权利,也是他们应当履行的义务。从调查的情况来看,人民陪审员不能正常到庭的情形较为常见。在上述问卷调查中,有58%的法官反映曾经遇到或经常遇到人民陪审员不能正常参审;29%的人民陪审员反映"本职工作忙,工陪矛盾突出"。人民陪审员不能正常参审,影响了人民法院选用人民陪审员参审的节奏和效率,也影响了法官与人民陪审员合作的积极性。《决定》除规定"无正当理由,拒绝参加审判活动,影响审判工作正常进行的"可以作为免职事由外,对人民陪审员不能正常参审缺少有力的约束措施,而且对什么情形属于有"正当理由"不能参审,也没有做具体的解释,例如,

本单位有事是否属于"正当理由"。另外,《决定》关于"人民陪审员所在单位或者户籍所在地的基层组织应当保障人民陪审员依法参加审判活动"的规定也缺少相应的制约措施。这些都对督促人民陪审员依法履行陪审职责造成一定困难。

6. 人民陪审员组织保障和经费落实方面还存在一些困难。《决定》对人民陪审员的选任、参审和培训等都提出由同级人民政府司法行政机关、基层组织或人民陪审员所在单位共同参与实施,但在实践中,地方司法行政机关、基层组织或人民陪审员所在单位的参与度很低。人民陪审员工作事实上形成人大牵头任免,法院主导实施的操作方式。这一局面不利于形成社会对人民陪审工作的齐抓共管,不利于促进人民陪审员正常参审,也不利于对人民陪审员参审工作进行客观的考察和评价。另外,《决定》第19条明确规定,人民陪审员因参加审判活动应当享有的补助,人民法院和司法行政机关为实施陪审制度所必需的开支,由同级政府财政予以保障。但这一规定还缺乏刚性约束,从江苏省情况来看,2005年10月,江苏省财政厅、江苏高院联合转发了《财政部、最高人民法院关于人民陪审员经费管理有关问题的通知》,规定了人民陪审员经费的保障与管理,要求在人民法院业务费中增设"人民陪审员费用"科目,按照"分级管理、分级负担"的原则,将人民法院实施陪审制度所必需的开支,列入人民法院业务费预算予以保障。经统计,江苏108家基层法院中,地方财政对人民陪审员经费,未明确设立单独科目保障的有28家,完全没有财政保障,全部依靠法院自行解决的有19家。随着人民陪审员"倍增计划"的落实,全省人民陪审员规模更为庞大,对人民陪审员参审组织和参审管理的费用也将相应增多,这些还需要财政给予更多的支持。

当然,影响人民陪审员制度功能发挥的问题和困难还有许多,如在调研中我们发现,有的法院人民陪审员工作机制不完善,人民陪审员的法定权利落实不充分,培训内容不合理,工作条件和工作保障不到位,还有少数法院和法官对人民陪审员的工作和意见不够尊重,挫伤了人民陪审员的积极性,等等,这些都是影响人民陪审员参审效果,造成"陪而不审"现象的重要原因。

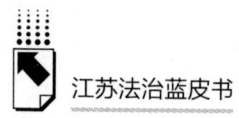

三 进一步完善人民陪审员制度的对策建议

人民陪审员制度不仅是我国司法制度的重要组成部分，也是一项重要的政治制度。十八届三中全会做出了进一步完善我国人民陪审员制度的改革部署。2013年12月，最高人民法院启动了人民陪审员制度改革试点工作①。因此，准确把握我国人民陪审员制度的制度价值和实践定位，遵循司法规律，改革和完善人民陪审员制度，具有十分重要的现实意义。

1. 放宽人民陪审员的选任条件。人民陪审员制度的原初目的是从普通群众中选出代表参与司法裁判，因而平民化是人民陪审员的本质特征，"'大众化'是人民陪审员制度的价值标签"②，平民化程度越高的人民陪审员就越能代表普通民众，越能体现出司法的民主性。就世界范围内来看，不管是法国、德国，还是英国、美国，陪审员的资格大抵与选民资格相同。以美国为例，不管是大陪审团审判还是小陪审团审判，陪审员都来自平民，他们通常是按照车牌号码或者社会保险证号码随机抽选的。除非心智不健全或有重罪前科，无论名门望族还是贩夫走卒，都有可能成为陪审员的候选人。③根据《决定》的规定，人民陪审员一般应具有大专以上学历。实践中，人民陪审员具有大学以上文化程度的已达半数，党员占了较大多数，来自党政机关的人民陪审员比例最高，这些情况表明当前人民陪审员走的是"精英化"道路，与平民化的要求产生距离，不利于发挥陪审制度的价值。因此，应当进一步降低陪审员的资格门槛，使更多的普通群众能够参与到陪审工作中来，真正使陪审制度成为司法民主的重要展示场域。

2. 规范陪审案件范围。最高人民法院《关于人民陪审员参加审判活动若干问题的规定》列举了四种类型的案件应当采用陪审制：涉及群体利益的；

---

① 最高人民法院印发了《关于人民陪审员制度改革试点方案》，确定北京第二中级人民法院等19个中级、基层人民法院为试点法院。江苏省南京市的鼓楼法院、秦淮法院被确定为试点法院。
② 廖永安：《社会转型背景下人民陪审员改革路径探析》，《中国法学》2012年第3期。
③ 吴丹红：《中国式陪审制度的省察——以〈关于完善人民陪审员制度的决定〉为研究对象》，《法商研究》2007年第3期。

涉及公共利益的；人民群众广泛关注的；其他社会影响较大的。但在实践中，基层法院普通程序一审案件高达95%以上的陪审率则反映出本应体现民意参与重大裁判的陪审制度演变成一种常态化的审判方式。根据南京中院专题调研，当前，法院选择适用陪审制的案件类型，一类是简单但必须适用普通程序的案件，让陪审员参与审理的目的就是解决人手不足和提升陪审率的问题；另一类是当事人可能不服裁判，矛盾可能激化，有引发上访信访风险的案件，让陪审员参与审判的目的是利用陪审员的身份与话语来劝说当事人服判息讼，缓解法院调解和应付涉诉信访的压力；还有一类就是涉及专门领域的纠纷案件，如建筑工程纠纷、医疗纠纷、劳资纠纷等，法院喜欢邀请相关领域专家陪审员参与审判，目的是让陪审员充当专家辅助人的角色，认为这种方式远比按照证据规则请专家证人出庭作证容易驾驭且成本低廉。① 因此，有必要对目前过于宽泛的陪审案件范围予以适当的限制，严格遵守法律对陪审范围的规定，不得随意突破这一边界，进行陪审的案件必须是社会影响较大的案件或当事人申请陪审的案件。实践中特别要防止将当事人不反对视为"征得当事人同意"进而视为"当事人申请"的做法，凡是需要当事人申请的陪审案件，必须要有当事人明确的意思表示，并依照相应工作程序确定是否采取陪审方式进行审理。

3. 完善人民陪审员随机抽取机制。根据《决定》和相关司法解释的规定，人民法院在确定具体案件的人民陪审员人选时，从人民陪审员名单中随机抽取确定人民陪审员，如案件审理确有需要，可以在相关地域、行业、专业等类型人民陪审员范围内随机抽取。然而，在实践中，通过随机抽取的方式产生的人民陪审员由于存在工陪矛盾等困难难以履行职责的情况屡屡发生，需要再次甚至是多次抽取，这无疑给本已经紧张的审判工作增加了新的压力。然而，仅仅出于便利考虑就废止随机抽取，改由法院径行指定人民陪审员也不可取，这不仅会动摇人民陪审员的正当性基础，而且会滋生新的司法矛盾。在落实随机抽取与解决工陪矛盾问题上，江苏省部分法院已经进行了积极的探索，并取得了一定的成效。如南京鼓楼法院通过建立人民陪审员信息库，对不同时间段便于参审的人民陪审员加以区分，采取随机电脑摇号确定参审案件的人民陪审员和

---

① 参见南京市中级人民法院2012年重点调研课题《人民陪审制度运行现状的实证研究》。

备选人员，较好地解决了随机抽取和工陪矛盾的问题。因此，通过完善相关工作机制，随机抽取不会成为影响审判效率的障碍。当然，随机抽取是原则，对于确因专业、案情等方面特殊需要的，也可由人民法院在征得当事人同意的基础上直接指定人民陪审员参加案件审理工作。但对此种方式产生的人民陪审员，程序要公开透明，必要时可邀请公证机构等社会力量介入，确保指定过程公开、结果公正，避免出现程序上的瑕疵。

4. 明确人民陪审员的参审侧重。案件裁判通常包括事实认定和法律适用两个方面，相对而言，法律适用是"死"的，法律规范是法律适用的基本依据，只要法律规范明确统一，法律适用基本不会产生大的分歧；而事实认定是"活"的，需要依靠常理、常情、常识等社会经验来确定，裁判者社会经验的差异往往导致案件事实认定出现较大的不同。法律适用属于专业性问题，让非专业的人民陪审员决定专业的法律问题，确实勉为其难，导致人民陪审员不得不沦为陪衬。在我们的实证调查中，"对法律不熟悉，不敢发表意见"是人民陪审员反映最多的参审困难（见图2）；而事实认定属于社会性问题，让来自社会各方面的人民陪审员介入其中，可以更好地弥补专业法官社会知识的不足，使案件事实更容易接近客观事实。因而，在确定人民陪审员的职权时，应

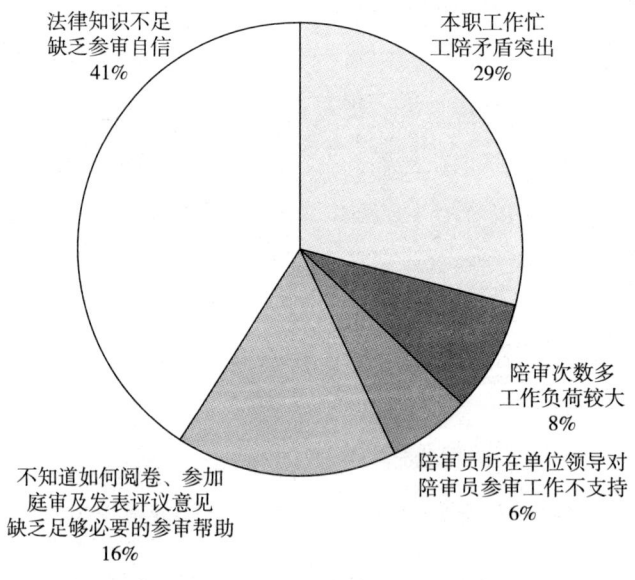

图2 人民陪审员参审困难因素调查结果

侧重于事实认定方面的权能，更好地发挥人民陪审员的价值，而在法律适用上仍应以专业法官为主导，从而使人民陪审员与专业法官相辅相成、互为益补。同时，要充分发挥人民陪审员来自群众、代表群众的优势，建立健全人民陪审员有序参与调解、信访以及执行的工作机制，拓展人民陪审员的职责范围，弘扬司法民主，提升司法公信。

5. 健全人民陪审员参审保障机制。全国人大常委会的《决定》虽然对人民陪审员在参与审理案件中的法律地位做了明确规定，但对于人民陪审员如何发挥自己的参审权利则还缺乏更为细致明确的制度安排。由于在现行条件下，人民陪审员的选任、培训以及日常管理还是由法院来主导，加上在案件审理过程中，人民陪审员专业知识、信息资源与法官不对等，客观上使人民陪审员在参审过程中居于相对弱势地位，难以充分行使参审权利，需建立相关机制予以矫正。一是要限定人民陪审员陪审案件上限。人民法院可以根据人民陪审员规模确定每名陪审员每年最多可以陪审几件案件，一旦达到这个数量，该陪审员不再列入随机抽取名单。这样，既可以让更多的人民陪审员参与案件审理，防止出现陪审"专业户"，杜绝驻庭陪审，同时，也可以让人民陪审员珍惜参审机会，激发其使命感和责任心。二是改进人民陪审员参审工作模式。对于人民陪审员参审方式，《决定》和三大诉讼法对于合议庭中人民陪审员未有详细规定。① 从调查来看，实践中大多采取二审一陪或一审二陪的合议庭组成模式。合议庭中人民陪审员人数少、比例低，使得陪审员更容易受到主审法官的影响，难以对裁判结果发挥实质性的影响，同时也难以防止少数陪审员将个人偏见带入审判。因此，有必要改革现行的人民陪审员参审模式，对于人民陪审员参审的案件，可以采取三名或三名以上人民陪审员参加合议庭，加大合议庭中人民陪审员的比例，提升人民陪审员对裁判结果的表决力量，使他们在合议庭中不再势单力孤，敢于积极地行使自身的职责，同时也可以集中更多人的智慧

---

① 三大诉讼法中，仅《刑事诉讼法》规定了基层法院、中级法院一审案件，应当由审判员三人或者由审判员和人民陪审员共三人组成合议庭进行，高级人民法院、最高人民法院审判第一审案件，应当由审判员三人至七人或者由审判员和人民陪审员共三人至七人组成合议庭进行。1991年5月6日最高人民法院研究室在对云南省高院关于中级人民法院审判第一审刑事案件能否由审判员三人陪审员二人组成合议庭问题的电话答复中，再次重申了中级法院审理刑事案件合议庭中的陪审员的人数最多为二人。

和意见,使裁判结果更多地体现民意。三是完善人民陪审员参审合议机制。为弥补人民陪审员法律专业性的不足,最高法院《关于人民陪审员参加审判活动若干问题的规定》第八条规定:"合议庭评议案件时,先由承办法官介绍案件涉及的相关法律、审查判断证据的有关规则,后由人民陪审员及合议庭其他成员充分发表意见,审判长最后发表意见并总结合议庭意见。"但在实践中,承办法官容易借法律指引之际表达承办意见,给人民陪审员造成先入为主的印象,影响人民陪审员独立判断。因此,需要对承办人法律指引加以严格限制。同时,建立"议决分离"的工作机制,合议时可相互交流,充分表达意见,表决则要独立行使表决权,按照陪审员、其他合议庭成员、审判长的顺序进行,以确保人民陪审员独立表达其参审意见。在改进人民陪审员参审机制的同时,要进一步改善人民陪审员参审条件,如单独设立人民陪审员查阅卷宗、独立评议的办公场所,提高人民陪审员参审补助标准,为人民陪审员配备必要的法律资料和办公用品等。这需要各级人大、政府进一步关心、支持人民陪审员经费落实和保障工作,帮助提高经费保障标准,保证经费落实到位,促进人民陪审员工作实现良好运转。

6. 完善人民陪审员的考核和退出机制。人民陪审员参审案件,既是权利,也是义务。我国的《人民法院组织法》和三大诉讼法中都对人民陪审员的权利做了原则规定,丝毫未提及义务,《决定》也是在此基础上补充了人民陪审员有获得经济补偿的权利和免除职务的几种情形。与此相比,西方一些国家陪审制度则更加强调陪审的义务性质,并对陪审员不履行义务规定了较为严格的罚则,如在法国,参审员无正当理由缺席的,处13750欧元的罚款。在西班牙,陪审员无故不出庭的,罚款25000比塞塔。在现阶段的国情条件下,采取惩罚手段来强迫人民陪审员履行义务尚不可取,但需要建立健全相应的管理机制,督促、帮助人民陪审员履行其参审义务。一方面,要建立人民陪审员考核管理机构,由人大牵头,人民法院和司法行政部门负责对任期内的人民陪审员履职情况进行定期考核,人民陪审员日常事务的管理由人民法院负责。另一方面,要完善人民陪审员退出机制。进一步细化人民陪审员无正当理由,拒绝参加审判活动的具体规定,确因自然灾害或身体原因等不可抗力的因素,可成立不参加审判活动的正当理由;本职工作事由、非特殊的家庭事务事由等均不成立拒绝参加审判活动的正当理由。要细化和明确人民陪审员参审案件的纪律，防止泄露审判、违规说情打招呼等违纪现象，禁止人民陪审员与当事人私下接触。要进一步明确人大、法院、司法行政机关职权和义务，明确处理有关人民陪审员选任审查，参审工作考察、评价和表彰，人民陪审员无正当理由拒绝参加审判活动事由审查，以及退出与免职审查等工作标准和流程规范。补充和细化人民陪审员所在单位或者户籍所在地的基层组织保障人民陪审员依法参加审判活动的协作措施，使人民陪审员既享有法定的权利，也要承担法定的义务。

十八届三中全会勾勒了深化司法体制改革的宏伟蓝图，可以预见，随着新一轮司法体制改革各项任务陆续展开，我国的人民陪审员制度将迎来一个崭新的发展阶段。我们要认真总结人民陪审工作的成功经验，深入剖析存在的问题和不足，积极稳妥地推进人民陪审员制度改革试点工作，为迎接人民陪审员制度的深刻变革做好思想上和机制上的准备。

B.20
江苏省欠发达地区基层检察队伍建设调研报告

——以苏北某县人民检察院为例的分析

秦 策 毛洪权*

摘 要：

近年来，基层检察院在人才队伍建设方面取得了一定成绩，也存在着一些问题。检察队伍的建设与区域经济的发展存在着密切的关系，在发达地区与欠发达地区，检察队伍建设的状况会呈现出不同的特点。本文选取了苏北某县人民检察院作为样本，对江苏省欠发达地区基层检察人才队伍建设进行调研与考察，并对欠发达地区检察人才队伍建设以及解决人才流失问题提出对策建议。

关键词：

欠发达地区　基层检察院　检察人才队伍建设

在我国的检察司法体制中，基层检察院发挥着基础性的作用。据统计，检察机关约90%的案件由基层检察院办理，基层检察干警和基层检察院，分别占全国检察机关的76%和88%，[1] 可以说，基层检察工作事关检察工作全局，而基层检察人才建设则又是做好基层检察工作的前提。近年来，基层检察院在

---

* 秦策，南京师范大学法学院教授，博士生导师；毛洪权，江苏省邳州市人民检察院研究室主任。

[1] 《最高人民检察院关于加强基层检察院建设情况的报告》，中国人大网，http://www.npc.gov.cn/wxzl/gongbao/2004-12/26/content_5337516.htm。

人才队伍建设方面取得了一定成绩,也存在着一些问题。检察人才的建设与区域经济的发展存在着密切的关系,在发达地区与欠发达地区,检察人才建设的状况会呈现出不同的特点。

为了便于进行有针对性的分析,本文选取了苏北某县人民检察院作为样本,对江苏省欠发达地区基层检察人才队伍建设进行调研与考察。该县位于苏北东陇海线上徐州和连云港之间,总面积2088平方公里,人口约180余万。近年来,该县的经济发展迅速,2012年,地区生产总值为513.49亿元,同比增长14.1%,财政总收入为115.26亿元,同比增长60.5%,城镇居民人均可支配收入为20542元,同比增长13.6%。但是,该县的经济发展及收入水平与先行发展的苏南、苏中地区仍然存在差距。所谓"发达"与"欠发达"实际上并无绝对标准,而是相对而言的,从江苏省作为一个检察司法辖区的整体性角度来看,该县无疑处于欠发达地区。事实上,地区经济发展水平的高低与差距对基层检察人才建设存在着重要的影响。

一 基层检察人才建设的基本现状

作为基层政法机关,该县检察院现有编制为107人,目前在编人数为103人。按照有关规定,正、副科级干部分别到53岁、51岁即由组织部门谈话退养,退养14人(占编制)。实际在职在编人数为89人(以下仅按此在职在编人数作为基数来进行统计)。一般认为,检察机关政法专项编制应达到辖区人口的万分之一,从这个角度来看,该县检察院显然处于严重的"缺编"状态。

(一)检察人才队伍基本年龄结构

表1 苏北某县人民检察院检察人员年龄分布状况

	人数	百分比(%)		人数	百分比(%)
25岁以下	3	3.37	46~53岁	15	16.85
26~35岁	37	41.57	总 计	89	100
36~45岁	34	38.20			

目前，该县检察院人才队伍呈现出年轻化发展的态势，年轻干警构成检察队伍主体。检察队伍年轻化缓解了早先出现的检察官断层现象，也彰显了该县检察人才建设的后劲很足，但是，检察干警年龄偏低，办案经验和社会阅历不足，他们的职业修养、大局意识、办事能力仍然需要进一步提升。因此，年轻干警的培训将是未来几年检察人才建设的中心任务之一。

（二）检察人才队伍学历层次状况

表2 苏北某县人民检察院检察人员学历分布状况

	人数	百分比（%）
研究生学历（包括在职研究生）	13	14.61
本科学历	72	80.90
专科学历	3	3.37
专科以下学历（不包括专科）	1	1.12
总计	89	100

以上数据表明，近年来该县检察院人才队伍得到了优化，本科学历者已达到80.90%，研究生学历（包括在职攻读研究生）达到了14.61%，高于最高人民检察院颁布实施的《2004~2008年全国检察人才队伍建设规划》中确立的标准，[①]也实现了《2009~2012年基层人民检察院建设规划》的要求。[②]但是，高层次型人才依然缺乏，虽然本科以上学历比例达80%，但研究生学历人才的比重不算太大，从检察人才专业化的发展趋势来看，仍然存在着可以进一步提高、优化的空间。

[①] 根据最高人民检察院颁布实施的《2004~2008年全国检察人才队伍建设规划》，到2008年，全国检察人员大学本科学历的人数达到12万人，平均达到60%，研究生学历的人数达到5000人，平均达到2.4%。东部地区省级和经济较发达的地、县级检察院的相关学历比例应高于全国平均水平。

[②] 根据最高人民检察院颁布实施的《2009~2012年基层人民检察院建设规划》，到2012年，每个基层检察院大学本科以上学历比例较2008年底提高10%。

(三)检察人才队伍专业化状况

表3　苏北某县人民检察院检察人员专业化状况

	人数	百分比(%)
法律专业毕业	78	87.64
非法律专业毕业	11	12.36
总　计	89	100

该县检察院人才队伍在提升专业化水平方面取得了一定的成绩。在89名在编在职人员中,法律专业人才比例为87.64%,已高于《2004~2008年全国检察人才队伍建设规划》的要求。① 另据统计,该院具有检察官身份的72人,其中通过司法考试人数为54人,另外18人系通过初任检察官考试人员。还有17人不具有检察官身份(无办案资格)。

(四)检察办案人才与案件相互关系状况

近年来,随着经济发展以及流动人口的增加,该县的刑事案件每年都呈现出增长的态势。该院办理审查逮捕案件数由2005年的557件750人增加到2013年的843件1165人,案件增长了51.34%,逮捕人数增长了55.33%;办理审查起诉案件数由2005年的668件967人增加到2013年的1189件1687人,案件数量增长了77.99%(见图1)。但与此同时,办案人员的数量却未有明显增加,因此,"案多人少"仍然是个突出的矛盾。

就直接参与办案的人员而言,该院侦查监督科10人(包括科长、内勤各1人),公诉科13人(包括科长、内勤各1人),未检科3人,人年均办案近100件。相对于案多人少的现状,办案人才紧缺的矛盾显得尤为突出。办案任务繁重,使得办案人员长期处于超负荷运转状态,这既不利于队伍的健康稳定,也不利于办案质量的进一步提高。

---

① 根据最高人民检察院颁布实施的《2004~2008年全国检察人才队伍建设规划》,到2008年,东部较发达地区检察业务部门法律专业人才比例要达到80%以上。

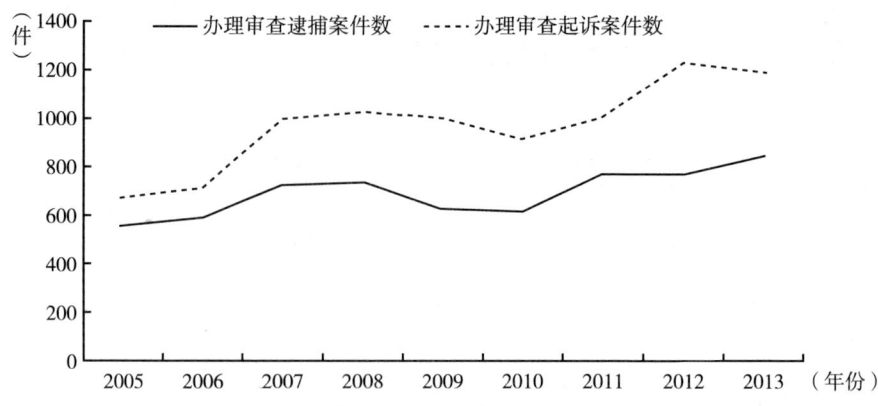

图1 苏北某县人民检察院2005年以来刑检部门办案情况

二 苏北某县检察人才招录与流失状况评估

要优化基层检察人才总体素质，吸收高素质人才进入检察队伍是一个重要途径。近年来，法学教育的快速发展给引进法律专业人才提供了机会，给优化检察干警法律专业结构提供了条件。

（一）2005年以来招录（调入）人员情况

表4 苏北某县人民检察院2005年以来招录（调入）人员情况

年份	招录（调入）人数	学历	通过司法考试情况
2005	4	均为本科	通过4人
2006	6	均为本科	通过5人
2007	9	均为本科	通过8人
2008	12	11名本科,1名硕士	通过8人
2009	4	均为本科	通过4人
2010	9	均为本科	通过9人
2011	3	均为本科	通过3人
2012	2	1名本科,1名硕士	均未通过
2013	7	5名本科,2名硕士	通过5人

自 2005 年以来，该县检察院所招录人才都是本科以上，并且通过司法考试的人员比例也比较高。虽然学历高并不意味着工作能力强，但是，系统的高等院校法学教育仍是政法人才获得专业知识的可靠保障，因此，所招录人员学历水平的提升为基层检察人才队伍的年轻化与专业化打下了良好的基础。

（二）2005 年以来流失（调出）人员情况

与此同时，自 2005 年以来，相继有 16 名检察干警出于种种原因离开该县检察院。其中，有 1 人系在职研究生学历，其余均为本科；有办案资格人员为 12 人，占 75%。从 2002 年开始举办司法考试以来，该院共有 64 人通过司法考试，但其中 10 名已经流失。这些流失人员一般具有较高的学历，在该院工作年限最长为 11 年，最短为 2 年，平均工作年限为 4 年以上、5 年以下，年龄集中分布在 35 岁以下，年富力强，在工作中大都能独当一面，有一定的社会活动能力，正是处在由普通人才向骨干人才的过渡关键期，这样的人才流失对于该院来说是十分可惜的。

表 5　苏北某县人民检察院 2005 年以来流失（调出）人员的去向分析

	人数	百分比(%)
考入或调入上级院	4	25
考入或调入较发达地区的政法系统	9	56.25
辞职从事其他工作	3	18.75
总　计	16	100

从流动或流失人员的去向来看，自主择业或者从事其他工作如律师的并不多，多数人还是考入或调入较发达地区的政法系统，而且大多数还是选择在检察系统工作。同样是从事政法工作，只不过变换了工作地点，显然是受到了经济利益、区域优势等因素的影响。与经济繁华、地理位置优越地区相比，欠发达地区工作、生活条件相对艰苦，待遇不高，且发展空间小，不具备吸引人才的优势和竞争力；与上级检察院相比，基层院的办公环境、发展空间及人才资源整合等方面差距明显，吸纳高素质人才缺乏竞争力。这就成为检察人才向发达地区流动的动因。

应该说，对于检察干警来说，寻求更广阔的发展空间以及更优厚的经济待遇无可厚非，问题是，这种流失显然对于欠发达地区检察院来讲产生了消极影响，甚至在一定程度上影响到检察队伍的稳定性，不容忽视。首先，人才的流失会导致人才断层现象的出现，由于流失人才往往具有较强的竞争力，甚至本人就是业务骨干，他们的流失往往会使某一层次的检察人才出现后继乏人的状况。其次，人才的流失会导致在岗人员人心浮动，工作积极性受挫，不利于办案质量的提升。最后，人才，尤其是业务骨干的流失使欠发达地区沦为发达地区政法机关的"实习基地"，从而会加剧发达地区与欠发达地区检察人才的不平衡状况。

三 基层检察院人才建设的基本对策

应该说，我们调查的苏北某县检察院是江苏省欠发达地区基层检察院的一个缩影。一方面，经济的发展以及法学教育规模的扩大为基层检察人才队伍建设提供了条件。该院顺应人才强检的战略目标，在检察队伍建设方面投入了不少的人力、物力和财力，检察队伍的知识结构有了明显改善，检察人才的规模和质量也有了明显提高，在一定程度上缓解了案多人少的矛盾。

但是另一方面，检察人才尤其是业务骨干的流动或流失是欠发达地区基层检察院必须面对的现实问题。从人才区位分布的规律来看，在不同的区域，人才的发展往往是不均衡的，即使在同一省份，各个区域之间由于经济、文化、人才战略的差异，在人才总量、人才质量和人才结构等方面也存在较大差异。人才由欠发达地区向发达地区流动本属正常，也符合人才流动的基本规律，但是，这种不均衡的人才流动使得欠发达地区基层检察机关处于相当不利的地位，关键的问题在于采取何种措施来抵消由于地区经济相对落后所带来的这种不利影响。

（一）进一步强化"以人为本"的用人理念，为人才成长营造良好的环境。我们一般倾向于将欠发达地区基层检察人才流失的原因归结为的工资福利待遇偏低，但从调研来看，这其实只是一个方面的原因。从人才成长的规律来看，经济利益并不是唯一的动力因素。在工资福利待遇不高的条件下，应当以事业留人，以感情留人，以环境留人，以优惠的政策留人；积极为人才搭舞台，营造人尽其才、才尽其用的环境与氛围，增进人才的职业荣誉感。

（二）加强专业化培训，为年轻干警的成长拓展空间。对年轻检察人员，应着重加强实际工作能力的培养，结合实际办案，增强实践经验，促使其由知识型人才向能力型人才转变。同时，应提供机会和政策，鼓励年轻干警向专门性人才甚至高层次复合型人才发展。因此，应当特别注重对新招录人员的早期培养，在培养过程中及早发现有潜质的骨干型人才，并加以重点培养。而在现有检察队伍中发现人才、培养人才、使用人才，能增强广大检察干警爱岗敬业、立足本职工作的事业心，加深干警对单位的感情，理性地选择自己的发展道路。

（三）建立合理公正的选人、用人机制。检察人才需要借助于一定的选人、用人机制才能脱颖而出。不公正的、僵化的选人、用人机制往往会挫伤人才特别是青年人才的积极性。因此，应当进一步建立能上能下、能进能出、竞争择优的选人用人机制，增强干警的进取心和责任心，调动干警的工作积极性和创造性。这既能实现人才资源的合理优化配置，又能增强干警对于检察工作的归属感。

（四）探索建立独立的检察官等级制度。检察官要逐步实现去行政化，逐步与行政职级脱钩，形成自己的级别评价体系，摆脱依靠行政职级解决干警待遇的路径依赖，实施有别于一般公务员的政治和经济待遇，促进检察官的专业化、职业化、精英化，体现检察官的真正价值。

（五）上级机关需要正视区域间检察人才发展的不平衡的现状，对欠发达地区给予适度的倾斜政策。在一个检察司法辖区内，由于经济发展上的差距而造成检察人才分布不均衡的现象并不鲜见，这就需要上级机关从宏观上统筹调度。一方面，可开展检察人才的跨院或者跨区域交流锻炼，尤其是鼓励发达地区检察人才赴欠发达地区进行交流，缓解检察人才不均衡流动而造成的负面影响。另一方面，应给予欠发达地区适当的政策倾斜，例如，在同等条件下可予以优先提拔。要采取积极措施来应对检察人才不均衡流动问题，避免出现发达地区检察人才积压浪费、用非所长，而欠发达地区人才断层、无人可用的状况。

（六）新招录人员可以适当优先考虑本地户籍，以保证人才队伍的稳定性。一般而言，本地户籍检察人才流动的可能性较小一些。适当优先考虑本地户籍可以在一定意义上保证人才队伍的稳定性，另外，考虑到各地民风民情存在差异，本地户籍检察人才在开展工作方面也存在一定优势。所以近几年一些地区在法、检公开招考过程中，引入"需熟悉本地语言"的报名限制，这也是有一定道理的。但是，值得注意的是，本地户籍因素只能在同等条件下才可适当优先考虑，应避免形成户籍歧视，总的原则仍然要坚持择优录用。

（七）切实提高欠发达地区基层检察人才的经济待遇。全国统一司法考试的推行，要求法律从业人员要取得相同的资格。但是，拥有同样的司法资格的人才，在不同的地区或岗位上会有薪金待遇的差别，这是造成司法人才不均衡流动的重要因素之一。最根本的对策是切实提高欠发达地区基层检察人才的薪金待遇，将区域差异、行业差异降低到最小限度。

B.21 《南京市大气污染防治条例》实效性评估报告

立法后评估项目组*

自《南京市大气污染防治条例》（以下简称《条例》）颁布实施以来，南京市按照《条例》的相关规定启动了"蓝天行动计划"。在工业废气治理、城市扬尘污染控制、机动车辆尾气排放、"禁燃区"建设等方面采取了一系列有效措施，大气污染防治取得了明显成效。但在实践中，《条例》还存在实施不到位、部分法律制度规定不完善等情况。当前南京市大气污染防治形势依然严峻，迫切需要通过《条例》的修改和完善解决以下问题：由于特殊的产业结构与产业布局，南京市工业污染呈现出排放量大、排放强度高、区域集中的特点；灰霾天气呈上升趋势，扬尘和机动车排气污染依然严重；建筑施工扬尘、餐饮油烟扰民等投诉仍然居高，已成为影响公众大气污染防治满意度的一个重要因素。

为合理地评估《条例》的实施状况与具体效果，本项目组针对《南京市大气污染防治条例》中的主体部分：大气污染防治监督管理，防治燃烧高污染燃料产生的大气污染，防治扬尘污染，防治废气、油烟和恶臭气体污染，防治机动车船排放污染等五个方面的重点制度进行了实效性评估。

一 大气污染防治监督管理制度实效性评估

大气污染防治监督管理制度主要包括大气污染防治规划制度、大气污染物

---

* 本文系2013年《南京市大气污染防治条例》立法后评估项目成果，由南京师范大学法学院杨登峰教授、屠振宇副教授和倪斐副教授共同完成，录入本书有删减。

排放总量控制、排放污染物许可证制度、大气污染物排放单位的污染防治义务和各相关主管部门的大气污染防治监管职责划分。

（一）大气污染防治规划制度实施评估

在大气污染防治规划方面，根据《条例》第七条的规定，"市人民政府应当根据城市总体规划和环境保护规划，组织编制大气污染防治规划，划定大气环境质量功能区"。在具体实施中，大气污染防治规划是总体环境保护规划中的一部分。2006年9月，南京市政府颁布了南京市"十一五"环境保护规划；2011年，颁布了南京市"十二五"环境保护规划。从此次调查反映出的规划实施效果来看（见图1），认为市政府组织编制的大气污染防治规划能适应当前需要的有31人，占11%；认为基本可以的有150人，占54%；认为不能的有80人，占28%；不清楚的有21人，占7%。

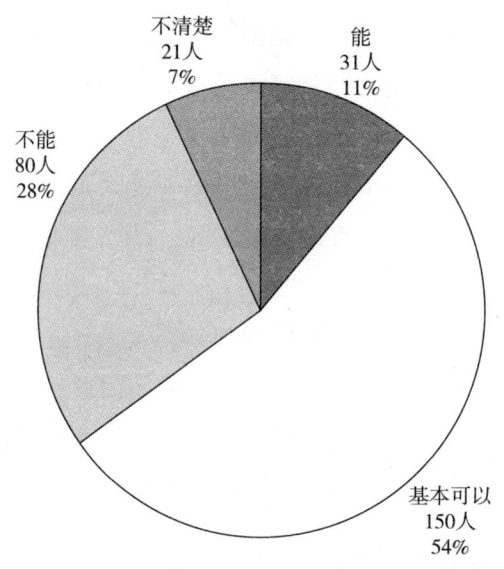

图1 对大气污染防治规划能否适应现实需要的调查

（二）大气污染物排放总量控制制度实施评估

在大气污染物排放浓度控制和排放总量控制制度上，《条例》第八条规定："本市是国务院划定的二氧化硫控制区和酸雨控制区，实行大气污染物排放浓度控制和主要大气污染物排放总量控制相结合的管理制度。"第十条规定:"市环保部门应当会同市发展改革部门根据国家和省核定的本市不同时期主要大气污染物排放总量、大气环境容量和经济社会发展水平,拟定本市不同时期主要大气污染物总量控制计划,报经市人民政府批准后组织实施。"通过实施专项治理工程,加大污染排放治理投入,南京市大气污染物排放总量控制取得明显成果。但此次调查显示:认为本市实行的排放浓度控制与排放总量控制相结合的管理制度存在问题的有147人,占52%;认为不存在的有65人,占23%;不清楚的有70人,占25%(见图2)。

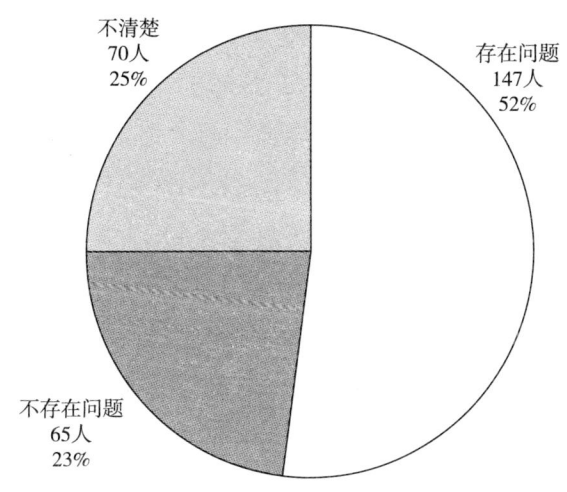

图2 对南京市排放浓度控制与排放总量控制管理制度的调查

认为排放浓度与排放总量控制相结合的管理效果不大的有62人,占22%;认为排放控制标准偏低,排放总量偏高的有54人,占19%;认为浓度控制与总量控制管理机构不明确的有72人,占25%;认为缺少总量管理细则的有85人,占29%;有其他看法的有15人,占5%(见图3)。

为加强大气污染物排放总量控制,《条例》规定了总量控制前置审批制度。《条例》第十二条规定:"新建排放主要大气污染物的项目,建设单位在办理建设项目环境保护审批手续时,应当向环保部门申请获得主要大气污染物排放总量指标,方可进行建设。改建、扩建排放主要大气污染物的项目,新增

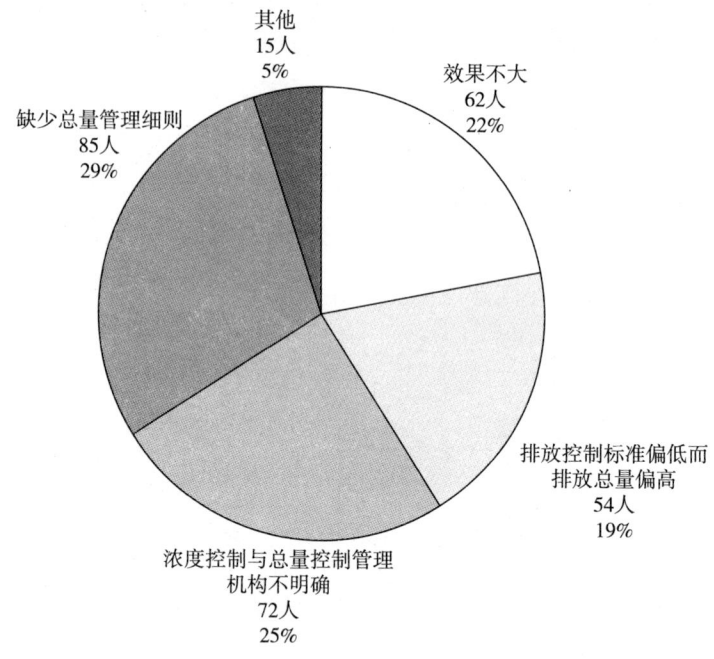

图3 对排放浓度与排放总量控制相结合的管理效果的调查

排污量导致该单位超过原有排污总量指标,未经环保部门重新核定指标的,该改建、扩建项目不得进行建设。"从调查结果来看,认为总量控制前置审批制度能有效地控制大气污染物排放总量的有138人,占49%;认为没多大作用的有89人,占32%;不清楚的有54人,占19%(见图4)。

(三)排放污染物许可证制度实施评估

排污许可证管理制度是控制大气污染物总量的重要手段,对此,《条例》第十三条规定:"实行大气污染物总量控制的排污单位,必须按照排放污染物许可证规定的污染物种类、数量、浓度、速率和其他排放条件排放污染物。"在排污许可制度针对的大气污染物范围上,调查显示,认为排污许可制度针对的主要大气污染物的范围过宽的有27人,占9%;认为过窄的有120人,占42%;认为适当的有92人,占32%;表示不清楚的有47人,占16%(见图5)。

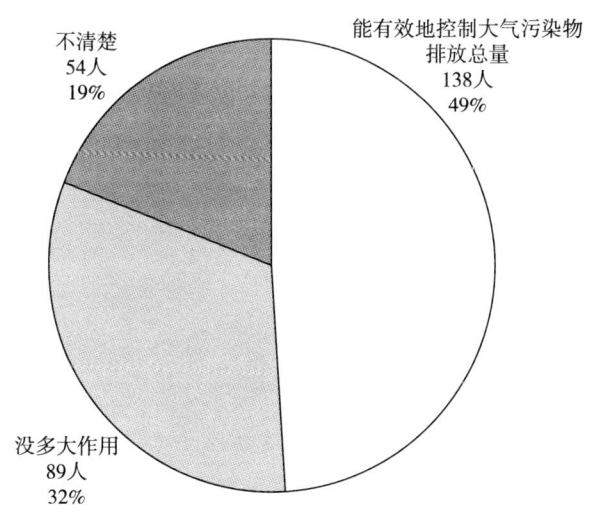

图4 对总量控制前置审批制度的看法

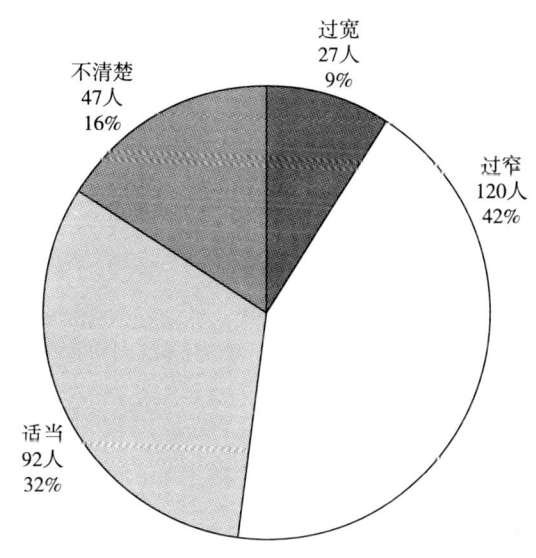

图5 对排污许可制度针对的大气污染物范围的调查

（四）大气污染物在线监测制度实施评估

《条例》第十四条规定，排污单位应当按照环保部门的要求建设具备采样和测流条件并符合技术规范的排污口，设置监测采样口及平台，该检测设施因故障或检修暂停运行的,应当向当地环保部门报告,并在故障排除或检修完成后立即恢复运行。同时,《条例》第四十九条第一款规定:违反这一规定,应由环保部门责令限期改正,可以处以五千元以上五万元以下罚款。这一条规定为环保部门核定企业的排污状况提供了依据,同时也对排污企业起到了警示作用,使其能自觉地按照排污许可证的规定排放大气污染物。因此,在大气污染物在线监测设施因故障或检修暂停运行期间,及时有效地采取其他办法对大气污染物的排放情况进行监测是十分必要的。

从调查的情况来看,在接受调查的130位企业工作人员中,有70人认为其所在的单位在主要大气污染物在线检测设施停运期间,会采取其他办法进行监测,占总人数的54%;有47人认为其所在的单位在主要大气污染物在线检测设施停运期间,偶尔会采取其他办法进行监测,占总人数的36%;有13人认为其所在的单位在主要大气污染物在线检测设施停运期间,不会采取其他办法进行监测,占总人数的10%(见图6)。通过调查问卷可以发现,有半数以上的单位会及时有效地采取其他措施来监测大气污染物的排放情况,但是也有接近一半的企业做不到及时有效地采取措施来检测污染物的排放情况。

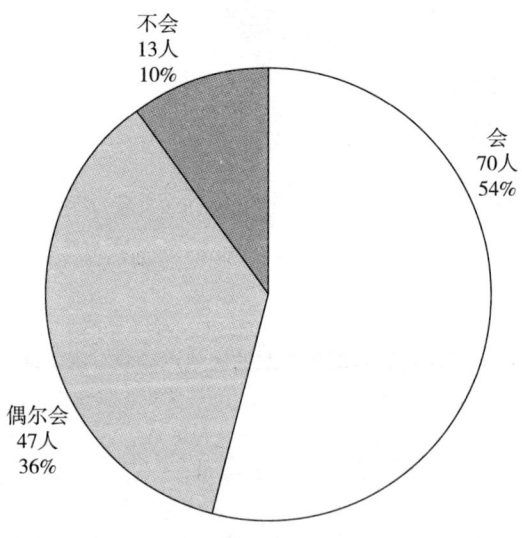

图6 主要大气污染物在线监测设施停运期间,是否会采取其他措施的调查

（五）定期公布主要大气污染物排放制度实施评估

《条例》第十五条规定：主要大气污染物超标排放的排污单位或者主要大气污染物排放总量超过规定限额的污染严重企业应当主动治理污染，减少污染物排放量，并按照市环保部门的要求，定期公布主要大气污染物的排放情况，接受公众监督。这一条规定的目的是将那些主要大气污染物超标排放的排污单位或者主要大气污染物排放总量超过规定限额的污染严重企业的排污情况置于环保部门和公众监督之下，以便更好地对这些违规排放主要大气污染物的企业加强监督和管理。但是在实际操作中，这一制度并未显现出其应有成效。很多企业没有按照规定定期公布主要大气污染物的排放情况。

从调查和访谈中也可以反映出这一问题。在我们调查的130位企业工作人员中，认为其所在单位会定期公布主要大气污染物的排放情况的有44人，占总人数的34%；认为其所在单位偶尔会公布主要大气污染物的排放情况的有36人，占总人数的28%；认为其所在单位不会定期公布大气污染物的排放情况的有50人，占总人数的38%（见图7）。由此可见，大多数企业不会定期公布主要大气污染物的排放情况。

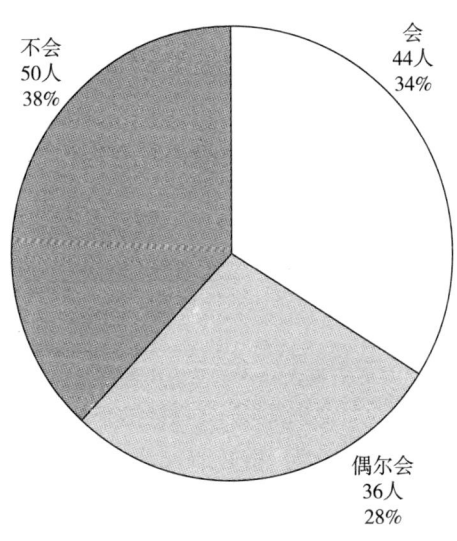

图7　对是否定期公布主要大气污染物排放情况的调查

（六）大气污染防治职责划分制度实施情况

《南京市大气污染防治条例》对市、区县政府在大气污染防治中的职责做了原则性规定，第四条规定："南京市环境保护行政主管部门（以下简称市环保部门）负责本市行政区域大气污染防治的统一监督管理。区县环境保护行政主管部门（以下简称区县环保部门）对本辖区内大气污染防治实施统一监督管理。"第十六条第一款规定："市、区县人民政府应当加强对所属环保部门、其他有关部门以及下级人民政府履行大气污染防治职责情况的监督检查。"此次针对市区环保部门职责划分是否明确的问卷调查显示：认为市、区县政府在大气污染防治中的职责明确的有14人，占5%；认为基本明确的有200人，占71%；认为不明确的有67人，占24%（见图8）。

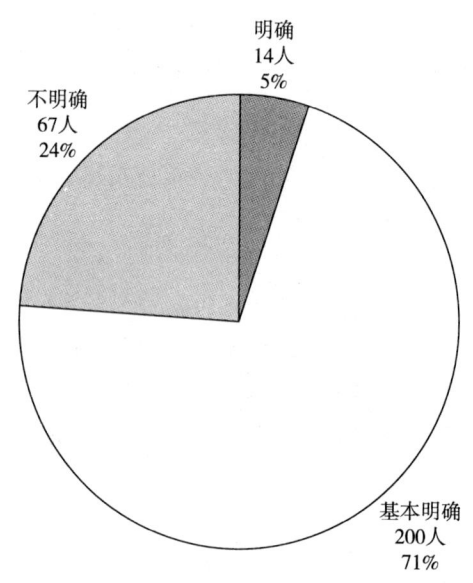

图8 对市、区县政府在大气污染防治中的职责是否明确的调查

2013年5月13日，南京市委、市政府《关于印发〈深化蓝天计划控制大气污染实施方案〉的通知》，对大气污染防治监督管理工作进行了具体任务分解。与《条例》第十四条和第十八条的规定相比，"蓝天计划"控制大气污染实施方案针对大气污染防治的不同事项，分别规定了牵头单位和协作单位，分

工更加合理；此外，还根据大气污染源的变化，新增加了市发改委、市气象局、市农委、市监察局和化工园管委会等监管主体，相较于《条例》第十八条的规定更全面、更合理。

二 防治燃烧高污染燃料产生的大气污染制度实效性评估

根据国家环境保护总局2001年颁布的《关于划分高污染燃料的规定》，所谓高污染燃料包括：（1）原（散）煤、煤矸石、粉煤、煤泥、燃料油（重油和渣油）、各种可燃废物和直接燃用的生物质燃料（树木、秸秆、锯末、稻壳、蔗渣等）；（2）燃料中污染物含量超过限值的固硫蜂窝型煤、轻柴油、煤油和人工煤气。《南京市大气污染防治条例》第三章第十九条至二十二条规定了高污染燃料燃烧致大气污染防治制度，具体措施包括：划定禁燃区、限制或禁止新建高污染燃料排放工厂、强制使用清洁燃料和配套装置。

（一）"禁燃区"制度实施情况

《南京市大气污染防治条例》第二十一、二十二条规定了"禁燃区"制度，即严格限制在市区内新建使用高污染燃料的锅炉和窑炉，以及在主城范围内不得新建燃煤发电厂、水泥厂、钢铁厂。这两条规定为市政规划部门更好地限制高污染源企业的建设，提供了法律依据，使得在能否新建高污染源企业的问题上没有任何商量的余地，从而能够更好地从源头上遏制大气污染物的排放。同时，该规定还能够很好地督促相关的企业和单位建设使用清洁能源燃料的锅炉和窑炉，从而进一步改善南京市的空气质量。

2006年8月，南京市环保局、南京市质量技术监督局联合发布了《关于在全市禁燃区内严格控制使用高污染燃料设备的通告》（以下简称《通告》），划定了禁止使用高污染燃料的市区范围：鼓楼、玄武、白下、秦淮、建邺、下关行政区全部范围，栖霞区仙西地区及幕府东路以南、绕城公路以西区域，雨花台区绕城公路以北、凤台南路以东区域，南京经济技术开发区，南京高新技术开发区，江宁经济技术开发区。《通告》要求，2006年12月31日以前，禁燃区内所有1吨以下（含1吨）锅炉等使用原煤、重油以及其他高污染燃料的燃烧设备，须改燃天然气等清洁能源或自行拆除；实施改造前，在用的锅炉必须符合特种设备安全技术规范，严禁未经登记的锅炉继续使用。对未达到《通告》要求，逾期仍然使用高污染燃料的，环保部门将依法查处。质监部门对新增不符合环保规定的锅炉将不予登记、年检；对逾期未达到《通告》限期要求的，不再办理登记、年检。

《条例》实施以来，南京市环保部门严格依据区域行业限批制度的相关规定，积极对主城区范围内的"三高两低"企业进行集中整治。但是我们也应看到实行"禁燃区"制度虽然对大气污染物的排放起到了抑制作用，但是这一限批制度也对相关企业造成了牵连，特别是一些靠燃煤进行供暖、供热的单位。在我们调查和访谈的130位企业工作人员中，有77人认为该制度能从总体上有效地控制大气污染物排放，占总人数的60%；有42人认为可能对该地区或该行业内的其他无关企业造成牵连，占总人数的32%；有11人认为不会有太大作用，占总人数的8%（见图9）。在对政府机关工作人员的调查中，认为行业限批制度能从总体上有效地控制大气污染物排放的有155人，占42%；认为可能对该地区或该行业内的其他无关企业造成牵连的有155人，占42%；认为不会有太

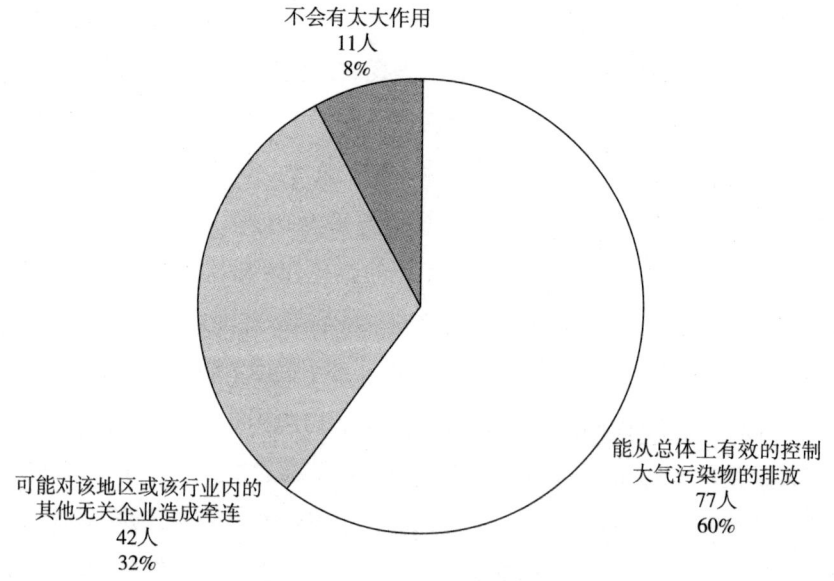

图9　对区域行业限批制度的调查

大作用的有61人，占16%。不难发现有多数人认为该制度的实施对大气污染的防治起到了积极作用。但是我们也应看，还有相当大比例的人认为该制度的实施会对该地区或该行业内的其他无关企业造成牵连。

在对行政机关工作人员的调查中，认为《条例》规定的"禁燃区"范围过宽的有12人，占4%；认为过窄的有166人，占59%；认为适当的有103人，占37%（见图10）。

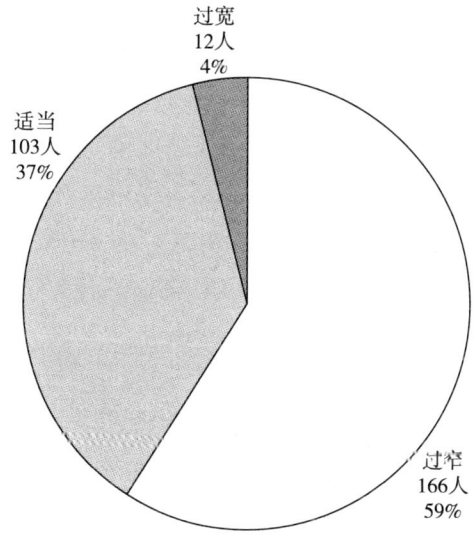

图10 对"禁燃区"范围是否合适的调查

（二）清洁能源改造与脱硫、脱硝工程实施情况

自《条例》实施以来，南京市环保部门积极地推动企业的污染防治工作。2009年，全市继续推进工业大气污染治理工程的建设与改造，全年完成工业废气治理投资2.5亿元，实施工业废气治理工程43个，当年竣工项目42个，新增废气治理能力694.01万标立方米/时。南京市环保部门还进一步推动重点工业企业脱硫脱硝工程建设。2010年继续推进"禁燃区"清洁能源改造，全市完成30台燃煤锅炉清洁能源改造，95%以上的电力、钢铁企业脱硫工程建成运行，并形成减排能力，制订实施了"蓝天行动计划"，并以责任状形式把53项具体任务分解落实到区县和部门。2011年，全市继续深入推进工业大气

污染治理工程的建设与改造，完成了华能金陵、南化公司等脱硫、脱硝工程，完成20台燃煤锅炉的清洁能源改造。2012年完成所有燃煤电厂的烟气脱硫工程，完成南化公司1~3号和上海梅山钢铁自备电厂1号、3号燃煤锅炉烟气脱硫工程并投入运行，完成南钢公司2台180M2烧结机的脱硫工程并投入运行。完成华润热电公司4号机组、华能南京电厂1号机组、华能金陵电厂4号机组的烟气旁路拆除工程。完成华润热电公司3号机组脱硝工程建设并投入运行。完成扬子石化热电厂2号燃煤锅炉烟气脱硝工程，该燃煤锅炉拥有中石化系统内首套满足新标准的烟气脱硝装置。

在南京市"十一五"环境保护规划期间，全市共实施减排项目621个，其中实施二氧化硫减排项目158个，完成了华能南京电厂、南京热电厂、扬子石化热电厂一期、上海梅山钢铁、南钢公司等一批重点脱硫工程；实施化学需氧量减排项目46个，完成了金陵石化、扬子石化、上海梅山钢铁等一批重点COD减排项目，二氧化硫和COD排放总量分别在2005年的基础上削减9.2%和17.2%；此外，南京市还扩大了禁燃区范围，截至2012年底，鼓楼、玄武、白下、栖霞、雨花台、下关等区共完成34台共109蒸吨燃煤锅炉清洁能源改造，其中主城所剩的部队、铁路系统的17台燃煤锅炉已全部完成改造，主城"禁燃区"内燃煤锅炉全部改造完毕。

以上数据反映了《条例》中有关工业企业大气污染防治的相关规定得到很好的贯彻和落实，对南京市的大气污染防治工作的开展产生积极推动作用。但是在我们的访谈和调查中也发现了许多问题，特别是随着市场经济的不断发展，以及一些新问题、新情况的出现使得该《条例》的立法基础发生了很大变化，从而导致《条例》中部分规定不完全适应当前大气污染防治工作的开展。

从此次针对工业企业的调查结果来看，认为能在政府规定的期限内停止使用高污染燃料，改用清洁燃料的有56人，占43%；认为基本可以的有66人，占51%；认为不能的有8人，占6%（见图11）。

在工业企业问卷调查中，认为应当配套建设脱硫、脱硝除尘装置的有124人，占95%；认为过程排污规定才配套建设的有6人，占5%（见图12）。

在接受调查的城市居民100人中，认为周围存在新建高污染燃料的设施或

《南京市大气污染防治条例》实效性评估报告

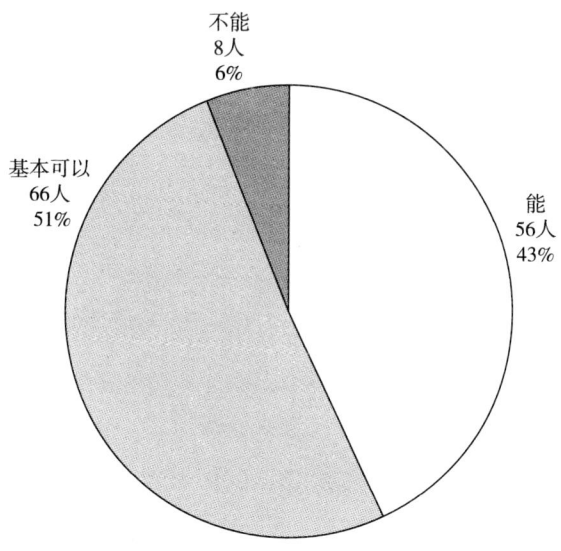

图11 对能否在政府规定的期限内停止使用高污染燃料，改用清洁燃料的调查

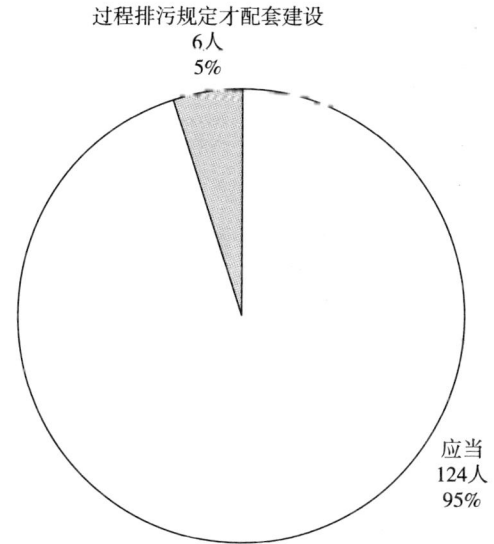

图12 对燃煤发电、水泥、钢铁等企业是否必须配套
建设脱硫、脱硝除尘装置的调查

装置的人数为36人，占36%；不存在的为38人，占38%；26人不清楚，占26%（见图13）。

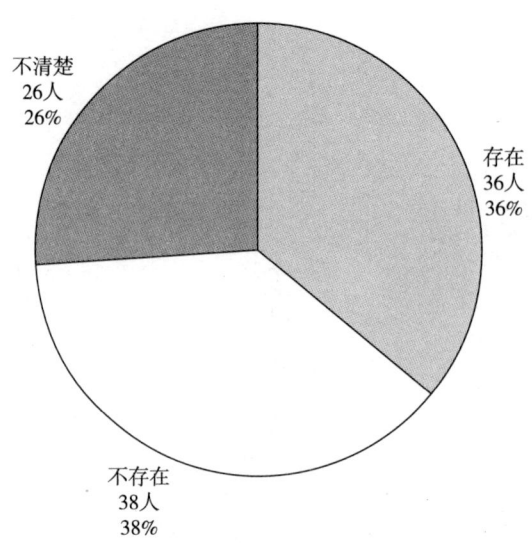

图13 对城市居民周围是否存在新建高污染燃料的设施或装置的调查

在《条例》实施过程中，忽视了法律实施给相关企业带来的成本。《条例》第二十二条要求现有和已经批准建设的燃煤发电厂、水泥厂、钢铁厂等单位必须配套建设脱硫、除尘装置或者采取其他措施，控制二氧化硫和烟尘、粉尘及氮氧化物的排放量。由于脱硫设施的建设费用较为昂贵，上马一个30万千瓦机组电力项目配套脱硫装置差不多要1.2亿元人民币，这钱花了对企业来说又没有直接的经济回报；另外日常的运行费用也很高，因此，一些企业就在消极地观望等待，情愿"认罚"，缴纳排污费。

同时，我们还应注意到，《条例》第二十一、二十二条只是规定了不准在主城区内新建使用高污染燃料的锅炉和窑炉以及新建燃煤发电厂、水泥厂、钢铁厂，但是对城乡交界地区或农村地区是否可以兴建却没有规定，使得环保部门对这些地区的相关企业不能进行很好的监督执法。这样就会对农村造成严重的污染，引起农村居民强烈不满，不利于社会主义和谐社会的建立。在我们走访的100位农村居民中，认为周围建设高污染燃料项目合适的有6人，占6%；认为不合适的有83人，占83%；不清楚的有11人，占11%（见图14）。由此可见，该条中规定的禁燃区过于狭窄，会造成城乡交界地区以及农村地区环境的破坏和污染。

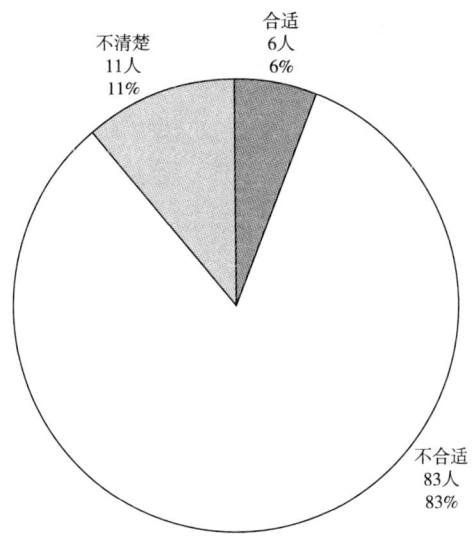

图 14 对在农村居民周围建设高污染燃料项目是否合适的调查

三 扬尘污染防治制度实效性评估

扬尘污染，是指在建设工程施工、建筑物拆除、道路清扫保洁、固体物料运输和堆放、采石取土、养护绿化等活动中产生的空气颗粒造成的大气环境污染。《条例》针对南京市扬尘污染日益严重、扬尘来源复杂，而相关职能部门职责不明确的情况，增设了第四章扬尘污染的防治规定。《条例》第四章第二十三条至二十九条对扬尘污染的防治做出了较为细致的规定。这些条款从工程建设单位与施工单位扬尘污染的防治责任、建筑工程施工、管线施工、建筑物拆除、堆场防尘、易产生扬尘污染物料的运输等方面对防治扬尘污染做出了较为具体的要求和规定。同时，《条例》第十八条明确了政府相关职能部门所应担负的扬尘污染防治职责。除此之外，《条例》第二十九条还规定了道路保洁作业的相关规范。《条例》关于扬尘污染防治的立法，为扬尘防治和大气环境的保护提供了执法依据和制度保障。

自《条例》实施以来，南京市政府及其工作部门以控制城市扬尘为重点，对城市的各类建设工地、渣土运输等重点尘源，通过采取密目围栏、覆盖围挡、湿法作业、封闭运输等控制措施，积极控制扬尘的污染。在城市建设规模空前、工地达到近3000处的状况下，城市建设工地扬尘得到较大限度的控制，为改善空气质量创造了条件。2006~2009年，全市继续加强对建筑、市政建设，以及拆迁工地、渣土运输、道路扬尘、各类堆场等污染源的监督管理，最大限度控制城市二次扬尘污染，空气中可吸入颗粒物浓度和降尘明显下降。2010年针对工地扬尘污染，开展了大规模的专项整治，严格执行"区级日查、市级周查、联合月查"制度，通过宣传教育和严管重罚，使工地扬尘防控达标率提高到60%左右，扬尘污染状况得到一定改观。2012全市先后检查工地5400家次，督查工程项目413个，下达整改通知书81份，下达全面或局部停工通知书14份，红黄牌警示施工单位44家。创建扬尘控制示范区5个，先后在重点工地补助安装专业洗轮机88台套，对进出场车辆进行冲洗；完成密闭运输车改装310辆，租赁5台大型吸尘车对严重积尘道路进行吸尘保洁，购置7台小型道路吸尘机用于街巷道路除尘保洁，主要道路机扫率提高到60%。全市安装18台近地面扬尘报警系统，对各区扬尘污染情况进行实时监测。加强扬尘污染整治的通报制度，对各区县工地扬尘控制情况做到每周通报、每月讲评。同时在主要媒体发布"红黑榜"，公布问题工地名单。全市设48个降尘监测点位，年平均降尘量同比下降21.2%，扬尘污染得到进一步控制。

  为迎接青奥会的到来，南京市政府加大扬尘污染防治力度，结合多年实施《条例》的基本经验，于2012年底和2013年初专门出台了《南京市扬尘污染防治管理办法》《市政府关于印发加强扬尘污染防控"十条措施"的通知》《关于做好建设施工工地扬尘污染集中整治验收工作的通知》《2013年扬尘污染治理工作实施方案》《南京市区县、园区扬尘污染防治考评办法》等规定。这些规定是对《条例》关于扬尘污染防治的条款的细化和补充。《南京市扬尘污染防治管理办法》在《条例》的基础上确定了行政执法主体在扬尘污染防治中的权限和责任；明确了建设单位和施工单位的责任划分，将扬尘污染防治内容增加到建设单位报批的建设项目环境影响评价文件中，增加了施工单位申报施工阶段的扬尘排放情况的规定；细化了《条例》关于扬尘污染的防治措施，比如工程施工中增加了围挡的高度和宽度要求，运输易产生扬尘污染的物料增加了装载物高度的规定等；增加了对于扬尘污染行为的认定，除了建筑工程行为、道路施工、管线施工、建筑物和构筑物的拆除、物料运输、堆场扬尘、道路保洁之外，还将建筑工程施工区分为房屋建设施工和工程施工，增加了渣土处置场的防尘和绿化、养护作业的防尘、建成区内的裸露泥地的绿化或铺装、矿山开采的防尘的规定；针对不同的情况进一步明确了扬尘污染行为的处罚措施和处罚金额。《市政府关于印发加强扬尘污染防控"十条措施"的通知》除了对扬尘污染行为的防治做了规定之外，主要是从执法部门的协调、管理方面对《条例》和《南京市扬尘污染防治管理办法》进行落实。比如，成立"扬尘管理办公室"，落实扬尘污染防控"一把手"负责制。《关于做好建设施工工地扬尘污染集中整治验收工作的通知》《2013年扬尘污染治理工作实施方案》《南京市区县、园区扬尘污染防治考评办法》等规定明确了行政部门关于扬尘污染防治的工作要求、治理目标和考核办法。

从总体上看，《条例》中规定的扬尘污染防治规定对南京市政府及工作部门的执法活动，起到了应有的指导和规范作用。在行政机关的问卷调查中，针对《条例》中规定的防治扬尘污染制度的总体评价，有9人认为达到1分（总分为5分），占接受问卷调查总人数的3%；有60人认为达到2分，占总人数的22%；有120人认为达到3分，占总人数的44%；有82人认为达到4分，占总人数的30%；有0人认为达到5分（见图15）。在对企业的调查问卷中，认为《条例》中关于施工过程中对防治扬尘污染的要求能有效防治扬尘污染的有82人，占接受调查问卷总人数的63%；认为不能的有48人，占接受调查问卷总人数的37%（见图16）。在认为条例不能有效防止扬尘污染的48人中，认为是《条例》规定的要求不够明细的有21人，占44%；认为是《条例》规定的要求不够完善的有14人，占29%；认为是施工单位不遵守规定的有29人，占60%；认为是其他原因的有3人，占6%。由此可见，《条例》的实施基本上达到了当初的立法目的，《条例》规定的扬尘污染制度对扬尘污染的防治工作给予了制度保障，在扬尘污染的防治中起到了积极的作用。

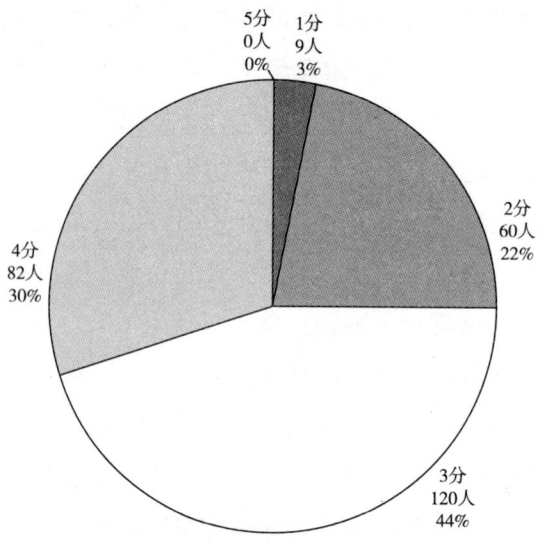

图 15　对《条例》中规定的防治扬尘污染制度的总体评价的调查

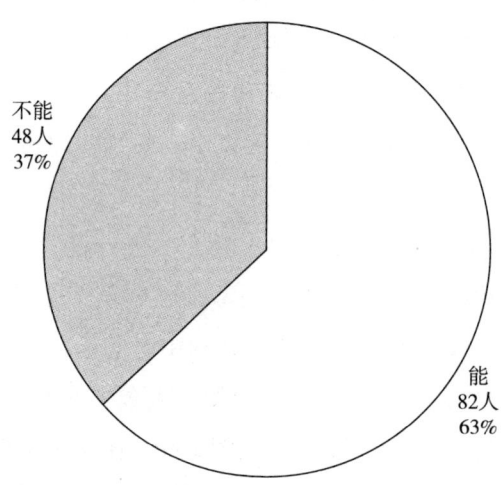

图 16　对《条例》中关于施工过程中对防治扬尘污染的要求
能否有效防止扬尘污染的调查

四　废气、油烟和恶臭气体污染防治制度实效性评估

废气、油烟、恶臭气体是对居民日常生活产生较大影响的大气污染物，也

《南京市大气污染防治条例》实效性评估报告

是决定居民对于相关部门大气污染防治工作满意度的重要因素。《大气污染防治法》第四十条"向大气排放恶臭气体的排污单位,必须采取措施防止周围居民区受到污染"以及第四十四条"城市饮食服务业的经营者,必须采取措施,防治油烟对附近居民的居住环境造成污染",从总体上规定了恶臭气体和油烟排污单位的大气污染防治义务。《南京市大气污染防治条例》第三十条至三十三条则在《大气污染防治法》的基础上进一步区分生活恶臭气体、生产恶臭气体污染防治工作,增加并明确市、区县人民政府治理河道、垃圾集中地恶臭气体义务,明确可能产生油烟的饮食服务项目的具体防治方法。虽然《条例》中针对恶臭气体、油烟污染的条文仅有四条,但较之于《大气污染防治法》的原则性规定,《条例》的制定和颁行不仅明确恶臭气体排污单位以及油烟排污单位的具体污染防治措施,也将政府部门在防治恶臭气体、油烟污染工作中的权责予以明确,为油烟、恶臭气体污染防治工作提供了更具有操作性的法律依据,使得影响市民生活的恶臭气体、油烟污染得到一定控制,提高了市民对大气污染防治工作的满意度和信任度。对行政机关进行的问卷调查显示,认为条例中规定的防治废气、油烟和恶臭气体污染制度达到1分(总分为5分)的有16人,占6%;2分的有56人,占20%;3分的有110人,占40%;4分的有82人,占30%;5分的有10人,占4%(见图17)。若以3分为

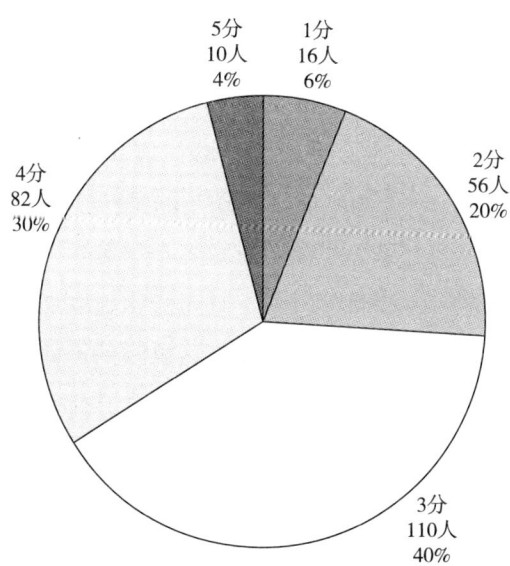

图17 对防治废气、油烟、恶臭气体污染制度的总体评价的调查

合格，对防治废气、油烟、恶臭气体污染制度的总体评价的合格率为74%。总体而言，《条例》中防治恶臭气体、油烟的规定得到了贯彻落实。

五 防治机动车船排放污染制度实效性评估

《条例》关于机动车船排放污染防治的规定，总体上呈现以下几个特点。第一，以机动车排放污染防治为主，结合船舶排放污染的治理，突出了治理的重点。《条例》对机动车船排放污染防治的专章规定中，十个条款都涉及机动车排污的防治问题，关于船舶排污防治的规定较少。这与机动车在城市交通的地位是相适应的。第二，相对于《条例》中关于防治高污染燃料污染，扬尘污染，废气、油烟、恶臭气体污染的规定，《条例》关于机动车排污防治的条款最多，从而进一步凸显了机动车排污防治的重要性。随着居民私人机动车保有量的不断增加，机动车排污治理已成为城市治理大气污染的重中之重。第三，《条例》对机动车排污防治的规定几经修改，已经较为完善。《条例》关于机动车排污防治主要从两方面进行了规定：一是机动车的检测与治理，包括条例的第三十五条到三十八条；二是预防与控制，包括条例的第三十九条到四十三条。

从我们的调查和访谈情况来看，《条例》规定的内容基本得到了认真地贯彻和实施，对防治机动车排放污染产生了积极效果，取得了一系列效果。但是，在一些地方也存在亟待改进的空间，尤其是随着南京市机动车数量的快速增长，机动车排放污染治理的形势十分严峻，客观条件的变化也给《条例》的实施带来了新的问题。《条例》关于机动车船排污防治的规定，包括源头预防、检测、治理和控制等方面，虽然只有短短十个条款，但就立法当时而言还是比较完善的。《条例》自2005年6月5日正式实施以来，对南京市机动车船排污治理工作起到了重要的规范和指导作用，也收到了良好的社会效果。在南京市政府及其工作部门的积极推动下，《条例》关于机动车船排污防治的规定得到了有效贯彻和实施，并得以在实践中不断深化，逐渐建立起了一套较为完善的机动车排污防治的管理体系。

2007年，南京市政府在认真总结实施《条例》相关条款的经验基础上，制定并实施了《南京市机动车排气污染防治管理办法》。2010年，南京市人大又在《南京市机动车排气污染防治管理办法》的基础上，进一步总结《条例》实施以来关于机动车船排污防治的经验，以地方性法规的形式对机动车污染防治进行专门规定，制定了机动车排污防治的专项立法《南京市机动车排气污染防治条例》。

从实施情况来看，《条例》中关于防治机动车排放污染的规定得到了认真实施，空气质量恶化的势头也因为《条例》的有效实施而有所缓解，特别是为迎接青奥会，市政府以实施"蓝天行动计划"和创建国家生态城市为主线，在机动车排气污染防治方面做出巨大努力。从调查问卷和访谈来看，南京市机动车排气污染防治工作总体在向前推进，《条例》关于机动车污染防治的规定总体运行较好。在对282位受访者的调查中，对《条例》规定防治机动车船排放污染防治制度的总体评价为1分（总分为5分）的为20人，仅占7%；2分的有54人，占18%；3分的有116人，占39%；4分的有90人，占31%；5分的有14人，占5%（见图18）。

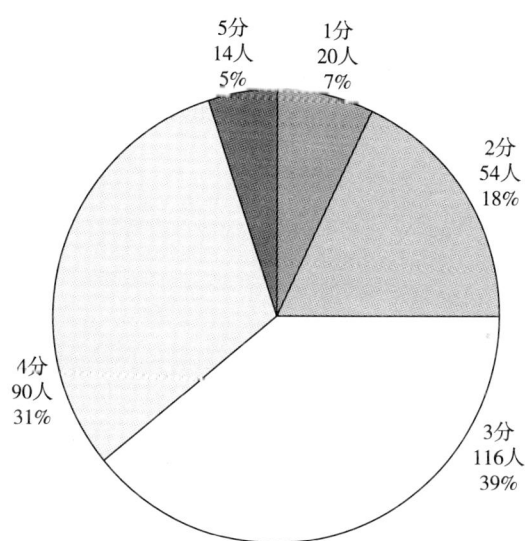

图18 对《条例》关于机动车船排放污染防治制度的总体评价

如图18所示，评价为4分以上的被访者只占调查总数的36%，这表明，许多人认为《条例》关于机动车船的规定刚刚达到及格线。当然，产生不满的原因，是多方面的，甚至并不是制度本身造成的。首要的原因是大气污染的日益恶化，尤其是随着私家车数量的不断增加，仅仅依靠《条例》中的防治措施，无法从根本上改变空气质量不断恶化的局面。而要扭转这种趋势，仅仅依靠政府的投入和努力是远远不够的，还必须不断加大对环境整治的投入，调动全社会的力量。严苛的执法只能在一定程度上缓解大气污染的程度，同时也可能因为对市民自由和权利的过多限制，而招致不理解和抱怨。如道路抽查，虽然有利于防治不符合排气标准的机动车上路行驶，保护大气环境，但是随机抽查的方式必然会影响到公民的时间，有时也会造成道路的拥堵；另外对黄标车的报废，虽然制定了相关的奖励制度，但是这种强制是以牺牲部分公民合法的所有权为代价的，所谓的奖励无法弥补被强制人的损失。还有油品使用的问题，政府强制要求机动车主使用某种油，否则不允许上路行驶，这种手段也影响到公民的自由选择权，同时也增加了市民的负担。

学术会议综述

Academic Conference Summary

B.22
2013年法治江苏建设高层论坛综述

公丕祥*

在深入贯彻落实党的十八大精神和习近平总书记系列重要讲话精神，建设法治中国、深化法治江苏建设的新形势下，由江苏省依法治省领导小组办公室、江苏省法学会、江苏省经济和信息化委员会、南京师范大学江苏法治发展研究院联合举办，由徐州市委、市政府承办的2013年法治江苏建设高层论坛在徐州隆重举行。在与会同仁的共同努力下，这次论坛成果丰硕，圆满成功，达到了预期目的。

诚信建设与法治保障密切相关。诚信建设必须建立在坚实的法制基础之上，必须获得法制的坚强保障，必须在法治化的轨道上扎实有序地加以推进。建设法治江苏，发展社会文明，实现"两个率先"，对诚信江苏建设提出了新的更高的要求。本届论坛以"诚信建设与法治保障"为主题进行深入研讨，这对于在建设法治中国的时代进程中进一步深化法治江苏建设，提高公民文明

---

* 江苏省人大常委会副主任，南京师范大学法学院教授，博士生导师。

素质和社会文明程度,在新的起点上又好又快地推进"两个率先",无疑有着重要的理论价值和现实意义。

在开幕式上,中央社会管理综合治理委员会办公室专职副主任、中国法学会副会长徐显明教授和江苏省委常委、省委政法委李小敏书记做了重要讲话,徐州市委曹新平书记发表了热情洋溢的致辞,江苏省法学会林祥国会长主持了论坛开幕式。他们的讲话和致辞,深刻阐述了诚信建设与法治保障之间的内在关联,深入揭示了法治在诚信建设中的基础性作用,着力分析了在深化法治江苏建设的过程中加强诚信建设法治保障的重要性和基本要求,具有重要的指导作用。

在本届论坛主题报告会上,国家行政学院法学部主任、博士研究生导师胡建淼教授做了题为"以十八大法治精神为指导,诚实信用,推进法治中国建设"的学术演讲。胡建淼教授的报告,从理论与实践的结合上,深入阐述了在建设法治中国的时代背景下加强诚信政府与诚信法制建设的目标要求和实现机制,思想深刻,内容丰富,对于我们准确把握诚信建设与法治保障的内在机理及其时代意义,提供了重要的学术启示。

在论坛组委会的精心组织下,本届论坛围绕研讨主题设置了若干具体的专题,收到1381篇论文,入选150篇。在专题研讨中,先后有8位优秀论文作者代表进行了交流发言。他们的发言,视野开阔,论述透辟,颇具真知灼见,体现了鲜明的时代精神。省法学会吴乐勇副会长宣读了《关于表彰2013年法治江苏建设高层论坛优秀论文决定》。

感谢论坛组委会再次邀请我参加会议并担任学术点评人。在这里,我着重围绕8位优秀论文作者代表的交流发言,结合其他作者的论文,谈谈自己的一些看法,和各位同仁一起切磋交流。待会儿,省委政法委朱华仁副书记还要做论坛总结讲话,我们要认真学习贯彻。

通览提交给大会的论文,特别是8位主发言人的文章,我深切地感受到,各位同仁围绕论坛主题展开了深入的探讨,或是长于学理思辨,视域宏阔,运思精巧,展开的理论言说鞭辟入里;或是善做实证分析,论之有据,言之有理,提出的对策切实可行。尽管同志们的研究方法各异,探讨途径不同,但毋庸置疑,每位作者都从自身的观察视角和方法选择上给出了独到的思想贡献,丰富了论坛的研讨内容，提升了学术品质与实践价值，很受启发，深受教益。

戴跃强同志来自社会信用体系建设的省政府主管部门，他的《建设信用体系 支撑创新转型》一文，以社会信用体系与市场经济体制的互动关系为论述主线，详细地考察了社会诚信体系的起源及其国际发展规律。作者指出，契约型社会结构、市场经济的逐利本性、市场经济对传统价值观念的冲击，是导致社会诚信缺失的三个主要因素。为此，他强调，我们不仅必须深刻认识到社会诚信建设任务的迫切性，更要充分地利用好现阶段社会诚信建设的优势和资源。就目前而言，我们至少有如下的优势和条件：一是党的十八大对加强社会信用体系建设提出了新的要求；二是信用建设正在成为政府转变职能的重要抓手；三是国家加强了对全国社会信用体系建设的组织指导；四是我国政府开始注重掌握企业和个人的信用资源；五是我国建设社会信用体系具有体制和后发优势。在对社会诚信建设所面临的问题和所具有的优势进行细致分析之后，作者结合江苏社会信用体系建设的实践和未来构想，指出将诚信建设与支撑创新转型、促进和谐发展的实践结合起来，有望开辟一条具有中国特色、江苏特点的信用体系建设之路。应当说，作者对诚信江苏建设的思考，确乎有着全局视野的理性把握。

顾海城同志来自广东省增城市人民政府，他的《诚信建设需德法兼治》一文，以翔实的文献资料为依托，在引经据典的同时，不失时机地举例、讲道理。作者认为，诚信建设与法治建设的关系，实质上是"德治"与"法治"关系。进行诚信建设，"官德"是关键，"商德"是核心，"民德"是基础。这样一来，作者通过应用"德治"与"法治"的二元分析工具，从政务诚信、商务诚信、社会诚信和司法公信等四个方面，全景式地考察了诚信建设的多维面相，有着重要的现实意义。

作为来自江苏法学界的代表，曾祥华教授的《诚信政府与信息公开》一文，深入阐述了信息公开对于诚信政府建设的重要意义。作者指出，政府诚信是法治政府的必然要求，政府诚信要求政府保持政策的连续性、遵循信赖保护原则、正确处理公共利益与政府自身利益的关系、注重公共利益与个人利益的平衡、忠实履行合同义务等。作者在界定注重政府诚信的概念内涵后，检讨了现阶段政府诚信缺失的一些突出现象，认为加强诚信政府建设有多方面的要求，但信息公开是基本要求和第一要义。我国政府信息公开已经启动，要加大力度，逐步推进。建设和完善信息公开制度，需要更高层次的立法、有效的司法审查、充分的利益表达机制和健全的民主法治环境。曾祥华教授的这篇文章，以信息公开为切入点，阐述了通过权利来限制权力的思路，具有重要的现实意义。

陶振同志来自上海市委党校，他在论坛发言中，着重探讨了政府公信力问题。在对政府公信力的内涵、类型和特征的梳理界定的基础上，作者运用相关的概念分析工具，结合实证调研数据，深入考察了当前政府公信力的层级分布状况以及政府公信力下降的主要成因及其影响后果，进而提出了重建政府公信力的理性思考，强调要努力建设透明政府、服务政府、有限政府和参与政府，着力提升政府公信力，以期回应变革时代对法治政府建设的严峻挑战。作者的上述见解，亦是颇具新意的。

在社会诚信体系中，司法诚信或司法公信具有重要而特殊的地位。司法公信力是社会公众对司法表现出来的信服和信赖。司法公信力不是凭空而来的，最主要的是靠公正廉洁的司法活动来实现。当前，司法工作的自我评价与社会评价之间仍然存在较大反差，司法机关的司法公信力受到了质疑。对此，我们应当从多方面加以分析，探求提高司法公信力的有效对策。多年来，李后龙同志和王君悦同志一直担任省辖市司法机关的主要负责人，对当前司法公信力面临的严峻挑战有着切身的感受。他们的发言和论文，具有鲜明的司法实践反思品格。两位作者密切联系所在地区的生动的司法实践，分别考察了人民法院、人民检察院在推进司法公信建设中所面临的难题，并在深入调研的基础上提出了他们的破解思路，发人深思，催人奋进。

李后龙同志的《提高司法公信力的实证分析》一文，建立在深入扎实的实证调研基础之上，可以看出作者为此付出了大量的辛劳。文章认为，普罗大众是对司法进行社会评价的关键性主体。也正是基于这样一种平民立场，作者重点调研分析了社会公众对司法公正的感知与评价情况，通过发放问卷调查、召开座谈会等形式，获得了信实可靠的第一手数据资料。应当说，这种直面社会公众意愿的做法，使我们获得了对司法舆情的真切感知。作者认为，司法公信力不高，既有法院自身的原因，又有外部体制机制的原因，还受到社会公众法律意识、诚信状况等诸多因素的影响。作者从合理定位法院职能、把握司法规律、坚持司法公正、恪守司法为民、加强法院队伍建设、推进司法体制机制建设等六个方面，提出要正确处理好相应的六个关系，全面阐述了提高司法公信力的基本思路，具有很强的针对性和指导性。

王君悦同志的《全媒体时代的检察公信力建设》一文，将检察公信力建设放置于全媒体时代的现实背景之中加以考量，体现出作者与时俱进的研究态度和敏锐的学术洞察力。文章科学地界定了检察公信力的内涵、特征及构成要素，指出，全媒体时代的到来，要求我们必须处理好检察院的法律监督与网络民意的社会监督之间的关系；而苏南现代化示范区的战略定位，对以苏州为排头兵的苏南各市的司法公信力建设提出了新的更高的要求。作者结合苏州市检察机关的提升检察公信力方面积累的丰富经验，归纳出提升检察公信力的四条路径，即维护社会和谐稳定，有效化解社会矛盾，在全面履行职能中提升检察公信力；服务经济社会发展大局，切实关注民生热点，在执法为民中提升检察公信力；全面强化法律监督，倾力维护司法公正，在保障人权中提升检察公信力；深化检务公开，增强执法透明度，在接受群众监督中提升检察公信力。应当说，苏州市检察院在加强检察公信力建设方面展开了积极有益的实践探索，具有突出的地域特色和普遍的示范意义。

我们知道，在中国传统文化中，诚信具有十分重要的地位。在儒家看来，"诚"是一个最高的概念。《中庸》指出，"诚"是天之所以为天的根据，是生生不息、真实无妄的"天之道"。"诚"作为"天之道"，也是人的性命之源，人性就是至诚无息的天道的赋命与体现。儒家还倡导"仁、义、礼、智、信"的所谓"五常之德"，其中，"信"是五常之德的一种德行。它的作用在于持守至诚天道所赋予人的至善德行。因此，诚是天道，信是人道。天人合一，诚信一致。显然，中国传统诚信文化博大精深，每每给予我们以深刻的启示。

尤如贵同志来自扬州市法学会，他的《中国传统文化儒家、道家、佛家、法家的诚信精神特点及现代传承》一文，阐释了儒、道、佛、法四家的诚信理念，是一个颇具学理性和史料厚重感的研究成果。按照他的看法，独特的历史际遇与社会生存环境，形塑了以"行儒、明道、释佛、暗法"为基本表征

的中国传统文化。作者征之于史料，论之以文化，翔实全面地剖析了儒家、道家、佛家、法家的诚信理念及其特征，不仅把握了诚信精神的历史向度，还热切地关注诚信精神的时代走向，进而力图勾勒出传统诚信文化的创造性转化的现实路径。文章认为，实现传统诚信文化的现代传承，就是要做到：着眼"文化导向"，以"道的自然"充溢诚信；围绕"信仰铸基"，以"儒的执着"修炼诚信；坚持"追求凝神"，以"佛的境界"推动诚信；突出"法治践行"，以"法的坚守"保障诚信。这些观点，很有学术见地，很有参鉴价值。

史国君同志多年从事政法战线的领导工作，现在又担任省信访部门负责人。他在先前向论坛提交的《走出司法公信的"塔西佗"陷阱》一文，着力阐述了党委政法委在破解司法公信困局中的重要作用。在刚才的论坛发言中，史国君同志又结合信访工作实际，做了题为《从信访突出问题看法治和诚信政府建设》的交流，通过对2013年上半年全国信访总量和2013年1~8月江苏信访总量相关数据的深入分析，强调造成信访突发多发态势的原因是多方面的，其中的重要成因之一就是政府诚信的缺失。政府政策的多变性，政策落实的不到位，行政效能偏低的软环境，等等，影响了政府的诚信度，日趋滑向另一个"塔西佗"陷阱的边缘，这就是社会公众对政府信任度的下降。为此，作者提出，建设法治政府、诚信政府，是解决信访突出问题的根本路径，要在坚持依法行政、坚持科学决策、坚持转变职能、坚持以人为本、坚持廉洁从政等方面下更大的功夫。很显然，作者透过信访困境对政府诚信面临的"塔西佗"陷阱问题的诊断是切中时弊、发人深省的。

当下中国，诚信问题已经成为社会各界和广大群众普遍关注的一个重大社会议题。"人无信不立，国无信则衰。"党的十八大报告再次强调，要加强政务诚信、商务诚信、社会诚信和司法公信建设，并且把诚信作为社会主义核心价值观的基本要义之一，把"司法公信力不断提高"作为到2020年实现全面建成小康社会宏伟目标的重要内容之一。这就把诚信建设摆在了更加突出的重要位置。建设法治中国，推进诚信建设，实现社会文明价值体系的巨大创新，有赖于我们这个东方社会主义大国辽阔版图内的各个区域的不懈努力。我们欣喜地看到，在江苏省委、省政府的坚强领导下，在江苏省委政法委的有力组织指导下，法治江苏建设与诚信江苏建设正在扎实有序地向前推进，法治江苏的社会基础和文化氛围日臻成熟。正是在这样一个重要的时代背景下，政法战线的同志们和法学理论工作者围绕"诚信建设与法治保障"主题所展开的研讨，关乎全局，意义重大。面对迅疾而来的时代挑战，面对法治中国进程中的区域法治发展与变革的理论期待，我们依然需要不懈探索，奋力前行，以期为法治中国与法治江苏建设奉献绵薄之力！

B.23
2013年江苏省法学会学术会议综述

江苏省法学会研究处

2013年，江苏省法学会所属各研究会围绕当前法治建设中的理论与实践问题，分别以"退休法律问题"、"新型城镇化背景下的行政法治建设研究"、"法治视野下合同法理论与实践的新发展"、"拥抱大海：国际法与海洋权益维护"、"生态法治与政策"、"知识产权保护与创新经济发展"、"中国古代法律智慧与当代中国"和"先行调解与第三人撤销之诉"为主题，举办了学术年会，进行了广泛深入的学术探讨。

一 江苏省法学会刑法学研究会年会

2013年12月14日，江苏省法学会刑法学研究会2013年年会在常州召开。此次年会由省法学会刑法学研究会主办，常州市中级人民法院承办。与会学者围绕以下专题进行了深入研讨。

（一）刑事政策与刑法的关系

南京大学法学院孙国祥教授认为，基于实质违法性的分析视角，刑法与刑事政策可以融合与统一。南京市建邺区人民检察院李勇检察官认为，刑事政策在司法层面必须尊重刑法法规的权威性和至上性。泗洪县人民检察院田津尔检察官认为，处理群体性事件时正确贯彻宽严相济刑事政策的前提是准确把握其正确含义。常州市人民检察院刘继春检察官提出了检察机关在贯彻宽严相济的刑事政策时必须做到的几点要求。

（二）网络言论的刑法规制

多数学者认为，刑法应该对网络上的侵犯他人权益、破坏社会秩序的言论进行规制。淮安市中级人民法院副院长时恒支认为，对于可能造成严重后果的造谣行为，应通过刑法的规制手段加大打击力度。也有学者认为司法解释关于网络诽谤犯罪的规定有值得探讨之处。省社会科学院法学所助理研究员刘伟认为，我们应当摒弃将网络谣言视为洪水猛兽试图一棍子打死的传统刑法思维。连云港中级人民法院傅成保法官认为应当在刑法中增设侵犯网络隐私罪，对于人肉搜索行为是否入罪要再三权衡。

（三）征地拆迁中的职务犯罪问题

一些来自基层司法实务部门的代表从实证出发，提出了征地拆迁职务犯罪的特点、原因、刑事对策。与会学者对征地拆迁职务犯罪的主体和司法认定进行了研究，尤其是对内外勾结骗取拆迁补偿款的行为如何定性进行了深入探讨。常州市武进区人民法院吴旭东法官将该种情况划分为几个类型。还有的学者推而广之对刑法第三百八十三条第二款的规定加以探讨。南京市建邺区人民检察院吴超令检察官将征地拆迁职务犯罪分为贪污类、受贿类、滥用职权类、挪用公款类等几种类型。与会学者还从其他诸多方面对征地拆迁职务犯罪的案件进行了详细深入的探讨。

（四）环境犯罪问题

有学者认为动用刑法严打环境犯罪实属必然，要采取民事、行政、刑事等各种手段遏制环境犯罪。还有的学者将环境犯罪的"三难"问题纳入刑法研究范围。在环境犯罪的司法认定问题上，与会学者探讨了环境犯罪的违法性认识、因果关系、既遂与未遂以及法定刑等问题。常州市中级人民法院张屹院长对环境监管失职罪进行了研究。南通市通州区人民检察院张涛检察官对破坏性采矿罪进行了探讨。针对环境犯罪的立法完善，多数学者认为应引入严格责任、增设过失危险犯的规定。

二 江苏省法学会社会法学研究会年会

2013年12月14日，江苏省法学会社会法学研究会2013年年会暨社会法

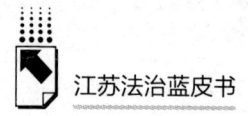

高端论坛在南京师范大学国际交流中心召开。此次年会由江苏省法学会社会法学研究会主办,南京师范大学法学院承办。与会学者围绕年会主题"退休法律问题""当代中国劳资伦理法律规制问题",进行了深入探讨。

在主报告发言阶段,与会代表就社会法学基本原理、我国退休制度整体改革、养老保险法律问题、市场竞争中的劳资伦理等问题展开了充分而又热烈的讨论。上海交通大学法学院董保华教授以大学生实习和职场性骚扰等实例为切入点,分析了社会法学研究学者与实务部门在社会法现实问题的分析与解决上存在的法律话语体系差异问题,提出在"社会法与法社会"框架下,社会法学研究应遵循理论与实践相融合的思路。吉林大学法学院冯彦君教授认为我国退休制度整体改革势在必行,他主张我国退休制度应注意从整体加以推进。上海财经大学法学院王全兴教授分析了我国当前养老保险基金面临的困境问题,认为社会保险具有社会性和商业性双重属性,当前,我国养老保险基金在运作机制上过于注重商业性,对社会安全目标重视不够,解决养老保险基金问题的根本途径是以政府责任为主,当事人责任为辅。南京师范大学法学院秦国荣教授在发言中主张应摒弃劳资对立和纯粹合同交易的思维,认为在现代市场竞争条件下,劳资关系乃是货币资本与人力资本的劳动契约结合,双方以企业为利益共同体形成了合作共赢的协作关系,劳资关系具有经济性、人身隶属性和组织隶属性的特点,因而劳资关系具有身份关系的社会伦理特质,法学研究应着力对劳资双方的伦理要求及其权利义务关系进行认真梳理,将其作为劳动法哲学研究的重要命题,这与社会主义和谐劳资关系建立也是极为切合的。

在主题发言阶段,与会学者直面我国当前的社会法热点问题,围绕劳资伦理法律规制、社会法基础理论、退休法律制度和其他劳动法理论与实践进行了充分阐述。本次会议在社会法学基础理论、劳资伦理法律规制、退休制度改革等诸多学术与实践问题上,达成了诸多学术共识。

三 江苏省法学会行政法学研究会年会

2013年11月16日,江苏省法学会行政法学研究会2013年年会在南京召开。此次年会由江苏省法学会行政法学研究会主办,河海大学法学院承办。与会代表围绕主题"新型城镇化背景下的行政法治建设研究",具体就以下专题进行了深入研讨。

(一)生态文明建设的法治保障研究

南京工业大学法政学院温晋锋教授认为,生态立法必然要遵循安全发展原则,处理好各种关系。无锡市北塘区人民法院朱刚法官提出要健全环境保护责任追究制度和环境损害赔偿制度。省高级人民法院行政庭丁钰法官认为,环境行政诉讼的出路在于激活最广泛的公众参与。常州工学院黄建文教授则认为,应该确立"环保行政机关为主、其他社会主体为辅"的适格原告机制。苏州大学法学院上官丕亮教授认为,应建立环境公益诉讼制度,遏制城市污染向农村转移。河海大学法学院李祎恒博士认为生态文明建设的要求在土地征收程序中主要通过利益关系人参与机制来有所体现。常州市政府法制办周智夏主任和刘志军分析了苏南现代化示范区建设中生态文明建设和环境保护方面面临的突出问题。

(二)农民土地权益保护研究

苏州市政府法制办胡伟华主任和吴睿指出公共利益构成土地征收行为的正当性基础,是征收决定批准主体对被征收人的承诺。无锡市中级人民法院蔡萍法官和崔晓萌法官认为应当切实提高征收补偿标准,丰富征收补偿方式。徐州市中级人民法院张婉丽庭长认为,司法应在被动中寻求对失地农民利益保护的最大化。泰州市中级人民法院顾金才法官和蔡鹏法官针对集体土地征收行为救济中行政复议制度弱化问题提出一些建议。连云港市中级人民法院课题组指出连云港地区"城中村"征地矛盾成因主要在于程序性规范失控。

(三)行政审判体制改革研究

常州市戚墅堰区人民法院陈美法官认为破解当前行政审判体制困境的路径

在于创建独立的行政法院系统。省高级人民法院吕长城法官认为应以司法改革为契机,实现行政审判机构的独立,加强行政审判人员的专业化建设。淮安市中级人民法院吴志伟法官提出应当有限分离司法审判与行政管理区域,实现行政案件的相对集中管辖。宿迁市中级人民法院刘志群、于元祝法官认为应改革和完善行政诉讼指定管辖机制。南通市中级人民法院张祺炜法官指出对行政指导要进行有限的司法审查。南京市人民检察院孙道林副检察长和朱伟强检察官认为行政检察监督应对行政法律的实施过程进行全面、动态的监督。淮安市洪泽县人民法院凡振峰法官认为非正常撤诉背离了行政诉讼维护行政相对人合法权益的首要目的。无锡市滨湖区人民法院吴茜法官认为,行政调解制度的建立有助于和谐主义诉讼模式的构建。苏州市姑苏区人民法院高文祥法官则认为,时下过度对行政诉讼调解的追捧已经对行政法治环境构成了一定程度的威胁。南京市中级人民法院赵雪雁法官将禁止过度原则作为一项司法审查技术,对其在现行法律框架下的运用进行了考量。昆山市人民法院李诗茵、周游法官提出了行政技术与司法技术的制度衔接的形式和实质审查标准。南京市人民检察院李田红检察官基于检察机关诉讼主体地位的视角,考察了民事公诉与行政公诉的区别。南京市中级人民法院洪途法官以房屋转移登记案件为例,分析了行政诉讼原告资格的问题。

(四)城市交通与治理法治研究

东南大学法学院孟鸿志教授和硕士生王传国认为不能基于公共利益径行限制私人投资主体合法的收费权。扬州市中级人民法院徐沐阳法官以某交通行政许可案为视角,指出城市出租车业挂靠经营模式被反复采用的主要原因是城市出租车业市场准入机制中的准入歧视,导致城市出租车业行政垄断的出现。

四 江苏省法学会民法学研究会年会

2013年11月15日,江苏省法学会民法学研究会2013年年会暨合同法疑难案例研讨会在南通召开。本次年会由省高级人民法院、如东县人民法院共同承办。与会学者围绕年会主题"法治视野下合同法理论与实践的新发展",就以下专题进行了深入探讨。

(一)以物抵债、表见代理、实际施工人

江苏省高院民一庭夏正芳庭长提出,可根据双方以物抵债合意达成的时间及是否转移物权,将以物抵债做类型化处理。多数与会学者赞同实务部门类型化处理、提炼共同规则的努力,但也有学者对债务未届清偿期的一概认定为流抵契约、让与担保一概无效持不同看法,认为应在现有规则框架内认定以物抵债行为的效力。以物抵债中的虚假诉讼十分常见,对此与会学者提出了不同的意见。江苏省高院民二庭段晓娟副庭长提出了认定表见代理的标准,就举证责任的分配提出了自己的观点。与会学者普遍认为,出于保护农民工权益的目的,最高人民法院《关于审理建设工程施工合同纠纷案件适用法律问题的解释》第二十六条赋予实际施工人向发包人主张工程款的权利,这种对合同相对性的突破应严格限制。对于实际施工人的范围应严格限定,实际施工人追索工程款权利在适用中应按照代位权要求行使权利。针对存在层层分包的情况,学者们讨论了实际施工人的权利保护问题以及转包人、分包人责任承担问题。

(二)预约、无权处分、房屋回购

学者们针对预约与本约的区分、违反预约的法律后果、可得利益赔偿问题有不同看法。关于无权处分行为的效力认定,多数学者认为,最高人民法院《关于审理买卖合同纠纷案件适用法律问题的解释》出台后,无权处分情形下订立的买卖合同应属有效。在具体的法律适用上,有法官提出无权处分的买卖合同有效,但否定物权行为的效力,运用违约责任的规定对相对方予以救济。对夫妻一方处分共同财产的,多数意见认为不构成表见代理,配偶一方有权追回被处分的共同财产。关于房屋回购条款的性质,有观点认为其属于约定解除权,也有观点认为回购条款只是担保权人追偿的一种方式。还有法官提出,回购是预先设定的再买卖约定。对回购条款的效力,多数学者认为其不属于流质条款,也不违反物权法定原则,在不具有合同法第五十二条规定的无效情形

下，回购约定应属有效。关于房屋回购价格，多数观点认为应按照开发商解除通知到达购房户时的市场价确定。

（三）违法建筑、执行异议、快递服务合同

南通中院民一庭陆燕红庭长认为，法院不能对违法建筑做出权属认定，只能从占有的事实状态处理，违法建筑可以有条件地成为执行标的。江苏省法院民一庭施建红法官认为，在各个债权人都没有办理过户登记的情况下，应优先保护占有人的权利。也有法官提出，符合《最高人民法院关于人民法院民事执行中查封、扣押、冻结财产的规定》第十七条规定条件的债权人享有的是一种法定特殊债权，应当优于普通债权。多数学者认为快递服务合同属于货物运输合同。另外，与会学者也针对快递服务合同在当事人主体认定、法律适用、保价条款效力、赔偿数额确定等问题进行了探讨。

五 江苏省法学会国际法学研究会年会

2013年10月19日，江苏省法学会国际法学研究会2013年年会在淮海工学院召开。此次年会由淮海工学院法学院承办。本次年会的主题为"拥抱大海：国际法与海洋权益维护"。与会专家学者围绕国际公法、国际私法、国际经济法理论和实务展开研讨，并对国际法教学的有关问题进行了探讨。

（一）国际法与海洋权益的维护

本次年会的特邀代表、上海海事大学法学院副教授、韩国釜山海洋大学法学博士于耀东认为，海洋争端需要通过多边机制协商解决，并尽快制定自己的海洋战略。南京财经大学法学院讲师邹钧认为，可以通过构建区域海洋协调机制来解决中国海洋争端。宿迁市中级人民法院吴雪林法官认为明确南海"九段线"的性质，是确保中国主张南海主权的法律基础，也是抵御他国指责的法律保障。还有学者认为中国拒绝参加菲律宾提起的国际仲裁具有国际公法、海洋法公约的正当性，并提出解决南海争端的"三管齐下"思路。针对2011

年发生的渤海湾溢油事故，有学者认为我国油污损害赔偿制度的严重缺陷应在立法形式和制度内容上进行修改。

（二）与国际经贸有关法律问题的新进展

江南大学法学院高凛教授分析了区域贸易协定与世界贸易组织多边贸易体制的冲突协调问题。南京财经大学国际经济法研究所副教授刘正结合近年来各国签署的大量自贸协定，认为我国应通过多种方式解决所谓的自贸区"意大利面条碗"现象的困境。南京市中级人民法院研究室法官愈曦对2013年新设立的上海自贸区实施的特殊金融监管模式所产生的问题进行了分析。在后危机时代，中国金融业需要解决监管的滞后性、低效性等问题。盐城师范学院经济法政学院朱广东教授就"双反"案件"外部基准"有关"市场扭曲"的认定问题进行探讨，提出了一系列应对对策。南京财经大学法学院塔利莉博士就层次分析法在无单放货法律规制模式选择中的应用问题进行了深入讨论。

（三）国际法教学探讨及其他前沿法律问题

苏州大学法学院张利民副教授结合苏州大学法学院组织参加杰赛普国际法模拟法庭竞赛的实践经验，剖析了国际法律模拟法庭比赛的性质、特点和教学价值。南京林业大学外国语学院王希讲师重点介绍了侵入式、保持型和过渡型这三类双语教学模式，提出应结合所在学校具体条件选择最为恰当的模式。南京师范大学法学院张国平教授对我国资产证券化中的特殊目的载体问题做了前瞻性研究。扬州大学法学院苏喆教授以TPP知识产权草案相关规定为分析视角，对后TRIPS时代国际知识产权保护趋势问题进行了分析。

六 江苏省法学会生态法学研究会年会

2013年10月19日，省法学会生态法学研究会成立大会暨"生态法治"学术报告会在南京市高淳区举行。与会专家围绕主题"生态法治与政策"，具体就以下专题进行了深入探讨。

（一）生态法治的理论探讨：哲学基础与价值理念

著名法学家郭道晖强调生态文明建设要以人为本，且要与政治、法治文明建设同步前进。南京工业大学法政学院院长刘小冰教授从多方面审视和探讨生态主义哲学的价值，主张拓展法律权利与义务的内容与范围。南京工业大学法政学院副教授竹文君提出生态法治的最终目标。江苏师范大学法政学院副教授王燕将生态法治观念进行细分，并提出培育公众生态法治观念的几个重要途径。南京市公安局高淳分局纪委书记黄流水主张运用法治思维，加强执法能力建设。南京工业大学法政学院副教授向良云则主张塑造新的生态伦理观和生态危机治理理念。

（二）生态法治的制度建构：多元的视角

环保部政策法规司副司长别涛认为，必须完善环保事项法律法规的制定以保障生态法治建设。省社科联党组副书记、副主席汪兴国认为公民生态权的司法救济将是21世纪公民生态权研究的重心。南京工业大学法政学院教授温晋锋主张生态立法要遵循安全发展原则。南京工业大学法政学院讲师陈宇光借鉴美国做法，主张修订并完善我国统一空气标准法规。南京林业大学经济管理学院副院长张红霄教授和法律系讲师汪海燕提出了完善生态补偿机制的对策。南京林业大学法律系讲师柴涛修对森林生态效益政府补偿机制进行了深入探讨。南京工业大学法政学院讲师王毅、南京林业大学法律系讲师汪海燕则认为要构建完备的市场补偿规范体系。河海大学法学院博士陶蕾认为现有绝大部分地方环境公益诉讼试点缺乏普遍示范效应。南京市高淳区检察院检察官黄凌昊指出应将公益诉讼制度引入生态资源侵权责任追究的制度设计之中。南京林业大学法律系副教授杨萍认为，地役权制度一定程度上可以缓解政府保护森林生态的公益目的与林地权利人追求私利的冲突。南京工业大学政治教育学院教授黄爱宝认为要重视生态行政约谈制度。

（三）生态法治建设的路径：治理与善治

南京工业大学法政学院副教授张治宇认为应当推进公民环境权确立并赋予

法律保障。南京工业大学法政学院副教授马海韵认为非营利组织是生态文明建设不可或缺的主体。南京工业大学法政学院副教授刘小良主张构建契合实际、远近结合、操作性强的城乡一体化志愿者服务体系。南京市高淳区法制办谷楠从多方面入手，探寻我国基层政务公开制度的完善。

（四）生态法治建设的实践：环境司法与地方经验

省高级人民法院党组副书记、副院长周继业提出了一些完善环境公益诉讼制度的建议。南京市中级人民法院党组副书记、副院长潘科明指出环境司法难的根源和相关解决措施。南京市中级人民法院副院长姚志坚指出要在南京地区部分法院设立环境法庭和环保法庭。南京市高淳区委常委、政法委书记张毓华全面介绍了高淳生态法治建设的经验。南京市高淳区环保局副局长王福平深入探讨了农村环境保护立法和执法问题。南京市高淳区政府法制办邢盛探究了依法行政对高淳生态文明建设的助推作用。南京市高淳区文广局副局长刘宜辉对高淳文化生态法治化建设经验进行了总结提炼。

七 江苏省法学会知识产权法学研究会年会

2013年7月2日，江苏省法学会知识产权法学研究会成立大会暨首届年会在南京召开。此次年会主题为"知识产权保护与创新经济发展"，与会学者围绕以下专题进行了深入研讨。

（一）关于知识产权司法保护有关问题的研究

南京市雨花台区检察院副检察长顾晓宁认为，要加强知识产权司法保护体系和行政执法体系建设。常州市新北区人民法院法官马君、刘昱认为，法院应当完善创意产业知识产权司法保护制度。江苏省高级人民法院知识产权庭庭长宋健对规范与统一知识产权刑事案件办理程序进行了深入研究。南通市通州区人民检察院政治处主任左仰东对近年来的办案情况进行了调研分析，指出犯罪案件的主要特点以及有关加强知识产权司法保护的对策。宿迁市中级人民法院

法官高曼丽认为，随着知识产权"三审合一"审判改革的不断推动，知识产权权利人的权益更易得到保障。

（二）专利疑难问题研究

国家知识产权局专利复审委员会审查员郭鹏鹏提出在专利侵权案件中要注意对专利文件解读的准确性以及在对专利权的行政审批中对权利要求解读的一致性。江苏致邦律师事务所毛依星律师认为，"设计要点法"作为外观设计相近似性判定的方法，使外观设计专利制度更加合理健康。台湾铭传大学法律学系教授杨崇森、上海交通大学凯原法学院博士研究生杨显滨认为，应当把《专利法》与中医药的相关原理相结合，以此来判断中药复方专利有无创造性。

（三）版权保护问题研究

江苏省高级人民法院知识产权庭副庭长顾韬认为，认定原告拥有软件著作权要看其是否提供了相关证据，且提出"商业性使用""私人使用"的认定标准。南京师范大学法学院副教授李国英认为，要灵活运用新型维权模式补充现行"通知—删除"模式的不足。南京理工大学知识产权学院梅术文副教授认为，我国应进一步完善合理规避权的制度设计。东南大学法学院副教授任丹丽从分析目前电视节目相互模仿现象入手，提出了关于修订《著作权法》的征求意见稿需要完善之处。南京大学法学院副教授吕炳斌认为，有必要将我国著作财产权进行类型化整合。南通市通州区人民法院副院长张月淑通过实证分析，对销售侵权复制品行为定侵犯著作权罪进行了反思。

（四）商标与不正当竞争法律问题研究

南京大学法学院院长李友根基于商标侵权与不正当竞争案的整理与研究，分析了消费者在不正当竞争判断中的作用。南京财经大学法学院教授储敏认指出要对著名商标保护中存在的问题进行梳理和反思。南通市中级人民法院法官陶新琴深入研究了商标区际冲突对港商内地投资的影响。苏州市人民检察院检察官姚忠玖认为，应以保护法益为根据区分假冒注册商标罪和生产、销售伪劣产品罪。连云港市中级人民法院法官任李艳基于对商标侵权行为入罪障碍的探讨，建议修订刑法相关条款，加大对商标侵权行为的惩罚力度。

八　江苏省法学会法律史学研究会年会

2013年6月15日，江苏省法学会法律史学研究会2013年年会在南京师范大学举行。本次年会由省法学会法律史学研究会主办，南京师范大学法学院承办。围绕"中国古代法律智慧与当代中国"这一主题，与会专家学者就以下五个专题进行了广泛探讨。

（一）传统司法中的智慧

江苏省法学会法律史学研究会名誉会长、南京大学法学院教授钱大群在主题报告中以《龙筋凤髓判》为史料，指出唐代的法典和刑法是有区别的，并批评了《唐律》在立法上一事一条绝对化的弊端。南京师范大学法学院副教授董长春认为中国古代社会的"原情定罪"并不简单是基于犯罪动机和人伦亲情来定罪量刑的，指出了其包含的三层含义。

（二）传统政府治理中的智慧

省法学会法律史学研究会会长、苏州大学王健法学院教授艾永明在主题报告中分析了中国古代监察制度的四个弊端，指出权力一体化是其失败的根源。淮阴师范学院法学院讲师陈上海认为，应在继承政府诚信思想正能量的基础上，运用法治思维和方式建设法治政府，使官员道德法制化。

（三）传统立法与法律解释的智慧

南京工业大学法律与行政学院副教授李凤鸣认为，中国清代对强奸幼女罪论罪的原理及思维方式为加强我国现今关于同类罪名的认识提供了值得借鉴的历史资源。东南大学法学院讲师郑颖慧则从立法主体、指导思想和原则方面分析了朱熹的立法思想。江苏大学文法学院博士杨剑分析了清代沈之奇注释清律的方法，认为他在注释时所持的"医者心"和强烈的人文关怀仍具有重要的传承和借鉴意义。

（四）中国古代社会与经济管理的法律智慧

南京师范大学博士研究生孙敏认为恰当审视以家族本位为核心的传统法律文化中所蕴含的观念的现代价值，对重建统一的家庭法哲学，指导立法、司法实践具有重要的启示意义。南京农业大学法律系副教授陆红基于宋代法律及案例，认为宋朝严格的土地买卖法定程序体现了土地交易独有的安全、秩序和诉讼价值。江苏大学文法学院讲师罗好分析了宋代手工业行会发展受到阻滞的原因，指出这一问题为现今行业协会、商会的发展提供了特定的历史借鉴。扬州大学法学院副教授徐祖澜认为，明清时期乡绅概念的界定标准更在于其作为乡村知识分子教化乡里社会的公共身份。

（五）民国时期法律实践中的智慧

南京大学法学院教授张仁善在主题报告中指出，当今中国司法文化建设，仍应以民族自觉或觉醒为起点。苏州大学王健法学院教授方潇认为，近代法律的艰难转型，说明法律的建构需要关注那些广泛渗透于民间社会的传统因素。

九　江苏省法学会民事诉讼法学研究会年会

2013年4月13日，江苏省法学会民事诉讼法学研究会2013年年会在兴化市召开。此次年会由江苏省法学会民事诉讼法学研究会主办，泰州市中级人民法院承办，兴化市人民法院协办。年会围绕"先行调解""第三人撤销之诉"两个主题进行了深入研讨。

（一）先行调解制度的司法实践与立法解读

江苏省高级人民法院立案庭副庭长王淳就先行调解制度做了主题报告，包括先行调解的范围、理念、遵循原则等。省人大常委会法工委副主任刘克希认为，法院不立案就进行调解不合法理。省高级人民法院研究室主任马荣认为规定先行调解制度的出发点是好的，法律实施过程中应该避免急功近利。南京师范大学法学院刘敏教授认为本次立法应理解为起诉到法院后由法院外的机构进行调解。南京师范大学法学院教授陈爱武认为先行调解与法院外的案件调解不同。江苏省法学会民事诉讼法学研究会会长、南京师范大学法学院李浩教授对先行调解进行了深入的解读。盐城市中级人民法院院长徐军认为调解制度应界定为法院主导下的非诉讼纠纷解决机制，先行调解协议的效力经过司法确认才能具有执行力。南京大学法学院副院长吴英姿教授从实证研究的视角发现法院先行调解的政策和诉调对接的举措未能实现调审分离。南通市中级人民法院调研员顾卫平认为先行调解某种程度上浪费了法院的审判资源。陈爱武教授指出，权利放弃型的调解并非都是不正当的。苏州大学王健法学院党委书记胡亚球教授强调应关注法院调解考核指标的合理性。省高级人民法院民一庭副庭长杨晓蓉反对调审分离以及调解就是权利的牺牲。刘敏教授认为法院可以鼓励当事人在起诉后利用ADR解决纠纷。徐军认为应适时做出司法解释或者进行立法明确调解程序。省人民检察院民行处处长俞大军提出了先行调解要注意的方面。

（二）第三人撤销之诉的法理辨析与司法问题

刘克希指出，增设"第三人撤销之诉"目的在于应对恶意诉讼，但应注意到对案外人权利进行救济实非一款内容所能解决。苏州大学王健法学院教授张永泉就新民事诉讼法增加第三人撤销之诉做了主题报告。刘敏教授认为要发挥第三人撤销之诉的功能，应该在立法中增加规定侵害防止参加第三人。淮安市淮阴区法院审监庭庭长滕威则认为刘敏教授提出的侵害防止参加第三人制度操作起来可能有一定的难度。常州市天宁区法院院长黄亚庆和张永泉教授都认为我国第三人撤销之诉应属于通常诉讼程序。淮阴师范学院喻怀峰老师从实案代理角度指出现在的规定使维权的难度增加。扬州市江都区法院院长袁江华结合该院的审判实案指出，应充分看到第三人撤销之诉在维护当事人权利方面的作用，要根据我国国情探索其具体程序。南京师范大学副教授赵莉提出实案研讨。吴英姿教授指出，需要关注恶意诉讼发生的主休。兴化市人民法院民二庭庭长王军在主题报告中探讨了第三人撤销之诉的司法适用问题。泰州市中级人民法院副院长冯毅探讨了是否有必要适用第三人撤销之诉。黄亚庆院长则提出在司法适用程序中应注意的三点。

此外,会议期间,还分别召开了常务理事会议和全体理事会议,增补了理事、常务理事和副会长。

附 录
Appendix

B.24
2013年江苏法治事件概览

隋诚 李远涛 冯月*

法规、规章及规范性文件的出台与实施

1. 江苏省十一届人大常委会第三十二次会议在南京召开，会议通过了《江苏省非物质文化遗产保护条例》《江苏省劳动合同条例》，批准了《无锡市人口服务管理条例》《苏州市道路交通安全条例》（来源：江苏省人大网1月16日）

2. 江苏省十二届人大一次会议举行第二次大会表决通过了《关于江苏省第十二届人民代表大会常务委员会组成人员名额的决定》《江苏省第十二届人民代表大会第一次会议选举办法》《关于江苏省第十二届人民代表大会专门委员会的设立和组成人员人选的通过办法》（来源：江苏省人大网1月22日）

---

* 本部分由南京师范大学法学院2013级硕士研究生隋诚、李远涛、冯月等整理。

3. 《江苏省物业管理条例》将于2013年5月1日起施行（来源：江苏省人大网4月27日）

4. 江苏省十二届人大常委会第三次会议通过了《江苏省人民代表大会常务委员会关于批准江苏省2013年地方政府债券收支安排及省级预算调整方案的决议》；通过了省人大有关专门委员会、省人大常委会有关工作委员会关于省十二届人大一次会议代表议案审议结果和处理意见的报告；通过了《江苏省第十二届人民代表大会常务委员会代表资格审查委员会主任委员、副主任委员、委员名单》；批准了《徐州市出租汽车客运条例》（来源：江苏省人大网5月19日）

5. 江苏省十二届人大常委会第三次会议通过了一批关于省十二届人大一次会议代表议案审议结果和处理意见的报告。其中一份报告显示，《江苏省大气污染防治条例》有望进入2014年立法计划（来源：江苏省人大网5月20日）

6. 江苏省十二届人大常委会第四次会议通过了《江苏省人民代表大会常务委员会关于批准江苏省2012年省级财政决算的决议》，批准了《南京市航道管理条例》《无锡市轨道交通条例》《徐州市消防条例》（来源：江苏省人大网7月27日）

7. 江苏省十二届人大常委会第五次会议通过了《江苏省农业机械安全监督管理条例》《江苏省爱国卫生条例》，批准了《南京市安全生产条例》《无锡市水资源节约利用条例》《徐州市城市绿化条例》《苏州市非物质文化遗产保护条例》，通过了有关人事任免事项（来源：江苏省人大网9月29日）

8. 江苏省十二届人大常委会第六次会议通过了《江苏省机动车排气污染防治条例》《江苏省水土保持条例》《江苏省邮政条例》；批准了《南京市湿地保护条例》《无锡市促进中小企业转型发展条例》《苏州市古村落保护条例》；通过了《江苏省人民代表大会常务委员会关于批准江苏省2013年省级预算调整方案的决议》（来源：江苏省人大网12月2日）

9. 南京市人大常委会修改《南京市航道管理条例》，制定《南京市安全生产条例》，制定《南京市湿地保护条例》，修改《南京市燃气管理条例》，修改《南京市市区中小学幼儿园用地规划和保护规定》（来源：南京人大信息网7

2013年江苏法治事件概览

月4日）

10. 南京市政府制定《进一步规范工业及科技研发用地管理意见》（来源：中国南京网1月13日）

11. 南京市政府制定《南京市大气污染预警与应急处置工作方案》（来源：中国南京网1月21日）

12. 南京市政府制定《南京市危旧房改造产权调换、城中村拆迁安置暂行办法》（来源：中国南京网1月21日）

13. 南京市政府制定《南京市道路、住宅区和建筑物命名管理办法》（来源：中国南京网1月31日）

14. 《南京市生活垃圾分类管理办法》于2013年4月1日市政府第4次常务会议审议通过，自2013年6月1日起施行（来源：中国南京网4月5日）

15. 《南京市地下水资源保护管理办法》于2013年6月14日市政府第9次常务会议审议通过，自2013年8月1日起施行（来源：中国南京网6月16日）

16. 《南京市测绘地理信息管理办法》于2013年10月15日市政府第16次常务会议审议通过，自2013年12月1日起施行（来源：中国南京网10月15日）

17. 《南京市建设工程施工现场管理办法》于2013年10月15日市政府第16次常务会议审议通过，自2013年12月1日起施行（来源：中国南京网10月15日）

18. 《南京禄口国际机场保护办法》于2013年8月2日市政府第16次常务会议审议通过，自2014年2月1日起施行（来源：中国南京网12月27日）

19. 苏州市政府制定《苏州市社会医疗救助办法》（来源：苏州市信息公开网1月20日）

20. 苏州市政府制定《苏州市人民防空警报管理规定》（来源：苏州市信息公开网2月17日）

21. 昆山市政府制定《昆山市人民防空警报管理规定》（来源：苏州市信息公开网4月25日）

22. 苏州市政府制定《市政府办公室关于转发苏州市残疾儿童康复补助办

法（来源：苏州市信息公开网5月30日）

23.《〈无锡市档案管理条例〉实施办法》于2013年4月26日市人民政府第14次常务会议审议通过，自2013年6月15日起施行（来源：中国无锡网6月13日）

24.《徐州市市区扬尘污染防治办法》2013年6月1日起实施（来源：中国徐州网6月1日）

25.《宿迁市市区养犬管理办法》正式出台，并将于2014年2月1日起正式实施（来源：宿迁新闻网12月16日）

26.《宿迁市市级政府投资项目管理办法》实施（来源：宿迁新闻网11月27日）

27.扬州市政府制定《扬州市非居民用户计划用水实施办法》（来源：中国扬州网6月17日）

28.扬州市政府制定《扬州市"优秀监理企业"、"优秀总监"和"优秀监理工程师"评选办法（修订版）》（来源：中国扬州网1月28日）

29.无锡市政府制定《关于加快建筑业转型发展意见》（来源：中国无锡网10月28日）

30.省委办公厅、省政府办公厅制定《关于党政机关停止新建楼堂管所和清理办公用房的通知》（来源：中国无锡网10月8日）

31.中国共产党连云港市第十一届委员会第七次全体会议审议通过了《中共连云港市委关于全面深化改革重点工作的实施意见》（来源：中国连云港网12月30日）

32.连云港市第十三届人民代表大会常务委员会第九次会议听取和审议了市政府关于《连云港市生态市建设规划》修编工作情况的报告（来源：中国连云港网12月27日）

33.常州市政府制定《常州市市区国有土地上房屋征收停产停业损失补偿暂行规定》（来源：中国常州网11月4日）

34.常州城市管理局制定《推行行政指导工作实施方案》（来源：中国常州网11月4日）

35.泰州市公安局制定《全市城市道路交通综合整治工作方案》（来源：

2013 年江苏法治事件概览

中国泰州网 12 月 24 日）

36.《淮安市水资源管理现代化建设方案》通过省水利厅组织的专家审查。该方案实施范围为市区行政辖区，实施期限为 2013～2015 年（来源：中国淮安网 12 月 26 日）

37. 到 2020 年，将盐城建成"中国东部沿海的重要旅游城市和国际湿地生态旅游胜地"，这是 9 月 17 日上午从《盐城市旅游业发展规划（2013～2020)》评审会上传来的消息。此项规划的制定历时两个多月，最终获得了市相关部门和规划评审组专家的肯定（来源：中国盐城网 9 月 18 日）

公安侦查、司法审判和检察工作

1. 南京法院试点"调判适度分离"模式（来源：江苏法院网 2 月 21 日）

2. 靖江法院副院长陈燕萍借助民俗解纠纷（来源：江苏法院网 2 月 25 日）

3. 南京法院：化解民事纠纷实现阳光透明（来源：江苏法院网 2 月 28 日）

4. 江苏法院"第一要务"引领新春开好局（来源：江苏法院网 2 月 27 日）

5. 江苏互联网站成为司法公开的重要平台（来源：江苏法院网 2 月 27 日）

6. 江苏卓越法律人才培养计划顺利进入实施阶段（来源：江苏法院网 3 月 13 日）

7. 江苏南通警方破获公安部挂牌督办销售假劣种子案（来源：法制网江苏频道 3 月 20 日）

8. 江苏省首例非法经营易制毒药品案在南京市宣判（来源：法制网江苏频道 4 月 12 日）

9. 江苏省侵犯知识产权著作权注册商标类案件高发（来源：法制网江苏频道 4 月 22 日）

10. 最高人民法院在苏州举行新闻发布会（来源：江苏法院网 4 月 23 日）

11. 南通中院假释与社区矫正"无缝对接"（来源：江苏法院网 5 月 2 日）

12. 省法院发布劳动争议审判蓝皮书及典型案例（来源：江苏法院网 5 月 2 日）

13.《江苏省未成年人犯罪记录封存工作实施意见》新闻发布会召开（来源：江苏法院网 5 月 7 日）

14. 镇江法院邀请律师出谋划策（来源：江苏法院网 6 月 4 日）

15. 江苏中级法院院长会聚焦审判谋划工作新发展（来源：江苏法院网 6 月 9 日）

16. 宿迁法院知产审判引导企业创新转型（来源：江苏法院网 6 月 17 日）

17. 无锡法院推进统一拍卖平台建设（来源：江苏法院网 7 月 4 日）

18. 特大跨国电信诈骗系列案件指定苏州审理（来源：江苏法院网 7 月 9 日）

19. 宿迁法院严把"四关"提升裁判文书质量（来源：江苏法院网 7 月 18 日）

20. 江阴首创"1＋N＋1"破解案多人少问题（来源：江苏法院网 8 月 5 日）

21. 江苏检察机关加强民事诉讼法律监督（来源：新华网法治江苏频道 8 月 5 日）

22. 庭审公开，江苏连云港法院邀"万名群众听千庭"（来源：法制网江苏频道 8 月 7 日）

23. 江苏宣判 18 起跨国电信诈骗案，174 人被严处（来源：江苏法院网 8 月 18 日）

24. 江苏案件执行启动未成年人名下资金监管（来源：江苏法院网 8 月 29 日）

25. 江苏警方两个月刑事拘留"涉网"犯罪 1043 人（来源：法制网江苏频道 8 月 30 日）

26. 江苏淮安：立足地域特点查办群众身边的职务犯罪（来源：新华网法治江苏频道 9 月 2 日）

27. 我省出台敲诈勒索刑事案件定罪及量刑具体数额标准（来源：江苏法

院网 9 月 6 日）

28. 江苏推进全省法院执行指挥中心建设（来源：江苏法院网 9 月 17 日）

29. 宿迁特大网络传播淫秽物品案宣判，27 人获刑（来源：法制网江苏频道 9 月 27 日）

30. 宿迁法院"两访两帮"解决企业发展难题（来源：江苏法院网 10 月 8 日）

31. 苏州法院力推政法信息综合管理平台使用（来源：江苏法院网 10 月 10 日）

32. 特大跨省产销地沟油案连云港宣判，16 人获刑（来源：法制网江苏频道 10 月 11 日）

33. 盐城法院开展"百日办案竞赛"活动（来源：江苏法院网 10 月 17 日）

34. 常州法院开拓未成年人司法保护新途径（来源：江苏法院网 10 月 24 日）

35. 南京法院高清科技法庭上线使用（来源：江苏法院网 10 月 31 日）

36. 省公安厅开展"警民相约话平安"微访谈（来源：新华网法治江苏频道 11 月 1 日）

37. 南京法院高校开庭网络直播（来源：江苏法院网 11 月 5 日）

38. 南京破获"9·24"部督特大团伙跨省贩毒案（来源：法制网江苏频道 11 月 6 日）

39. 全省法院毒品犯罪典型案例公布（来源：江苏法院网 11 月 13 日）

40. 无锡市开发区检察院一站式检察服务受称赞（来源：新华网法治江苏频道 11 月 13 日）

41. "两高"下发司法解释明确抢夺罪司法认定标准（来源：新华网法治江苏频道 11 月 19 日）

42. 江苏淮安警方破获特大网络传销案涉案金额高达 15 亿元（来源：中国平安网 11 月 20 日）

43. 省高院召开交通事故损害赔偿案件审理情况新闻发布会（来源：江苏法院网 11 月 28 日）

44. 江苏省检察院为全面深化改革提供司法保障（来源：新华网法治江苏频道 11 月 28 日）

45. 江苏常熟检察院依托微媒体打造"四民"工程（来源：新华网法治江苏频道 12 月 9 日）

46. 扬州审判：全面推进公开透明阳光（来源：江苏法院网 12 月 12 日）

47. 江苏省检察院建立案件质量例行检查工作机制（来源：新华网法治江苏频道 12 月 16 日）

48. 镇江法院善用"大数据"推进司法公开（来源：江苏法院网 12 月 19 日）

49. 江苏交巡警 6 条措施改进完善交通事故处理执法工作（来源：法制网江苏频道 12 月 24 日）

50. 省公安厅向社会通报 12 项惠民措施落实成效（来源：新华网法治江苏频道 12 月 27 日）

51. 检察机关将试点开展检察官办案责任制改革（来源：新华网法治江苏频道 12 月 27 日）

荣誉表彰、消费者维权、律师工作、安全生产

1. 常熟律师积极参加律师"三下乡"活动（来源：苏州市律师协会 1 月 5 日）

2. 许同禄副厅长视察指导如皋律师工作（来源：中国消费者网 1 月 5 日）

3. 南京市消费者协会即日起举办南京地区"3·15 消费维权年主题征集活动"及"3·15 消费维权特别贡献奖"评选活动（来源：中国网江苏频道 1 月 16 日）

4. 常州市律协确定今年法律服务"四万"工程六项重点工作（来源：常州律师网 1 月 17 日）

5. 省律协开展"送法律、送温暖、送爱心"活动（来源：中国消费者网 1 月 18 日）

6. 江苏全省安全生产工作会议在南京召开（来源：中国煤炭新闻网 1 月

28日）

7. 省政协委员王卉青律师积极参政议政（来源：无锡律师协会网1月31日）

8. 今年6月是全国第12个"安全生产月"（来源：中国江苏网2月13日）

9. 南京市律师协会女律师工作委员会委员到栖霞区靖安小学看望贫困小学生（来源：南京市律师协会3月18日）

10. 句容市在"3·15"消费者维权日即将到来之际，开展了内容丰富、形式新颖的系列活动，维护广大群众的消费权益（来源：中国江苏网3月14日）

11. 江苏消费者协会公布2013年消费维权十大举措（来源：南报网3月14日）

12. 江苏消协发布十大维权典型案例，首次公开谴责无良商家（来源：中国江苏网3月14日）

13. 盐城市十佳青年律师走上街头为消费者维权（来源：盐城律师网3月15日）

14. 江苏省消协：消费者电视购物受骗，顺丰快递积极助力维权（来源：中国质量新闻网3月15日）

15. 常州市天宁区6家法律服务单位、16名法律服务工作者获得年度先进表彰（来源：常州律师网3月17日）

16. 江苏盐城保险业探索消费者维权新渠道（来源：惠择保险网3月18日）

17. 南通破获部督假种子案（来源：法制网江苏频道3月20日）

18. 扬州市消协围绕"引领科学消费、守望幸福生活"主题开展了系列纪念活动（来源：中国消费者网3月26日）

19. "金桥行动"法律服务团共派出18名律师作为市领导下访时的随行人员，陪同接受法律咨询，商量解决涉法信访案件（来源：盐城律师网4月8日）

20. 镇江工商局和消费者协会联合推出全国首个"指尖上的315"手机软

件（来源：江苏新闻网 4 月 19 日）

21. 南京市律师行业荣获全市法律服务"双进双联"活动优秀组织奖（来源：南京市律师协会 4 月 25 日）

22. 各地将严查假冒营养快线等产品的行为（来源：法制网江苏频道 5 月 16 日）

23. 常州最高人民法院、最高人民检察院关于办理危害食品安全刑事案件适用法律若干问题的解释（来源：常州律师网 5 月 21 日）

24. 江慧彬律师获"常州市民族团结进步模范个人"称号（来源：常州律师网 5 月 29 日）

25. 省政府高度重视当前安全生产工作，省委书记罗志军做重要批示（来源：新华日报 6 月 8 日）

26. 因救落水儿童不幸牺牲的泰州年轻教师杨向明被省政府追授"江苏省见义勇为英雄"荣誉称号（来源：法制网江苏频道 6 月 25 日）

27. 淮安市成立江苏省首家市级消费者维权中心（来源：淮安新闻网 7 月 11 日）

28. 江苏省公安厅举行爱民模范先进事迹报告会（来源：法制网江苏频道 7 月 17 日）

29. 江苏省安监局召开新闻发布会，通报了江苏省上半年安全生产情况（来源：新华网江苏频道 7 月 17 日）

30. 淮安律师"三进三服务"工程取得阶段性成果（来源：江苏律师协会 7 月 18 日）

31. 东南所受聘省重点项目江苏大剧院全程法律顾问（来源：南京市律师协会 7 月 26 日）

32. 北京市炜衡（南通）律师事务所被共青团南通市委表彰为"南通市青年文明号"（来源：南通律师网 8 月 7 日）

33. 常熟律师积极参加流动儿童"关爱活动"（来源：苏州市律师协会 8 月 27 日）

34. 东南大学法学院教授刘艳红等 10 位法学、法律工作者被评为"第三届江苏省优秀青年法学家"（来源：法制网江苏频道 9 月 12 日）

35. 江苏省南通市如东县在农贸市场设立"兜底维权基金"（来源：中国消费者网 9 月 25 日）

36. 江苏省政府公布了《江苏省食品药品监督管理局主要职责、内设机构和人员编制规定》，确定了省食品药品监管局的主要职责、内设机构和人员编制（即"三定"方案）（来源：法制网江苏频道 9 月 26 日）

37. 21 名"最美勤廉干部"候选人陆续通过网络、电视、报纸等媒体，一一跟市民"见面"（来源：法制网江苏频道 9 月 30 日）

38. 江苏撬动"司法杠杆"重塑食品安全环境（来源：法制网江苏频道 10 月 10 日）

39. 296 位离退休干部获得"平安福盾"荣誉纪念品（来源：法制网江苏频道 10 月 12 日）

40. 江苏省政府在宿迁召开 2013 年前三季度全省安全生产工作点评会（来源：沭阳网 10 月 17 日）

41. 江苏省淮安市消协吴优："五字诀"，助我做好调解工作（来源：中国消费者网 11 月 1 日）

42. 苏州首颁"法治文化阵地建设指导奖"（来源：法制网江苏频道 11 月 11 日）

43. 常强所吴娜律师荣获"时代先锋，钟楼楷模"提名奖（来源：常州律师网 11 月 16 日）

44. 南通市洲际英杰律师事务所律师杨海燕、平帆律师事务所律师蔡斌，经过申报推荐、评审公示等程序，分获"江苏省优秀女律师""江苏省优秀青年律师"殊荣（来源：南通律师协会 11 月 21 日）

45. 全省律师工作调研座谈会在南通召开（来源：江苏律师网 11 月 28 日）

46. 药监曝光金陵制药厂诺氟沙星胶囊抽检不合格（来源：法制网江苏频道 12 月 12 日）

47. 江苏省消费者协会联合港澳台地区消保组织共同举办的"海峡两岸消费者个人信息保护"研讨会在南京举行（来源：中国消费者网 12 月 19 日）

48. 江苏通报 9 起价格违法，一瓶蜂蜜多收 2 元被罚 5 万（来源：法制网

江苏频道12月25日)

49. 江苏日月泰律师事务所组织律师送法进社区(来源：常州律师网12月25日)

50. 无锡市法学会报送论文获省哲学社科界一等奖(来源：法制网江苏频道12月26日)

51. 镇江市丹徒区举办全区领导干部法治讲座暨"百名法学家百场报告会"丹徒专场报告会(来源：法制网江苏频道12月26日)

社会综治、法律援助、普法宣传、人民调解

1.1月1日是新《刑事诉讼法》生效的第一天，南通受理新刑诉法生效首例法援案(来源：江苏司法行政网1月4日)

2. 省司法厅命名首批"江苏省规范化社会矛盾纠纷调处服务中心"。其中，县级调处服务中心20个，乡级调处服务中心50个(来源：江苏司法行政网1月4日)

3.2012年，苏州市办理司法鉴定事项16100件，业务总量连续5年位居全省第一，采信率继续保持99.5%以上(来源：江苏司法行政网1月8日)

4. 苏州市政府通知，将法律援助对象经济困难标准，由现行最低生活保障标准调整为月最低工资标准(来源：江苏司法行政网1月15日)

5. 司法部组织的"司法行政干部业务培训优秀教材"评选揭晓，江苏省《社区矫正教育系列读本》荣获该奖项(来源：江苏司法行政网1月16日)

6.1月28日，省法律援助基金会召开新闻发布会，宣布设立"未成年人法律援助专项基金"(来源：江苏司法行政网1月31日)

7. 江苏省全省司法行政部门已将剥夺政治权利类社区服刑人员移交公安机关管理，集中移交工作全部结束(来源：江苏司法行政网2月26日)

8. 江苏省司法厅出台意见，部署开展社区矫正"规范化建设巩固年"活动(来源：江苏司法行政网3月4日)

9.3月12日至14日，省人大内司委、法工委、省司法厅在镇江市开展《江苏省社区矫正工作条例》立法调研(来源：江苏司法行政网3月18日)

2013 年江苏法治事件概览

10. 国内首个"微博律师团"服务平台在南京上线（来源：江苏司法行政网 3 月 21 日）

11. 3 月 28 日，省司法厅召开视频会议，部署深化实施法律服务"四万"工程（来源：江苏司法行政网 3 月 29 日）

12. 江苏省将看守所收押的短刑期罪犯，集中移送监狱机关执行刑罚（来源：江苏司法行政网 3 月 26 日）

13. 江苏省厅开展"司法鉴定规范质量巩固年"活动（来源：江苏司法行政网 4 月 7 日）

14. 江苏省部署法制宣传五项重点工作（来源：江苏司法行政网 4 月 7 日）

15. 盐城市委督查室专项督办"六五"普法工作（来源：江苏司法行政网 4 月 19 日）

16. 江苏省司法行政机关联合有关部门，集中开展知识产权保护法制宣传活动（来源：江苏司法行政网 4 月 27 日）

17. 省委宣传部、省法制宣传教育工作领导小组办公室、省司法厅联合发文，部署"深化'法律六进'、推进依法治国"法制宣传教育主题活动（来源：江苏司法行政网 4 月 27 日）

18. 镇江新任市委书记要求领导干部带头学法用法（来源：江苏司法行政网 5 月 14 日）

19. 江苏省厅出台文件，提出全省司法行政系统服务转型发展的十项措施（来源：江苏司法行政网 5 月 21 日）

20. 江苏省司法厅建立社区矫正工作重大事项报告制度（来源：江苏司法行政网 5 月 29 日）

21. 江苏省建立社会矛盾纠纷排查调处月报制度（来源：江苏司法行政网 5 月 30 日）

22. 江苏省建立企业经营法律风险预警机制（来源：江苏司法行政网 6 月 4 日）

23. 盐城市领导要求加强社会矛盾纠纷化解工作（来源：江苏司法行政网 6 月 8 日）

24. 江苏省依托公证业务平台系统，建立公证遗嘱信息资源库（来源：江苏司法行政网7月3日）

25. 江苏省依托公证业务平台系统，建立公证个人诚信信息资源库（来源：江苏司法行政网7月8日）

26. 我省启动第二批法治文化建设示范点申报工作（来源：江苏司法行政网7月10日）

27. 江苏省司法厅出台《关于进一步加强社区矫正监管工作的通知》，要求各地从三个方面加强社区矫正监管工作（来源：江苏司法行政网7月31日）

28. 江苏省开展领导干部法治思维和法治方式系列学习宣讲活动（来源：江苏司法行政网8月6日）

29. 驻宁监狱扎实开展亚青会安保行动（来源：江苏司法行政网8月14日）

30. 徐州市研究创建法务中心（来源：江苏司法行政网8月18日）

31. 江苏省司法厅建立全程说理式执法制度（来源：江苏司法行政网8月27日）

32. 江苏省司法厅出台《江苏省司法行政系统执法质量考评办法》，完善执法质量考评机制（来源：江苏司法行政网8月28日）

33. 江苏省司法厅公布服务群众"八项承诺"（来源：江苏司法行政网8月28日）

34. 江苏省建立司法行政"四个全覆盖"推进机制（来源：江苏司法行政网8月30日）

35. 徐州市市长朱民签署第134号政府令，正式颁布《徐州市医患纠纷预防和处理办法》，并于2013年10月1日起施行（来源：江苏司法行政网9月2日）

36. 江苏省司法厅建立密切联系群众长效机制（来源：江苏司法行政网9月3日）

37. 常州市代市长调研特殊人群服务管理工作（来源：江苏司法行政网9月16日）

38. 镇江市政府下发《关于进一步加强全市基层人民调解工作的意见》（来源：江苏司法行政网9月16日）

39. 宿迁市司法所管理体制全面调整到位（来源：江苏司法行政网9月17日）

40. 根据厅党委《关于进一步密切联系群众广泛听取群众意见的办法》要求，省司法厅建立厅领导挂钩基层联系点制度（来源：江苏司法行政网10月9日）

41. 南京市成立人民调解员协会（来源：江苏司法行政网10月11日）

42. 江苏省厅汇编司法鉴定典型案例（来源：江苏司法行政网10月15日）

43. 江苏省律协在盐城举办全省律师业务巡回培训班（来源：江苏司法行政网10月21日）

44. 淮安市委、市政府召开加强司法所建设工作会议（来源：江苏司法行政网10月18日）

45. 常州市委书记要求领导干部运用法治思维和方式推进工作（来源：江苏司法行政网10月28日）

46. 南京市政府下发《关于印发南京市2014年政府集中采购目录及限额标准的通知》，明确将"法律服务"项目列入市政府采购目录（来源：江苏司法行政网11月5日）

47. 江苏省第四届律师运动会在常熟举行（来源：江苏司法行政网11月19日）

48. 江苏省人大法制委调研社区矫正立法（来源：江苏司法行政网11月20日）

49. 江苏省人民检察院、江苏省公安厅、江苏省民政厅、江苏省司法厅联合制定出台《关于印发〈监狱服刑人员死亡处理规定〉的通知》（来源：江苏司法行政网12月2日）

50. 常州监狱32监区被司法部荣记集体一等功（来源：江苏司法行政网12月4日）

51. 徐州青少年狱外帮扶获"最佳实践奖"（来源：江苏司法行政网12月

16日）

52. 南京鼓楼司法局强化"四个意识"打造廉洁高效政府机关（来源：法制网江苏频道12月25日）

53. 南京雨花试运行全省司法行政一体化职能社区矫正系统平台（来源：法制网江苏频道12月30日）

54. 扬中成立全省首家刑释解教人员安置帮教协会（来源：法制网江苏频道12月10日）

55. 南京栖霞全国首创"青少年刑事案件和解中心"（来源：法制网江苏频道12月6日）

56. 睢宁检院设立第二个管护教育基地（来源：法制网江苏频道8月15日）

57. 江苏首个无障碍法庭亮相镇江润州法院（来源：法制网江苏频道12月26日）

58. 南通市开发区法院打造"法治意识"启蒙工程（来源：法制网江苏频道10月18日）

59. 无锡南长法院：司法公开走进微时代（来源：法制网江苏频道8月23日）

60. 江苏省举办全省知产法官大集训活动（来源：法制网江苏频道9月13日）

重要会议、干部任免、反腐倡廉、调研检查

1. 省十一届人大常委会举行第七十二次主任会议（来源：江苏省人大网1月8日）

2. 最高人民法院召开全国法院学习贯彻全国政法工作会议精神电视电话会议（来源：江苏法院网1月10日）

3. 省十一届人大常委会第三十二次会议在南京开幕（来源：江苏省人大网1月15日）

4. 省十一届人大常委会第三十二次会议在南京闭幕（来源：江苏省人大

网 1 月 16 日）

　　5. 江苏省第十二届人民代表大会第一次会议在南京隆重开幕（来源：江苏省人大网 1 月 21 日）

　　6. 省十二届人大一次会议在南京召开第五次大会（来源：江苏省人大网 1 月 27 日）

　　7. 江苏省第十二届人民代表大会第一次会议在南京人民大会堂举行预备会议（来源：江苏省人大网 1 月 21 日）

　　8. 23 日下午，省十二届人大一次会议举行第三次大会（来源：江苏省人大网 1 月 21 日）

　　9. 省十二届人大一次会议主席团举行第五次会议。会议由大会主席团常务主席丁解民主持（来源：江苏省人大网 1 月 24 日）

　　10. 省十二届人大一次会议主席团举行第四次会议（来源：江苏省人大网 1 月 23 日）

　　11. 省十二届人大一次会议主席团举行第三次会议（来源：江苏省人大网 1 月 22 日）

　　12. 省十二届人大一次会议举行第二次全体会议（来源：江苏省人大网 1 月 22 日）

　　13. 省十二届人大一次会议主席团举行第二次会议（来源：江苏省人大网 1 月 22 日）

　　14. 省十二届人大一次会议主席团举行第七次会议（来源：江苏省人大网 1 月 24 日）

　　15. 江苏省人大常委会在江苏省第十二届人民代表大会第一次会议上进行工作报告（来源：江苏省人大网 1 月 25 日）

　　16. 省十二届人大常委会召开第一次主任会议（来源：江苏省人大网 1 月 26 日）

　　17. 省十二届人大一次会议举行第四次大会（来源：江苏省人大网 1 月 26 日）

　　18. 省十二届人大常委会举行第一次会议（来源：江苏省人大网 1 月 29 日）

19. 省十二届人大一次会议主席团举行第八次会议（来源：江苏省人大网1月25日）

20. 江苏省第十二届人民代表大会第一次会议举行第二次大会（来源：江苏法院网1月22日）

21. 省十二届人大一次会议主席团举行第九次会议（来源：江苏省人大网1月26日）

22. 省高级法院召开全省法院工作视频会议（来源：江苏法院网2月4日）

23. 最高人民法院在南京召开在苏部分全国人大代表座谈会，高憬宏专委通报了过去五年和去年人民法院工作情况（来源：江苏法院网2月19日）

24. 连云港中院召开院机关"司法作风建设推进年"动员大会，对进一步深入推进全院机关司法作风建设工作进行动员部署（来源：江苏法院网2月21日）

25. 十二届全国人大一次会议江苏代表团举行首次全体会议（来源：江苏省人大网3月4日）

26. 十二届全国人大一次会议江苏代表团举行第二次全体会议（来源：江苏省人大网3月5日）

27. 省高级法院召开全省法院反腐倡廉建设工作电视电话会议（来源：江苏法院网3月7日）

28. 南京市中级人民法院集中开展"剖析反面典型案例，强化廉政风险防控"主题教育，这是南京中院党组针对节日易发病而开展的专题教育活动（来源：江苏法院网3月20日）

29. 省十二届人大常委会举行第二次主任会议，省委书记、省人大常委会主任罗志军主持会议（来源：江苏省人大网3月22日）

30. 省十二届人大常委会第二次会议在南京举行（来源：江苏省人大网3月27日）

31. 全省人大内务司法工作座谈会在南京召开（来源：江苏省人大网4月11日）

32. 全省人大人事代表联络工作座谈会在南京召开（来源：江苏省人大网

2013年江苏法治事件概览

4月17日）

33. 全省人大民宗侨台工作座谈会在南京召开（来源：江苏省人大网4月19日）

34. 全省人大农业和农村工作座谈会在南京召开（来源：江苏省人大网4月27日）

35. 全省人大常委会秘书长工作座谈会在南京召开（来源：江苏省人大网5月13日）

36. 省十二届人大常委会举行第四次主任会议（来源：江苏省人大网5月14日）

37. 徐州市委在组织开展的领导干部从政道德专题教育活动中，将市"十佳勤政廉政好干部"、市中级法院审判员陈玉浩的先进事迹作为专题教育首选内容（来源：江苏法院网5月14日）

38. 中国公证协会会长来江苏调研（来源：江苏司法行政网5月14日）

39. 省十二届人大常委会第三次会议在南京开幕（来源：江苏省人大网5月17日）

40. 省十二届人大常委会第三次会议在南京闭幕（来源：江苏省人大网5月19日）

41. 全国人大派人来我省进行社区矫正立法调研（来源：江苏司法行政网5月20日）

42. 全国人大华侨委员会委员徐建中带领调研组在我省就归侨侨眷权益保护法及相关法律贯彻实施等情况展开为期一周的调研（来源：江苏省人大网5月25日）

43. 由中国、芬兰两国司法部共同举办的"中芬社区矫正研讨会"在南京召开（来源：江苏司法行政网5月24日）

44. 全省法院民事审判工作座谈会在沭阳召开（来源：江苏法院网6月4日）

45. 张卫国在徐州调研人大工作（来源：江苏省人大网6月21日）

46. 省人大常委会常务副主任、党组副书记张卫国带队在无锡等地，就开展党的群众路线教育实践活动、做好新形势下地方人大工作开展调研（来源：

405

江苏省人大网 7 月 1 日）

47. 为切实搞好省人大机关教育实践活动，特征求对省人大机关加强作风建设意见（来源：江苏省人大网 7 月 10 日）

48. 省十二届人大常委会举行第六次主任会议（来源：江苏省人大网 7 月 11 日）

49. 全省法院行政审判工作座谈会在淮安中院召开（来源：江苏法院网 7 月 16 日）

50. 省十二届人大常委会第四次会议在南京开幕（来源：江苏省人大网 7 月 25 日）

51. 省十二届人大常委会第四次会议完成各项议程后在南京闭幕（来源：江苏省人大网 7 月 27 日）

52. 上海市人大常委会组织上海市部分全国人大代表就"完善企业破产保护"来我省进行专题调研（来源：江苏省人大网 8 月 1 日）

53. 省高级法院与省检察院举行第二十次工作会谈（来源：江苏法院网 8 月 6 日）

54. 省十二届人大常委会立法专家咨询组经省十二届人大常委会第七次主任会议研究通过，确定丁巧仁等 23 位专家为本届常委会立法咨询组成员（来源：江苏省人大网 8 月 7 日）

55. 省律协开展律师文化建设情况调研（来源：江苏司法行政网 8 月 18 日）

56. 省十二届人大常委会举行第八次主任会议（来源：江苏省人大网 9 月 12 日）

57. 江苏省对外友好交流促进会在宁成立，并通过友促会章程，选举原省人大常委会常务副主任林祥国为会长（来源：江苏省人大网 9 月 17 日）

58. 《人民日报》刊发《坚持法治反腐　建设廉洁政治》（来源：人民日报 9 月 23 日）

59. 省十二届人大常委会第五次会议在南京开幕（来源：江苏省人大网 9 月 25 日）

60. 省十二届人大常委会第五次会议完成各项议程后在南京闭幕（来源：

江苏省人大网 9 月 29 日）

61. 省人大常委会党组按照贯彻"照镜子、正衣冠、洗洗澡、治治病"的总要求，以为民务实清廉为主题，以反对"四风"为重点，召开专题民主生活会（来源：江苏省人大网 10 月 1 日）

62. 省人大在宁召开完善代表联系群众制度座谈会（来源：江苏省人大网 10 月 10 日）

63. 全国人大调研组在南京召开消费者权益保护法立法调研座谈会（来源：江苏省人大网 10 月 17 日）

64. 省委召开全省立法工作电视电话会议（来源：江苏省人大网 10 月 25 日）

65. 省人大常委会秘书长、机关党组书记吕振霖带队，对睢宁县人大常委会组织开展的"百名代表问项目"活动进行观摩调研（来源：江苏省人大网 10 月 29 日）

66. 省高级法院在沭阳召开全省法院经济犯罪审判工作座谈会（来源：江苏法院网 10 月 29 日）

67. 全省法院新闻宣传工作座谈会在镇江召开（来源：江苏法院网 11 月 4 日）

68. 省市人大常委会秘书长工作座谈会在宁召开，省人大常委会秘书长吕振霖出席会议并讲话（来源：江苏省人大网 11 月 6 日）

69. 人大财经委开展高速公路条例修订立法调研（来源：江苏省人大网 11 月 7 日）

70. 省十二届人大常委会举行第十次主任会议（来源：江苏省人大网 11 月 8 日）

71. 省人大法制委赴东海县、泰州市开展《江苏省社区矫正工作条例（草案）》立法调研（来源：江苏省人大网 11 月 15 日）

72. 全省律师工作调研座谈会在南通召开（来源：江苏司法行政网 11 月 15 日）

73. 省人大常委会法工委赴盐城、镇江、常熟开展《江苏省统计条例（草案）》立法调研（来源：江苏省人大网 11 月 18 日）

74. 省政协副主席程崇庆等赴女子监狱视察调研（来源：江苏司法行政网11月25日）

75. 全省法院刑事审判工作会议在南京召开（来源：江苏法院网12月25日）

76. 全省人民调解暨公调诉调对接工作推进会在徐州召开（来源：江苏司法行政网11月26日）

77. 省人大调研组先后赴连云港市东海县、泰州市、宜兴市开展《江苏省社区矫正工作条例》立法调研（来源：江苏司法行政网11月26日）

78. 省十二届人大常委会第六次会议在南京开幕（来源：江苏省人大网11月27日）

79. 省十二届人大常委会举行第二次全体会议（来源：江苏省人大网11月28日）

80. 省十二届人大常委会举行第十一次主任会议（来源：江苏省人大网11月29日）

81. 柳玉祥等厅领导深入基层联系点调研指导工作（来源：江苏司法行政网11月29日）

82. 江苏省第十二届人民代表大会常务委员会第六次会议决定：江苏省第十二届人民代表大会第二次会议于2014年2月中旬在南京召开（来源：江苏省人大网11月30日）

83. 省十二届人大常委会第六次会议在南京闭幕（来源：江苏省人大网12月2日）

84. 省人大常委会举行会议，学习贯彻党的十八届三中全会和省委十二届六次全会精神（来源：江苏省人大网12月2日）

85. 省十二届人大常委会第七次会议在南京举行（来源：江苏省人大网12月30日）

中国皮书网
www.pishu.cn

发布皮书研创资讯，传播皮书精彩内容
引领皮书出版潮流，打造皮书服务平台

栏目设置：

- 资讯：皮书动态、皮书观点、皮书数据、皮书报道、皮书新书发布会、电子期刊
- 标准：皮书评价、皮书研究、皮书规范、皮书专家、编撰团队
- 服务：最新皮书、皮书书目、重点推荐、在线购书
- 链接：皮书数据库、皮书博客、皮书微博、出版社首页、在线书城
- 搜索：资讯、图书、研究动态
- 互动：皮书论坛

中国皮书网依托皮书系列"权威、前沿、原创"的优质内容资源，通过文字、图片、音频、视频等多种元素，在皮书研创者、使用者之间搭建了一个成果展示、资源共享的互动平台。

自2005年12月正式上线以来，中国皮书网的IP访问量、PV浏览量与日俱增，受到海内外研究者、公务人员、商务人士以及专业读者的广泛关注。

2008年、2011年中国皮书网均在全国新闻出版业网站荣誉评选中获得"最具商业价值网站"称号。

2012年，中国皮书网在全国新闻出版业网站系列荣誉评选中获得"出版业网站百强"称号。

权威报告　热点资讯　海量资源

当代中国与世界发展的高端智库平台

皮书数据库　www.pishu.com.cn

皮书数据库是专业的人文社会科学综合学术资源总库，以大型连续性图书——皮书系列为基础，整合国内外相关资讯构建而成。该数据库包含七大子库，涵盖两百多个主题，囊括了近十几年间中国与世界经济社会发展报告，覆盖经济、社会、政治、文化、教育、国际问题等多个领域。

皮书数据库以篇章为基本单位，方便用户对皮书内容的阅读需求。用户可进行全文检索，也可对文献题目、内容提要、作者名称、作者单位、关键字等基本信息进行检索，还可对检索到的篇章再作二次筛选，进行在线阅读或下载阅读。智能多维度导航，可使用户根据自己熟知的分类标准进行分类导航筛选，使查找和检索更高效、便捷。

权威的研究报告、独特的调研数据、前沿的热点资讯，皮书数据库已发展成为国内最具影响力的关于中国与世界现实问题研究的成果库和资讯库。

皮书俱乐部会员服务指南

1. 谁能成为皮书俱乐部成员？
- 皮书作者自动成为俱乐部会员
- 购买了皮书产品（纸质皮书、电子书）的个人用户

2. 会员可以享受的增值服务
- 加入皮书俱乐部，免费获赠该纸质图书的电子书
- 免费获赠皮书数据库100元充值卡
- 免费定期获赠皮书电子期刊
- 优先参与各类皮书学术活动
- 优先享受皮书产品的最新优惠

3. 如何享受增值服务？

（1）加入皮书俱乐部，获赠该书的电子书

第1步 登录我社官网（www.ssap.com.cn），注册账号；

第2步 登录并进入"会员中心"—"皮书俱乐部"，提交加入皮书俱乐部申请；

第3步 审核通过后，自动进入俱乐部服务环节，填写相关购书信息即可自动兑换相应电子书。

（2）免费获赠皮书数据库100元充值卡

100元充值卡只能在皮书数据库中充值和使用

第1步 刮开附赠充值的涂层（左下）；

第2步 登录皮书数据库网站（www.pishu.cn），注册账号；

第3步 登录并进入"会员中心"—"在线充值"—"充值卡充值"，充值成功后即可使用。

4. 声明

解释权归社会科学文献出版社所有

皮书俱乐部会员可享受社会科学文献出版社其他相关免费增值服务，有任何疑问，均可与我们联系

联系电话：010-59367227　企业QQ：800045692　邮箱：pishuclub@ssap.cn

欢迎登录社会科学文献出版社官网（www.ssap.com.cn）和中国皮书网（www.pishu.cn）了解更多信息

社会科学文献出版社

皮书系列

"皮书"起源于十七、十八世纪的英国,主要指官方或社会组织正式发表的重要文件或报告,多以"白皮书"命名。在中国,"皮书"这一概念被社会广泛接受,并被成功运作、发展成为一种全新的出版形态,则源于中国社会科学院社会科学文献出版社。

皮书是对中国与世界发展状况和热点问题进行年度监测,以专业的角度、专家的视野和实证研究方法,针对某一领域或区域现状与发展态势展开分析和预测,具备权威性、前沿性、原创性、实证性、时效性等特点的连续性公开出版物,由一系列权威研究报告组成。皮书系列是社会科学文献出版社编辑出版的蓝皮书、绿皮书、黄皮书等的统称。

皮书系列的作者以中国社会科学院、著名高校、地方社会科学院的研究人员为主,多为国内一流研究机构的权威专家学者,他们的看法和观点代表了学界对中国与世界的现实和未来最高水平的解读与分析。

自20世纪90年代末推出以《经济蓝皮书》为开端的皮书系列以来,社会科学文献出版社至今已累计出版皮书千余部,内容涵盖经济、社会、政法、文化传媒、行业、地方发展、国际形势等领域。皮书系列已成为社会科学文献出版社的著名图书品牌和中国社会科学院的知名学术品牌。

皮书系列在数字出版和国际出版方面成就斐然。皮书数据库被评为"2008~2009年度数字出版知名品牌";《经济蓝皮书》《社会蓝皮书》等十几种皮书每年还由国外知名学术出版机构出版英文版、俄文版、韩文版和日文版,面向全球发行。

2011年,皮书系列正式列入"十二五"国家重点出版规划项目;2012年,部分重点皮书列入中国社会科学院承担的国家哲学社会科学创新工程项目;2014年,35种院外皮书使用"中国社会科学院创新工程学术出版项目"标识。

法律声明

"皮书系列"（含蓝皮书、绿皮书、黄皮书）由社会科学文献出版社最早使用并对外推广，现已成为中国图书市场上流行的品牌，是社会科学文献出版社的品牌图书。社会科学文献出版社拥有该系列图书的专有出版权和网络传播权，其LOGO（ ）与"经济蓝皮书"、"社会蓝皮书"等皮书名称已在中华人民共和国工商行政管理总局商标局登记注册，社会科学文献出版社合法拥有其商标专用权。

未经社会科学文献出版社的授权和许可，任何复制、模仿或以其他方式侵害"皮书系列"和LOGO（ ）、"经济蓝皮书"、"社会蓝皮书"等皮书名称商标专用权的行为均属于侵权行为，社会科学文献出版社将采取法律手段追究其法律责任，维护合法权益。

欢迎社会各界人士对侵犯社会科学文献出版社上述权利的违法行为进行举报。电话：010-59367121，电子邮箱：fawubu@ssap.cn。

社会科学文献出版社

广视角·全方位·多品种

权威·前沿·原创

皮书系列为
"十二五"国家重点图书出版规划项目